Josef Schmidt, Martin Splett, Thomas Splett,
Peter-Otto Ullrich (Hrsg.)

Mitdenken über Gott und den Menschen

Dialogische Festschrift für Jörg Splett

LIT

Foto: "Jörg Splett" (1997), Lithographie von A. Moede Jansen
aus der Dokumentation "Persönlichkeiten unserer Zeit"

Die Deutsche Bibliothek – CIP-Einheitsaufnahme

Mitdenken über Gott und den Menschen : Dialogische Festschrift für Jörg Splett / Josef Schmidt, Martin Splett, Thomas Splett, Peter-Otto Ullrich (Hrsg.). – Münster : LIT, 2001
(Schriftenreihe der Josef Pieper Stiftung ; 2.)
ISBN 3-8258-4947-3

Grevener Str. 179 48159 Münster Tel. 0251–23 50 91 Fax 0251–23 19 72
e-Mail: lit@lit-verlag.de http://www.lit-verlag.de

BILD
WORT
LIEBE
RICHARD
VON
ST. VICTOR
HEGEL
FICHTE
RAHNER
C.S. LEWIS

INHALT

Ausserakademische Resonanzen

Für Jörg Splett

Anhang

Vorwort

"*Anthropo-theologie*" war der Titel der Vorlesung, mit der Jörg Splett vor drei Jahrzehnten seine Professur an der Philosophisch-Theologischen Hochschule St. Georgen in Frankfurt antrat. Seitdem bezeichnet er mit diesem Doppelbegriff sein philosophisches Programm[1]. Auch in den Worten Romano Guardinis spricht er es aus: "Nur wer Gott kennt, kennt den Menschen"[2]. Denn wem es um den Menschen geht, dem muß es um Gott gehen, und nur von Gott her fällt auf den Menschen jenes Licht, das in ihm die wahre Menschlichkeit zur Erscheinung bringt und die Würde seiner Personalität aufleuchten läßt. Als theologisches Programm wird dies immerhin einleuchten. Aber kann es auch ein philosophisches sein? Für die bejahende Antwort auf diese Frage steht das wissenschaftliche Lebenswerk von Jörg Splett. Er weicht damit freilich erheblich ab von einer mehr als hundertjährigen Hauptlinie akademischer Philosophie, die jene Frage unter Berufung auf die neuzeitliche Befreiung von theologischer Bevormundung verneint. Denn heißt nicht Gott ins Spiel bringen eine irrationale Glaubensäußerung tun, der man zwar mit Toleranz begegnen sollte, die aber in einem philosophischen Diskurs nichts zu suchen hat? Doch diese unser Bildungsbewußtsein zutiefst prägende Auffassung ist selbst eine philosophische und deshalb philosophisch diskutierbar und kritisierbar. Eben hier setzt Splett an. Bei den großen Themen, die für die emanzipatorischen Errungenschaften stehen, wie Freiheit und Vernunft, Erkenntnis und sittliche Einsicht, vermag Splett zu zeigen, daß die für sie beanspruchte Selbstbestimmung haltlos wird, wenn sie sich nicht aus einer tieferen Bindung versteht, einer Bindung, die nicht mehr relativierbar ist. Diese somit absolute Bindung schränkt die Freiheit nicht ein, sondern ermöglicht und sichert sie. Sie eröffnet dem Erkennen die Wahrheit und gibt der Einsicht in das, was gut und was zu tun ist, den orientierenden Halt. Aus endlichen Faktoren ist diese Bindung nicht zu erklären. Für das, worin sie gründet, gibt es nur den einen angemessenen Namen, den, welchen die religiöse Sprache bereithält: Gott.

Wer vom Menschen spricht, hat von Gott zu sprechen; nur wer Gott kennt, kennt den Menschen. Mit seiner Arbeit an diesem philosophischen Projekt erweist Splett der Theologie einen unschätzbaren Dienst (und ehrt denjenigen, von dem diese Wissenschaft vor allem zu sprechen hat). Denn er hilft ihr dabei, aus dem unseligen intellektuellen Abseits herauszukommen, in das sie sich in der späteren Neuzeit hat drängen lassen, und den Platz im geistigen Leben der Gegenwart einzunehmen, der ihr in der Tat gebührt. Doch dazu ist es nötig, die Theologie philosophisch fruchtbar zu machen, gleichsam ihr philosophisches Potential zu heben. Splett gelingt es, genuin theologische Themen wie "Schöpfung", "Inkarnation" und "Trinität" von der Aura

---

[1] Der Vortrag ist erschienen in: J. Splett, Konturen der Freiheit, Frankfurt 1974, 154-179; ebenso lautet der Untertitel zu dem Buch: Freiheitserfahrung, Frankfurt 1986.

[2] Zitiert in: Leben als Mit-Sein, 9.

einer abgehobenen Dogmatik zu befreien und ihnen unmittelbare Bedeutung für die existentielle, aber auch intellektuell verantwortbare Lebensorientierung zu geben. Dabei handelt es sich nicht um ein lineares Ableitungsverhältnis. Die theologischen Themen erweisen sich als anthropologisch unterfüttert, stellt die philosophische Erörterung menschlicher Grundgegebenheiten doch gerade Mittel für die Rede von Gott zur Verfügung. So gilt denn auch umgekehrt: Wer von Gott spricht, der hat vom Menschen zu sprechen; nur wer den Menschen kennt, kennt Gott.

Seit Platon ist Philosophieren an die Kunst des "dialégesthai" geknüpft, d.h. an die Fähigkeit, einen Dialog, ein Gespräch zu führen. Es geht hierbei "um die Sache", aber in dem Bewußtsein, daß sich die Wahrheit nur im Austausch der Argumente, nur aus dem Zusammenspiel der Ansichten ergibt. Nach Splett zeigt sich darin ein anthropologisches Grunddatum. Der Schlüsseltext ist für ihn das Wort Hölderlins aus der Ode "Friedensfeier": "Viel hat erfahren der Mensch. Der Himmlischen viele genannt, / Seit ein Gespräch wir sind / Und hören können voneinander".[3] Das Gespräch ist dem Menschen nicht etwas äußerlich Hinzutretendes. Vielmehr macht das Dialogische das substantielle Sein des Menschen aus (es heißt: seit ein Gespräch wir "sind"). Erst im Aufeinander-Hören wird das Irdische und das Himmlische, werden wir selbst und die Anderen uns zur Erfahrung. Spletts Art zu philosophieren kann man als eine Einübung in dieses Grunddatum des Menschseins verstehen. So brillant er als Schriftsteller ist, so ist der doch vor allem ein Mann des lebendigen, gesprochenen Wortes. Am liebsten philosophiert er im Gespräch und läßt seine Gedanken aus dem Gespräch entstehen. Bekannt ist seine Flexibilität, mit der er sich auf Fragen einläßt und auch in eher unbeholfenen Meinungsäußerungen so den diskussionswürdigen Punkt entdeckt, daß der Hörende sich ernstgenommen und ermutigt fühlen kann, das eigene Denken zu wagen. An der Sache allerdings macht Splett nie irgendwelche Abstriche. Kommunizieren wird nicht zum Selbstzweck, bei dem die Inhalte auf der Strecke blieben oder die Wahrheitsfähigkeit von Äußerungen relativiert würde.

Wie ist ein solcher Denker zu ehren? Hier gibt es nur die eine Antwort, die in seinem Sinne liegt: Geehrt wird er damit, daß es einem mit ihm zusammen "um die Sache" geht, d.h. um das Doppelthema: Gott und Mensch, und daß man gewillt ist, darüber in Anknüpfung an seine Anstöße gemeinsam mit ihm nachzudenken. So besteht denn auch der erste Teil dieser Festschrift aus Beiträgen, die um jenes große Doppelthema gelagert sind: Zunächst wird der Frage nachgegangen, wie das Prinzipielle, Anfängliche im Denken und Tun zu begreifen ist, sodann der philosophischen Frage nach Gott und der theologischen nach der Dreifaltigkeit dieses Gottes. Philosophisch muß in dem gegebenen Zusammenhang das Denken Hegels Berücksichtung finden, mit welchem sich Splett zeitlebens intensiv beschäftigt hat, sowie jenes Thema, bei dem sich Philosophie und Theologie wohl am deutlichsten berühren: die Theodizee. Aber

[3] Hölderlin, Friedensfeier (dritter Ansatz), vgl. Splett: Zur Antwort berufen, Frankfurt 1984, 25.

wo sind die anthropologischen Grundphänomene zu finden, an die sich ein derart prinzipielles Denken anschließen kann? Dies wird behandelt in den Beiträgen über die Wahrheitserkenntnis, über das Gewissen und die Schuld, über die individuelle und soziale Personalität und über die Geschlechterdifferenz. Bei der häufigen Bezugnahme auf Jörg Splett wird auch die Auseinandersetzung mit seinen Positionen nicht gescheut. Um die kritischen Anfragen an ihn in ein Gespräch mit ihm einmünden zu lassen, haben wir als Herausgeber ihn um eine anschließende Stellungnahme gebeten, eine Einladung, die er zu unserer Freude gern angenommen hat. Spletts ausführliche Antwort auf die Beiträge bildet den zweiten Teil des Buches. Mit diesem für eine Festschrift ungewöhnlichen Verfahren ist innerhalb ihrer das dialogische Moment konkret vollzogen, wonach es nicht wirklich eine Ehrung geben kann ohne Reaktion des Geehrten. Sie wiederum beschenkt den Leser, der eine - in dieser Form sicherlich einmalige - konzentrierte Selbstdarstellung des philosophisch-theologischen Denkens von Jörg Splett erhält, die in sich sowohl Antwort als auch nachdrückliche Einladung zum weiteren Mitdenken über Gott und den Menschen ist.

Die Festschrift will aber nicht nur den Fachphilosophen ehren, sondern auch den Menschen, der über sein Wissenschaftsgebiet hinaus in vielfältiger Weise für ein interessiertes Publikum die heute so wichtige wie seltene Vermittlertätigkeit übernimmt. Bei seinen zahllosen Vorträgen im Rahmen der allgemeinen und kirchlichen Erwachsenenbildung haben ihn viele Menschen schätzen gelernt. Gleiches gilt für seine schriftstellerische Tätigkeit in Zeitschriften, die sich an ein breiteres akademisch gebildetes Publikum wenden. Für diese Tätigkeit werden im dritten Teil der Festschrift einige Zeugnisse angeführt. Zu dieser Wirkung "nach außen" gehört wesentlich eine Eigentümlichkeit von Spletts Philosophie, nämlich die Einbeziehung von Werken der Kunst in seine Reflexionen. Es gelingt ihm überzeugend, Werke der Literatur, der bildenden Kunst, sowie Theaterstücke und Filme gleichsam zum Sprechen zu bringen und sie für existentiell philosophische Fragen zu erschließen. Deswegen ist es nicht erstaunlich, daß sich gerade ästhetisch Aufgeschlossene von seinem Denken berührt und angeregt fühlen. Beiträge für die Bereiche Film und Kabarett zeugen hiervon. Einige ihm nahestehende Lyriker widmen ihm eine Auswahl ihrer neuesten Gedichte.

Allen, die an der Entstehung dieses Buches mitgewirkt oder sie ermöglicht haben, sei an dieser Stelle herzlich gedankt. Vom Verband Deutscher Diözesen und der Stiftung Hochschule Sankt Georgen haben wir großzügige finanzielle Unterstützung erhalten. In erster Linie gilt unser Dank den Autorinnen und Autoren, die ihre Beiträge - keinesfalls eine Selbstverständlichkeit - eigens für diese Festschrift verfaßt haben. (Kurzvorstellungen der Autorinnen und Autoren finden sich, neben einer Vita des zu Ehrenden sowie einer vollständigen Liste seiner Veröffentlichungen, im Anhang.) Die Freude über die gute Zusammenarbeit läßt Platz auch für das Bedauern darüber, daß uns die begrenzte Kapazität eines solchen Buches nicht erlaubt hat, weitere Autorinnen und Autoren zur Teilnahme einzuladen, deren Texte wir in diesem Rahmen gerne präsentiert hätten. Manches war abzuwägen seit Zusammenschluß der Herausgeber auf die Initiative eines der ersten Doktoranden von Jörg Splett hin, der bald einen Münchner Kollegen und die beiden im Bereich der Theologie bzw. Philosophie tätigen Söhne Spletts zur Mitarbeit bewegen konnte. Resultat ist dieses Buch, in dem Interessierte eine exemplarisch geführte Auslotung der Möglichkeit modernen christlichen Philosophierens vorfinden - eine Thematik, welche das Buch in der Schriftenreihe der Josef Pieper Stiftung beim Lit-Verlag gut aufgehoben sein läßt. Von besonderem Gewinn ist diese Festgabe zum 65. Geburtstag von Jörg Splett sicherlich für seine vielen Leser(innen) und Hörer(innen), die vielen gegenwärtigen und ehemaligen Schüler(innen), für die sie sowohl eine schöne Erinnerung als auch eine Einladung zum erneuten und weiteren Mit-Denken mit ihm sei. Vor allem aber sei sie in ihrer aller Namen ein Zeichen des Dankes an einen Lehrer, Freund und Menschen.

Die Herausgeber

Beiträge zu Hauptthemen des Denkens von Jörg Splett

Thomas Splett

Anfang haben, sein, machen und denken
Zur Diskussion eines Motivs

> Es ist schwer, am Anfang anzufangen. Und nicht zu versuchen, weiter zurückzugehen.
> (Wittgenstein, Über Gewißheit, Nr. 471)

Bekanntlich ist aller Anfang schwer. Die Reflexion darüber, wie man anfangen soll, entdeckt sich als Reflexion über diese Reflexion selber, wenn man gewahr wird, längst begonnen zu haben. Hingegen bleibt der Anfang, wie man ihn erreichen wollte, uneinholbar aufgeschoben, solange kein Ausweg aus dem Reflexionskreislauf führt. Schwer ist auch die Beantwortung der Frage nach der Rechtfertigung rechten Anfangens: Möchte man einerseits doch, ob man den rechten Anfang gemacht habe, erst das Ende erweisen lassen; andererseits aber ist der Anfang auf eine solche Weise mitentscheidend für alles auf ihn Folgende, daß man dieses weitenteils daran mißt, wie weit es die Vorgaben des Anfangs eingelöst hat. Der Anfang wird am Ende gemessen, das Ende am Anfang: derartige in der Gefahr der Paradoxie, oder - um gefälliger Einvernahme des "Paradoxen" vorzubeugen -: der Antinomie stehenden Motive der Wechselseitigkeit bilden den Problemschwerpunkt dieses Aufsatzes, dessen direkte und anfängliche Aufgabe es ist, das Anfangsthema im Denken Jörg Spletts vorzustellen und zu diskutieren. Näher geht es darum, 1. wie man den rechten Anfang in der Philosophie macht, 2. wie man einen Anfang hat und 3. wie man selber etwas anfängt. Vom Splettschen Denken kommen somit, insbesondere in ihrer Verschränkung, Philosophiebegriff, Schöpfungsbegriff sowie Freiheitsbegriff in Betracht, wobei der Referatcharakter mit dieser Reihenfolge abnimmt. Inhaltlicher Schwerpunkt ist der selbst zu verantwortende Versuch einer Antwort auf die dritte Themenstellung.

1. In der Philosophie anfangen

Nicht wie Philosophie historisch entstanden ist und auch keine persönlichen Wege zur Philosophie interessieren hier, sondern wie eine philosophische Überlegung verfaßt ist, womit sie anfängt, oder, anders formuliert: wie man sie initiiert und inszeniert. Dies kann in verschiedenen Medien geschehen: in Texten von Argumentskizze über Zeitschriftenaufsatz bis zur systematisch angelegten Monographie, mündlich in Vortrag oder Diskussion. Splett, hier auf vielerlei Weise agierend, bietet, obwohl Philosophie stark vom Akt des Philosophierens her verstehend, nun eine solche Auffassung vom Charakter des Philosophieren, welche sich indifferent zur Verschiedenartigkeit der Medien verhält und nicht von sich aus eine bestimmte Darstellungsform favorisiert. Philosophie ist für ihn "methodisch-kritische prinzipielle Reflexion auf Grunderfahrungen"[1], was im folgenden in umgekehrter Reihenfolge analysiert wird.

Grunderfahrungen. Primäre Gegenstände des Philosophierens sind nach dieser Bestimmung Erfahrungen. Erfahrungen gehören einerseits zum Inventar der Welt, andererseits vermitteln sie bereits Welt, indem sie Erfahrung von etwas sind, was ihnen zumindest partiell als von ihnen unabhängig vorhergeht. - Gerechtfertigt kann ein solcher Ausgangspunkt durch die Möglichkeiten sein, die er eröffnet, und die Gefahren, die er bannt: Der Ausgangspunkt bei einem derart Gedoppelten vermeidet einen dogmatischen Anfang bei einem als fix hingestellten Prinzip wie ein hartes Aufeinanderprallen von unverrückbarem Gegenstand und philosophischer Reflexion, ihm kommt aufgrund seiner inneren Beweglichkeit gewissermaßen Federwirkung zu. Dies allerdings nicht mehr, wenn die Erfahrung als geschlossene Größe den Gegenstandsbereich des Philosophierens einzunehmen beansprucht, wenn sie also derart in Konkurrenz zu den erfahrenen Sachen und Sachverhalten als Gegenständen des Philosophierens tritt, daß die Rede von Erfahrung als dem, worüber philosophiert wird, mehr bedeuten soll als nur, daß die Weise der Gegebenheit von (anderen) Sachgegenständen stark zu berücksichtigen ist.

Erfahrungen sind nach diesem Konzept nicht nur Gegenstände des Philosophierens, in ihrem Vorliegen werden sie zugleich als Argumentationsgrund genutzt, was dadurch ermöglicht ist, daß sie bereits den Charakter einer Einstellung-zu besitzen, dem der Anspruch von Gegenstandsadäquatheit implizit zugehört. Für ein philosophisches Anfangen bei der Erfahrung stellt sich dann die Frage: bei welcher Erfahrung? Schließlich mag der eine diese Erfahrung haben, der andere jene.[2] Zielt man auf starke Verläßlichkeit des Anfangs, auf nahezu konkurrenzlose Sicherheit, so entgehen die Vorteile der Federwirkung, des "bescheiden" probenden Anfanges, der Erfahrungen als das nimmt, was sie für Philosophie sein können: Material, von dem man weiß, daß es zu einer Erfahrung auch eine Gegenerfahrung gibt und in der isolierten Erfahrung keine hinreichenden Gründe dafür auszumachen sind, der einen mehr Wahrheit als den konkurrierenden zuzugestehen.

Splett spricht nun von "Grunderfahrungen", von denen in der diskutierten Textpassage[3] (nicht auf den Kontext philosophischer Theologie sich beschränkend) jedoch schnell zu einer Grunderfahrung im Singular übergegangen wird, welche zunächst

---

[1] J. Splett, *Gotteserfahrung im Denken. Zur philosophischen Rechtfertigung des Redens von Gott.* Freiburg; München (3. Aufl.) 1985, 15. (Zur Zitierweise: ab der zweiten Bezugnahme auf einen Text verweise ich allein unter Angabe eines Kurztitels.)

[2] Für die Beschreibung solcher Erfahrungen greifen Philosophen gerne auf Schriftsteller zurück, oft verbunden mit der Hoffnung auf eine gewisse Objektivitätsgarantie. Dabei können Subjektivierung und Objektivitätsanspruch verschiedene Verhältnisse eingehen. So kann beispielsweise als Schreibstrategie einiger Texte P. Handkes angesehen werden, Unumstößlichkeit des Empfundenen gerade durch eine deutliche Markierung als Inhalt einer subjektiven Empfindung zu sichern.

[3] *Gotteserfahrung* 15f.

formal bestimmt wird, nämlich als ein solches Erfahren, das "alle Teilerfahrungen durchstimmt" und selber "tragende Gründung erfährt". Solche Erfahrung wird kaum so aufzuweisen sein wie andere Vorkommnisse in der Welt, ist wohl auch gar nicht so sehr als eine gesonderte, sondern eher als stets miterfahrene gedacht. Soll hiermit angefangen werden, wie gerät dann diese Grunderfahrung (relativ unmittelbar) in den Blick, auf welche Weise ist sie aufweisbar? - Von der Reflexion auf dieses Erfahren heißt es, sie sei Selbstreflexion (wenn "auch und gerade im Bedenken der Erfahrung anderer"). Introspektion als Anfang? Stellt Splett zunächst einen Ansatz beim Sprechen in Aussicht, wird dem Sprechen, dann als "bloßes Reden" gefaßt, ein "Wissen, aus dem dieses Reden lebt" vorgeschaltet, und zwar ein Wissen des Sich-Zeigens des (zu) Erfahrenen, wobei diese nicht schon allgemein mediierte Erfahrung als Freiheitsvollzug gedacht wird. Für den philosophischen Ansatz bringt das den Vorteil mit sich, einen gewissen Deutungsspielraum eröffnet als auch das Nichteinlassen auf diesen bestimmten Anfang selbst schon in seiner Struktur als Möglichkeit präfiguriert zu haben. Der Nachteil liegt im hohen Maße an Unbegründbarkeit, welches zu dem Dilemma führt, tendenziell entweder Privatheit zugestehen zu müssen[4] oder dogmatisch zu verfahren.

Reflexion auf: Philosophie setzt nach Splett mit der Reflexion auf diese Grunderfahrung(en) an. Dabei steht einer Betonung "des Unterschieds von Leben und Reflexion", wobei Reflexion "sich selbst stets als sekundär zu wissen und so zu vollziehen" habe, das Zugeständnis gegenüber, daß es überhaupt keine Erfahrung gebe, die nicht bereits gedeutet, "ursprünglich reflektiert" ist, weswegen der Reflexion die Erfahrung nicht als kompaktes Objekt gegenüberstehe.[5] "Zugeständnis", weil mir die zuerst beschriebene Tendenz Spletts Vorgehen in theoretischer Entfaltung wie exemplarischer Anwendung eher zu charakterisieren scheint, bietet sie auch einen unkomplizierteren, praktikableren (im Sinne von: "praxisnäheren") Einstieg, da sie Philosophie nicht erst ihren Gegenstand erarbeiten läßt, sondern von vornherein mit etwas anfängt, was in sich bereits eine gewisse richtungsweisende Bedeutsamkeit besitzt.

Wenn die Reflexion eigentlich nur zu explizieren hat, was bereits implizit miterfahren wurde[6], dann heißt das, daß sie sich von der Erfahrung den Gehalt vorgeben lassen muß, wenn sie dieser einen Gehalt nicht bloß unterstellt. Verwendet man den Begriff der Erfahrung so, daß Differenzen bestehen können zwischen dem, was jemand erfährt und dem, was jemand meint, erfahren zu haben, so sind im einzelnen

---

[4] Statt negativ von Privatheit könnte man positiv von Einbeziehung persönlicher Erfahrung sprechen. Dabei ist allerdings die ambivalente Natur solcher Erfahrungen zu beachten, welche darin besteht, einerseits tatsächlich weitgehend singulär oder privat zu sein mit problematischen Folgen, was Mitteilbarkeit anlangt, andererseits aber gerade den Allgemeinheitscharakters von Klischees zu besitzen, weshalb sie auch wie solche kulturell vermittelten Allgemeinheiten analysiert werden sollten, wie im nächsten Punkt bemerkt wird.

[5] *Gotteserfahrung* 47 bzw. 17.

[6] *Gotteserfahrung* 37.

Falle Kriterien notwendig, das eine vom anderen zu scheiden, wobei Methoden anzuwenden sind, die ihrerseits offensichtlich nicht nach dem Schema der Reflexion auf Grunderfahrung organisiert sein können. Bei Spletts Ansatz zielen sie, mit mal stärker, mal weniger stark ausgeprägter psychologisierender Komponente, auf den Einzelnen und seine Entscheidung. Demgegenüber hätte ein (ergänzender?) Ansatz bei intersubjektiven Phänomenbereichen (beispielsweise unter dem Titel "Diskurs"), der zeigte, wie bestimmte Erfahrungen von bestimmten (sozialen) Verhältnissen bedingt und geprägt sind, den Vorteil auf seiner Seite, nicht dem Dilemma ausgesetzt zu sein, entweder die mitgeteilte Erfahrung für bare Münze oder sie entlarverisch als Symptom für etwas ganz anderes nehmen zu müssen. Insofern die Verhältnisse nämlich als konstitutiv für die Erfahrung gesehen werden, erlauben sie, fern von Reduktionsprogrammen, die in den Blick genommenen Erfahrungen anhand einer zusätzlichen Vermittlungsebene zu analysieren. Gerade "Grunderfahrungen" sind inszeniert, und diese Inszenierung gilt es weder auszublenden noch als etwas aufzufassen, das der Echtheit und Eigenheit des Inszenierten grundsätzlich widerspräche. Zusätzlich würde sich der Ausgang bei einem solchen vermittelten Anfang nicht in der Frage verfangen, was denn nun früher sei: die Erfahrung oder ihre Deutung, welche eine gewisse Ähnlichkeit mit der bekannten nach der Vorgängigkeit von Henne oder Ei aufweist.

Methodisch-kritisch prinzipiell: In dieser Verfahrensart sieht Splett das Spezifische der philosophischen Reflexion gegenüber anderen Auseinandersetzungen mit Grunderfahrungen. Die Rede von "methodisch-kritisch" scheint mir keiner weiteren Erläuterung zu bedürfen, anders die von "prinzipiell". Diese nämlich gesteht nicht, wie man zunächst vermuten könnte, der Philosophie doch eine solche Selbständigkeit in Beziehung auf ihren Gegenstand zu, die man eigene Anfänglichkeit (= Prinzipialität) nennen könnte, sondern prinzipiell heißt die Reflexion, "weil nicht nur die reflektierte Erfahrung zentral ist, sondern weil auch die Reflexion auf sie sich nicht mit Teilaspekten begnügt [...], sondern ihrerseits auf die Mitte, den Grund dieser Erfahrung abzielt".[7] Die Prinzipialität der Reflexion ist somit eine gleichsam parasitäre; prinzipiell ist primär der Grund in der Erfahrung, also im Gegenstand der Reflexion, und er wird nicht maßgeblich durch die Weise des Zugriffs mitbestimmt. Trotz des Zugeständnisses, daß die Reflexion immer auch konstitutiv wirkt, soll wohl durch dieses Verständnis von "prinzipiell" gerade dasjenige an der Erfahrung als für die Reflexion relevant ausgewiesen werden, das nicht durch die Reflexion bedingt ist, sprich: Reflexion ist hier *bloß* Reflexion. - Dabei hat die Betonung sekundären Reflexionscharakters philosophischer Überlegung nicht notwendig die Minderbewertung ihrer Darstellungskraft zu beinhalten: "Zur Wahrheit des Urteils gehört, daß es nicht bloß etwas Zutreffendes feststellt, sondern damit das Beurteilte auch ihm entsprechend,

---

[7] *Gotteserfahrung* 16.

sachgemäß vorstellt."[8] Nur soll das Medium hiernach die Struktur des in ihm repräsentierten Gegenstandes annehmen, die Reflexion ist sozusagen dann die beste Reflexion, wenn sie verschwindet und nichts als den reflektierten Gegenstand zur Darstellung bringt. - Eine Alternative soll nicht ungenannt bleiben: Die Reflexion könnte als ein bloß Zusätzliches auch auf eine andere Weise verschwinden, nämlich indem deutlich wird, daß der Gegenstand bereits der Struktur des Mediums verpflichtet ist, wenn also die Sache teilweise Diskursphänomen ist. Man mag dann von zwei ineinander verflochtenen Prinzipialitäten sprechen oder den Begriff des Prinzips hierfür aufgeben, der Philosophie eine eigene Dimension zusprechen, von der aus sie auf ihren Gegenstand zugreift, oder den Gegenstand als philosophisch vermittelten auffassen - deutlich wird, daß Philosophie nicht als sekundär anzusetzen nicht schon bedeuten muß, ihr statt des Erkennens ein gewissermaßen phantasierendes Konstruieren als Aufgabe zu stellen.[9]

Ein Aspekt Splettschen Philosophieverständnisses steht noch aus: die Bedeutung von christlichem Glauben und Theologie. - Wenn man, um etwas zu thematisieren, immer von irgendwelchen Voraussetzungen ausgehen muß, so läßt sich eine Möglichkeit, mit dieser Einsicht umzugehen, "Konditionalphilosophie" nennen: Sie macht es sich zur Aufgabe, ihre Voraussetzungen möglichst genau zu explizieren und überläßt es dem Leser, diese anzunehmen oder abzulehnen. Im ersten Fall beansprucht sie, ihn von den Voraussetzungen zu der vertretenen These zu führen, im zweiten Fall empfiehlt sie, dem Text keine weitere Aufmerksamkeit mehr zu schenken. Hat für Splett der christlich-theologische Erfahrungs- und Denkrahmen den Stellenwert des Vordersatzes eines solchen Konditionals? Splett geht es ausdrücklich um spezifisch christliche Grunderfahrung: "Das heißt: ein Mensch, der Christ ist, reflektiert (methodisch-kritisch) seine Grunderfahrung, seiner Bestimmtheit durch sein Christsein genau so bewußt wie anderer ethnischer, historischer, sozialer Bestimmtheiten seines Den-

---

[8] *Freiheitserfahrung. Vergegenwärtigungen christlicher Anthropo-Theologie.* Frankfurt a. M. 1986, 20.

[9] Denken läßt sich hier gerade auch an das Vorgehen Hegels, also eines Denkers, dem Splett einige Forschungskraft gewidmet hat. Über Hegels Vorgehen könnte man zwar durchaus Spletts Formulierung der philosophischen Tätigkeit "Was unthematisch miterfahren wurde, wird nun reflektiert ausdrücklich gemacht." (*Gotteserfahrung* 37; vgl. auch 44) als Motto setzen, bei näherem Hinsehen unterscheiden sich beide Ansätze aber deutlich. Hegel zufolge setzt Philosophie (einleitend, in der Phänomenologie des Geistes) bei der Erfahrung von Phänomenen an und versucht, das Erfahrene so in eine Bestimmungsfolge zu ordnen, daß deren Ausgang nicht als Hypothese bloß relativ durch den Fortgang gerechtfertigt wird, sondern in einem Modell der Engführung von Inhalt und Methode in einem Einfachsten und Unbestimmtesten besteht, so daß für die weitere Akkumulation von Denkbestimmungen ein Boden bereitet ist, der keine Beschränkungen auferlegt, also nicht schon eine spezifische Vorentscheidung trifft. (Vgl. Hegels Bemerkungen in "Womit muß der Anfang der Wissenschaft gemacht werden?", *Wissenschaft der Logik*, Theorie-Werkausgabe Bd. 5, Frankfurt a. M. 1969, 65ff.) Ein Programm, das in seiner Hegelschen Form sicherlich nicht als praktikabel und aussichtsreich zu empfehlen ist, das aber Möglichkeiten synthetischen Philosophierens aufzeigt, die sich durchaus auf anderem als diesem Wege umfassender Systembildung verfolgen lassen.

kens".[10] Im Hinblick auf die Wiederkehr der bereits diskutierten Problemlage der relevanten Auswahl von Erfahrungen bleibt als Richtlinie anzumerken, daß eigens affirmierte Denkprovinzialität wohl nur dann gerechtfertigt sein kann, wenn die Reflexion auf die spezifische Grunderfahrung in einer rationalen Rekonstruktion der Erfahrung besteht und diese also nicht als spezifisches Fundament bloß voraussetzt. Dabei scheint mir eine gewisse Skepsis gegenüber dem (beispielsweise Carnapschen) Programm deutlicher Unterscheidungen von Voraussetzungsrahmen und darin diskutierten "internen" Fragen angebracht. Wo man diese Unterscheidung deutlich treffen kann, müßte, wie ich meine, Philosophie mit einem Anspruch, mehr als nur Detailarbeit zu leisten, gerade auf diesen Voraussetzungsrahmen reflektieren, ihn zu begründen versuchen. Wo die Unterscheidung sich nicht deutlich treffen läßt, geht es darum, so weit begründend zu verstehen und verstehen zu lassen wie möglich. In beiden Fällen hat man somit nicht zwischen einem Zugang von Innen oder einem von Außen zu wählen. Das Modell einer Pluralität jeweils in sich relativ abgeschlossener Denksysteme scheitert bereits daran, daß man sie nur von einem Punkt jenseits ihrer als solche erfassen könnte, zugleich auf diesem Standpunkt aber keine Gründe zur Verfügung stünden, das eine oder andere System zu wählen, sofern die Gründe jeweilig bloß systemintern wären. Dies gilt gerade auch für die Rezeptionssituation: Es ist nicht Ziel dieses Aufsatzes, theologische Bedingtheiten und philosophische Argumentationen in Spletts Denkraum säuberlich zu trennen; die Abgrenzung von Philosophie zu Deutung im Glauben und expliziter Theologie ist nicht Thema.

2. Einen Anfang haben und aus dem Anfang sein

Von der Thematisierung der theorietechnischen Frage nach dem rechten Anfang in der Philosophie zu dem inhaltlicheren Problem, Anfang und Anfangen eines Menschen zu denken, führt nicht nur das gemeinsame Motiv Anfang, vielmehr zeigt sich, daß Philosophieren selbst eine Weise darstellt, mit Dingen und Erfahrungen etwas anzufangen. Dies beinhaltet Freiheit, insofern die Rede von "Anfangen" vorzugsweise dann anzutreffen ist, wenn das Anzufangende unter relevanter Hinsicht nicht als Wirkung determinierender Ursachen aufgefaßt, sondern ihm eigene Setzung von Maßstäblichkeit zugeschrieben wird. Insofern Reflexion auf Grunderfahrung den Charakter von Deutung besitzt und unter diesem gerade ein durch das Gedeutete nicht vollständig determiniertes Moment angesprochen ist, impliziert sie Freiheit. Ob Splett hierauf zielt, wenn er der Reflexion auf Grunderfahrung ein Wissen um sich als Freiheitsvollzug zuschreibt[11], oder welches andere Freiheitsverständnis vorliegt, wird im dritten Abschnitt zum Thema Freiheit als Anfangsvermögen zu klären sein. Nun hingegen folgen einige Bemerkungen dazu, was es heißen kann, selbst einen Anfang

---

[10] *Gotteserfahrung* 20f.
[11] *Gotteserfahrung* 16.

zu haben. Wobei der Begriff der "Selbstanfänglichkeit" eine Mittlerstelle zwischen beiden Themen zu bieten scheint und in seinen Sinnmöglichkeiten auszuloten ist.

Wie ist die Rede vom Anfang eines Menschen überhaupt verfaßt? - Das Wissen um den eigenen Anfang entspringt keiner Erinnerung an ihn, eine gesonderte, direkte Erfahrung eigenen Anfanghabens zu postulieren, wirkt unbegründet und überflüssig, berücksichtigt man, daß einen Anfang zu haben weniger als natürlicher Sachverhalt interessiert, sondern als Selbstverständigungstopos, wie ihm ein funktioneller Ort im menschlichen Miteinander zukommt. Demgegenüber erweist sich die Auffassung, das Wissen um das eigene Anfanghaben sei Resultat eines expliziten Schlusses aus der Erfahrung der Geburt anderer, verbunden etwa mit der Ansicht eigener Kindheitsfotos, als Verkürzung. Man hat es vielmehr (wie auch hinsichtlich des Endes, des Todes) mit einem Deutungsphänomen zu tun. Dabei ist gegenüber solchen Deutungen, die (etwa platonisch) eine Präexistenz der Seele vor der Geburt annehmen oder aber eine Wiedergeburt von etwas, sei es in anderen Lebensformen, sei es in früheren menschlichen Gestalten Realisiertem, für unsere Belange die Betonung von Anfänglichkeit statt von Veränderung angemessener, und zwar nicht einfach deshalb, weil dem Aufsatz eben das Thema Anfang gestellt ist, sondern weil sie zumindest im main stream unserer Kultur mit ihren den Anfang feiernden gesellschaftlichen Verkehrsformen etablierter ist und eine entwickeltere Sprache zur Verfügung stellt.

Inwiefern die Rede von Anfang Deutung, Inszenierung ist, wird auch deutlich, wenn man sich vor Augen führt, daß Anfang immer Anfang von etwas Spezifischem, Anfang in einer bestimmten Perspektive ist. Für dasselbe Ereignis wird es, während Anfang Diskontinuität impliziert, immer auch Perspektiven geben, unter denen Kontinuität vorliegt. (Etwa wie sich eine individuierte Welle immer auch zugleich als Ausformung des Meerwassers auffassen läßt.) Dabei behaupte ich keine Beliebigkeit der Perspektivenwahl, vielmehr kann mit der Benennung dessen, wovon man dann das Vorliegen mehrerer alternativer Perspektiven behauptet, schon eine Option für eine bestimmte Perspektive getroffen sein. So setzt man mit der Rede vom Anfang eines Menschen (ob bei Empfängnis, Einnistung, Geburt, zwischendrin oder noch viel später angesetzt) keinen willkürlichen Schritt ins kontinuierliche Fluten und Weben der Mikrophysis, sondern bleibt angemessenerweise eher in menschlichen Dimensionen. Diese aber sind andererseits auch nicht völlig fix, so daß gar nicht mehr die Möglichkeit zu vernünftigem Perspektivenwechsel bestünde, weil man es nicht mit einer anderer Perspektive auf dasselbe, sondern mit einer Perspektive auf etwas ganz anderes zu tun hätte.

Klar ist damit auch, daß so verstandener Anfang keine rein zeitliche Größe ist, gibt es doch hinsichtlich neutraler Zeit keine Anfänge, sondern nur Kontinuität. Diskontinuität verlangt qualitative Auszeichnung, wobei sich das Qualitative gelegentlich so weit vom quantitativen Anfang emanzipieren kann, daß der zeitliche Aspekt ganz zurücktritt, man etwa von einem logischen Anfang spricht oder auch von einem ständigen Anfangen im Sinne einer creatio continua[12].

Eine Anfangsdeutung bietet Spletts "philosophische Meditation" in einem Text über den Geburtstag[13], den ich hier umso eher zitieren möchte, als die Ehrung seines Autors mit den Beiträgen des vorliegenden Bandes anläßlich seines eigenen Geburtstags erfolgt. Der Eingangssatz ist gleich ein Kandidat für die noch ausstehende Besetzung der Rolle des Anfangsparadoxes: "Wo einer anfängt, hat er stets schon angefangen."[14] Was heißt das nun? Zunächst, daß die Zuschreibung "Anfang" notwendig auch in dem Sinn eine nachträgliche ist, daß ein Anfang immer Anfang von etwas ist und dieses Etwas nicht schon durch allein einen Anfangspunkt bestimmt sein kann, sondern, wie eine Linie erst durch zwei Punkte bestimmt[15] und eine Regelhaftigkeit erst für zwei Fälle gegeben ist, Identität sich erst durch Wiederholung ausbildet.[16] - Einen Anfang zu haben geschieht einem bloß; wenn Splett im weiteren bemerkt: "den Anfang haben wir nie", so wird deutlich, daß seine Rede von Anfang auch das Moment der Bewußtwerdung des Anfangens, einer ausdrücklichen Einstellung zum Anfang mitmeint, die somit in einem Sinne etwas voraussetzt, das ihr vorweggeht und zu dem sie sich verhalten kann. Daß man es dabei jedoch nicht notwendig mit einem zeitlichen Folgeverhältnis zu tun hat, macht der Vergleich mit dem Phänomen des Todes deutlich, zu dem es das Bewußtsein von Einstellungen wie Sterben und vorweg noch Sterblichkeit gibt, die ihm (nicht aber dem Diskursphänomen, dem Erfahrungstopos Tod) vorausgehen, was noch einmal deutlich macht, daß (Anfang wie) Tod nichts sein kann, was einem bloß geschähe, also unabhängig von dem Bezug des Sterbens wäre, denn sonst wäre der Tod für einen bekanntlich völlig irrelevant, da er kein Ereignis des Lebens selber darstellt.

Von einem jeden Anfang gilt offensichtlich, daß dasjenige, was (intransitiv) anfängt, ihn nicht selber bewerkstelligen kann: Nichts fängt schlechthin sich selber an, denn

---

[12] Zu Spletts Gebrauch dieses Terminus siehe beispielsweise *Gotteserfahrung* 120, wobei er zu dessen näherer Kennzeichnung an dieser Stelle allerdings dem Begriff des Anfangs den des Grundes vorzieht.

[13] *Geburtstag. Eine philosophische Meditation.* Geschrieben als Original-Offset-Lithographie von Christine Hartmann, Raubling 1977. Die meisten inhaltlichen Motive hieraus finden sich wieder in "Stichwort 'Anfangen'", in: *Zeitschrift für medizinische Ethik* 42 (1996), 309-311.

[14] Für das "anfängt" und "hat angefangen" sind alle Kombinationen von transitiver und intransitiver Lesart möglich. (Die transitiv/transitive etwa in dem Sinne, daß die Überlegungen dessen, der vor einer Entscheidung steht, sich schon in deren Einzugsbereich aufhalten und der Entscheidungsprozeß somit schon begonnen hat.) Für die Belange des zweiten Abschnitts ist vornehmlich die intransitive, für den dritten die transitive Lesart relevant.

[15] Will man die Rede von Anfang dennoch auf einen einzigen Punkt beziehen, so gelangt man zu (eher harmlos paradoxen) Einerseits/Andererseits-Formulierungen der Flüchtigkeit: "Ferner aber ist das, was anfängt, schon; ebensosehr aber ist es auch noch nicht." (Hegel, *Wissenschaft der Logik* 73f)

[16] Nicht ausgeschlossen ist damit selbstverständlich, daß man die nachträgliche Rede vorweg projektiert und so schon vor einem Anfang von etwas von diesem Anfang redet.

um sich anzufangen, müßte es bereits da sein und könnte sich nicht erst anfangen.[17] Statt die Rede von Selbstanfänglichkeit (in diesem Sinne) zu vermeiden, geht Splett anders vor, stellt den Begriff der Selbstanfänglichkeit gerade als einen zentralen vor[18], um dann, wie später zu sehen ist, zeigen zu können, daß solches Sichanfangen ein Angefangenwerden durch anderes voraussetzt. Doch erst bekommt der Anfang neue Eigenschaften zugeschrieben: Weil nicht der Angefangene den Anfang (zu setzen) vermag, wird dieser Anfang zunächst als ein Etwas verstanden, aus dem heraus wir sind, dem wir entsprungen sind, dann jedoch sogar zum Akteur erhoben: "Man kann nicht sagen, wir hätten ihn hinter uns gelassen, entlassen hat vielmehr er uns."[19] - Wieviel soll damit gesagt sein und wieweit trägt diese Metapher? Splett erläutert sie durch das Bild der aus ihrer Wurzel wachsenden Pflanze (ein klassisches Bild für Entelechie). Vergleiche hinken notwendigerweise, daß dieses Bild sich aber gerade den hier bedeutsamen Aspekt der Freiheit entgehen läßt, verwundert. Positiv weist es - die Wurzel steht für ein Anfangsstadium - die Vorstellung vom punktuellen Anfang ab. Einem Anfangsstadium kann, anders als einem bloßen Anfangspunkt, innere Bestimmtheit zukommen. Eine Wurzel unterscheidet sich nicht nur numerisch von einer anderen, in ihr sind bestimmte Informationen kodiert, die unter Mitwirkung von Umwelteinflüssen zu einer bestimmten Pflanze führen. Unabhängig von der Frage nach der Determination stellt sich die nach der Individualität des Anfanges. Splett bestimmt das "Gesetz des Anfanges" als dasjenige, daß der Anfang stets schon vorbei ist, was keine essentiell-individuellen Züge trägt. Andererseits wird der Anfang in einem emphatischen Sinne "mein Anfang" genannt und als etwas Künftiges aufgefaßt, das bevorsteht wie die Einlösung eines Versprechens.[20] Gewissermaßen kommt ihm ein Schwellenwert zwischen Allgemeinheit und Individualität zu: Als Anfang von *etwas* ist er jeweilig, individuell, insofern mit "Anfang" darauf hingewiesen werden soll, *daß* etwas anfängt, hingegen allgemein.

---

[17] Zumindest macht diese Überlegung deutlich, daß ein "Selbstanfangen" oder "Sichanfangen", wenn es sich hierbei überhaupt um eine empfehlenswerte Wortprägung handeln sollte, einen vom "Etwas-Anfangen" deutlich verschiedenen Sinn, und zwar gerade im Bedeutungsmoment des "Anfangens", tragen muß. Sollten mit der Rede von "Sichanfangen" solche wesentlichen Entscheidungen benannt sein, in denen man sich für ein "neues Selbst" entscheidet, so läßt sich unmißverständlicher von "Selbstveränderung" sprechen. Derartiges Sichanfangen-*als* statt radikalen Sichanfangens bebildert Sloterdijk, wenn er angibt, daß "Sichanfangen" zu hören sei als "Sichscharfmachen, wie eine Bombe; Sichzuraufführungbringen, wie ein noch nie gespieltes Stück; Sichstarten, wie den Prototypus eines nur einmal vorhandenen Fahrzeugs; Sichentsichern, wie eine Waffe; Sichöffnen, wie eine Tür ins Niedagewesene; Sichübernehmen, wie ein bisher unertragbares Gewicht, das mit einem Mal doch zur Hochstrecke gebracht wird". (Peter Sloterdijk, *Zur Welt kommen - Zur Sprache kommen.* Frankfurter Vorlesungen. Frankfurt a. M. 1988, 119f) - Spletts "Stichwort 'Anfangen'" 309 schickt dem Sichanfangen des Anfangenden das Sichanfangen des Anfangens vorweg. Im Anfangen wird hiernach nicht nur etwas (anderes) angefangen, sondern fängt (transitiv wie intransitiv) das Anfangen (sich) selber an.

[18] Vgl. *Gotteserfahrung* 17.

[19] *Geburtstag* 7.

[20] *Geburtstag* 10, 26f bzw. 23.

Hinweise dazu, ob das Bestimmende des Anfangs eher in inhaltlicher, essentieller Vorgabe oder in existentieller Aussetzung zur Entscheidung zu sehen ist, sind von der Freiheitstheorie zu erwarten. Dabei liegt, wie zu sehen ist, deren Pointe gerade in der Zusammenführung von beidem, wie von den Themen des Etwas-Anfangens und des Anfang-Habens.[21] Einen Anfang hat man hiernach nicht bloß am Anfang seines Lebens, sondern in jeder Situation, in der man selber etwas anfängt, insofern die Unverfügbarkeit des Maßes für eigenes Etwas-Anfangen mit der Unverfügbarkeit des eigenen Anfangs identifiziert wird. Dies kann umso kohärenter geschehen, als die Bestimmung des Menschen (sein "Wesen") vornehmlich in seinen Entscheidungen gesehen wird[22], die gerade wieder so analysiert werden, daß sie von einem unverfügbarem Maßstab herrühren, von dem noch zu untersuchen ist, wodurch er seine Auszeichnung erhält und ob er derart washaft verfaßt ist, daß er tatsächlich anwendbare Entscheidungskriterien bieten kann.

Splett denkt das von der freien Entscheidung selber nicht aufgebotene Maß theologisch, womit die zu konstatierende weitgehende Beschränkung von Freiheit auf moralische Freiheit zusammenhängt, auf Freiheit zum Guten mit der möglichen Abweichung zum Bösen hin. Das Maß für die Auszeichnung der guten gegenüber der bösen Alternative geht sowohl den jeweiligen Entscheidungen voran als auch der Gesamtmöglichkeit des Entscheidenkönnens, der Existenz als Freiheitswesen, welche (deshalb) als gut bewertet wird. Zum Gottesbegriff, mit dem die Verfassung des dem Anfang vorausgehenden Maßes expliziert wird, wird übergegangen, indem die Wendung, Freiheit fange nur so an, daß sie angefangen werde[23], ein Passiv bereitstellt (wo kommt es eigentlich her?), welches einen vorausgehenden Akteur fordert (oder zu fordern scheint), der dann, als der Gute, die Gewähr dafür abgibt, daß das Resultat seiner Aktion, der Mensch in seiner Freiheit, gut ist. Den Gottesbegriff führt Splett auf verschiedene Weise ein; hier ist allerdings nicht der Ort, eine dieser Demonstrationen eigens zu diskutieren[24], vielmehr ist zu untersuchen, ob intransitives wie

---

[21] Vgl. *Freiheitserfahrung* 97: "Freiheit, die ja nicht beliebige Wahl meint, fängt (intransitiv) nur so an, daß sie angefangen wird."

[22] Dieses neuzeitlich enorm wirkungsmächtige und im Existenzialismus sartrescher Prägung auf die Spitze getriebene Motiv nimmt Splett auf: nach *Freiheitserfahrung* 109 ist der Mensch "tatsächlich in gewisser Weise causa sui = Ursache seiner selbst: insofern nämlich, als er sich selbst zu dem macht, der er in Ewigkeit sein wird", wobei "causa sui" aber nach "Stichwort 'Anfangen'" 309 nicht im strengen Sinn zu verstehen ist, wonach Causa das ist, was ein Nicht-Existentes zur Existenz bringt.

[23] *Gotteserfahrung* 97.

[24] In unserem Kontext wäre folgende Variante relevant, die sich in die eingängigen Worte kleiden läßt "Wie fängt alles an?": Das Argument ist, daß die Existenz von Bedingtem die Existenz von Unbedingtem voraussetzt, da eine unendliche Bedingungskette zur Begründung von Bedingtem nicht genügt (*Gotteserfahrung* 102f). Hierzu möchte ich anmerken, daß sich für spezifizierte Bedingtheiten immer Bedingungen angeben lassen, die nicht wiederum durch diese bedingt, somit relativ zu ihnen unbedingt sind. Was Bedingtheit oder Unbedingtheit ohne bezüglich eines solchen Relates ausgesagt zu sein bedeuten soll, bleibt ungeklärt. Überdies ist, spekulativ gedacht, für jeweilige (und wenn es sein müßte, auch absolute) Unbedingtheit gerade der Zufall der nächstliegende Kandidat: denn zufällig ist bekanntlich das, was keine bedingenden Ursachen hat. - Entsprechendes wäre zur Variante zu sagen, die ausdrücklich auf das

transitives Anfangen des Menschen unter diesem (theologischen) Konzept aussagekräftig und (möglichst) widerspruchsfrei gedacht werden.

Splett deutet den Anfang als Angefangenwerden im Sinne von Gerufenwerden. "Ich bin ge- und erwählt, 'bei meinem Namen gerufen' - nicht, als hätte ich den schon vorher gehabt, um bei ihm gerufen werden zu können. Vorher gab es ihn so wenig wie mich."[25] Damit liegt das Anfangsparadox gleichsam in Reinform vor. Zwar kann man das Zugeständnis machen, jemand müsse, um zu verstehen, daß mit einem gerufenen Namen er gemeint sei, nicht schon wissen, daß dies sein Name sei, ihn also nicht schon besitzen - man sollte dann richtiger von Namengebung denn vom Rufen sprechen -, eindeutig aber setzt die Semantik von Rufen wie von Namengebung voraus, daß bereits existiert, was gerufen wird.[26]

Das Motiv für die Rede von Rufen ist klar: Schöpfen soll anders gedacht werden denn als ein die Freiheit des geschaffenen Menschen im Sinne einer ihm zukommenden "Selbstanfänglichkeit" nicht zulassendes Herstellen.[27] Der Grund für die Paradoxie liegt nun darin, daß das von Splett als "dialogisch" bezeichnete Bezugsmodell sich nicht gut mit dem asymmetrisch-konstitutiven Verhältnis verträgt. Ein Dialog setzt eben anfänglich zwei Dialogpartner voraus und besteht aus einem Wechselverhältnis, das nicht zustandekommt, wenn der eine Partner das Wort des anderen ist.[28] - Mehre-

---

Freiheitsmoment abhebt: "Wenn Freiheit nicht gänzlich aus sich ist (göttliche Freiheit), dann kann sie nur aus Allmacht sein, jeder 'niedere' Ursprung höbe sie auf." (*Gotteserfahrung* 118) Für das göttliche Aus-sich-Sein ist zudem auf die bezüglich des Motivs des Sichanfangens dargelegte Problematik einer Wendung wie "Freiheit aus sich" zu verweisen, die ihre Ursache möglicherweise in der ungerechtfertigten Anwendung der unspezifizierten Kategorie des Grundes hat (insofern "aus x sein" identisch ist mit "in x gründen").

25 *Denken vor Gott. Philosophie als Wahrheits-Liebe.* Frankfurt a. M. 1996, 111. Vgl. auch "Der Ruf, den ich vernehme, ruft meinen 'Namen'; die Antwort, die er verlangt, bin ich selbst" (*Konturen der Freiheit. Zum christlichen Sprechen vom Menschen.* Frankfurt a. M. 1974, 31) sowie "Freiheit schaffen besagt: ein Wort sprechen, das sich selber vernimmt und so erst voll Wort wird." und "In welchem Sinn von Dialog und Partner gesprochen wird, dürfte nun deutlich sein, nämlich so, daß auch der Antwortende Wort des Anrufenden ist, aber gleichwohl [...] aufgenommenes Wort als lebendig-freie Antwort." (*Gotteserfahrung* 156 bzw. 157).

26 Dieselbe paradoxe (antinomische) Struktur wird auch statt in der Semantik des Rufens in der des Gebens formuliert (siehe *Gotteserfahrung* 151ff), wonach die geschaffenen Seienden die Gabe des göttlichen Gebers seien, was die Frage herausfordert, wem die Gabe gegeben wird - die "Antwort": die Freiheit wird "sich selbst gegeben, das heißt sich als sich nehmend".

27 "Was bloß angefangen wurde, ohne selber anzufangen, besitzt keine Anfangskraft, ist nicht frei, kein Ich." ("Stichwort 'Anfangen'" 309)

28 Weiterhin wirkt ein Dialog, bei dem - wie im nächsten Abschnitt dargestellt - der eine Dialogpartner zuerst nur Ja, und dann immer bloß Ja oder Nein (Dawider) sagen kann, ziemlich monoton. - Inwiefern solche Verwendung der Dialogmetapher die Dialogen innewohnende Wechselseitigkeit von Sprechen und Hören auf ein eindeutiges Verhältnis von primär und sekundär verkürzen muß, macht folgende Stelle deutlich: "So aber besagt Dialogfähigkeit zuerst Hör- und Lernfähigkeit. Realitätsbezug gibt es nicht ohne die Bereitschaft, 'sich etwas sagen zu lassen'. Das heißt, dialogische Existenz ist nicht zuerst als Reden und Bestimmen, als Konstatieren und Konstituieren, also vom Entwurf her zu entwerfen; wir müssen sie vielmehr vom Hören und Sich-bestimmen-*Lassen* aus denken." (*Zur Antwort berufen. Not und Chancen christlichen Zeugnisses heute.* Frankfurt a. M. 1984, 17) Daß Hören je schon Verstehen-*als* ist, gerät nicht in den

re Fluchtwege aus der Antinomie, mit Aufgabe einer oder beider der widerstreitenden Denkmotive, bieten sich an, eine theologische Verständigung darüber, welcher zu wählen ist, liegt nicht im Interessenbereich dieses Aufsatzes.[29] Hingewiesen sei darauf, daß alternativ eine solche Selbstanfänglichkeit eines Ichprinzips wie etwa bei Fichte zu denken in der Gefahr steht, in ähnlich paradoxen Strudeln unterzugehen, wobei sich hier untersuchen ließe, inwiefern man es mit einer Nachfolgerparadoxie der schon erwähnten mit der causa sui verbundenen zu tun hat.

Möchte man sich auf eine Weise aus der paradoxen Problemlage zurückziehen (oder das Hineinirren in sie vermeiden), die sich hinsichtlich des Anfanges im Philosophieren anbietet, nämlich das Verhältnis von Erfahrung und reflektierender Deutung zu einem hermeneutischen Zirkel zu runden und damit zu entschärfen, so müßte auch hier ein Wechselverhältnis zwischen Anfangen und unverfügbarem Grund und Maß des Anfanges angesetzt werden, was im nächsten Abschnitt näher zu erläutern ist. Für Splett scheidet diese Lösungsmöglichkeit soweit aus, als er den Menschen sicherlich noch weniger Einfluß auf einen göttlichen Schöpfungsakt als der Philosophie auf die Erfahrung zusprechen wird. Festgehalten sei aber die strukturelle Entsprechung der beiden Anfangsparadoxa, einen vorweggehenden und unabhängigen Maßstab für ein Späteres zu denken, an dem dieses Spätere aber je schon beteiligt sein soll.

3. Selber anfangen

Bei Kant, ein Begriffsgebrauch, findet sich die Bestimmung von Freiheit als "Vermögen, einen Zustand von selbst anzufangen".[30] - Bemerkenswerterweise wird Frei-

---

Blick, wie überhaupt die Bevorzugung der Metapher des Hörens gegenüber der des Sehens dazu angetan ist, den Deutungsaspekt zu vernachlässigen.

[29] Gegenüber Spletts "Keiner von uns ist passiert, jeder ist gewollt und gerufen. Wer diese religiöse Aussage abweist, müßte ungewollten Kindern die Personwürde bestreiten." (*Denken vor Gott* 320) ließe sich, auch mit dem Hinweis, daß im voraus allzu gewollten Kindern (richtig wäre: sie zu wollen, wenn sie einmal da sind; aber zweifelsohne müßte in diesem Zusammenhang der Begriff des Wollens näher diskutiert werden), indem sie für die Erfüllung bestehender Bedürfnisse und Funktionen vorgesehen werden, eigener Entfaltungs- und Freiheitsraum gerade genommen wird, zunächst bemerken, daß der erste Satz dieser Passage, die "religiöse Aussage" Deutungs- und möglicherweise Begründungscharakter hat und fehlende (theologische) Deutung und Begründung von Würde noch nicht Bestreitung von Würde fordern muß. Auf eingehende Diskussion dessen, welcher funktionelle Status solchen Größen wie Menschenwürde oder auch Naturrecht zukommt, mit der darin eingeschlossenen Frage nach Begründungsweisen, muß hier verzichtet werden.

[30] Kant, *Kritik der reinen Vernunft* A533/B561. Kant spricht von "kosmologische Freiheit", weil dieses Anfangen die mögliche Konkurrenz zeitlich vorgehender Naturursachen ausschließen soll. Nicht in kosmologischen Dimensionen bewegen sich allerdings die folgenden auch nicht an Inszenierungen intelligibler und empirischer Doppelwelten interessierten Untersuchungen, angezeigt sei mit der Bestimmung von Freiheit als Anfangsvermögen einfach nur, unter welchem Aspekt das vielschichtige Thema Freiheit hier angegangen wird. Es sei noch bemerkt, daß Anfangen als spontanes Tun sich nicht durch absolute Ursachenlosigkeit auszeichnet, sondern durch das Fehlen "einer andern Ursache von derselben

heit als Setzungs- oder Anfangsvermögen meist im Hinblick auf Entscheidungssituationen im Sinne der Auswahl aus vorgegebenen Möglichkeiten diskutiert.[31] Als Wahlsituationen kommen meist solche der Ja-Nein-Alternativwahl in Betracht, also solche, für die die Anzahl der Wahlmöglichkeiten Zwei beträgt, was nicht nur in der Eigenschaft, Mindestanzahl von Wahlmöglichkeiten zu sein, begründet liegt, sondern bei Splett ebenso in der Ermöglichung, die Entscheidung direkt moralisch als Ja-Nein-Wahl im Sinne eines asymmetrischen Gut-Böse zu deuten. Diese Art von Asymmetrie gewährleistet es, Entscheidungsfreiheit von bloßer Willkür zu unterscheiden: Vom Paradigma bloßer Auswahl gelöst, heißt es statt 'Äpfel oder Birnen' nun: 'das Gesollte - oder gegen das Gesollte', die beiden der Alternative sind nicht eigentlich mehr zwei, sondern eines und das Dawider.

Modelle orientieren sich nun an paradigmatischen Szenarien (wobei sie in einem Wechselverhältnis ihrerseits als Deutungsgrundlage und Rahmen der Szenarien diese prägen, mitkonstituieren). Für das Thema freier Entscheidung scheinen mir folgende zwei (etwa von B. Williams immer wieder gegenübergestellten) Szenarien Extreme abzustecken: Einerseits die Freiheit, einer klar gegebenen moralischen Norm wie etwa "Lüge nicht!" zu folgen oder dawiderzuhandeln (wie gerade dargestellt), andererseits die sich etwa in Berufs- oder Partnerwahl manifestierende Wahl eigenen Lebens[32]. Nicht, daß für letztere moralische Erwägungen ausgeschlossen wären; nur hat man es nicht notwendig mit einer Ja/Dawider-Entscheidung zu einer solch klaren Gegebenheit zu tun, bei der man weiß, woran man ist. (Damit ist klar, daß ich "Wahl" hier nicht nach dem Paradigma der Auswahl aus vorliegenden Dingen denke.) - Im folgenden möchte ich untersuchen, wie sich diese beiden modellbildenden Szenarien zu der Frage nach einem Maßstab zur Rechtfertigung eines Anfangens verhalten.

Art", wie sie selbst eine ist (wie Kant allerdings nicht im Hinblick auf Freiheit, sondern auf Ursprung schreibt; *Die Religion innerhalb der Grenzen der bloßen Vernunft* B39). Etwa kann, was psychisch spontan ist, durchaus chemisch verursacht sein. - Übrigens spricht Splett zu Beginn der *Freiheitserfahrung* 11 mit Guardini selber von Freiheit als "Anfangskraft", wobei mir diese Wortwahl durch die Erläuterung "Nur indem man etwas anfängt, sich bewegt, trifft man auf etwas; und auch 'betroffen' wird nur, wer nicht gänzlich unbewegt ist." allerdings nicht schon gerechtfertigt zu sein scheint, da Bewegung für Anfangen und Freiheit natürlich noch nicht hinreichend ist.

[31] Nicht nur meist, sondern durchweg ist mit dem Subjekt freien Anfangens eine Einzelperson in den Blick genommen. Wenn diese auch das Paradigma für die folgenden Überlegungen bildet, sehe ich doch keine prinzipiellen Schwierigkeiten, nicht auch anderen Instanzen wie Gruppen und Institutionen Anfangsfreiheit zuzusprechen, statt etwa die gemeinsame schöpferische Tätigkeit eines Künstlerduos auf Einzelfreiheiten zu reduzieren.

[32] Man könnte hier auch das Beispiel der Menuwahl angesichts der Speisekarte wählen. Tue ich nicht, weil dieses Szenario in der Gefahr steht, die mißverstehende Auffassung zu fördern, hierauf bezogen gar nicht von Freiheit reden zu können, da man es nur mit geschmacklicher Willkür zu tun habe, eine Reaktion, die ihre Ursache wohl darin hat, daß man die Menuwahl einfach für zu unbedeutend hält, um den tendenziell heren Freiheitsbegriff hier Anwendung finden zu lassen.

a) Regelnorm und Anwendung

Zunächst zum ersten Szenario, oder richtiger: zu Spletts Modell, das er auf dieses Szenario hin konzipiert. Hier geht es darum, wie die asymmetrische Auszeichnung des Guten gegenüber dem Bösen in der Freiheit erklärt werden kann durch die Struktur von Freiheit selber, soll die Weise des Anfanghabens der Freiheit das Maß für ihr Etwas-Anfangen abgeben. - Hierzu ist zweierlei Ja zu unterscheiden: Dem Ja der Alternative Ja oder Dawider wird das Ja der Akzeptanz, des Einlassens auf diese Alternative vorausgesetzt. Gibt es zwar durchaus Entscheidungen zweiter Stufe, worin man sich etwa zu mehr Entscheidungsfähigkeit entscheidet, so hat man im Hinblick auf das Gesamt von Freiheit nicht die Wahl, Freiheit zuzulassen oder abzulehnen, denn das würde bereits Entscheidungsfreiheit voraussetzen. Dieses Ja zur Freiheit überhaupt ist also anders beschaffen als ein Ja, zu dem die Alternative des Dawider bestünde, das moralische Subjekt ist nicht auf dieselbe Weise wie dort Urheber. Dennoch muß es für Splett kein ernötigtes Ja sein, weil es gerade das Selbst-konstitutive Antwort-Ja ist, also noch niemand da ist, dem es aufgezwungen werden könnte. "Die in Freiheit angenommene Verantwortung ist nie in voller Freiheit angenommen, weil Freiheit erst unter ihrem Anspruch erwacht."[33] Klar ersichtlich, man hat es mit dem im zweiten Kapitel beschriebenen Anfangsparadox zu tun[34], welches hier nicht erneut problematisiert werden muß, sich aber möglicherweise entschärfen ließe, wenn man die Zwanglosigkeit dieses Ja so begründet, daß es den (bereits existierenden) Sprecher erst zu einem Teilnehmer am Moral- und Entscheidungs"spiel" werden läßt und man nur innerhalb dieses "Spiels" strenggenommen von Zwang reden kann. - Splett fährt fort: "Gut ist sie [die Verantwortung], weil a) nur und erst sie die Freiheit erweckt und weil b) sie die Freiheit zum einleuchtend Guten [...] erweckt, darum zur Bejahung des gebotenen Guten. Wenn wir nein sagen wollen, bringt uns das nicht bloß in Widerspruch zum erweckenden Anspruch, sondern zugleich stets auch in Widerspruch zu uns selbst [...], zu unserem je schon gesprochenen Ja zu diesem Anspruch." Die notwendige Verbindung der beiden Jas so, daß das erste Ja den Vorrang des zweiten Ja vor dem Dawider begründet, geschieht dadurch, daß ersteres Ja gut genannt wird.[35] Dabei werden beiderlei

---

[33] *Denken vor Gott* 111.

[34] Wobei der Aspekt der Wechselseitigkeit klar zum Ausdruck gelangt, wenn Angefangenwerden und Etwas-Anfangen der Freiheit zusammengezogen werden: "Freiheit erfährt und er-wirkt sich im Lichte der Wahrheit, im Anspruch des Guten. Sie wirkt gewiß, was sie erfährt (denn sie ist gerufene, nicht absolute Freiheit); aber sie erfährt zugleich auch, was sie stets schon mit-erwirkt [...]." (*Gotteserfahrung* 176)

[35] Was keineswegs unstrittig sein muß: Gegen die Auffassung, daß es bei den faktisch festzustellenden Freiheitsmißbräuchen vielleicht besser wäre, wenn es gar keine Freiheit gäbe, müßte erst einmal argumentiert werden. (Ebenso läßt sich fragen, weshalb es überhaupt gut sein soll, daß es einen Unterschied zwischen Gut und Böse gibt; und dies schon formal als Frage danach, ob solche Selbstprädikationen überhaupt zulässig, meint: sinnvoll, sind.) - Mir scheinen beide diese Möglichkeiten problematisch zu sein: Freiheit gut, oder: Nichtfreiheit besser - in beiden Fällen sehe ich nicht, relativ wozu man hier wertet oder, sollte es sich um eine in irgendeinem Sinne "absolute" Wertung handeln, wo man die Kriterien sowohl für die Bewertung als auch die Bedeutung der verwendeten Ausdrücke hernehmen sollte. Vielmehr *ist* Freiheit

Gut- wie Ja-Rede so enggeführt, daß der böse Freiheitsgebrauch (der Freiheitsmißbrauch) als praktischer Selbstwiderspruch der Freiheit des Handelnden gefaßt werden kann. Näher beleuchtet widerspricht der Freiheitsmißbrauch sich, indem die Asymmetrie von Gut und Böse so als Asymmetrie der Freiheit gefaßt wird, daß Freiheit Freiheit zum Guten und selber gut ist; indem der Freiheitsmißbrauch das Gute negiert, das Gute aber die Freiheit selber ist, sägt sich der Freiheitsmißbrauch gewissermaßen den Ast ab, auf dem er sitzt. - Eine andere Rechtfertigung als diese immanente dafür, die beiden zunächst deutlich unterschiedenen Jas so gleichzuschalten, sehe ich nicht.

Wenn dementsprechend gut die Übereinstimmung mit einem selber ist, so kann als Anweisung zu moralischem Handeln gegeben werden, in Übereinstimmung mit sich zu handeln, wobei sich weiter differenzieren ließe, wie konkret die Übereinstimmung zu denken ist und worin sie genau besteht, wenn sie als Übereinstimmung mit sich als einem Fall gerufener Freiheit verstanden wird. Deutlich ist aber, auf welches (philosophiegeschichtlich und bis zu immer wieder populären Lebensmaximen wie "Sei Du selbst!" wirksame) Ideal dieses Freiheitsverständnis hinausläuft: Die Freiheit des Entscheiden-Könnens wird depotenziert zugunsten einer "Freiheit der Entschiedenheit, der Identität, in der nichts einen hindert, man selbst zu sein. Freiheit erfüllt sich im Ja"[36]. Tatsächlich nennt man nicht gerade solche Menschen frei, die ständig in ihren Auffassungen schwanken, sondern zeichnet zur Illustrierung dieses auszeichnenden Prädikats lieber das Bild von jemandem, der einen gleichermaßen soliden und eigenen Standpunkt einnimmt, der sich soweit gefunden hat und soweit in seinem Charakter gefestigt ist, daß er nicht bei jeder Gelegenheit in einer ihn desorientierenden Entscheidungssituation steht.[37] Es ist auch schnell einzusehen, daß sich Unbestimmtheit und Freiheit nicht proportional zueinander verhalten: mehr an Möglichkeit muß nicht mehr an Freiheit erbringen, weil Möglichkeiten nur relevant sind, wenn sie in Relation zu bestimmten Realitäten stehen; auf einen Handlungszusammenhang bezogene Realmöglichkeiten bestehen nicht einfach, sondern werden geschaffen, wahrgenommen oder vergeben. - So weit die richtige Einsicht, welche dieses Modell vermittelt; doch tendiert es in seiner Auffassung der Freiheit als Entschiedenheit stark zu einer entgegengesetzten (aber, wie noch zu sehen ist, schließlich denselben basalen Vorstellungen erliegenden) Einseitigkeit, von der nicht einzusehen ist, wie sie das

---

eben, und zwar in dem Sinne und so weit, als das Selbstverständnis als freies Wesen eine zentrale und weitreichend verknüpfte Rolle in der Lebenspraxis spielt, was die Möglichkeit gerade nicht ausschließt, daß Selbstverständnis und Lebenspraxis zeitlichem Wandel unterliegen können und tatsächlich, wenn auch in geringerem Maße, bereits von Mensch zu Mensch in derselben Kultur variieren. (Die homerischen Menschen hatten - nach der allerdings nicht unstrittigen Lektüre von B. Snell, *Die Entdeckung des Geistes. Studien zur Entstehung des europäischen Denkens bei den Griechen*, Göttingen 1975 - nicht das Selbstverständnis, entscheidungsfreie Menschen zu sein, und waren es auch nicht, wobei man eine Wendung wie "für unser Verständnis von Freiheit" hinzufügen, aber auch weglassen kann.)

[36] *Freiheitserfahrung* 117.

[37] Wäre ein solches Ideal vollends verwirklicht, würde allerdings die Beurteilung als freie Entscheidung problematisch: Denn wie wäre ein völlig entschieden-freier noch zu unterscheiden von jemandem, der gar nicht in einem Freiheitsraum zu orten ist? Gewissermaßen ist jemand, der so sehr weiß, was er will, daß er sich nicht nur will, wie er ist, sondern sogar so ist, wie er ist, eben einfach so, wie er ist.

Moment der hier verhandelten Anfangsfreiheit beinhalten könnte. Erstrebenswerte Alternative zum völlig offenen Chaos, dem Splett richtigerweise einen Freiheitswert abstreitet[38], wäre nicht unbedingt eine solche Bestimmtheit, auf die man primär nur binär mit Ja oder Dawider reagieren könnte, bezüglich derer Splett in der Orientierung an der Bindungsfreiheit zu Formulierungen gelangt, wonach der Freie "die Ebene der Wahl-Alternativen zu jener Identität hin" übersteigt, "in der er selbstverständlich der ist, der er ist".[39] Solche "Selbstverständlichkeit" scheint keinen Raum dafür zu lassen, etwas anzufangen, was doch wohl heißt: etwas anzufangen, das noch nicht ist.

Im folgenden möchte ich zeigen, wie das erste der beiden zu diskutierenden Modelle - das von Norm und Anwendung, wobei die Regel vorgegeben ist und es nur noch darauf ankommt, in Übereinstimmung mit ihr zu handeln - umkonzipiert werden müßte, nämlich durch Erweiterung um die Idee dynamischer Wechselwirkung von Regel und Anwendung, um Anfangsfreiheit berücksichtigen zu können.[40]

Ich setze dazu noch einmal bei dem Szenario der moralischen Verpflichtung an, jedoch oberhalb der Deutung durch das Ja/Dawider-Modell. Ausgangssituation ist eine als Handlungsmaßstab vorgegebene Norm, was heißt, daß sie selbst praktischer Grund dafür sein muß, ihr zu folgen.[41] Nun muß aber die geforderte Begründung irgendwie auf die konkreten einzelnen Anwendungsfälle der Norm bezug nehmen, da die Norm, obzwar allgemein, doch gerade Norm für solche konkreten Fälle sein soll. Es soll sich hierbei um eine inklusive, oder besser: für die Spezifizierung durch den Anwendungsfall offene Allgemeinheit handeln, nicht um eine den Einzelfall in seiner

---

[38] *Freiheitserfahrung* 98.

[39] *Gotteserfahrung* 269. - Dies nennt Splett "Unbedingtheit". Von dieser Art von Unbedingtheit sollte zu Ende des Aufsatzes deutlich geworden sein, in welchem Sinne sie eine Sache des Nachhineins ist, die sich durchaus antiessentialistisch verstehen läßt: Weiß man doch, daß man, hätte man anders entschieden als man es getan hat, ebenso von sich sagen könnte, man sei, wer man sei. - Unbedingtheit, oft als Grunderfahrung angesprochen, ist für Splett ein zentrales Konzept und erscheint in vielerlei Gestalt, etwa als Unbedingtheit der ethischen Verpflichtung oder als solche des totalen Sinnanspruchs (vgl. "Gottesbeweis", *Gotteserfahrung* 64ff). Das Gemeinsame und Prägende dieser Unbedingtheiten scheint mir dabei die Kontextexklusion zu sein, im aktuellen Fall besteht sie in der Idealisierung geschlossenen Selbstseins, das nichts anderes tun soll als "ja" zu sich zu sagen, wobei dieses Ja nicht eines kontingenter Gegebenheiten sein kann, als es eine Reaktion auf einen göttlichen Anspruch darstellt, der sich wohl kaum mit kontingenten Kontexten identifizieren läßt, sondern der allenfalls in einem ganz anders verfaßten die-kontingente-Gegebenheit-soll-sein-! bestehen kann.

[40] Ich gehe für die Belange dieser Untersuchung davon aus, daß moralische Imperative Regelcharakter haben - eine Annahme, die für eine wirklich systematisch angesetzte Moraltheorie über die unten folgenden Plausibilisierungen hinaus geprüft werden müßte.

[41] Daß der Grund, ihr zu folgen, nicht außer ihr liegen kann, wird deutlich, berücksichtigt man, daß es moralisch geboten ist, über die (über faktische Geltung im Sinne bloß positiven Rechtes hinausgehende) Moralität Rechenschaft abzulegen. Ausgeschlossen sind damit derart dezisionistische und voluntaristische Positionen, welche die Geltung der Norm allein durch ihren als isolierten gedachten Setzungsakt gerechtfertigt sein lassen und in der (auch kontextuell gedachten) Norm selber gar nichts an Rechtfertigung finden. - Zum folgenden Argumentationsgang vgl. auch J. Derridas Überlegungen zur Gerechtigkeit in *Gesetzeskraft. Der "mythische Grund der Autorität"*. Frankfurt a. M. 1991, 47ff.

Besonderheit ausschließende. Eine Norm, die nicht die konkreten Umstände von Entscheidungsfällen berücksichtigte, wäre keine moralische; vielmehr muß sie sich in den einzelnen Fällen als überzeugend, als gerechtfertigt erweisen.[42] Die geforderte Begründung kann damit gerade durch das jeweilige Folgen der Norm (mit)geliefert werden; indem eine einzelne Tat als moralisch gut bewertet und ihre Übereinstimmung mit einer Norm aufgewiesen wird, stützt sie diese Norm. Dabei erfolgt die Bewertung des einzelnen Falles selbstverständlich nicht ohne Rekurs auf allgemeine Normen, jedoch nicht, in Form eines Kurzschlusses, bloß auf diese eine, als deren direkte Folgeleistung die Handlung gedeutet wird. Man hat es demnach mit einem Wechselverhältnis, einer wechselseitigen Stützung zu tun. Bei Splett ist gemäß der bemerkten Tendenz ein Absehen von dieser Wechselseitigkeit mit Auflösung auf eine Seite hin zu registrieren: Zuerst komme das konkrete Gebot "Hier und jetzt soll ich die Wahrheit sagen", und erst daraus bilde man die Gesetzformulierung.[43] Solche Konstruktionen verbieten sich, wie ich meine, da ein nicht weiter in allgemeiner Sittlichkeit kontextualisiertes, als unmittelbare Erfahrung behauptetes singuläres Gebot kein gerechtfertigtes sein kann und deswegen nach den obigen Bemerkungen kein moralisches. Ein "Hier und jetzt soll ich X." vor jedem allgemeinen Gesetz könnte nicht nur nicht in einem engeren Sinne rational begründet werden, sondern auch nicht durch Verweis auf bestimmte allgemein zugängliche Instanzen, wie etwa Konventionen verschiedenster Art, gerechtfertigt werden. Als "Rechtfertigung" bliebe bloß ein "So höre ich mein Gewissen gebieten." Die Möglichkeit einer Korrekturinstanz wäre damit gerade weggedacht, zwischen Sollen und zu-sollen-Meinen ließe sich praktisch auf keine Weise unterscheiden.[44]

Indem es also, um dem moralischen Ja eine solche Radikalität zusprechen zu können, die es von dem Ja zu einer beliebigen Regel unterscheidet, nötig ist, die Norm, der es Folge leistet, selbst zu verantworten, sie auf eine Weise zu bestätigen, die man durchaus Mit-Begründung nennen kann, ist die Tragfähigkeit des Modells von Ja und Dawider zu einer Gegebenheit und eines hieran orientierten Verständnisses von Regelfolgen weiter eingeschränkt. Doch muß dabei nicht die Orientierung an dem Modell von Regel und Anwendung überhaupt aufgegeben, sondern nur deren Verhältnis anders gedacht werden. Mit der Regel kann eine Handlung nämlich nicht nur so übereinstimmen, daß die Regel bleibt, wie sie war, und die Handlung genau im Sinne

---

[42] Man könnte einwenden, daß das Problem der Rechtfertigung völlig unabhängig vom Verhältnis von Maxime und Anwendung angegangen werden könne, da man moralische Maximen für sich, also ohne Bezug auf Anwendung, rechtfertigen könne und dabei die Maximen die Anwendungsfälle so eindeutig präfigurierten, daß der Anwendungsvorgang keine eigenen Überlegungen forderte, nämlich trivial sei, in welchen Fällen welche Maxime wie anzuwenden sei. Ich halte das hinsichtlich moralischer Normen für eine falsche Beschreibung, da man sich in jeder konkreten Situation eigens fragen kann (und gewissermaßen soll), ob hier wirklich ein Anwendungsfall der verfügbaren allgemeinen Norm vorliegt und ob sie für diesen Fall gerechtfertigt ist.

[43] *Gotteserfahrung* 38.

[44] Konsequenterweise spricht Kierkegaard (in *Furcht und Zittern*, "Problema 1") hinsichtlich solcher Fälle von einer "Suspension des Ethischen".

dieser feststehenden Regel erfolgt, sondern auch so, daß die Regel durch die Handlung mitgeprägt wird und sozusagen auf seiten der Anwendung Übereinstimmung erfolgt, eine Übereinstimmung mit der Regel, die zuvor gar nicht möglich war, weil die Regel noch eine andere Gestalt hatte. Damit wird deutlich, daß ein Kriterium für die (nachträgliche) Beurteilung, welches die gute gegenüber der schlechten Alternative auszeichnet, nicht schon direkt ein deutliches Handlungskriterium bieten muß. Das "Handle in Übereinstimmung mit der Regel!", welches nahelegt, daß die Regel bereits vollständig fixiert ist und auch vom Handelnden als fixierte aufgefaßt wird[45], ist somit nur ein Fall des allgemeineren "Handle bezüglich der Regel so, daß sich in den Konsequenzen des Handelns Übereinstimmung mit der Regel ergibt!" Einen Unterschied machen die beiden Formulierungen genau dann, wenn während des Handelns eine Veränderung der Regel erfolgt ist (die nicht durch irgendwelche dritten, dem betrachteten Handlungszusammenhang externe Ursachen bewirkt wurde). Somit ist ein Wechselverhältnis anzusetzen, welches besagt, daß einerseits die Regel der Anwendung vorhergehen muß, da die Anwendung eben eine Anwendung der Regel ist, andererseits aber die (implizite) Regel sich nur durch Handlungen konstituiert, die man ihre Anwendungen nennen kann.[46]

Ein Vollzug von Anfangsfreiheit, so also die These, liegt dann vor, wenn eine Handlung als Anwendung einer Regel bezüglich dieser Regel verändernd wirkt, was einschließt, daß diese Wirkung dem Handelnden zugeschrieben und nicht als bloßes Geschehen aufgefaßt wird. Je nachdem wie das Verhältnis von Regel und Anwendung gedacht wird, ob so, daß jede Anwendung die Regel minimal verändert (nämlich für eine neue Anwendungssituation einrichtet) oder nicht, ist jeder Handlung ein Moment von Anfangsfreiheit zuzusprechen oder eben nicht. Unabhängig von dieser Frage aber ist darauf hinzuweisen, daß mit dem Prädikat "frei angefangen", angewandt auf Handlungen, keine Klassenunterscheidung getroffen, sondern die graduelle Ausbildung eines Aspekts ausgesagt wird. Im Verhältnis zwischen Anwendung und Regel gibt es zwischen deutlicher Übereinstimmung und deutlicher Nichtübereinstimmung einen mittleren Bereich, der bezüglich der Zuschreibung von Übereinstimmung und Nichtübereinstimmung ein mehr oder weniger stark ausgeprägtes Moment an Unbe-

---

[45] Fixiert so, wie die Formulierung einer Regel etwa in einem Buch, mit dem Anspruch, über ein Kriterium zu verfügen, welches über jede mögliche Handlung zu entscheiden imstande ist, ob sie unter die Regel fällt, also eine Anwendung der Regel ist oder nicht.

[46] Um den Versuch, das Anfangsfreiheit ermöglichende Moment der Wechselwirkung in das Modell von Regel und Anwendung hineinzudenken, wodurch sich ein Übergang zu einem ganz anderen Modell als vermeidbar erwiese, vor dem Vorwurf der Konstruktion einer Paradoxie zu schützen, müßten verschiedene Konzipierungsmöglichkeiten für dieses Wechselverhältnis untersucht werden. (Was mir allerdings für die aktuellen Belange nicht notwendig zu sein scheint.) Eine Frage diesbezüglich wäre, ob die Rede von Wechselverhältnis und Mitkonstitution der Regel durch die Anwendungen impliziert, daß die Regel irgendwie unvollständig (an welchem Maßstab gemessen?), eventuell bloß hypothetisch ist, ob ihr irgend etwas mangelt und dieser Mangel erst durch die Anwendungen behoben wird. Wenn dies nicht zutrifft, bleibt zu klären, wie sie dennoch veränderungsfähig, anschlußfähig für verändernde Anwendungen sein kann. Und wodurch es gerechtfertigt ist, die sie verändernden Anwendungen überhaupt als Anwendungen *ihrer* zu fassen. (Locus classicus für diese Fragen sind Wittgensteins Untersuchungen zum Regelfolgen.)

stimmtheit aufweist. Diese Unbestimmtheit hat ihren Grund in der Unbestimmtheit des Maßstabes oder der Regel selber. Ein Tun, das in diesen mittleren Bereich fällt, wird die Regel dann prägen, wenn es als Anwendung dieser Regel anerkannt wird.[47]

Da sich für die Einschränkung des Dawidermodells insbesondere der Aspekt der Begründung als ausschlaggebend erwiesen hat, möchte ich nun auf das zweite Szenario für (Anfangs)Freiheit zu sprechen kommen. Dabei stellt die Erweiterung des Regelfolgenmodells durch das Moment der Rückwirkung von Anwendungen auf die zugrundeliegende Regel bereits einen Schritt zu einem Modell dar, welches nicht nur die Beschränkungen des ersten Modells im Hinblick auf das Verständnis des ersten Szenarios der Verpflichtung auf moralische Normen zu überwinden, sondern zugleich imstande ist, auch weitere Phänomenbereiche wie den der Lebensführung mit seinen vielen Entscheidungen, wie, wo, mit wem usw. man leben und was man sein wolle, zu durchleuchten (also das zweite Szenario).

b) Rechtfertigung

Solche Lebensentscheidungen lassen sich nicht an einem Gebot messen, dem sie entweder Folge leisten oder dawiderhandeln, nichtsdestoweniger aber, oder richtiger: um so mehr sind sie zu verantworten.[48] Die Rede von Verantwortung hat nämlich, wie deutlich werden soll, vorzugsweise dort ihre Anwendung, wo man nicht alle Bestimmungsstücke für das Verantwortete und zu Verantwortende in seinen Konsequenzen beisammen hat, wo Offenheit der Zukunft eine Rolle spielt und das Anfangen sich einem Spielraum (einer Welt) aussetzt.[49] Dabei verstehe ich unter Verantwortung im folgenden verantwortete Entscheidung, also nicht bloß nachträgliche Verantwortungsübernahme, wie sie sich auf etwas einem Anvertrautes erstreckt.[50] Wenn also das, was (neu) angefangen wird, verantwortet werden soll, Verantwortung (im Sinne verantworteter Entscheidung) aber Rechtfertigung und Begründung einschließt, welcherart Begründung kommt dann in Betracht? Zunächst gilt bemerkenswerterweise, daß, je deutlicher ein allgemein angebbarer Grund für ein Tun ausgeprägt ist, man umso

---

[47] Worin im besonderen Falle moralischen Normfolgens, -anpassens und -veränderns die Bewirkung durch den Handelnden steht, wird noch geklärt. Dafür, daß etwas als Anwendung einer bestimmten Regel zählt, ist allgemein nicht schon notwendige Bedingung, daß sie als solche oder das Regelfolgen selber intendiert ist. Damit ist natürlich nicht geleugnet, daß zu bestimmten kontextuellen Bedingungen und Zufälligkeiten auch Absichten bezüglich einer Handlung gehören, damit man nicht nur von einem Moment der Neuentstehung, sondern von einem freien Angefangenseins sprechen kann.

[48] Damit ist gesagt, daß man ihnen nicht, schon gar nicht unter dem Titel "Autonomie", einen rechtfertigungsfreien Raum individuellen Stils zuordnen kann.

[49] Damit, etwas anzufangen, geht dann ineins eine Selbstveränderung, ein gewisses "Sich-selbst-neu-anfangen".

[50] Wobei verantwortete Entscheidung derartige Verantwortungsübernahme impliziert, aber eben nicht notwendig umgekehrt.

weniger von einer individuellen, verantworteten Entscheidung sprechen wird: Wie nämlich ein Versprechen einer künftigen eigenen Handlung, die man ohnehin vollführte, nicht eigentlich ein Versprechen ist[51], so wird man ebenso von Entscheidung nur sprechen, wenn nicht bereits alles entschieden ist[52], und sie nur dann verantwortet nennen, wenn es auch wirklich etwas zu verantworten gilt, wenn nämlich ein gewisses Risiko besteht. Ein Paradox: einerseits Notwendigkeit der Verantwortung, was Begründung einschließt, andererseits aber muß Verantwortung überhaupt nur übernommen werden, wenn keine hinreichenden Gründe vorliegen? Vermieden werden kann das Paradox nur, wenn man hier zweierlei Arten von Gründen unterscheidet, was ich folgendermaßen versuche: Die Gründe, die nicht wirksam sein dürfen, damit überhaupt von verantwortetem Neues-Anfangen gesprochen werden kann, sind klare und deutliche Gründe direkt für die einzelnen Entscheidungsmöglichkeiten, die jetzt, beim Anfangen noch nicht vorliegen dürfen. Die von Verantwortung implizierte Begründung hingegen besteht weniger aus Begründung des konkreten Entscheidens denn aus Begründung dafür, überhaupt das Risiko einzugehen und sich diesem spezifischen Entscheidungsraum auszusetzen. Eine solche letztere Begründung liegt etwa in der Einsicht darein, daß man sich, wenn die Umstände es erfordern, zuweilen (hinsichtlich einer *spezifischen* Menge an Möglichkeiten) entscheiden muß und daß man dem Dilemma von hinreichenden Gründen für eine Tat, die keinen Freiheits*raum*, kein Freiheits*anfangen* zulassen, einerseits und völliger Beliebigkeit andererseits dadurch entkommt, indem man verspricht, weitgehend die nicht völlig unter eigener Kontrolle stehenden Konsequenzen der anfänglichen Entscheidung zu tragen, gewissermaßen zu ihnen zu stehen. Anfangende Freiheit (oder freies Anfangen) ist anders als die nach dem Ja/Dawider-Modell gedachte immer auch ein Wagen, und zwar kein Wagnis bloß von Mitteln, um ein in seiner Bestimmtheit schon vorliegendes Ziel zu erreichen[53], sondern ein Sich-Aussetzen künftiger, nicht schon abgesehener Entwicklung. Es impliziert auch, das bevorstehende Tun dadurch "gerechtfertigt" sein zu lassen, daß man verspricht, seinen Teil dazu beitragen, daß es nachträglich gerechtfertigt ist. Ex post gerechtfertigt kann etwas sein durch erst gewordene Maßstäblichkeiten.[54] Infolge

---

[51] Vgl. etwa J. Searle, *Sprechakte. Ein sprachphilosophischer Essay*. Frankfurt a. M. 1971, 91f.

[52] Nicht jeder Moment ist eine Entscheidungssituation. Daß man nicht ständig sich entscheidend durchs Leben geht, kann man sich daran klar machen, daß man sich im Normalfalle nicht dazu entscheidet, statt mit dem rechten mit dem linken Fuß zuerst aus dem Bett zu steigen. Daß man im Rückblick auf irgendein eigenes Tun feststellen kann, man hätte statt dessen auch anderes tun können, heißt, daß einen nichts zu diesem Tun gezwungen hat, nicht aber schon, daß man tatsächlich vor einer Entscheidung (und sei es einer unbewußten) gestanden und sich dann für das eine und gegen Alternativen entschieden hätte.

[53] Wie man etwa wagen kann, im Sprung über einen Bach zu setzen, wobei man weiß, daß man entweder auf der anderen Seite sicher Fuß faßt oder sie nicht erreichend nasse Füße bekommt, und weiß, wie sich das jeweils anfühlt.

[54] Bemerkenswerterweise findet sich bei Splett an entlegenem Orte eine Passage, die ein ähnliches Motiv zum Ausdruck bringt: "Schöpferisches Sinngeschehen begründet in seiner Konkretheit seine eigenen Bedingungen und seine Transzendentalität mit. So ist etwa für ein Kunstwerk die Zeit nie in dem Sinne 'reif', daß es eine Leerstelle ausfüllt, von der her es irgendwie hätte vorentworfen werden können. Ein Gedicht ist insofern nicht die Realisation von Möglichkeiten, sondern das Ereignis des 'Unmöglichen' (ein

eines Tuns kann sich etwas ergeben haben, von dem man dann sieht, daß es gelungen ist, wobei das Tun die Bewertungsmaßstäbe derart mitgeprägt hat, daß diese Bewertung als gelungen nicht allein aufgrund von Maßstäben erfolgt, die bereits vor dem Tun verfügbar waren.[55]

Ich möchte den Unterschied der beiden Begründungen - der Begründung der konkreten Entscheidung, und der Begründung dafür, sich ihr auszusetzen - an einem Beispiel illustrieren: Man stelle sich eine Unfallsituation vor, in der rasches Handeln gefragt ist. Zur Auswahl stehen zwei (einander ausschließende) Vorgehensweisen, a und b, alle weiteren Handlungsmöglichkeiten (eingeschlossen die Möglichkeit des relativen Nicht-Handelns) seien in c zusammengefaßt. Daß der Entscheidende und Verantwortungstragende sich für a-oder-b und gegen c entscheidet, soll er in diesem Falle zureichend rechtfertigen können: c zeitigte absehbar schlimmere Folgen als a wie auch als b. Für a allein oder b allein sollen nun aber keine zureichenden Gründe gegenüber b bzw. a gewußt werden, sonst würde man eben, wie ausgeführt, nicht mehr signifikant davon sprechen, daß es etwas verantwortend zu entscheiden gäbe; es bliebe allein etwas zu tun. Obwohl nun weder a allein noch b allein gerechtfertigt sind, ist, weil a-oder-b gegenüber c gefordert ist, entweder a oder b zu entscheiden. Bezüglich dieser Alternative entscheidet sich der Verantwortungstragende für a, wofür (das sei für das Beispiel angenommen) für ihn die triftigeren Gründe sprechen. Wirklich sicher ist er aber nicht; vorstellbar ist, daß ein Berater des Entscheidenden und Verantwortungstragenden für b argumentiert. Dessen Auffassung macht den Verantwortungstragenden zwar ein wenig zweifeln, bringt ihn jedoch nicht davon ab, weiterhin a zu präferieren. Diese Situation spricht meines Erachtens dafür, daß man nicht notwendig von einer wirklich zureichenden Rechtfertigung von a zu sprechen hat, wenn man der (begründeten) Auffassung ist, daß die Gründe für a diejenigen für b überwiegen. Sollten die nachfolgend eintretenden Ereignisse die Meinung nahelegen, daß b wohl die förderlichere Entscheidung gewesen wäre, wird der Verantwortende zur Verantwortung gezogen. Es wird geprüft, ob er seine Entscheidung "nach bestem Wissen und Gewissen" getroffen hatte oder ihm Versäumnisse vorzuwerfen sind. Relativ unabhängig von der Notwendigkeit eines praktikablen Verfahrens, welches abwägt und Toleranzgrenzen setzt und das seinen Ort in einer juristischen Beurteilung

---

Ereignis, das mit seiner Wirklichkeit zugleich erst seine Möglichkeit setzt)." ("Transzendentale Erfahrung und geschichtliche Begegnung", in: *Christentum innerhalb und außerhalb der Kirche*, hg. von E. Klinger, Freiburg 1976, 145-161, 161) - Eine Auswirkung auf Spletts Freiheitstheorie ist leider nicht festzustellen. Symptomatisch ist womöglich, daß in *Freiheitserfahrung* 11 der Ausdruck "schöpferische Freiheit" wie selbstverständlich im Sinne göttlicher Freiheit verstanden wird, obwohl die Passage mit einer Kennzeichnung menschlicher Freiheit als "Anfangskraft" beginnt. Ich sehe nicht, wie diese Kennzeichnung durch inhaltliche Charakterisierung wirklich eingelöst würde und sich mit Spletts referierten Ausarbeitungen verträglich machen ließe.

[55] Solange Verantwortung relevant ist, stehen somit moralische Regeln und Veränderung in engem Zusammenhang. Zu überlegen wäre entsprechend der obigen Frage danach, ob jede Anwendung auf die Regel zurückwirkt oder nicht, ob die den Regeln inhärierende Wandelbarkeit nur als bloße Möglichkeit gedacht werden oder als ständige tatsächliche Veränderung konzipiert werden sollte.

hat, ist wohl festzustellen, daß der Verantwortungsträger in der Entscheidungssituation sich meist nicht völlig optimal verhalten hat, sicherlich noch ein wenig überlegter und wirksamer hätte handeln können, als er es tatsächlich getan hat. Insgesamt sind Entscheidungsfindungsprozesse so komplex, daß sie meist nicht in irgendeinem Sinne "vollständig" rekonstruiert werden können. Dennoch wird Verantwortung zugeschrieben; dabei läßt sich das verantwortet Entschiedene nicht völlig auf etwas reduzieren, das dem Entscheidenden deutlich als allein und vollständig verursacht zugeschrieben wird. "Glücklich" ist das für den Verantwortlichen, wenn sich die Folgen, die nicht vollends absehbar waren und mit denen er deshalb nicht völlig rechnen konnte, als positive herausstellen; denn dann werden seiner Entscheidung positive Konsequenzen zugeschrieben. "Unglücklich" fällt es für ihn aus, treten negative Folgen ein, die er dann zu verantworten hat, auch wenn sich nicht klar der Punkt eines Versäumnisses seinerseits nachweisen läßt. In der Rechtsprechung sind solche Zuschreibungen weitgehend vermieden; im privaten wie im beruflichen Leben sind sie wirksam. Etwa wird eine Führungskraft entlassen oder ihr der Rücktritt nahegelegt, wenn aus ihrem Verantwortungsbereich Fehler bekannt werden; oft auch dann, wenn Erfolge ausbleiben und man nicht deutlich Fehler finden und lokalisieren kann. - "Glücklich" und "unglücklich" habe ich in Anführungszeichen gesetzt, weil in diesen Fällen eben nicht mit aller Deutlichkeit entscheidbar ist, ob die Zuschreibung der Konsequenzen an die Entscheidung des Verantwortlichen wirklich nur glücklich oder unglücklich ist, eben weil er sie nicht verursacht hat, oder ob er nicht doch an dieser und jener Stelle im Entscheidungsprozeß verursachend tätig war. Dabei wird man nicht nur von einer äußeren Instanz zur Verantwortung gezogen, sondern dasselbe gilt für das eigene Gefühl der Verantwortlichkeit, wobei noch einmal bemerkt sei, daß hier primär verantwortete Entscheidung und erst in Abhängigkeit von dieser auch ein zur-Verantwortung-Ziehen verhandelt wird.

Das dargestellte Entscheidungsszenario hat vieles mit der Situation des Versprechens gemeinsam. Stehen a, b und c nicht für Handlungsmöglichkeiten in einer Unfallsituation, sondern für bestimmte Personen, die als Lebens(abschnitts)partner in Frage kommen (wobei c alle anderen Personen außer a und b wie auch die Entscheidung, partnerlos zu leben, umfassen soll), gelten die angestellten Überlegungen ebenso für das Partnerschafts- oder Liebesversprechen. Man hat es hier ebenso mit Gründen zu tun (auch das Vorliegen von Emotionen kann begründend wirken) und wie von Rechtfertigung kann man auch von verantworteter Entscheidung sprechen, verantwortet sowohl sich gegenüber als auch dem Partner und Dritten. Der Unterschied zum genuin moralischen Szenario besteht darin, daß die Entscheidungsgründe hier nicht in einem ähnlichen Ausmaß allgemein rechtfertigbar sein müssen. Das verhandelte Beispiel erweist sich als Beleg dafür, daß Strukturelemente, wie sie bei Lebensentscheidungen anzutreffen sind, auch für das moralische Entscheidungsszenario zu berücksichtigen sind, wenn zur Bestimmung der moralisch richtigen Handlung ein Moment von Anfangsfreiheit geltend zu machen ist.

Bei jedem Versprechen geht der Versprechende ein gewisses Wagnis ein; täte er das nicht, gäbe es gar nichts zu versprechen. Neue Umstände werden eintreten, die nicht völlig absehbar sind. Zwar können darunter auch solche sein, die vom Versprechen entbinden, und einige solcher Umstände mögen sich bereits vorweg nennen lassen, doch meine ich, daß man die Grenzen des Versprechens (die den Unterschied dazwischen markieren, ein Versprechen zu brechen und von einem Versprechen entbunden zu sein) nicht vollends im Moment des Versprechens angeben kann, ohne daß die Institution oder Verkehrsform des Versprechens aufgelöst würde. (Man hätte es nur noch mit einem Vertrag zu tun, und zwar einem solch idealisierten, der in Konditionalen bereits mit allen möglichen Umständen rechnete.) Man hat sich im Versprechen zu einem Bereich dessen entschieden, was man zu tragen bereit ist, und zwar einem Bereich mit unscharfen Grenzen und nicht völlig bekanntem Inhalt. In der Geltungszeit des Versprechens, also nachdem es gegeben wurde, verändern sich Bereich und Grenzen; das Versprechen wird gefüllt und gedeutet. Diese Prozesse, auf die ich hier nur hinweise und die näher auszuführen wären, machen aus, was oben "gewordene Maßstäblichkeiten" genannt wurde. Damit zeigt sich auch, daß das Thema Anfangsfreiheit nicht aus dem Blickfeld geraten ist. Wie ich meine, läßt sich am Versprechen gut die Struktur des Verantwortungsaspekts von Entscheidung ablesen, welcher, wie ich zu zeigen versucht habe, als Korrespondenzbegriff den des (freien) Anfangens fordert (weil sonst nichts zu verantworten wäre). So ist das sich auf Rechtfertigung einlassende, verantwortete Anfangen zugleich ein selber versprechendes. Vom in der Redewendung des "vielversprechenden Anfangs" Bezeichneten unterscheidet sich dieses Anfangen darin, daß der Anfangende nicht nur Anlaß zur Hoffnung gibt, er werde bestimmte Erwartungen erfüllen, sondern selber verspricht, für die Folgen seines Anfangs einzutreten, auch wenn diese an nicht schon präzise verfügbaren Maßstäben gemessen werden.

4. Zusammenfassung

Von hier aus sei rückblickend kurz der Gang der gesamten Untersuchung beleuchtet. Es wurden strukturelle Ähnlichkeiten zwischen Spletts Auffassung des Sekundärstatus von Philosophie gegenüber Erfahrung, von menschlicher Freiheitsexistenz gegenüber göttlicher Schöpfung sowie von menschlicher Entscheidung gegenüber göttlichem Maßstab herausgearbeitet und gezeigt, inwiefern den angeführten Theoremen eine Antinomie innewohnt, die ihren Grund in der Weise hat, wie jeweils das primär/sekundär-Verhältnis mit einer Struktur der Wechselseitigkeit oder Wechselwirkung verknüpft wird. Im Zuge der Einsicht, daß Wechselwirkung, im Praktischen von Begründung und Aktion, Maßstabsentstehung oder -veränderung impliziert, wurde auf dieses zentrale Motiv hinzielend ein alternatives Modell für Anfangsfreiheit vorgeschlagen. Auf die theoretische Wechselseitigkeit von Erfahrenem und Deutung rückbezogen ermöglicht es, ein Verständnis der themenkonstitutiven Komponente des Philosophierens zu erlangen, also desjenigen Aspekts, für den nicht eine an gegebenen Maßstäben sich orientierende Reflexion auf einen gegebenen Gegenstand zentral ist, sondern die (Mit)Konstitution von Thema und Begründungsanforderungen.

Josef Schmidt

Der Gedanke des Nichts und die Frage nach Gott

In seinem Buch "Gotteserfahrung im Denken" (München, 3. Aufl. 1985) faßt Jörg Splett die formale Struktur des von ihm vorgelegten Gottesbeweises in folgenden drei Schritten zusammen: "Im Sinnanspruch des Menschen geht es um Absolut-Unendlich-Unbedingtes, und dies nicht beliebig, sondern wesentlich, unaufhebbar. 2. Ein derart unaufhebbarer, wesensgesetzlicher Ausgriff kann nicht auf schlechthin Unmögliches zielen. 3. Soll das Unbedingt-Unendliche nicht un-möglich sein, dann darf es nicht bloße Möglichkeit, sondern muß je schon Wirklichkeit sein" (64). Die weitere Argumentation verläuft kurzgefaßt so: Die im Erfahrungswissen enthaltene Absolutheitsgewißheit des Nichtwiderspruchsprinzips ist nur durch einen geistigen Ausgriff auf das "Gesamt des Wirklichen und Möglichen" zu verstehen. Dieses "Gesamt" muß die Antwort enthalten auf die "Sinnfrage", in der es "ums Ganze" geht, auf die Frage also: "Warum das *alles*?" (65). So erschließt sich jene zunächst noch vage Totalität als das "Unbedingt-Unendliche" (69), als die "unbedingte Sinn-Wirklichkeit" und "absolute Selbsthaftigkeit" (70). Mit deren Möglichkeit freilich ist auch die Notwendigkeit gegeben. Denn das *nur* Mögliche ist, weil nicht aus sich existierend, immer bedingt, und um das Unbedingte geht es hier gerade. Die Unmöglichkeit des Unbedingten aber zu behaupten, etwa durch die Leugnung von allem Sinn (66) oder auch des Nichtwiderspruchsprinzips (64f), widerlegt im Vollzug des Denkens sich selbst. Die Möglichkeit des Unbedingten muß also zugestanden werden und mit ihr dann auch seine Notwendigkeit.

Diese Argumentationsfigur wird im weiteren Verlauf des Buches wie auch in den zahlreichen anderen Werken von Jörg Splett auf die existentiell bedeutsamen Bereiche der Erfahrung angewandt, wie die Sittlichkeit, die Interpersonalität oder das Schöne, um nur drei der vom Autor immer wieder behandelten Themen zu nennen. Ich möchte im folgenden die angeführte Kernargumentation unterstützen, indem ich sie in einer Variante vorlege. Dabei soll dem Begriff des "Nichts", der in jener aufs Ganze gehenden Sinnfrage: "Warum das alles?", enthalten ist, eine Schlüsselfunktion zukommen. Ich will damit auch einen Traditionsstrang des abendländischen Denkens deutlicher zur Sprache bringen wie auch klären helfen, auf den heutzutage leider oft recht pauschal zurückgegriffen wird, der mir aber, in seiner Eigenart gewürdigt, höchst ergiebig erscheint.

1. Wenn nichts war, wäre nie etwas - der dritte Weg des Thomas

Von den berühmten fünf Gottesbeweisen des Thomas von Aquin aus der Summa theologiae (STh I, 2,3 resp) operiert der "dritte Weg" mit den Begriffen des "Möglichen und Notwendigen" (sumpta ex possibili et necessario"): "Wir finden nämlich unter den Dingen solche, welche die Möglichkeit haben, zu sein und nicht zu sein, da sich einiges findet (quaedam inveniantur), das entsteht und vergeht und infolgedessen die Möglichkeit hat, zu sein und nicht zu sein (et per consequens possibilia esse et non esse)". Das "possibile" wird also eingeführt unter Verweis auf die Erfahrungsgegebenheit dessen, was entsteht und vergeht, d.h. was so verfaßt ist, daß es nicht immer schon, und zwar von sich, seinem Wesen her, existiert.

"Es ist aber unmöglich, daß alles von dieser Art sei, weil das, was möglicherweise nicht ist, auch einmal nicht ist (impossibile est autem omnia quae sunt talia esse: quia quod possibile est non esse, quandoque non est)".[1] Das Argument besagt: Es kann nicht alles insgesamt von dieser Art sein, denn dann müßte das "omnia" ein "possibile" sein, d.h. ein Entstandenes oder wieder Vergehendes. Wenn dem so wäre, müßte einmal überhaupt nichts gewesen sein. Das Nachfolgende macht deutlich, daß mit dem "quandoque" zunächst die Vergangenheit gemeint ist: "Wenn also alles die Möglichkeit hat, nicht zu sein, dann war hinsichtlich der Dinge auch einmal nichts. Wenn dies aber wahr ist, dann wäre auch jetzt nichts, weil das, was nicht ist, nur anfängt zu sein durch das, was ist. Wenn also (einmal) nichts Seiendes war, dann war es auch unmöglich, daß etwas zu sein anfing, und so wäre nun nichts: was offenbar falsch ist (Si igitur omnia sunt possibilia non esse, aliquando nihil fuit in rebus. Sed si hoc est verum, etiam nunc nihil esset: quia quod non est, non incipit esse nisi per aliquid, quod est; si igitur nihil fuit ens, impossibile fuit quod aliquid inciperet esse, et sic modo nihil esset: quod patet esse falsum)".

Die weitere Argumentation ist folgender Gedankengang: Wenn also nicht alles insgesamt ein "possibile", ein Entstandenes, sein kann, da sonst einmal nichts gewesen sein müßte und aus nichts niemals etwas hätte entstehen können, so ist das "ens" nicht schlechthin ein "possibile". Es muß ein Seiendes geben, das nicht bloß möglich, sondern notwendig ist, d.h. ein solches, das nicht wiederum entstanden, sondern das immer ist. Dieses "necessarium" könnte zunächst ein solches sein, das den "Grund seiner Notwendigkeit von woandersher (aliunde) hat", also das nicht aus sich selbst notwendig ist. Doch ein solches muß letztlich gründen im "per se necessarium", in dem also, was den Grund seiner Notwendigkeit in sich selbst hat, weil es ganz aus sich und ganz von sich her ist. Dies aber nennen alle Gott.

---

[1] Ich folge mit H. Seidel (Thomas von Aquin. Die Gottesbeweise, Hamburg 1982, S. 54, 95, 103) der wahrscheinlicheren Lesart "impossibile est autem omnia quae sunt talia esse" (gegen: talia semper esse).

Der Begriff des Notwendigen, das den Grund seiner Notwendigkeit "aliunde" hat, muß sich insofern einstellen, als die Negation des Entstandenseins zunächst nur ein Immer-schon-Seiendes ergibt, etwa ein ewig bestehendes Weltganzes. Nun ist dies genau die Lehre des Aristoteles, nach dem der bewegte Kosmos ewig, wenn auch vom unbewegten Beweger nochmals wesenhaft unterschieden ist. Thomas trägt dieser aristotelischen Lehre Rechnung, auch dadurch, daß nach ihm zwar (in den quinque viae) das Gründen der Welt in Gott, nicht aber ihr zeitlicher Anfang philosophisch beweisbar ist, vielmehr ein solcher Anfang nur geglaubt werden kann (STh I, 46,2).[2]

2. Absolutes Nichts und notwendiges Sein

Wie beiläufig heißt es: wenn einmal nichts war, wäre auch jetzt nichts. Aber eine solche "Selbstverständlichkeit" ist spekulativ von hoher Brisanz. Sie wird von Thomas offensichtlich als Schlüsselargument verwendet und ist deswegen einer näheren Betrachtung wert.

Wenn einmal Nichts war, dann wäre immer Nichts. Wenn nichts ist, dann ist Sein unmöglich. Dies ist eine keineswegs belanglose Einsicht. Sie bedeutet nämlich, daß Sein und Nichts nicht einfach faktisch verschiedene Zustände sind. Vielmehr besagt sie: mit dem Nichts ist das Sein nicht nur faktisch unvereinbar, sondern das Nichts schließt das Sein notwendig aus. Wenn einmal nichts ist, dann ist Sein unmöglich. Das aber heißt: der Zustand des Nichts ist kein "possibile", ist nicht kontingent. Falls er besteht ("Bestehen" soll die hier eher mißverständliche Rede vom "Sein" des Nichts ersetzen), ist er kein bedingtes Faktum, sondern ist notwendig. Als bedingter könnte sein Bestehen nicht ohne ein anderes ihn Bedingendes gedacht werden. Dieses andere wäre aber als Nicht-Nichts nur das Sein. Doch dieses ist mit dem Bestehen des Nichts für immer ausgeschlossen. Das Nichts macht somit jede Bedingung außerhalb seiner unmöglich. Es ist selbst schlechthin unbedingt.

Damit zeigt sich etwas Überraschendes. Der Zustand des Nichts hat die Qualität des Absoluten. Er ist, wenn er besteht, unbedingt und absolut. Er ist rein aus sich und vollkommen unabhängig. Wenn er ist, ist er notwendig. Wenn er allerdings nicht ist, ist er notwendig nicht, eben weil er wesenhaft unbedingt, also nicht kontingent ist. Wenn also nicht nichts ist, dann ist dieses Nichts unmöglich. Dann aber, so ist die Konsequenz, ist Sein notwendig. Aus dem faktischen Nichtbestehen des Nichts-Zustandes folgt also die wesenhafte Notwendigkeit des Seins. Sein ist (im ganzen oder im Wesen) nicht kontingent, sondern notwendig, reines Aussichsein und absolut.

---

[2] Zu den aristotelischen Quellen dieses Beweises vgl. Met V, 5, 1015b 10ff, und IX, 8. Der Gedanke, daß die das Kontingente begründende Notwendigkeit nicht schon die Absolutheit Gottes enthalten muß, findet sich auch in Kants Kritik der Gottesbeweise (KrV B 616). Deswegen ist dort der ontologische Gottesbeweis heranzuziehen (B 634f).

Im Blick auf die Formulierungen des drittes Weges könnte eingewendet werden, das Argument des Thomas besage nur: wenn einmal nichts war, kann niemals etwas sein. Könnte aber das Sein nicht als ganzes in das Nichts übergehen? Dazu ist folgendes zu sagen: Wenn in bezug auf das "Woher" nur die Modalaussage der Notwendigkeit angemessen ist (Sein kann nicht aus dem Nichts kommen, steht also wesenhaft in sich), dann ist Sein seinem Ursprung nach notwendig, und diese Notwendigkeit ist nicht teilbar. Wenn Sein im Ursprung notwendig ist, ist es wesenhaft notwendig. Wäre sein Wesen bedingt, dann eben als ganzes. Sein stellt sich somit wesenhaft als notwendiges dar. Wenn ich es (es selbst, sein Sein oder in seinem Sein) erfasse, dann auch in seiner vollen Notwendigkeit. Diese kann ihm nicht erst von außerhalb zukommen. Denn "außer" ihm ist nur das Nichts. Das Sein erfassen heißt also seine Notwendigkeit erfassen, denn sein Sein eben ist seine Notwendigkeit. Die von Thomas gleichsam nach einer Seite, nämlich im Blick auf das zeitliche Woher des Seienden erfaßte Notwendigkeit besagt Notwendigkeit schlechthin.

Zu fragen ist nun, wie sich dieses erschlossene absolute Sein zu der stets bedingten und kontingenten Wirklichkeit unserer Erfahrung verhält. Die Antwort, wie immer sie im einzelnen ausfällt, kann nur lauten: Diese kontingente Wirklichkeit ist *nicht* das eigentliche und wesentliche Sein, das Sein aus sich selbst, sondern gründet als wesentlich abhängiges im absoluten Sein, dem Sein aus sich.

Aber ist es nicht unsinnig, vom "Nichts" zu reden? Schon Gorgias argumentierte: das Nichts denken heißt immerhin *etwas* denken, und insofern ist der Gedanke des Nichts widersprüchlich (B 3 [67]). Doch kann dieser Einwand in dem, was er sagen will, nicht überzeugen (daß er in einem anderen Sinn Relevantes enthält, wird unter 3. behandelt). Wenn wir nämlich davon ausgehen, daß es sinnvoll ist, zwischen Denken und Denkinhalt (Noesis und Noema) zu unterscheiden. Dann wird schnell klar: am Denkinhalt des Nichts ist kein Widerspruch auszumachen. Warum soll ich nicht einen Zustand denken können, in dem es nichts gibt? Oder, moderner gesprochen, einen Zustand, im Blick auf den alle assertorischen objektsprachlichen Aussagen falsch sind außer der einen, die diesen Zustand aussagt? Es ist dies eine widerspruchslos zu denkende "mögliche Welt". Aber damit nicht genug. Ein solcher Zustand wäre sogar der denkbar einfachste. Denn im Sein ist Komplexität möglich. Absolutes und Kontingentes können zusammenbestehen. Im Nichts dagegen ist keine Differenzierung möglich: Wenn nichts ist, dann besteht nur das reine Nichts und nur dieses. Läßt man sich also von Sophismen nicht beirren, dann spricht der Gedanke des Thomas, daß es bei vorausgesetztem vollkommenen Nichts immer bei diesem zu bleiben habe und es niemals zum Sein kommen könne, eine schwer abweisbare Einsicht aus. Immerhin steht der Ausschluß des Nichts mit Parmenides eindrucksvoll am Anfang der abendländischen Philosophiegeschichte.

3. Eine in der Denkgeschichte immer wiederkehrende Grundeinsicht

Im ersten Teil seines Lehrgedichtes argumentiert Parmenides so:[3] Zunächst bieten sich folgende zwei Wege des Denkens an: "(1:) Der eine, (der da lautet) 'es ist, und Sein ist notwendig', ist der Weg der Überzeugung; denn sie folgt der Evidenz. (2:) Der andere, (der da lautet) 'es ist nicht, und Nicht-Sein ist notwendig', der ist, wie ich dir zeige, ein völlig unerfahrbarer Weg; denn das Nicht-Seiende kannst du weder erkennen - denn das läßt sich nicht verwirklichen - noch aufzeigen" (B 2, 3ff). "Denn dasselbe ist Denken und Sein" (B 3). Nur der Weg (1) ist also möglich, (2) ist ausgeschlossen: "Notwendigerweise gibt es Sagen und Erkennen von Seiendem. Denn Sein gibt es, Nichts aber gibt es nicht. Das heiße ich dich bedenken" (B 6, 1f).

Da (2) ausgeschlossen ist, ist auch die Konjunktion von (1) und (2) ausgeschlossen. Dieser ungangbare Weg (3) ist der der Unwissenden, "denen Sein und Nicht-Sein als dasselbe gilt und nicht dasselbe, und (für die) es in allen Dingen einen umgekehrten Weg gibt" (B 6, 8f). Der Grund dieser Ungangbarkeit ist der Ausschluß von (2): "Denn niemals kann das erzwungen werden, daß Nichtseiendes ist" (B 7, 1). "Es ist oder es ist nicht (ἔστιν ἢ οὐκ ἔστιν)" (B 8, 16). Das ist die Alternative. Einzig aber bleibt der Weg, "daß es ist (ὠς ἔστιν)" (B 8, 2).

Dieses Sein hat "Kennzeichen" (B 8, 2), die seine Absolutheit anzeigen. Es ist ewig, ganz, einzig, vollendet, eines, homogen, ohne Werden, notwendig (B 8,3ff), es hat die vollkommene Gestalt der Kugel (B 8, 43). Es ist also nicht geworden: "welche Notwendigkeit hätte es auch veranlaßt, später oder früher aus dem Nichts beginnend zu entstehen? So ist es notwendig, entweder ganz und gar zu sein, oder nicht" (B 8, 9ff).

Die große Entdeckung des Parmenides ist zunächst die des Nichtwiderspruchsprinzips ("ἔστιν ἢ οὐκ ἔστιν"). Diese grundlegende und absolute Gewißheit stellt er einem Skeptizismus gegenüber, der sich in seiner Zeit ausbreitete: Für Xenophanes ist alles nur "Annahme (δόκος)", denn es gibt nichts "Sicheres" (σαφὲς) im Blick auf die Götter und die Dinge (B 34). Auch Alkmaion steht für diese Auffassung: "Über das Unsichtbare und über das Irdische haben die Götter Sicherheit σαφήνειαν), uns Menschen bleibt nur das Erkennen durch Anzeichen" (B 1). Parmenides stellt dieser (rationalen) Skepsis seine (rationale) Gewißheit entgegen, die untrennbar eine subjektive und objektive ist. An ihrer Subjektseite kann später die Transzendentalphilosophie anknüpfen. Doch sie erschließt nach Parmenides auch die Struktur der Objektivität, nämlich des Seins. Die Argumentation wird dabei erleichtert (nicht ersetzt!) durch die im griechischen gegebene Nähe von "νοεῖν" zur Wahrnehmung (vgl. Heitsch 99ff).

---

[3] Ich greife zurück auf Übersetzung und Kommentar von E. Heitsch, Parmenides, Die Fragmente, Zürich 1995.

Denken kann, so legt die Sprache nahe, nur in seinem Subjekt-Objekt-Zusammenhang gedacht werden, denn es bezieht sich auf Gedachtes, das (letztlich) nicht produziert, sondern gegeben ist. Dieser vom Griechischen erleichterte Zugang zur Subjekt-Objekt-Einheit des Denkens und dem Gegebenheitscharakter des Objektiven bleibt auch für uns gültig. Das Deutsche trägt dem Rezeptiven Rechnung durch die Verwandtschaft von "Vernunft" und "Vernehmen". Was sich dem Denken grundlegend erschließt, ist ein (gegebenes) Notwendiges oder muß auf dieses hin ausgelegt werden. Auch wenn das Denken, wie heute üblich, als Denken von Sachverhalten aufgefaßt wird (ich erkenne nicht etwas, sondern *daß* etwas so und so ist), zielt es auf gegebene Tatsachen, wobei ihrem Bestehen eine mit dem Nichtwiderspruchsprinzip verbundene Notwendigkeit eignet, die es auszulegen gilt.[4]

Bei dem Parmenidesschüler Melissos ist vom Ausschluß des Nichts in folgenden Worten die Rede: "Immerdar war, was da war, und immerdar wird es sein. Denn wäre es entstanden, so müßte notwendigerweise vor dem Entstehen nichts sein. Wenn nun nichts war, so könnte unter keinen Umständen etwas aus nichts entstehen" (DK B 1). Nach Aristoteles kommen "alle, die über die Natur geschrieben haben, darin überein", "daß alles Entstehende notwendig aus Seiendem oder Nichtseiendem entstehe, daß aber die Entstehung aus Nichtseiendem unmöglich sei" (Physik 187 a, 31ff). Nach seiner eigenen Lehre muß die (reale) Möglichkeit in Wirklichkeit gründen, und zwar in einer Wirklichkeit, die notwendig besteht, "und dies ist doch das erste, da wenn dies nicht wäre, überhaupt nichts sein würde" (Met 1050 b 19f).[5]

Aus der Zeit der Frühscholastik seien Anselm von Canterbury und Richard von St. Victor genannt: Beide verwenden im Zusammenhang der Gottesbeweise das Argument vom notwendigen Ausschluß des Nichts. Anselm (Monologion 3): "Denn alles,

[4] Gorgias versuchte, die Seinslehre des Parmenides in Widersprüche zu verwickeln, und zwar in einer Weise, die an die Kantischen Antinomien erinnert. Ich fasse seine Thesen zusammen: Das Sein kann es nicht geben. Denn es müßte (a) begrenzt oder und unbegrenzt sein. Als Begrenztes wäre es relativ, als unbegrenztes "nirgendwo". Es kann aber auch nicht in sich stehen, denn dann würde es sich selbst begrenzen. Es müßte außerdem (b) ungeworden oder geworden sein. Doch als ungeworden wäre es unbegrenzt und müßte als (nicht nur zeitlich, sondern auch räumlich) Unbegrenztes (wie unter a) nirgendwo sein. Geworden kann es natürlich auch nicht sein. Es müßte zudem (c) Einheit oder Vielheit sein. Als Einheit könnte es nicht ohne Vielheit sein, und als Vielheit würde es der eigenen Einheit, die es haben muß, widersprechen. Auf der anderen Seite kann es auch das Nichts nicht "geben", denn "gäbe" es dies, wäre es doch als Gedachtes. (Sextus Empiricus, Adv.mathem. VII, 65ff; Aristoteles, De Melisso, Xenophane, Gorgia, 979 a 12ff; Gorgias, Reden, Fragmente, Testimonien, Hamburg 1989, 41ff, 55ff). Man sieht, wie das reine Sein bei einer (wie es hier geschieht) Festlegung auf zeitlich-räumliches Sein widersprüchlich wird. Doch kann dies eine tiefere Sicht des Seins herausfordern, wie sie dann von Platon/Plotin und Aristoteles gegeben wird.

[5] Vgl. z.B. auch Lukrez: "viderimus nil posse creari de nihilo" (de rerum natura I, 156f), oder auch Boethius: "Nam nihil ex nihilo existere vera sententia est, cui nemo umquam veterum refragatus est" (de cons. phil. V, 1p, 25f). Wie allerdings aus dem Kontext beider Stellen hervorgeht, wird die Einsicht, daß aus Nichts nichts entsteht, (zu schnell) zugunsten eines Kausaldeterminismus ausgelegt.

was ist, ist entweder durch etwas oder durch nichts. Aber nichts ist durch nichts. Es läßt sich nämlich nicht einmal denken, daß etwas nicht durch etwas sei. Alles, was ist, ist durch etwas (Omne namque quod est, aut est per aliquid aut per nihil. Sed nihil est per nihil. Non enim vel cogitari potest, ut sit aliquid non per aliquid. Quidquid est igitur, non nisi per aliquid est)". Richard (de trin. I, 8; PL 196, 894; deutsch: Balthasar): "Es muß deshalb etwas geben, was aus sich selber ist und somit, wie gesagt, von Ewigkeit ist. Sonst hätte es eine Zeit gegeben, da nichts war, und dann wäre auch von den künftigen Dingen nichts künftig gewesen, denn es hätte ja nichts gegeben, was sich oder andern den Anfang des Seins verlieh oder hätte verleihen können (convincitur itaque aliquid esse a semetipso et eo ipso, uti jam dictum est, et ab aeterno (,) alioquin fuit quando nihil fuit, et tunc quidem futurorum nihil futurum fuit, quia qui sibi vel aliis initium existendi daret vel potuisset dare, tunc omnino non fuit)".

Leibniz stellt seine berühmte Frage, "warum überhaupt etwas ist und nicht vielmehr nichts. Denn das Nichts ist einfacher und leichter als irgendetwas (pourquoi il y a plus tôt quelque chose que rien. Car le rien est plus simple e plus facile, que quelque chose)" (Principes de la nature e de la grace, § 7).[6] In dieser Frage drückt sich das Staunen darüber aus, daß es überhaupt etwas gibt. Mit dem Staunen beginnt nach Platon und Aristoteles die Philosophie, und es führt sie beide zum Erfassen der "Usia", des wesenhaften Seins. Hierin folgen sie durchaus Parmenides, obwohl sie mit der Differenzierung des Seins ihm gegenüber andere Wege einschlagen. Auch bei Lebniz führt das Staunen über das Sein sofort zur Erkenntnis seiner inneren Notwendigkeit und des göttlichen Wesens (a.a.O. § 8). Staunen, Erfassen des Seins, des faktischen und des notwendigen, dies scheint ein einziger Erkenntnisakt zu sein, den die Metaphysik lediglich zu entfalten hat. Bei Parmenides finden wir das Staunen so ausgesprochen, daß die Einsicht in das Sein als Ergriffenheit durch eine göttliche Offenbarung beschrieben wird (B 1,1ff). Dieses Staunen darüber, daß etwas ist, darf sich der Mensch nicht nehmen lassen. Leibniz fügt lediglich den Gedanken hinzu: der Zustand des Nichts wäre einfacher. Damit wird das sich im Staunen reflektierende *Unselbstverständliche* des Seins bewußt, zugleich aber auch (und nachdrücklicher noch über den Gedanken des Nichts) die Notwendigkeit und höchste *Selbstverständlichkeit* des Seins (mit Thomas: sein "per se notum", STh I, 2,1), wodurch eine begriffliche Spannung entsteht, die jedoch keinen Widerspruch ergibt, sondern im Begriff des Seins als der "absolute(n) Selbsthaftigkeit" (Splett, a.a.O. 70) und somit Freiheit ihre einsichtige Auflösung in *eine* Wahrheit findet.

Schelling hat diese Gedanken großartig zusammengefaßt. In seiner Nachlaßschrift von 1804 "System der gesamten Philosophie" (SW VI, 131ff) legt er zunächst dar, daß jede

[6] "Wir wissen ferner durch eine einfache, anschauliche Erkenntnis, daß das bloße Nichts kein wirkliches Wesen hervorbringen kann. Daraus folgt mit mathematischer Evidenz, daß von aller Ewigkeit her etwas dagewesen ist, weil alles, was einen Anfang hat, durch irgendetwas erzeugt worden sein muß" (Nouv. Ess. IV, 10, 3; Meiner 520).

Erkenntnis eine letzte Einheit von Subjekt und Objekt voraussetzt, die nur im Absoluten, in Gott, erfüllt ist. Es ist dies das "Licht", das die Erkenntnis ermöglicht. Und dann heißt es: "Jenes absolute Licht, die Idee Gottes, schlägt gleichsam ein in die Vernunft, und leuchtet in ihr fort als eine ewige Affirmation von Erkenntnis. Kraft dieser Affirmation, die das Wesen unserer Seele ist, erkennen wir, *daß das Nichtseyn ewig unmöglich* und niemals zu erkennen noch zu begreifen ist, und jene letzte Frage des am Abgrund der Unendlichkeit schwindelnden Verstandes, die Frage: warum ist nicht nichts, warum ist etwas überhaupt? - diese Frage ist auf ewig verdrungen durch die Erkenntnis, daß das *Seyn* notwendig ist, d.h. durch jene absolute Affirmation des Seyns in der Erkenntnis. Die absolute *Position* der Idee Gottes ist in der Tat nichts anderes als die absolute Negation des Nichts, und so gewiß die Vernunft ewig das Nichts negiert, und das Nichts nichts ist, so gewiß affirmiert sie das *All*, und so ewig ist *Gott*" (155).[7] Schelling verbindet hier die Grundidee des Parmenides mit der Leibnizschen Frage (ohne sich auf beide ausdrücklich zu beziehen) für die Darlegung der Wirklichkeit Gottes. Gott ist dabei als absolutes Sein auch die Ermöglichung der subjektiven Vollzüge, besonders des Erkenntnisvollzuges. Die Kantische und Fichtesche Wende zur Transzendentalphilosophie wird von Schelling zwar nicht zurückgenommen, aber er sieht sie nur gewahrt in einer modifizierten Wiederaufnahme der klassischen Metaphysik, weil nur das wahrhaft Absolute den Erkenntnis- und Ichvollzug begründen kann.

3. Ein Blick auf den ontologischen Gottesbeweis

Der oben dargestellte Gedankengang wirft auf den ontologischen Gottesbeweis ein neues Licht. Denn es läßt sich nun zeigen, in welcher Interpretation dieser Beweis auf keinen Fall schlüssig ist und in welcher er durchaus schlüssig sein mag. Das "id quo maius cogitari nequit" aus dem Proslogionbeweis des Anselm (Kap 2/3) ist das, was in sich so ist, daß über es größeres nicht gedacht werden kann, das schlechthin Absolute also, und die Frage ist die (und über sie wird mit dem Toren diskutiert), ob es dieses "id quo" auch wirklich gibt oder ob es nicht mehr ist als ein bloßer Gedanke.

Grundsätzlich, und noch unabhängig von der Pointe, auf die es in unserem Zusammenhang ankommt, ist für das adäquate Verständnis des Argumentes folgendes zu bedenken: Das "Id quo maius cogitari nequit" darf nicht als ein willkürlich zu

---

[7] Ähnlich heißt es in den "Aphorismen zur Einleitung in die Naturphilosophie" (1806): "Auf die Frage, die der am Abgrund der Unendlichkeit schwindelnde Verstand aufwirft: *Warum ist nicht nichts, warum ist überhaupt etwas?* ist nicht das Etwas, sondern nur das All oder Gott die vollgültige Antwort" (SW VII, 174). Neu in die Diskussion gekommen ist die Lebniz/Schellingsche Frage durch Heidegger, der sie im Zusammenhang der Reflexion auf die in "Angst" und "Langeweile" hervorbrechende Unselbstverständlichkeit des Seins aufwirft (Gesamtausgabe 9, 122). B. Welte baut dies zu einem Weg der Gotteserkenntnis aus (Religionsphilosophie, Freiburg 1978, 49ff).

bildender Begriff genommen werden, wie etwa der eines "geflügelten Pferdes", den ich bilden kann oder auch nicht, um anschließend zu fragen, ob dieser Begriff auf eine Wirklichkeit referiert. Mit der Intention Anselms ist diese Interpretation nicht vereinbar, denn der Gottesbegriff wird von ihm mit einem "cogitari nequit" (oder "non potest") ohne hypothetische Annahmen eingeführt. D.h. es geht um ein Nicht-anders-Können des Denkens. Jenes "id quo" ist der willkürlichen Begriffsbildung entzogen. Denn es soll genau dasjenige sein, über welches das Denken sich schlechthin nicht mehr hinweg-setzen kann. Und nach Anselm findet sich ein solches im Denken: eben dasjenige, über welches das Denken denkend nicht mehr hinauskommt. Dieses ist, indem es selbst gedacht wird, der Gottesgedanke. Daß dem Denken ein solches Nicht-anders-Können eignet (welches natürlich zugleich ein Können ist, nämlich das Denkenkönnen des Unübersteigbaren), hat Anselm nicht ausgeführt. Er geht aber offensichtlich davon aus. Die Alternative wäre die, daß er auch jenes Nichtkönnen als bloße Annahme einführen wollte (es gilt, etwas zu denken, von dem ich zugleich annehme, daß es nicht zu überschreiten ist). Natürlich könnte mit gleichem Recht von der Überschreitbarkeit alles Denkbaren ausgegangen werden. Ein Schließen aus solchen willkürlich (entgegen-)gesetzten Prämissen käme aber nie zu einem Beweis, wie ihn Anselm intendiert.

Eine angemessene Diskussion des Anselmischen Beweises hätte hier anzusetzen. Die Frage ist die: Läßt sich dem Denken die Idee des Unbedingten entnehmen, und zwar deswegen entnehmen, weil es diese in sich enthält und sie nur um den Preis seiner Selbstaufgabe in Bedingungen auflösen kann? Wenn ja, dann folgt die untrennbare Einheit des Denkens mit jener Idee. Anselm gibt die positive Antwort mit seinem Gottesbegriff. Denn wie das "nequit" auf eine dem Denken innewohnende und von ihm nicht mehr distanzierbare Unübersteigbarkeit verweist, so auch auf einen letzten Beurteilungsmaßstab, der als unbedingt letzter nur Gott selbst sein kann ("Si enim aliqua mens posset cogitare aliquid melius te, ascenderet creatura super creatorem et judicaret de creatore; quod valde est absurdum", prosl. 3). In "de libero arbitrio", jener Schrift Augustins, die das proslogion inspiriert hat, heißt es von der göttlichen "veritas", "nullus de illa judicat, nullus sine illa judicat" (II, 152; vgl. 136). Was also die Vernunft zu sich selbst bringt, indem es sie zum Urteilen befähigt, das bindet sie auch unbedingt, und eben dieses ihr schlechthin Überlegene und von ihr nicht zu Übersteigende ist Gott. Das ist die eindeutige Aussage Augustins, die von Anselm übernommen wird.[8]

Mit dieser Klärung durch den Augustinischen Hintergrund wird folgender Einwand

[8] Einschlägige Stellen dazu aus "de libero arbitrio II": 55-57, 136f, 152f (vgl. "de vera religione" Kap 39, 202ff). Daß die Schrift geradezu Vorlage war für das Proslogion, zeigen manche Einzelheiten: das "nos id quod credimus nosse et intellegere cupimus" (16; auch I, 11: "Aderit enim deus et nos intellegere quod credidimus faciet", vgl. Prosl. proem. und II), der Gottesbegriff: "quo est nullus superior" (54), sowie die imaginäre Diskussion mit dem "Toren"(13) von Psalm 14,1.

gegen Anselms Beweis fragwürdig: Die zunächst als Begriff gebildete Gottesidee könnte noch undurchschaute Widersprüche enthalten wie (früher) der Gedanke der Quadratur des Kreises oder des Perpetuum mobile.[9] Vielleicht sind gewisse Widersprüche in Anselms Gottesbegriff nicht nur noch nicht erkannt, sondern sogar uneinholbar? Doch dieser Einwand wird hinfällig, wenn er sich gegen das Denken als solches richtet. Denn auch die Unterstellung von Widersprüchen wäre dann sinnlos, da sie doch denkend geschieht. Anselm aber geht genau davon aus, daß die Idee des Unbedingten dem Denken als Denken wesentlich ist. Er bringt hierfür keine weiteren Argumente, und das ist sicher ein Mangel seines Beweises. Wie hätte man sich eine solche Argumentation vorzustellen? Ich meine, sie müßte so verlaufen, wie Splett es in seiner eingangs angeführten Argumentation skizziert, nämlich durch den Aufweis, daß die Idee des Unbedingten nur um den Preis der Aufhebung des Denkens als widersprüchlich zu kritisieren ist, weil eben auch ihre Bestreitung sie nochmals denkend in Anspruch nehmen muß. So könnte jener hypothetischen Verdächtigung mit ihrer immer neuen Distanzierungsmöglichkeit des Unbedingten retorsiv der Boden entzogen werden.

Wie ist nun nach Anselm das "id quo maius cogitari nequit" näher zu bestimmen? "Quid igitur es, Dominie Deus, quo nil maius valet cogitari? Sed quid es, nisi id, quod summum omnium solum existens per se ipsum, omnia alia fecit de nihilo?" (prosl. 5). Damit kommen wir zu der für unseren Zusammenhang wichtigen Pointe. Die zentrale Bestimmung, die auch das "summum omnium" (und damit das "id quo" aus Kap. 2/3) näher auslegt, ist: "solum existens per se ipsum". Das Unübersteigbare ist also das Unbedingte, das radikal in sich selbst Stehende. Und das Nichts? Es wäre ebenfalls nicht von anderem bedingt. Wenn es "ist", wenn also nichts ist, dann ist dieser Zustand ebenfalls unbedingt und absolut. Denn er steht ganz in sich, genügt vollkommen sich selbst und schließt alles andere, eben das Sein, aus.

Die gewöhnliche Interpretation des Anselmschen Beweises, auf der dann auch die übliche Kritik an ihm beruht, ist die: Das Absolute denken, also dasjenige, was sich vollkommen genügt, vollkommen in sich steht, heißt bereits, es als seiend denken, da es nicht durch Bedingungen außerhalb seiner erst zur Realität gebracht werden muß, sondern die Bedingungen seines Realseins in seiner Verfaßtheit, seinem Wesen, schon besitzt. Aber gilt eben dies nicht auch vom Nichts? Das Nichts ist absolut und ohne äußere Bedingungen. Es hängt nur an sich und genügt sich selbst. Wenn es besteht, dann mit absoluter und ewiger Notwendigkeit. Seinen Begriff denken müßte also bedeuten: diese seine Notwendigkeit sowie die Notwendigkeit seines Bestehens mitdenken. Nach der üblichen Interpretation müßte der Anselmische Beweis der Existenz des absoluten Seins also auch für das Bestehen des absoluten Nichts zu

---

[9] Eine Schwierigkeit, auf die Leibniz, unter Anführung des "perpetuum mobile", gegenüber Descartes hinweist (Nouv. Ess. IV, 10,7f).

führen sein. Das aber läßt ihn (wie gesagt: nach seinem üblichen Verständnis) ein für alle Mal als verfehlt deutlich werden. Denn wenn aus dem bloßen Begriff des Absoluten dessen tatsächliches Bestehen zu beweisen wäre, so bliebe immer noch unentschieden, welches Absolutes bewiesen worden sei: das vollkommene Sein oder das vollkommene Nichts.

Rein begrifflich ist also nicht zu entscheiden, ob der Begriff des absoluten Seins oder des absoluten Nichts als Tatsache besteht. Doch ist zu einer Entscheidung leicht zu gelangen, wenn die Erfahrung einbezogen wird. Geht man nämlich davon aus, daß etwas existiert, so ist klar, daß nicht Nichts ist. Weil das Nichts aber von seinem Begriffsinhalt her ein Absolutes und Notwendiges ist, nicht ein bloß Mögliches und Bedingtes, ist mit seinem Nichtbestehen auch sogleich seine Unmöglichkeit erwiesen. Daß das Nichts unmöglich ist, heißt aber: Sein ist notwendig. Mit der Einsicht in das Nichtbestehen des Nichts ist also umgehend die Erkenntnis gegeben, daß das Sein im Wesen Notwendigkeit besagt, also reines Aussichselbstsein, vollkommene Selbstgenügsamkeit und Unbedingtheit, denn nur so kann die Notwendigkeit des Seins denkend festgehalten werden.

Ohne die Einbeziehung der Erfahrung des Seins kann ein Gottesbeweis schlechthin nicht gelingen. Hierin hat die seit Thomas kanonische Kritik an Anselms Argument, verstanden als ein Schluß aus bloßen Begriffen, zweifellos recht. Thomas rekurriert in seinen eigenen Beweisen bekanntlich auf die Sinneserfahrung. Man kann aber durchaus auch beim Denken ansetzen, allerdings muß es als ein realer Vollzug genommen werden. Der Denkvollzug ist nicht Nichts. Denke ich das Nichts im Bewußtsein dessen, daß ich faktisch denke, so kann ich daraus die Unmöglichkeit des Nichts und die Notwendigkeit des Seins folgern. Beziehe ich diese Reflexion auf den Denkvollzug in den "Begriff" ein,[10] kann ich davon sprechen, daß aus dem "Begriff" des Nichts die Notwendigkeit des Seins zu erschließen ist. Und versteht man unter apriorischer Gewißheit eben diese reflexive Selbstgewißheit eines (inhaltlich noch nicht bestimmten) Denkens, gibt es keinen Hinderungsgrund, von einem "apriorischen Gottesbeweis" zu reden, und man kann sogar terminologisch an die Tradition des ontologischen Gottesbeweises anknüpfen.

Diese Auslegung des Proslogion-Textes gewinnt noch größere Wahrscheinlichkeit im Blick auf seine Vorlage: "de libero arbitrio II". Denn dort wird dem eigentlichen Beweis die Widerlegung der skeptischen Leugnung der Wahrheit vorangestellt mit jenem auf Descartes vorausweisenden Argument der Selbstgewißheit im Denken: Über die (eigene) Existenz kannst du dich nicht täuschen, denn "si non esses, falli

---

[10] Dies macht nach Schelling das "transzendentale Denken" aus, "indem es des Begriffs als Akts sich bewußt wird, zum *Begriff des Begriffs* sich erhebt" (SW III, 345, vgl. 506). Oder Hegel: "Ich *habe* wohl Begriffe, d.h. bestimmte Begriffe; aber Ich ist der reine Begriff selbst, der als Begriff zum *Dasein* gekommen ist" (VI, 253).

omnino non posses" (20). Die Existenzgewißheit wird dann von Augustinus zur Grundlage der Lebens- und der Vernunftgewißheit ausgebaut, wobei die reflexive Argumentation immer wieder Verwendung findet ("Wüßtest du etwa anderswoher, daß du vernünftig bist, wenn nicht durch Vernunft", 36). Es ist schwer vorstellbar, daß Anselm sich von dieser reflexiven Sicht des Denkens völlig absetzt und einer abstrakt linearen Begriffsanalyse folgt.[11]

4. Kants Gedankengang im "einzig möglichen Beweisgrund" - Nähe und Unterschied zu unserem Argument

In seiner Schrift "Der einzig mögliche Beweisgrund zu einer Demonstration des Daseins Gottes" (1763, Werke I, ed. Weischedel, 617-738) legt Kant einen Gottesbeweis vor, in welchem der Begriff des "Nichts" eine in der Philosophiegeschichte so nirgends zu findende Schlüsselrolle spielt. Da der Beweiskern unserem Argument zum Verwechseln ähnlich ist, dürfte es von Interesse, aber auch erforderlich sein, auf ihn näher einzugehen.

Am Anfang der Schrift entwickelt Kant einen Gedanken, den er später in die KdrV (B 626ff) übernahm (von woher er auch meist bekannt ist): "Das Dasein ist gar kein Prädikat oder Determination von irgend einem Dinge" (630), vielmehr ist es die "absolute Position eines Dinges" (632). Aus diesem Grunde lehnt Kant bereits hier, wie

[11] Schellings Ansatz in seiner frühen Schrift "Vom Ich als Prinzip der Philosophie oder über das Unbedingte im menschlichen Wissen" (1795, SW I, 149ff) liest sich wie ein ontologischer Gottesbeweis, freilich bei genauerem Hinsehen schon als ein solcher, der nicht vom abstrakten Begriff, sondern vom "Realität" enthaltenden "Wissen" ausgeht (§ 1), welches so entfaltet wird: "Wenn wir nur überhaupt etwas wissen, so müssen wir auch Eines wenigstens wissen, zu dem wir nicht wieder durch ein anderes Wissen gelangen, und das selbst den Realgrund alles unseres Wissens enthält". Dieses Eine "muß also gedacht werden, nur weil es ist, und es muß sein, nicht weil irgendetwas anderes, sondern weil es selbst gedacht wird". Denn "das Absolute kann nur durchs Absolute gegeben werden" (ebd.). Klar ist die Struktur des ontologischen Gottesbeweises in Schellings Phase der Identitätsphilosophie zu finden, etwa im "System der gesamten Philosophie" (1804): "Das Absolute ist dasjenige, welches unmittelbar durch seine Idee auch *ist*, oder es ist dasjenige, zu dessen Idee es gehört, zu *sein*" (SW VI, 149, ähnlich: 150, 157, 159). In seiner Spätphilosophie nimmt Schelling allerdings dezidiert gegen den ontologischen Gottesbeweis Stellung (SW XIII, 156ff). Der Gottesgedanke ist zwar der Gipfel der "begrifflichen", "negativen Philosophie", doch kann diese das "Sein" nicht erreichen. Das "Sein" kann nur hingenommen werden. Es ist das, "vor dem das Denken verstummt" (161). Von hier nimmt die "positive Philosophie" ihren Ausgang, mit dem Ziel, in diesem vorgegebenen Sein Gott zu erkennen. Die Vernunft "setzt es [das Seiende] doch nur in der Absicht, das, was außer und über der Vernunft ist, wieder zum Inhalte der Vernunft zu machen: dies wird es eben, indem es a posteriori Gott ist (als Gott erkannt wird)" (170), doch nur, weil Gott darin "sich erkennbar macht" und mittels dieser "Offenbarung" als der "absolute Geist" (174) gewußt wird. So gelingt Schelling in seiner späten Kritik am ontologischen Beweis im Grunde dessen Präzisierung (und auch die Präzisierung seiner eigenen früheren Auffassung), da deutlich wird, daß der niemals abzuweisende Begriff des Unbedingten und Absoluten, also Gottes, dem Denken nur im Zusammenhang der Hinnahme dessen, was "ist", zur Wahrheit wird.

dann auch in der KdrV, den ontologischen Gottesbeweis des Descartes aus der V. Meditation ab, da "das Dasein kein Prädikat, mithin auch kein Prädikat der Vollkommenheit sei" (730). In der KdrV wird dieses Argument am Beispiel der hundert möglichen und wirklichen Thaler erläutert (a.a.O.), und man hält es gewöhnlich, da dort alle Gottesbeweise auf den ontologischen zurückgeführt werden, für das zentrale Argument in Kants Gottesbeweiskritik, was es aber in Anbetracht der Schrift von 1763 schwerlich sein kann.

Zwar soll dem Gehalt nach in einem Möglichen nicht "mehr" als in einem Wirklichen sein, "allein durch etwas Existierendes wird mehr gesetzt als durch ein bloß Mögliches, denn dieses gehet auch auf absolute Position der Sache selbst" (635). Wie aber steht es nun mit der Möglichkeit? Man muß nach Kant unterscheiden zwischen dem (1) "Formalen" der Möglichkeit, das durch ihre bloße Nichtwidersprüchlichkeit gegeben ist, und ihrem (2) "Materialen", das ihren Inhalt ausmacht (637f). Die Möglichkeit ist auszuschließen, wenn die formale Widerspruchsfreiheit nicht gewährleistet ist, aber auch dann, wenn überhaupt nichts Materiales vorhanden ist. In bezug auf diesen letzteren Fall argumentiert Kant so: "Wenn nun alles Dasein aufgehoben wird, so ist nichts schlechthin gesetzt, es ist überhaupt gar nichts gegeben, kein Materiale zu irgendetwas Denklichen, und alle Möglichkeit fällt gänzlich weg" (638). Es wird also davon ausgegangen, daß materiale Gehalte nur zu denken sind, wenn man auch ein Dasein voraussetzt. Mit andern Worten: In der ein oder anderen Weise rekurrieren wir mit unseren inhaltlich bestimmten Denkgebilden stets auf Erfahrung und Wirklichkeit. Streiche ich die Wirklichkeit völlig, so ist auch nichts mehr denkbar, und es gibt nichts Mögliches mehr, da Mögliches immer Materiales beinhaltet. Als Beispiel bringt Kant den Gedanken eines feurigen Körpers, dessen Wirklichkeit ich bestreiten kann. Doch um seinen Begriff bilden zu können, muß mir immerhin räumliche Erfahrung geben sein (640f). Die These ist also die, daß bei Aufhebung alles Daseins auch alle Möglichkeit verschwindet, da das "Denkliche", sei es direkt oder vermittelt, in einem Bezug zur Wirklichkeit steht. Kant schließt somit eine Welt aus bloß abstrakten Möglichkeiten ohne jede Wirklichkeit aus. G. Sala faßt die Konzeption Kants so zusammen: "Die Möglichkeit ist in ihrem Inhalt nur auf Grund eines Existierenden denkbar".[12]

Dies bildet nun die Basis für Kants weitere Argumentation: Denn wenn alles Dasein als aufgehoben gedacht wird und dies zu denken formal nicht widersprüchlich ist (638), wenn also davon ausgegangen wird, daß gar nichts ist, dann könnte es auch

[12] G. Sala, Kant und die Frage nach Gott, Berlin 1990, 119. Ähnlich wie Kant die Basis seiner Argumentation dadurch zu sichern sucht, daß er das Mögliche in seinen materialen Elementen auf Wirklichkeit zurückführt, geht B. Weissmahr im ersten Schritt seiner Rekonstruktion des ontologischen Gottesbeweises vor (Philosophische Gotteslehre, Stuttgart 1983, 96ff). Nach ihm enthalten die abstrakten und sogar die offensichtlich irrealen Gedanken stets Spuren und Bestandteile von Erfahrung und Wirklichkeit (98). Der weitere Gedankengang ist freilich anders als der Kantische. Weissmahr fragt so: Was ist der spezifische Wirklichkeitsgehalt des in unserem Denken vorfindbaren Begriff des Absoluten? (99).

keine Möglichkeit mehr geben. Alles wäre unmöglich. Doch dies ist, nach Kant, der Ausdruck für die reine Unmöglichkeit, die nach ihrem eigenen Begriff auch selbst unmöglich sein muß. Wenn aber mit jener Unmöglichkeit auch das Nichts unmöglich ist, dann ist Dasein notwendig. Es gilt also: "Wodurch alle Möglichkeit überhaupt aufgehoben wird, das ist schlechterdings unmöglich. Denn dieses sind gleichbedeutende Ausdrücke" (639). Der Gedanke der Abwesenheit alles Daseins stellt zwar keinen formalen Widerspruch dar. "Allein wodurch das Materiale und die Data zu allem Möglichen aufgehoben werden, dadurch wird auch alle Möglichkeit verneinet. Nun geschieht dieses durch die Aufhebung alles Daseins, also wenn alles Dasein verneinet wird, so wird auch alle Möglichkeit aufgehoben. Mithin ist schlechterdings unmöglich, daß gar nichts existiere" (639). Wenn aber das Fehlen jeglicher Existenz, also das Nichts, unmöglich ist, dann ist Dasein notwendig. "Dasjenige aber, dessen Aufhebung oder Verneinung alle Möglichkeit vertilgt, ist schlechterdings notwendig. Demnach existiert etwas absolut notwendiger Weise" (643f). Damit ist die Existenz eines notwendigen Daseins, eines ens necessarium, aufgewiesen, und dieses wird in der weiteren Auslegung als "einig", "einfach", "unveränderlich", als "ewige" und "höchste Realität" bestimmt (644ff).

Kants Argument basiert auf einer Gleichsetzung der Unmöglichkeit (1) im Sinne einer inhaltlichen Bestimmung, nämlich der Abwesenheit alles Seins, und ihrzufolge (da Möglichkeit auf Wirklichkeit basiert) der Abwesenheit jeder Möglichkeit (also: Es gibt kein Mögliches, denn es gibt nichts), mit der Unmöglichkeit (2) im Sinne einer Modalaussage (es ist unmöglich). Doch (1) und (2) sind semantisch verschieden, und ihre Gleichsetzung ist eine Äquivokation (Sala, 122). Der Kantische Beweis ist somit ein Sophisma, und es wäre eigenartig, daß ein Denker vom Range Kants dies nicht bald bemerkt haben sollte. Vielleicht liegt hierin der Grund für den auffälligen Umstand, daß Kant seinen "einzig möglichen Beweis" von 1763 in der KdrV mit völligem Stillschweigen übergeht und nur die Kritik am ontologischen, kosmolgischen und teleologischen Gottesbeweis daraus in sie übernimmt.

Der Unterschied der Kantischen Argumentation zu unserer besteht darin, daß Kant dem Begriff des "Nichts" die *formale* Bedeutung der "Unmöglichkeit" gibt, während wir von der *inhaltlichen* Absolutheit des Nichts ausgingen und zu seiner Unmöglichkeit über die Gewißheit des Seins gelangten. Kant versucht einen rein apriorischen Beweis zu führen, indem er vom Begriff des Möglichen ausgeht, um dann als dessen Voraussetzung die für den Begriff (!) des Möglichen unverzichtbare Wirklichkeitserfahrung auszumachen. Sein weiterer Gedankengang ist aber nicht ein quasi aristotelischer in dem Sinne, daß der Möglichkeit immer schon, also notwendig und somit auch: eine in sich notwendige Wirklichkeit zugrunde liege. Kant gibt dem Gedanken vielmehr nochmals eine begriffsinterne Wendung, indem er die gänzliche Aufhebung aller Möglichkeit für unmöglich erklärt, weil sie selbst nichts anderes als "Unmöglichkeit" besage.

5. Die vielfache Bedeutung des "Nichts"

Nach Aristoteles wird das Sein in "vielfacher Weise" ausgesagt (Met 1026 a 33). Gleiches sagt er vom "nichts" (Met 1067 b 25). Dies sollten wir beherzigen. Denn bisher war vom "Nichts" nur in einem bestimmten Sinn die Rede. Aber in der Sprache und in der Geschichte des Denkens findet sich manche davon abweichende Bedeutung. Freilich hängen die verschiedenen Bedeutungen auch zusammen, so daß man durchaus erwägen könnte, die "Ontologie" durch eine "Meontologie" (von "μὴ ὄν", nichts) zu ergänzen. Bausteine dazu möchte ich im folgenden liefern, indem ich wichtige Bedeutungsnuancen zusammenstelle und sie mit Beispielen aus der Geschichte versehe.[13]

(1). Das absolute Nichts.

Gemeint ist die für unsere Untersuchung entscheidende Bedeutung des "Nichts" als Abwesenheit von allem Sein, als absolutes Nichts. Formal ist diese Bedeutung nicht widersprüchlich und auch als tatsächlicher Zustand rein apriori nicht unmöglich. Da es aber nicht besteht, ist es nicht nur faktisch, sondern prinzipiell unmöglich.

(2). Das Nichts des Absoluten.

Das absolute Sein unterscheidet sich von allem endlichen Seienden so radikal, daß es als dessen Jenseits angesehen werden muß. Diese Andersheit wird schon bei Parmenides deutlich. Platon bestimmt die den Bereich des wahrhaft Seienden und Ideellen abschließende Idee des Guten als "jenseits des Seins" (Politeia 509 b), in gewisser Weise also als Nichts. Plotin beschreibt mit diesen Worten Platons die höchste Hypostase, das "Hen" (V,4, 1,10), und wendet auch den Begriff des Nichts auf sie an: "Das Eine ist alles und doch kein einziges, denn der Ursprung von allem ist nicht alles, sondern alles ist aus ihm... Nun, eben deshalb, weil nichts in ihm war, kann alles aus ihm kommen; gerade damit das Seiende existieren könne, ist Jener (sic!) selbst nicht Seiendes (οὐκ ὄν), ist aber dessen Erzeuger... Da Jenes von vollkommener Reife ist (es sucht ja nichts, hat nichts bedarf nichts), so ist es gleichsam übergeflossen, und seine Überfülle hat ein anderes hervorgebracht" (V,2, 1,1ff; vgl. VI,9, 3,38ff). Das Christentum konnte hier anschließen. Dionysius Areopagita lehrt die mystische Erhebung zu dem, was "über allem Sein und aller Erkenntnis ist (ὑπέρ πᾶσαν οὐσίαν καὶ γνῶσιν)" (PG III, 997). Ähnlich spricht Eckhart: "Gott ist Nichts", und er

[13] Vgl. dazu den Artikel "Nichts" von Th. Kobusch im "Historischen Wörterbuch der Philosophie" (ed. J. Ritter), und den gleichnamigen von K. Riesenhuber im "Handbuch philosophischer Grundbegriffe" (ed. H. Krings, M. Baumgartner).

präzisiert gleich: "nicht so, daß er ohne Sein wäre: er ist (vielmehr) weder dies noch das, was man auszusagen vermag - er ist Sein über allen Sein" (Pred. 54, ed. Quint 407).

(3) Das Nichts als Nichtigkeit des Endlichen

Nach Parmenides ist die Welt des Werdens und Vergehens Schein und Trug. Bei Plotin ist vor allem die Materie das "μὴ ὂν" (III,6, 7,11ff) (freilich in einem völlig anderen Sinne als das Hen) und alles, was mit Materie behaftet ist. Beim Christen Eckhart klingt dies so: "Alle Kreaturen sind ein reines Nichts". Auch hier ist die Erklärung wichtig: "Alle Kreaturen haben kein Sein, denn ihr Sein hängt an der Gegenwart Gottes. Kehrte sich Gott nur einen Augenblick von allen Kreaturen ab, so würden sie zunichte" (Pred. 4, ed. Quint, 171).

(4) Das Nichts als Moment des Endlichen und seiner Erkenntnis.

Die Reduktion des Seins auf das reine Sein durch Parmenides stieß bald auf Widerspruch. Denn auch das uns vor Augen liegende Wirkliche *ist* und hat seine Eigenständigkeit. Schon Demokrit pluralisiert das unveränderliche Sein zu den vielen Atomen. Sie bewegen sich im "Leeren" ("κενόν", A 49) und können aufgrund dieses Nichtseins Kombinationen eingehen. Platon wendet sich im "Sophistes" (236 d ff) gegen den Ausschluß des Nichts durch Parmenides. Denn ohne das "Nicht", das "ἕτερον", d.h. das Andere oder Verschiedene, kann man nichts Konkretes erkennen. "Es *ist* also notwendig das Nichtseiende, sowohl bei der Bewegung, als auch in Beziehung auf alle Begriffe. Denn in allen ruft die Natur des Verschiedenen das Verschiedene gegenüber dem Seienden hervor und macht jedes zu einem Nichtseienden" (256 d/e). Aristoteles setzt diese Linie fort und betont die vielfältige Bedeutung des Nichts: "τὸ μὴ ὂν λέγεται πλεοναχῶς" (Met 1067 b 25). Er unterscheidet eine dreifache Bedeutung, (1) eine kategoriale (was so zu verstehen wäre: nicht Mensch, nicht Großes usw, nach den einzelnen Kategorien), (2) eine falsitative (die Falschheit der Aussage betreffend), und (3) eine potentielle (das Potentielle als das Noch-nicht ausdrückend) (Met 1089 a 25ff).[14]

(5) Das Nichts des Denkens und der Freiheit.

Die Möglichkeit, sich von jedem gegebenen Inhalt nochmals zu distanzieren und sich

[14] Hier könnte auch das "Fiktive" angefügt werden, das im Mittelalter diskutiert wurde (vgl. dazu Kobusch 814).

in sich selbst zurückzuziehen, macht die eigentümliche Selbständigkeit des Denkens aus, in der es, wie schon Parmenides sah, dem Absoluten verwandt ist. Hieran knüpft sich in der Neuzeit der Gedanke der Freiheit. Hegel: "Im Denken *bin* ich *frei*, weil ich nicht in einem Anderen bin, sondern schlechthin bei mir selbst bleibe" (Suhrkamp-Ausgabe III, 156). Die spezifische Bestimmung dieses losgelösten Denkens in seiner allgemeinen Bestimmbarkeit und Noch-nicht-Bestimmtheit nennt Hegel "reines Sein" oder auch "Nichts" (V, 82f). "Die Höchste Form des Nichts für sich wäre die *Freiheit*, aber sie ist die Negativität, insofern sie sich zur höchsten Intensität in sich vertieft und selbst, und zwar absolute, Affirmation ist" (VIII, 187). Dieses freie Insichstehen ist "Reflexion". Sie ist "die Bewegung von Nichts zu Nichts und dadurch zu sich selbst zurück" (VI, 24, auch: 81, 148f, 150, 219f). Sie konkretisiert sich in bestimmten Begriffen, wie "Etwas" und "Anderes", "Einheit" und "Unterschied", "Substanz" und "Akzidenz" u.a. In ihnen bewegt sich das Denken, und zugleich stellt sich in ihnen die Wirklichkeit dar. Dabei sind die einzelnen Bestimmungen dieses kategorialen Systems der "Logik" auch je neue Weisen der Einheit von Sein Nichts.

(6) Das moralische Nichts.

Freiheit ist ambivalent. Sie muß sich selbst und ihrer Bestimmung gerecht werden. Sie kann sich aber auch verfehlen. Schon nach Plotins System muß sich die Seele nach dem wahren Seienden ausrichten. Bindet sie sich an die Materie, das "me on", so wird sie selbst nichtig. Das Christentum kann hier anknüpfen. Nach Augustinus sündigt der Mensch dadurch, daß er sich von Gott abwendet und so ins Nichtige fällt: "et manifestum est, quia peccatum nihil est, et nihil fiunt homines cum peccant" (in Joh I,13).

(7) Das nihilistische Nichts.

Jacobi wirft Fichte vor, mit seiner Philosophie des absoluten Ich, das alles setze und aus dem alles abzuleiten sei, in einen "Nihilismus" zu verfallen (dieser Begriff taucht hier das erste Mal auf) (Werke III, 44), und stellt ihm seine eigene Philosophie des "Nicht-Wissens" gegenüber (ebd.), die sich vor der Unergründlichkeit des schon immer vorgegebenen Gottes bescheidet (ebd. 48 und passim). Vorbereitet durch Schopenhauers Lehre vom alles regierenden blinden Willen verkündet Nietzsche dann seinen Nihilismus: "Denken wir diesen Gedanken in seiner furchtbarsten Form: das Dasein, so wie es ist, ohne Sinn und Ziel, aber unvermeidlich wiederkehrend, ohne ein Finale ins Nichts: 'die ewige Wiederkehr'. Das ist die extremste Form des Nihilismus: Das Nichts (das 'Sinnlose') ewig!" (StA 12, 213).

(8) Das Schöpfungs-Nichts.

Die Schöpfung der Welt durch Gott, mit der die Bibel beginnt (Gen 1), wird in einem ihrer spätesten (griechischen) Bücher als Schöpfung aus dem Nichts (οὐκ ἐξ ὄντων) präzisiert (2 Makk 7,28). Dies ist dann die klassische Lehre der drei großen monotheistischen Religionen geworden. Diese theologische Lehre ist aber auch philosophisch von Belang. Denn sie besagt, daß die Welt von Gott radikal abhängig, zugleich aber selbständig ist. Gott ist nicht an irgendwelchen zeitlichen, räumlichen oder wirkursächlichen "Rändern" der Welt ein für ihren Bestand notwendiges "Anschlußstück". So gedacht, wäre Gott verendlicht. Die Welt ist vielmehr in ihre Selbständigkeit entlassen, gleichsam "ins Nichts" gestellt. Sie ist "sich selbst" gegeben, allerdings: "gegeben". Nur eine solche geschöpfliche "Unendlichkeit" wird der wahren Unendlichkeit Gottes gerecht, und nur von ihr her können etwa die evolutive Eigendynamik der Welt mit ihrer prinzipiellen Abhängigkeit von Gott, aber auch die geschöpfliche Freiheit mit der göttlichen Gnade zusammengedacht werden.

6. Staunen und Demut vor Gott

"Warum ist überhaupt etwas, und nicht vielmehr nichts?" Diese Frage bringt ein Staunen zum Ausdruck, das sich der Mensch nicht nehmen lassen darf, will er nicht seine Würde als geistiges Wesen aufs Spiel setzen. Es ist das Staunen darüber, daß es etwas "gibt", und über die eigene Fähigkeit, dieses "ist" als solches erfassen zu können. Doch diese staunende Frage nach dem Grund des Seins enthält auch den Gedanken des Nichts. Wäre er unsinnig, verlöre auch jene Frage und mit ihr jenes Staunen seinen Sinn. Doch der Gedanke des Nichts ist sinnvoll, weil über ihn das *Unselbstverständliche,* aber auch das *sich von selbst Verstehende* des Seins erfaßt werden kann und zugleich gewiß wird: daß sich beides nicht im Widerspruch aufhebt. Denn die Notwendigkeit des Seins ist nicht Zwang und Fremdbestimmung. Dies wäre Abhängigkeit, denn auch eine Abhängigkeit vom eigenen Inneren ist eine Form der Äußerlichkeit und Kontingenz. Die Notwendigkeit des Seins ist vielmehr reines Selbstsein (wenn man so will: reine Entschiedenheit), und es muß sich hier (allerdings nur hier!) die Notwendigkeit als Freiheit enthüllen.[15] Die im Erstaunen aufgehende Unselbstverständlichkeit des Seins hat ihr Recht. Denn das Sein gründet in Freiheit und ist selbst im Wesen Freiheit.

Splett sieht in der Frage "Warum das *alles*?" die "darin einbeschlossene(n) Sinnfrage"

---

[15] Dies scheint mir der festzuhaltende Sinn des Überganges von der Notwendigkeit zur Freiheit zu sein, den Hegel im Übergang von der Wesens- zur Begriffslogik entwickelt (Hegel VI, 251). "Im *Begriffe* hat sich daher das Reich der *Freiheit* eröffnet" (ebd. vgl. VIII, 303-307). Mit der üblichen marxistischen Lesart (und ihren deterministischen Konnotationen), daß nach Hegel die Freiheit die Einsicht in die Notwendigkeit sei, hat dies nichts zu tun.

(a.a.O. 65). Denn eine Antwort auf ihr Warum kann nur in einem Sein gefunden werden, das vollkommen fraglos, weil ganz um seiner selbst willen ist. Dies ist Platons Gedanke der alles begründenden Idee des Guten. Christliches Denken und eine von dort inspirierte Philosophie hat in jenem "Anfang des Alls" (Pol 511 b) den Gott der Bibel wiedererkannt, dessen "Sein aus sich" und "um seiner selbst willen" absolute Spontaneität und Freiheit ist. Die Notwendigkeit dieses Gottes bleibt im Geheimnis seiner Freiheit begründet. Hier liegt folgendes sachliche Recht im Vorbehalt des Thomas gegenüber dem Anselmischen Beweis (wie er ihn versteht): Auch wenn wir wissen, daß in Gott "Wesen" und "Sein" unlösbar eins sind (STh I, 2,1), können wir doch nicht (in einem Aristotelisch optimalen Schluß etwa aus ersten Einsichten) Gottes Existenz aus seinem Wesen ableiten und somit "begreifen". Seine Existenz ist von uns hinzunehmen. Sie gründet allein in seiner Freiheit, wenn diese auch für uns den Horizont letzter und unübersteigbarer Notwendigkeit bildet.

Gott aber gewährt uns die Teilnahme an seiner Freiheit. Wir sollen einstimmen in sein Ja, indem wir Ja sagen zu uns und zu ihm. Als Schöpfer gibt Gott damit dem Nichts in neuer Weise Raum. Denn vom Endlichen her kann Nein gesagt werden. Zwar ist diese Möglichkeit eigentlich eine Unmöglichkeit, denn sie führt zur Selbstzerstörung des Geschöpfes. Doch soll das Geschöpf sich selbst vollziehen, und so kann es auch prinzipiell "Nein" sagen, wie es klassisch in Goethes Faust heißt: "Ich bin der Geist, der stets verneint! / Und das mit Recht; denn alles, was entsteht, / Ist wert, daß es zugrunde geht; / Drum besser wär's, daß nichts entstünde. / So ist denn alles, was ihr Sünde, / Zerstörung, kurz das Böse nennt, / Mein eigentliches Element" (1338ff).[16] Motiv zu diesem prinzipiellen "Nein" von seiten des Geschöpfes ist das Ressentiment, der Groll darüber, eben der zu sein, der man ist und als den man sich stets hinzunehmen hat.[17] Doch mit der Aufgabe, sich selbst anzunehmen und zu übernehmen, läßt Gott das Geschöpf nicht allein. Gott macht vielmehr das geschöpfliche Ja zu seiner eigenen Sache, bis dahin, daß er sich im geschöpflichen Ja offenbart, also ganz er selbst ist. Denn "in ihm ist das Ja" (2 Kor 1,20),[18] auch unter der Bedingung des Kreuzes (d.h. unter *allen* Bedingungen), das ewige Ja zum Sein im ewigen Ausschluß des Nichts.

---

[16] Vgl. Mephisto: "Ich liebte mir dafür das Ewig-Leere" (11603). Der mit sich zerfallene Faust verbündet sich mit diesem Nein, denn es ist auch sein eigenes (vgl. 1660ff; 1678ff; vor allem: 1765-1775).

[17] Nach Splett ist dies die Quelle der Sünde: "ein tiefsitzendes Ressentiment gegenüber dem Schöpfer - in der Weigerung sich selbst zu akzeptieren" (Leben als Mit-Sein, Frankfurt 1990, 98f). Man denke an Faust (vgl. oben): Wenn ich nicht bekomme, was ich will, soll lieber alles in Trümmer gehen.

[18] Auf die Bedeutung dieses Pauluswortes hat Splett frühzeitig hingewiesen. Vgl. Er ist das Ja, München 1964.

Erhard Kunz

Der dreieine Gott und die Gestalt der Liebe

1. Die Anerkennung Gottes und die Mit-Menschlichkeit des Menschen

Philosophische Anthropologie und Gotteslehre bilden die Schwerpunkte der Lehrtätigkeit von Jörg Splett an der Philosophisch-Theologischen Hochschule Sankt Georgen. Beide Bereiche der Philosophie gehören für ihn innerlich zusammen. Das Sprechen vom Menschen und das Sprechen von Gott sind in der von ihm entfalteten philosophischen "Anthropo-Theologie" nicht zu trennen[1]. Dabei läßt Jörg Splett jedoch keinen Zweifel daran entstehen, welchem der beiden Pole in dieser Bezugseinheit die Priorität zukommt. So fordert er, "die von manchen Theologen bevorzugte Maxime 'Von Gott reden heißt, vom Menschen reden' umzukehren in den Satz 'Das Reden vom Menschen bleibt nur menschlich, wenn es von Gott redet'"[2]. In dieser Aussage kommt ein entscheidendes Anliegen Jörg Spletts und ein wichtiges Korrektiv für eine anthropologisch gewendete Theologie zum Ausdruck. Gott darf nicht – auch nicht in subtiler Weise – zu einem Zweck und Mittel menschlicher Selbstverwirklichung gemacht werden. Er ist nicht zu bejahen, weil der Mensch ihn für sich und seine Selbstentfaltung braucht. Er ist nicht aus der Bedürfnisstruktur und dem auf die eigene Erfüllung ausgerichteten Verlangen ('desiderium') des Menschen abzuleiten. Gott begegnet vielmehr grundlegend in der "Unbedingtheit der Gewissenserfahrung"[3]. Der Mensch erfährt im Gewissen den unbedingten Anspruch und Anruf, "der Wahrheit die Ehre zu geben"[4] und "das Sein einer Person an sich und ihr Wesenswohl ... uneingeschränkt zu bejahen"[5]. Die Instanz, von der dieser Anspruch und Ruf ausgeht, sind nicht die Menschen selbst, sondern die den Menschen vorgegebene, sich ihnen erschließende Wirklichkeit des "Heiligen"[6]. Gott begegnet dem Menschen also als ihn Rufenden, als ihn An-sprechenden. Der Mensch ist von Gott Gerufener, Angesprochener und als solcher Beschenkter. Er entspricht Gott, indem er den Ruf in Dankbarkeit vernimmt und ihn im Vollzug der "Wahrheits- und Menschenliebe"[7] beantwortet.

So wie Gott um seiner selbst willen (und nicht um der menschlichen Erfüllung

---

[1] Vgl. J. Splett, Leben als Mit-Sein. Vom trinitarisch Menschlichen, Frankfurt/M. 1990, 9f.

[2] J. Splett, Was weiß die Philosophie vom Menschen, in: Rabanus Maurus - Akademie, Fulda u.a. (Hrsg.), Kennen Wissenschaften den Menschen?, Frankfurt/M. 1980, 27; zitiert in: G. Greshake, Der dreieine Gott. Eine trinitarische Theologie, Freiburg 1997, 252.

[3] J. Splett, Über die Möglichkeit, Gott heute zu denken, in: W. Kern, H.J. Pottmeyer, M. Seckler (Hrsg.), Handbuch der Fundamentaltheologie, Bd. 1, Freiburg 1985, 149.

[4] Ebd. 150.

[5] Ebd. 149.

[6] Vgl. ebd. 150.

[7] Ebd. 149.

willen) anzuerkennen ist, so darf auch der andere Mensch in seinem Sein nicht zu einem Mittel gemacht werden. Wahre "Menschlichkeit, d.h. Mitmenschlichkeit ... bedeutet im Kern: den Einzelnen in seinem Eigensein anzuerkennen und ihn nie nur nach seinem Nutzen für andere einzuschätzen (nicht einmal – letztlich – nach seinem 'menschlichen Wert' oder Unwert)"[8]. Die unverlierbare Würde der menschlichen Person gründet darin, daß der Mensch ein unbedingt von Gott Gerufener und Beanspruchter ist[9]. Daher ist Gott Ermöglichungsgrund der Mitmenschlichkeit. Aber er ist dies deshalb, weil er nicht als Erfüllung menschlicher Bedürfnisse (z. B: der Sehnsucht nach Mitmenschlichkeit) abgeleitet wird, sondern in seinem unbedingten Anspruch (seiner Heiligkeit) den Menschen trifft und Anerkennung, Anbetung erheischt.

Jörg Splett kämpft also entschieden dafür, daß weder Gott noch der andere Mensch vom Verlangen des Menschen nach eigener Erfüllung, eigenem Glück und eigener Ganzheit vereinnahmt und gleichsam verschlungen werden[10].Wenn es dem Menschen grundlegend und zuerst um Selbstentfaltung und Selbstverwirklichung geht, und wenn das Streben nach Glück ('beatitudo') die entscheidende Triebfeder menschlichen Handelns ist, dann werden Gott und der Mitmensch zu Funktionen des eigenen Selbst. Wahre personale Liebe ist dann nicht mehr gegeben; denn diese widersetzt sich einer Funktionalisierung der anderen Person. Sie bejaht den Anderen als Anderen. Sie will wechselseitiges Geben und Empfangen. "Solches Geben und Empfangen jedoch braucht Distanz, ... die Zweiheit von Ich und Du ..., wahre Liebe liebt den Unterschied"[11]. Liebe ist "der Wille zum Anderen, zu Anderssein und Differenz ..."[12]

Dieses Verständnis der Liebe sieht Jörg Splett auch in der christlichen Theologie des Abendlandes gefährdet; denn in ihr bildet unter dem Einfluß antiker Philosophie die natürliche Sehnsucht des Menschen nach Glück, Einheit und Ganzheit ein anthropologisches Grunddatum, das auch das Verhältnis zu Gott und den Mitmenschen bestimmt: Gott wird als Erfüllung menschlichen Verlangens angestrebt; der andere Mensch wird als notwendige Ergänzung des eigenen bedürftigen Selbst bejaht. Liebe erscheint "als Lebens-Durst und Überlebens-Sehnsucht"[13]. Erschwert wird dabei ein wahrhaft dialogisches Verständnis der Liebe, in dem der Andere als Anderer bleibend anerkannt wird, ohne dem eigenen Selbst und seinem Verlangen einverleibt oder – wie bei Hegel – als notwendiges Moment der Selbstentfaltung dialektisch 'aufgehoben' zu werden.

---

[8] Ebd. 148.

[9] Vgl. z.B. J. Splett, Gotteserfahrung im Denken. Zur philosophischen Rechtfertigung des Redens von Gott, Freiburg/München 1973, 81; ders., Freiheits-Erfahrung. Vergegenwärtigung christlicher Anthropo-Theologie, Frankfurt 1986, 91f.

[10] Vgl. z.B. Leben als Mit-Sein, 11, 41-54, 100.

[11] J. Splett, Ehe aus der Sicht christlicher Anthropologie, in: Intams Review 1 (1995), 44.

[12] Leben als Mit-Sein, 177.

[13] Leben als Mit-Sein, 11.

2. Die Freigebigkeit des dreieinen Gottes als Grund der Schöpfung

Bei dem Bemühen, das dialogische Verständnis personaler Liebe zu wahren und zu vertiefen, ist für Jörg Spletts philosophisches Denken die in der christlichen Offenbarung erschlossene Lehre vom dreieinen Gott immer wichtiger geworden. Dabei ist er zu Einsichten gekommen, die auch für die Theologie sehr anregend sind und Beachtung finden[14]. Zunächst einmal ist die (immanente) Trinität Gottes die Möglichkeitsbedingung dafür, daß die Beziehung zwischen Gott dem Schöpfer und dem Menschen von Freiheit bestimmt ist. Zwischen Gott und dem Menschen waltet nicht Zwang, Notwendigkeit und Nötigung, sondern Freiheit, ohne die eine Beziehung der Liebe nicht sein kann. Der Mensch wird durch Gottes Ruf im Gewissen so getroffen, daß er den Ruf in Freiheit aufnehmen und beantworten soll. Gott seinerseits ist nicht genötigt, die Welt und die Menschen zu erschaffen; er bedarf ihrer nicht – wie es Hegel meinte – zu seiner Selbstentfaltung, sondern er erschafft aus "freier Freigebigkeit"[15]. Deshalb gilt, daß Gott "wesentlich 'nichts von der Welt hat'"[16]. Gott braucht die Schöpfung nicht, um erst in der Beziehung zu ihr zum Liebenden zu werden, sondern er ist im Voraus zur Schöpfung schon beziehungsreiches, trinitarisches Geschehen der Liebe. "Gott muß ... das Geschehen von Gabe und Annahme schon in sich selbst sein, nicht erst im Gegenüber zur Schöpfung"[17]. "Den Einen Gott sollen wir als nicht bloß Eines denken, den Gott der Liebe als Liebe schon in sich selber verstehen"[18]. Die immanente Trinität ist also innere Voraussetzung dafür, daß das Verhältnis von Schöpfer und Geschöpf und folglich die Schöpfung selbst von "freier Freigebigkeit", von Liebe geprägt ist. Deshalb ist die Trinitätslehre bedeutsam auch für das Verständnis der Welt und für die "Grundstruktur und -verfassung"[19], die in ihr gelten soll. "Menschliche Liebe ist nur human, wenn sie an der Schöpfungs-Selbstlosigkeit teilhat"[20]. Die Schöpfungs-Selbstlosigkeit aber ist nur gegeben, weil der Schöpfer im Voraus zur Schöpfung selbstlose Liebe, trinitarische Beziehung ist.

3. Die Dreigestalt der Liebe: der mitgeliebte Dritte

Wie aber sind die Personen in Gott und ihre Beziehung zueinander zu bestimmen? In der christlichen Frömmigkeitsgeschichte wird das Verhältnis von Vater und Sohn in Gott als liebendes Gegenüber verstanden. "Man spricht vom Gespräch der Liebe zwischen Vater und Sohn; und das Gespräch selber, das Band der Liebe zwischen

[14] So etwa bei Gisbert Greshake, Der dreieine Gott. Eine trinitarische Theologie, Freiburg 1997.
[15] Leben als Mit-Sein, 115.
[16] Ebd 112.
[17] Freiheits-Erfahrung, 94.
[18] Leben als Mit-Sein, 66
[19] Ebd. 115.
[20] Ebd. 60.

ihnen wurde als der Geist genommen"[21]. Der Heilige Geist erscheint in diesem Verständnis als das "Wir", das Vater und Sohn vereint, gleichsam als die gemeinsame Atmosphäre, die Vater und Sohn in ihrem Gespräch verbindet. Aber nimmt der Geist so wirklich selbst als Person am Gespräch teil? "Hat man so ... Gott nicht eigentlich eher als eine Zwei-Einheit vorgestellt, statt als den Drei-Einigen?"[22] Jörg Splett greift Anregungen Richards von St. Victor auf und versteht den Geist wirklich als Dritten gegenüber Vater und Sohn, also nicht nur als ihr "Wir" und ihr Band oder ihre Liebe. Vater und Sohn verbinden sich zu einem Wir, das sich auf den Geist als ihr gemeinsames Du bezieht. Vater und Sohn haben in ihrer dialogischen Beziehung also einen Dritten, zu dem sie als ihrem Mitgeliebten geöffnet sind. Ebenso sind auch Sohn und Geist gemeinsam zum Vater hin und wiederum Vater und Geist gemeinsam zum Sohn hin geöffnet. Jede Beziehung zwischen zwei Personen ist also nicht in sich abgeschlossen, sondern jeweils auf den Dritten hin 'aufgebrochen'. "Im Spiel dieser Mit-Liebe ist keiner Mittel, jeder Ziel, doch jeder zugleich Mittler. Statt einer Zwei-Eins-Dialektik, die zwischen Verschmelzung und Entfremdung taumelt, waltet hier die Freiheit wechselseitiger Frei-gebigkeit"[23]. Erst die Dreiheit der Personen ermöglicht also 'selbstloses' Miteinander. Dabei handelt es sich nicht um einen "Einheits-Wirbel permanenten Rollentauschs"; die Verschiedenheit von Vater, Sohn und Geist sowie die Ordnung ihrer Beziehungen bleibt gewahrt: "Der Vater – ursprungslos – gibt ohne jeden Vorbehalt sich und das Seinige dem Sohn. Und dieser, restlos alles, auch das Gebendsein, empfangend, gibt so selbst, von/mit dem Vater. Der Geist ist nun die Person des reinen Empfangs; er gibt dies sein Empfangen"[24]. Die Unterschiedenheit der Personen in Gott bedeutet keinen Tritheismus, "wenn nicht die Person(en), sondern das Geschehen selbst von Ursprung (Vater), Gabe (Sohn) und Empfang (Geist), also die dreieine Liebe (1 Joh 4,8) als Absolutum gedacht wird"[25]. "Sie, die Liebe, ist das eine 'Absolute', und die 'Personen' bestehen einzig in diesem Bezug, so aber wirklich"[26].

Die hier im Hinblick auf Gott selbst angedeuteten Gegebenheiten haben nach Jörg Splett für personale Beziehungen überhaupt grundlegende Bedeutung (wie sie umgekehrt auch von zwischenmenschlicher Erfahrung aus entfaltet sind). Grundsätzlich gilt: "Liebe hat Dreigestalt: die je zweier zum dritten wie seiner zu ihnen"[27]. "Nicht die Zwei-Einheit des Ich-Du ist ... das Grundelement (das 'Atom' sozusagen) von Interpersonalität, sondern die Dreieinigkeit eines ... Wir"[28]. Damit ist eine wertvolle Vertiefung des "dialogischen Denkens" gegeben. Erst wenn "ein jeder mit dem

---

[21] Ebd. 67.
[22] Ebd. 67.
[23] Ebd. 69.
[24] Ebd. 69f.
[25] Freiheits-Erfahrung, 95.
[26] Leben als Mit-Sein, 69.
[27] Freiheits-Erfahrung, 95.
[28] J. Splett, Dialektik des Tuns – Dialogik – Person-Sein in trinitarischer Analogie, in: ThPh 61 (1986) [161 - 175] 171.

anderen dem Dritten gut ist", wird die Frei-gebigkeit der Liebe verwirklicht. Ein bloßes "Ich-Du-Gegenüber" ist heillos[29].

Die bisherigen Darlegungen wollen – nur andeutend – auf einige Grundgedanken und Anliegen der Philosophie von Jörg Splett und auf deren Zusammenhang mit der christlichen Glaubensüberzeugung vom dreieinen Gott hinweisen. Als Theologe freue ich mich, daß die Trinitätslehre, die doch nicht selten als eher irrelevant und als überholten Denkkategorien verhaftet angesehen wird, von einem Philosophen in so eindringender und überzeugender Weise gerade auch für humanes Leben und Zusammenleben fruchtbar gemacht wird. Auch zum inneren Verständnis der Trinitätslehre selbst finde ich bei Jörg Splett sehr wertvolle Anregungen. Beachtenswert und weiterführend erscheint mir vor allem der Grundgedanke, daß der Vollzug selbstloser, frei-gebiger Liebe nicht als bloße Zwei-Einheit möglich ist, sondern daß dazu die gemeinsame Beziehung zum Dritten als dem Mitgeliebten gehört. Eine dialogische Beziehung ist nur 'heil', wenn sie über sich hinaus auf einen Anderen hin geöffnet ist. Diese von Jörg Splett philosophisch entfaltete Einsicht findet ihren Anhaltspunkt und ihre theologische Grundlegung in dem Geschehen, von dem her das christliche Bekenntnis zum dreieinen Gott entstanden ist und an dem es sich bleibend zu orientieren hat, nämlich in Leben, Sterben und Auferweckung Jesu. Vor allem im (österlich erhellten) Kreuzesereignis wird offenbar, daß die vertrauensvolle Beziehung zwischen Jesus, dem Sohn, und Gott, seinem Vater, keine abgeschlossene, 'exklusive' Beziehung ist, sondern daß sie im und durch den Heiligen Geist zu Anderen geöffnet und sie einbeziehend ist. Im und durch den Heiligen Geist werden die Menschen in die Beziehung von Vater und Sohn aufgenommen. Diese Beziehung ist über sich selbst hinaus geöffnet, 'aufgebrochen'. Die im Neuen Testament bezeugte *Dreiheit* der Beziehungen zwischen Vater, Sohn und Geist im Heilshandeln Gottes zu beachten und sie als in Gott selbst gegebene Wirklichkeit anzuerkennen, – darauf weist das Werk von Jörg Splett nachdrücklich hin.

4. Wechselseitiges Angewiesensein der Personen in der dreieinen Liebe

Wenn man die biblischen Aussagen über das Verhältnis von Vater, Sohn und Geist als Basis und Orientierungspunkt des Verständnisses der Trinität nimmt, ergibt sich ein Aspekt, der im Gespräch mit Jörg Splett weiter erörtert werden kann. Es geht Vater, Sohn und Geist in ihrer Beziehung zueinander jeweils "nicht um sich"[30]. Der Sohn verherrlicht vielmehr den Vater; er gibt dem Vater die Ehre; der Vater wiederum verherrlicht den Sohn (Joh 7,18; 17,1.4f.). Der Sohn gibt dem Geist Raum (vgl. Joh 16,7); der Geist verherrlicht den Sohn (Joh 16,14f) und legt Zeugnis ab für den Sohn

[29] Leben als Mit-Sein, 68.
[30] Vgl. Leben als Mit-Sein, 71: "Es geht ihm [dem Geist] nicht um sich."

(Joh 15,26). Die einzelnen Personen sind also ganz auf die anderen Personen ausgerichtet und 'dienen' ihnen. Sie sind jeweils selbstlos, frei-gebig für die anderen da. Damit ist aber zugleich gegeben, daß die einzelne Person ganz auf die anderen Personen angewiesen ist. Die trinitarischen Beziehungen sind auch durch wechselseitiges Angewiesensein der Personen geprägt. Dies zeigt sich in der geschichtlichen Offenbarung am klarsten bei Jesus, dem Sohn Gottes, vor allem in seinem Leiden und Sterben. Angesichts des Todes ruft Jesus nach Gott, seinem Vater, als seinem Retter. Er kann nicht aus sich bestehen; nur der Vater kann ihn dem drohenden Untergang entreißen. In seiner Angst kann er nur zum Vater beten und darauf vertrauen, daß dieser ihn hält. "Als er [Christus] auf Erden lebte, hat er mit lautem Schreien und unter Tränen Gebete und Bitten vor den gebracht, der ihn aus dem Tod retten konnte, und er ist erhört und aus seiner Angst befreit worden. Obwohl er der Sohn war, hat er durch Leiden den Gehorsam gelernt" (Hebr 5,7f.). Nach den synoptischen Evangelien spricht Jesus in seinem Sterben einen Psalmvers. Nach Mt 27,48 und Mk 15,34 ist es Psalm 22,2: "Mein Gott, mein Gott, warum hast du mich verlassen". Nach Lk 23,46 betet Jesus Psalm 31,6: "Vater, in deine Hände lege ich meinen Geist". Beide Psalmen bringen in sehr eindringlicher Weise die Not und Existenzbedrohtheit eines Menschen zum Ausdruck. Gott ist der einzige Retter. Der Mensch kann nicht über Gott verfügen. Er kann nur schreien und sein Geschick vertrauend in Gottes Hände legen. "Sei mir nicht fern, denn die Not ist nahe, und niemand ist da, der hilft" (Ps 22,12). "In deiner Hand liegt mein Geschick, ... hilf mir in deiner Güte" (Ps 31,16f.). Die Beter erfahren ihre radikale Armut. Sie sind ganz darauf angewiesen, daß Gott sie hört und sie erlöst. Jesus greift in seinem Leiden das Gebet der Menschen, die ihre Rettung von Gott erwarten, auf. Auch er erfährt Ohnmacht und radikale Armut und bringt sie betend vor seinem Vater zum Ausdruck. Er weiß sich ganz darauf angewiesen, daß der Vater ihn rettet und ihm im Tod sagt: "Mein Sohn bist du, heute habe ich dich gezeugt" (vgl. Apg 13,33; Hebr 1,5; 5,5). – In anderer Weise ist aber auch der Vater auf Jesus, den Sohn, angewiesen. Er hat dem Sohn ja alles übergeben, so daß es jetzt auf das Wirken des Sohnes ankommt: Den Vater lernt nur kennen, "wem es der Sohn offenbaren will" (Mt 11,27). Daß der Vater bei den Menschen offenbar und verherrlicht wird, dazu ist er auf den gehorsamen Willen des Sohnes angewiesen. Der Plan Gottes wird erfüllt, indem Jesus in Freiheit den Willen des Vaters annimmt (vgl. Mt 26,39-42,53f.). – Auch in dem, was über den Geist gesagt ist, wird ein Angewiesensein sichtbar. Nach Paulus ist der Geist im Beten der Glaubenden wirksam. Der Geist des Sohnes schreit in unserem Herzen "Abba, Vater" (Gal 4,6; vgl. Röm 8,15). Da wir nicht wissen, worum wir in rechter Weise beten sollen, tritt der Geist "mit unaussprechlichem Seufzen" für uns ein (Röm 8,26). Offensichtlich entspricht es dem Geist, daß er das Seufzen der erlösungsbedürftigen Menschen und ihre Sehnsucht nach Befreiung innerlich mitträgt.

In den Beziehungen, wie sie in der Heilsökonomie zwischen Vater, Sohn und Geist erscheinen, ist also jede der drei Personen auch durch ein Angewiesensein bestimmt. Wenn dies aber so ist und wenn sich in der ökonomischen Trinität die Wirklichkeit Gottes selbst restlos mitteilt, dann gibt es in den innergöttlichen Beziehungen ein gegenseitiges Angewiesensein. Angewiesensein ist dann nicht nur ein Mangel, der der endlichen Kreatur als solcher anhaftet, sondern gehört zur Vollkommenheit Gottes selbst. Der Reichtum der göttlichen Liebe besteht nicht ohne die 'Armut' der Personen.

Es ist nicht nötig, darüber zu spekulieren, wie dieses wechselseitige Angewiesensein der Personen in Gott selbst vorgängig zu seiner geschichtlichen Selbstmitteilung verwirklicht ist. Es genügt, zu beachten, was in der geschichtlichen Offenbarung zwischen Jesus, dem Sohn, und Gott, seinem Vater, und dem Heiligen Geist geschieht; denn darin ist ja Gott selbst gegeben. Dieses Beziehungsgeschehen entspricht Gott und seinem inneren Leben selbst. Es entspricht also Gott, die eigene radikale Armut wahrzunehmen und sie vertrauend anzunehmen. Es entspricht Gott, den Erfolg seines Wirkens loszulassen und sich auf das Wirken eines Anderen zu verlassen. Es entspricht Gott, sich in der Tiefe des Herzens nach Heil zu sehnen und die Erfüllung dieser Sehnsucht als Geschenk eines Anderen zu erwarten.

Wer in solcher Weise angewiesen ist, ist empfänglich für die Gabe eines Anderen. Aber diese "Empfänglichkeit"[31] enthält das Moment der Dringlichkeit: Ohne das, wofür ich empfänglich bin, kann ich nicht bestehen. Angewiesensein bedeutet, daß ich eines Anderen bedarf, der mir beisteht, für mich eintritt, mir die Erfüllung der Sehnsucht schenkt. Ich kann nicht ohne den Anderen sein. Indem ich mein Angewiesensein auf den Anderen anerkenne, erkenne ich zugleich den Anderen an. Der Andere wird dabei solange nicht als Mittel zur eigenen Bedürfnisbefriedigung entwürdigt und mißbraucht, als er als Anderer bejaht ist und ihm die Ehre gegeben wird. Den Anderen als Retter und Beistand anrufen und die Erfüllung der eigenen Sehnsucht von ihm erwarten, muß zugleich eine Anerkennung der Person des Anderen sein. Die Bitte um Rettung, Heil und Hilfe muß getragen sein von der Wertschätzung des Anderen. Die Liturgie der Kirche weiß um diesen Zusammenhang. Zu Beginn der Eucharistiefeier wird Jesus Christus als anwesender Herr, als Kyrios begrüßt und geehrt, indem um sein Erbarmen für uns gebetet wird. Die großen Dank- und Lobgebete (Gloria, Te Deum, vor allem das eucharistische Hochgebet) enthalten auch die ausdrückliche Bitte um Gottes erbarmenden Beistand (Epiklese!). Wir ehren Gott, wenn wir uns vor ihm unserer Bedürftigkeit, unseres Angewiesenseins bewußt werden, ihn als unseren Retter anrufen und darauf vertrauen, daß er uns Heil schenkt. So hat sich Jesus, der Sohn, gegenüber Gott, seinem Vater, verhalten. Gott die Ehre geben und das eigene Heil als Geschenk von Gott ersehnen – das gehört innerlich zusammen.

---

[31] Vgl. J. Splett, Spiel-Ernst, Frankfurt 1993, 111.

5. Plädoyer für das Verlangen des Menschen nach Glück und Leben

Ist es auf diesem Hintergrund nicht möglich, das "natürliche Verlangen des Menschen nach Glück ('beatitudo')", das die abendländische Theologie so stark geprägt hat, doch positiver zu bewerten als es in manchen Aussagen Jörg Spletts geschieht? Kann man in diesem Verlangen nicht das Seufzen der Schöpfung nach Heil entdecken? Das eigentliche "Woraufhin" des Verlangens mag oft verborgen bleiben (nicht einmal die Glaubenden wissen ja, worum sie in rechter Weise beten sollen: Röm 8,26). Worin die wirkliche Erfüllung des Verlangens besteht, wird nicht selten verkürzt und verzerrt erfaßt werden. Aber das Verlangen selbst ist gut, ja gottentsprechend. Wer sich ernsthaft (im Sinne des Spiel-*Ernstes*) auf die Dynamik des Verlangens einläßt, wird dazu geführt, zu realisieren, daß der Mensch 'aufgebrochen' ist und von sich aus die ersehnte Erfüllung nicht herstellen kann. Gerade auch der überzeugende Nachweis von Jörg Splett, daß das sogenannte "Kugel-Glück", also die undifferenzierte Einheit und Verschmelzung, keine dauerhafte Erfüllung des Menschen sein kann, zeigt, daß die eigentliche Sehnsucht des Menschen in solchem "Glück" nicht erschöpft ist. Menschliches Leben kann sich von sich aus und in sich nicht abrunden. Es bedarf des Anderen (des Ganz-Anderen, der zugleich der Nicht-Andere ist), in dem ihm Heil als Geschenk entgegenkommt. So kann das "natürliche Verlangen", der Durst nach Leben zu einer Offenheit beitragen, die durch das unverfügbare Geschenk dessen erfüllt wird, bei dem "die Quelle des Lebens" ist (Ps 36,10) und nach dem unsere Seele dürstet (Ps 42,3).

6. Das Verlangen Gottes nach der Liebe des Menschen

Die Sehnsucht des Menschen findet ihre Erfüllung in der Gemeinschaft mit dem dreieinen Gott. Der Mensch ist darauf angewiesen, daß Gott ihm diese Erfüllung schenkt. Läßt sich auch umgekehrt von einer Sehnsucht Gottes nach der Gemeinschaft mit den Menschen und von einem "Angewiesensein" Gottes auf die Menschen sprechen? Sicher: Gott ist nicht genötigt, die Welt zu erschaffen. Er braucht die Welt nicht, um überhaupt Gott zu sein. Er ist die unerschöpfliche, unendliche Fülle des Lebens in sich selbst. Er erschafft die Welt in Freiheit aus Frei-gebigkeit. Dies ist biblisch-christliche Glaubensüberzeugung, die Jörg Splett gegen Hegel entschieden verteidigt. Gott wird nicht erst in seiner Zuwendung zur Welt zum Liebenden, sondern er ist unabhängig von der Welt in seinen trinitarischen Beziehungen schon das Geschehen von Liebe. Dieser göttlichen Liebe ist es eigen, daß die liebenden Personen einander schenken, daß sie darin aber zugleich auch aufeinander angewiesen sind und einander 'bedürfen'. Wird diese Wirklichkeit göttlicher Liebe nicht auch die liebende Beziehung Gottes zu der in Freiheit erschaffenen Welt prägen, so daß Gott gegenüber der Welt der frei-gebig Schenkende, zugleich aber auch der Empfangende, Bedürfende und Angewiesene ist? Daß diese Frage zu bejahen ist, zeigt sich im Verhältnis Gottes zur Freiheit des Menschen, wie es vor allem in der Offenbarungsgeschichte hervortritt. Gott ruft die Menschen als freie Geschöpfe ins Dasein. Er gibt ihnen Weisungen zum Leben; aber er determiniert ihre Entscheidungen nicht. Er wirbt um Vertrauen in seine Liebe und befähigt zur Zustimmung; aber er zwingt nicht. Er eröffnet den Menschen Möglichkeiten des Handelns und wartet auf ihre Entscheidung, auf die er dann in neuer Weise antwortet. So ist Gott in seinem machtvollen, schöpferischen Wirken, dem die Welt nicht entgleitet, zugleich auch re-agierend. Er läßt sich auch erleidend von den Folgen menschlicher Freiheit betreffen. Der Weg, auf dem er seinen Plan mit der Welt durchführt, ist auch von den Entscheidungen der Menschen mitbestimmt. Dies bedeutet keine Begrenzung oder Infragestellung Gottes; denn es entspricht gerade seiner Göttlichkeit, sich auf das Wirken Anderer einzulassen.[32]

Wenn Gott sich von seinen Geschöpfen betreffen läßt, drängt sich die Frage auf, ob die Geschöpfe Gott selbst auch positiv etwas zu geben vermögen. Oder muß man uneingeschränkt sagen, daß Gott "nichts von der Welt hat"? Ist er als der Unendliche gegenüber der Welt der absolut Bedürfnislose, der in sich selbst ganz unberührt davon bleibt, ob es die Welt und die einzelnen Menschen gibt? Sicher leben wir Menschen ganz aus Gottes schöpferischer und vergebender Liebe. Es gilt: "Was hast du, das du nicht empfangen hättest? Wenn du es aber empfangen hast, warum rühmst du dich, als hättest du es nicht empfangen?" (1 Kor 4,7). Wir sind ganz und gar von Gott Beschenkte. Aber beschenkt Gott uns nicht so sehr, daß wir sogar ihm zu schenken vermögen? In einer Präfation des Römischen Meßbuches heißt es: "Du (Gott) bedarfst nicht unseres Lobes, es ist ein Geschenk deiner Gnade, daß wir dir danken. Unser Lobpreis kann deine Größe nicht mehren, doch uns bringt er Segen und Heil." Diese Sätze bringen eindrucksvoll zum Ausdruck, daß wir alles, auch unser Danken selbst, Gott verdanken. Aber – dies vorausgesetzt – gilt nicht doch auch, daß Gott *sich* in unserem Danken und unserer Hingabe wirklich beschenken läßt und daß dies *für ihn* einen Wert, ja einen Mehrwert bedeutet? Die Bibel spricht von der Freude Gottes an seinem Volk (z.B. Jes 62,4f.; 65,18f.). Wenn die Schöpfung Gott Freude macht, ist das nicht ein 'Gewinn' für Gott selbst? Fehlt nicht Gott (und nicht nur uns) etwas, wenn wir ihm diese Freude vorenthalten? Im Neuen Testament werden diejenigen, die zum apostolischen Dienst erwählt und gesandt sind, "Gottes Mitarbeiter" genannt (1 Kor 3,9, 2 Kor 6,1). Sie können nichts ohne Gott wirken. Aber wenn sie sich Gottes Wirken verweigern und sich nicht als treue Verwalter (1 Kor 4,1) erweisen, wird dadurch nicht das Werk Gottes, die Ehre Gottes beeinträchtigt und betrifft dies nicht Gott selbst? Gott wird dann etwas versagt, was er doch erwartet und ersehnt.

Man mag die Frage, ob wir dem unendlichen Gott selbst wirklich etwas zu schenken

---

[32] In meinem Artikel "Ist das Sprechen von Gottes Allmacht noch zeitgemäß?" (GuL 68 [1995] 37 – 46) habe ich geschrieben, daß Gott sich selbst und seine Macht begrenzt, wenn er eigenständige, freie Wesen erschafft (ebd. 44). Nach Gesprächen mit Jörg Splett halte ich inzwischen den Ausdruck der Selbstbegrenzung Gottes für ungeeignet, das von mir Gemeinte zutreffend auszusagen. Gott begrenzt nicht sich und seine Macht, wenn er sich von geschöpflicher Freiheit betreffen läßt, sondern darin vollzieht er seine Macht gerade auf göttliche Weise.

vermögen, für müßig, vielleicht auch für verfehlt halten; es genüge, daß wir uns von Gott beschenken ließen und ihm dankten. Ob und wie Gott selbst von unserem Tun betroffen sei, brauche uns nicht zu interessieren. Ohne Zweifel ist es für uns entscheidend, wie wir uns zu Gott (und seinen Geschöpfen) verhalten. Aber dieses Verhalten wird doch davon geprägt sein, ob und wie wir Gottes zuvorkommende Liebe zu uns wahrnehmen und verstehen. Jesus lädt ja ein, "vollkommen zu sein, wie euer Vater im Himmel vollkommen ist" (Mt 5,48). Unser wirkliches (nicht nur vermeintliches) Gottesverständnis orientiert unser Leben. Wenn Gott in seiner Liebe zu uns nur als Gebender und nicht auch als Empfangender verstanden wird, werden wir das Empfangen gegenüber dem Geben abwerten. Dadurch aber wird das wahre Verständnis der Liebe, für das – wie Jörg Splett aufweist – wechselseitiges Geben und Empfangen wesentlich ist[33], entstellt. Diejenigen, die (vermeintlich) mehr geben und vorweisen können, sind dann den Armen, die (vermeintlich) nichts zu geben haben, überlegen. Die Bedürftigen werden abgewertet. Damit aber ist die Wertordnung des Reiches Gottes aufgegeben und die Gestalt der Liebe, wie sie in der Beziehung zwischen Jesus und seinem himmlischen Vater und dem Heiligen Geist erscheint, verfälscht; denn zu dieser Gestalt gehört es, daß jede Person auch auf das Geschenk und die Hingabe der anderen Personen angewiesen ist und ihrer bedarf.

Läßt es sich denkend erklären, daß der unendliche Gott, der in sich vollkommene Liebe und erfülltes Leben ist, doch auf die Antwort menschlicher Liebe wartet und diese Liebe ihm ein Mehr an Freude, eine 'Bereicherung' bedeutet?[34] Ist solche Demut Gottes gegenüber seiner Schöpfung zu begreifen? Sie ist m.E. ebensowenig zu erklären und zu begreifen wie die Tatsache, daß es etwas und nicht vielmehr nichts gibt. Wie das Sein selbst ist als staunenswertes Wunder anzunehmen, daß die unendliche Liebe des dreieinen Gottes weitere Mitliebende zu haben wünscht, und daß ihr etwas abgeht, wenn diese Geschöpfe sich ihrem Ruf verweigern. Dies denkend erklären zu wollen, führt unvermeidlich in Sackgassen.

Die vorausgehenden (eher fragenden und auf eine Antwort von Jörg Splett wartenden) Überlegungen gehen davon aus, daß in Jesu Liebe "bis zur Vollendung" (Joh 13,1) das Geheimnis des dreieinen Gottes erschlossen und zugänglich ist und daß von dorther letztlich auch das Verhältnis von Gott und Welt zu erhellen ist. Augustinus hat den Zusammenhang von göttlicher Dreifaltigkeit und Liebe sehr treffend ausgesagt: "Die Dreieinigkeit siehst du, wenn du die Liebe siehst"[35]. Es ist ein Verdienst von Jörg Splett, daß er seinerseits diesen Zusammenhang philosophisch

---

[33] Vgl. z.B. Spiel-Ernst, 112.

[34] Nach H.U. v. Balthasar muß man gelten lassen, "daß das unendliche Reiche sich aus dem Reichtum seiner Freiheit immer neu bereichern (lassen!) kann": Theodramatik, Bd. 4, Einsiedeln 1983, 465; vgl. 470f.; vgl. dazu: K.J. Wallner, Gott als Eschaton. Trinitarische Dramatik als Voraussetzung göttlicher Universalität bei Hans Urs von Balthasar, Heiligenkreuz 1992, 282f., 350-353. Man beachte auch die Aussage von Jörg Splett, daß die Schöpfung "nun sogar einen Gewinn für ihn [Gott] selbst als Liebenden darstellt": Leben als Mit-Sein 115.

[35] Augustinus, De trin. VII, 12.14: "Immo vero vides trinitatem, si vides caritatem"; zitiert von J. Moltmann, Trinität und Reich Gottes, München 1980, 73.

reflektiert und so zu einem tieferen Verstehen sowohl zwischenmenschlicher Liebe als auch der Lehre vom dreieinen Gott geholfen hat. Dafür danke ich ihm.

Thomas Steinherr

Das Absolute denken
Orientierung an Hegel?

I.

"Ihr seid endlich; und wie könnte das Endliche die Unendlichkeit umfassen und begreifen?" schreibt Johann Gottlieb Fichte 1798 in einem Artikel *Über den Grund unseres Glaubens an eine göttliche Weltregierung*[1]. Mit dieser Überzeugung, das begrenzte menschliche Denken sei prinzipiell nicht in der Lage, das unbegrenzte Absolute in sinnvoller Weise zu seinem Gegenstand zu machen, d.h. irgendwelche notwendig wahren Erkenntnisse darüber zu gewinnen, steht Fichte Ende des 18. Jahrhunderts durchaus nicht allein. Im Gegenteil, kaum dreißig Jahre nach Erscheinen von Immanuel Kants *Kritik der reinen Vernunft* stellt Georg Wilhelm Friedrich Hegel fest, die von Kant dort vertretene Auffassung, das Absolute - über Jahrhunderte hinweg einer der Grundbegriffe der Philosophie - entziehe sich als solches schlechthin jedem sich in konkreten, beschränkten Bestimmungen bewegenden Denken und bleibe nur einem unreflektierbaren (im weitesten Sinne: religiösen) Glauben zugänglich, sei in ihrem Kern bereits zur allgemeinen "Überzeugung des Zeitalters" (3; 15)[2] geworden. Das Absolute soll demnach nur noch als "Regulativ" der Vernunft oder in einer "intellektuellen Anschauung" wenigstens als unmittelbar gewisser Ausgangspunkt alles Wissens, nicht jedoch als Gegenstand theoretischer Betrachtung Eingang in die Philosophie finden.

Interessanterweise sieht Hegel diese hinsichtlich einer Erkenntnis des Absoluten negative Haltung der Philosophie seiner Zeit keineswegs nur als einen Bruch mit der philosophischen Tradition, sondern zugleich auch als den Kulminationspunkt der bisherigen Entwicklung des abendländischen Denkens überhaupt, eine Entwicklung, die ausgezeichnet ist durch eine zunehmende Entfremdung von Denken und Sein, Subjektivität und Objektivität, von materieller und ideeller Welt sowohl im gesellschaftlichen wie im individuellen Leben des Menschen. Ausgangspunkt dieser Entwicklung des Denkens zur immer größeren Entfremdung von der Welt ist für Hegel die im praktischen Leben eigentlich sehr hilfreiche Kraft des Verstandes, dem Chaos der menschlichen Sinneseindrücke eine gewisse Ordnung zu verleihen. Der Verstand setzt in die unendliche Mannigfaltigkeit der Welt feste und klare Grenzen, wieder-

---

[1] J.G. Fichte, Gesamtausgabe der Bayer. Akademie der Wissenschaften. Hg. von R. Lauth und H. Jacob, Stuttgart 1964ff., Band I/5, S. 355.

[2] Der leichteren Auffindbarkeit wegen werden die Werke Hegels wo immer möglich nach der von E. Moldenhauer und K.M. Michel herausgegebenen Theorie-Werkausgabe in 20 Bänden, Frankfurt am Main 1969-71, zitiert (mit Bandnummer und Seitenzahl).

erkennbare Strukturen, und diese "Kraft des Beschränkens" macht die Welt erst verstehbar und damit auch beherrschbar. Die Arbeit des Verstandes wird so in der Geschichte des menschlichen Geistes zu der "verwundersamsten und größten oder vielmehr der absoluten Macht" (3; 36). Die Macht des Menschen über seine Welt wächst umso mehr, "je fester und glänzender das Gebäude des Verstandes" wird, je weiter dieser Prozeß der menschlichen "Bildung" voranschreitet, aber der Preis der für die Erlangung der Herrschaft über die Welt der Objektivität bezahlt werden muß, ist eine im gleichen Maße wachsende "Entzweiung" des Menschen von dieser mehr und mehr partikularisierten Objektivität, die zuletzt in einer "Totalität der Beschränkungen" (2; 20) endet. Einige Zeit lang hat es wohl noch den Anschein, als ob Philosophie und Religion, die das Absolute oder Gott als die aller Trennung voraus und zugrunde liegende Einheit betrachten, mit der fortschreitenden Bildung der konkreten Einzelwissenschaften "Hand in Hand" gehen und sich friedlich nebeneinander als unterschiedliche Zugangsweisen zu ein und derselben Realität vertragen würden. Ist freilich die "Verstandesaufklärung" erst einmal weit genug gediehen, zeigt sich, daß dieser "Friede" in Wirklichkeit nur "oberflächlich" gewesen ist und nun konsequenterweise "die Scheidung erfolgt" (8; 15): Der aufgeklärte Verstand wendet sich schließlich auch gegen den positiven Inhalt von Religion und Philosophie, die sich zu ihrer Rettung nicht anders zu helfen wissen, als ihre Wahrheit, ihr Festhalten an einem unendlichen, einheitstiftenden Prinzip, in eine dem diskursiven Denken ganz und gar jenseitige Welt zu verlegen, zu der der Mensch Zugang finden soll allein durch Gefühl, Ahnung, Glaube oder unmittelbare Schau - allesamt rein subjektive Formen der Gewißheit. So haben sich im ausgehenden 18. Jahrhundert sowohl Religion als auch Philosophie aus dem Bereich objektiv gültiger, d.h. nicht an einen jeweils subjektiven Vermittlungsakt gebundener Wahrheit in die vermeintliche Unangreifbarkeit der reinen Innerlichkeit zurückgezogen. Auf der "Flucht vor dem Endlichen" haben sie alles aufgegeben, was "vom Verstande zu einem Etwas gemacht werden könnte" (2; 290), und das Absolute oder Gott, obwohl an seine Existenz geglaubt wird, wird auch für sie "etwas Unbegreifliches und Undenkbares" (2; 288).

Doch dieser Versuch, durch die Unterscheidung von Glauben und Wissen - die sowohl den Gegensatz zwischen Religion und Verstandeswissenschaften wie auch den Gegensatz von prinzipieller Gewißheit und diskursiver Einsicht innerhalb der Philosophie rechtfertigen soll - am Gedanken des Absoluten als der Versöhnung aller Entzweiung festzuhalten, muß nach Hegel zwangsläufig scheitern, und dies aus doppeltem Grund: Zum einen ist die Verwurzelung des modernen Menschen in der überaus erfolgreichen Welt des Verstandes bereits so stark geworden, daß die Forderung, gerade für die wesentlichste Erkenntnis auf die objektive Sicherheit des Verstandes Verzicht zu leisten und sich gänzlich dem subjektiven Prinzip des Glaubens anzuvertrauen, im Zeitalter der Aufklärung nicht mehr (oder jedenfalls nicht mehr von allen) akzeptiert wird: "dem Bewußtsein [ist] *das Denken* ... zu einer *unabweisbaren Bedingung* dessen geworden, *was es für wahr gelten* lassen und anerkennen soll" (11; 62). Zum anderen gewährt jedoch dieser geforderte Verzicht auf das Denken noch nicht einmal das, was er eigentlich verspricht, die ersehnte Versöhnung aller Entzweiung, weil sie diese der Welt der Gegensätze selbst wiederum als jenseitig entgegensetzt. Eine ausschließlich jenseitig gedachte Versöhnung aber überwindet den Widerspruch nicht, sondern ist nur dessen "Übertünchung" (8; 15) und als solche gerade seine Zementierung, insofern sie den Menschen "zur Amphibie macht, indem er nun in zwei Welten zu leben hat, die sich widersprechen" (13; 80f.), in der endlichen Welt der Verstandesgegensätze und in der jenseitigen Welt der nur geglaubten Versöhnung in einem transzendenten Absoluten. Das eigentliche "Bedürfnis der Zeit" geht für Hegel darum nicht auf die differenzlose Einheit der reinen Subjektivität, wie sie Religion und Philosophie seit Kant propagieren, sondern statt dessen "auf einen substantiellen, objektiven Inhalt der Wahrheit" (11; 61). Wenn es für den menschlichen Geist eine wirkliche, nicht bloß sein sollende Versöhnung mit der Realität geben kann, dann muß diese auch die Entgegensetzung der endlichen Welt des Verstandes gegen das unendliche Absolute noch überwinden. Solange Religion und Philosophie dagegen an der Unerkennbarkeit des Absoluten festhalten, wird die Religion mit ihrem Glauben bloß "neben" dem Verstand stehen und für diesen "keine Bedeutung" (2; 23) haben und wird die Philosophie den "Pfahl des absoluten Gegensatzes unbeweglich in sich eingeschlagen tragen" (2; 299).

Im Bestreben, diese Zerrissenheit des Geistes in einer wahrhaften Versöhnung zu überwinden, sieht Hegel sich also dazu veranlaßt, die Möglichkeit einer denkenden Erkenntnis des Absoluten zum Fundament[3] seiner philosophischem Überlegungen zu machen. Wenn eine solche Erkenntnis möglich sein soll, muß zunächst jedoch die verbreitete Überzeugung entkräftet werden, daß "zwischen das Erkennen und das Absolute eine sie schlechthin scheidende Grenze falle" (3; 68). Dazu versucht Hegel zu zeigen, daß diese Überzeugung von der Unerkennbarkeit des Absoluten bereits manches als sichere Wahrheit voraussetzt, "was selbst vorher zu prüfen ist, ob es Wahrheit sei" (3; 70), insbesondere natürlich die zugrundeliegenden Vorstellungen über das Absolute (1) und über das Erkennen des Menschen (2).

(1) Das Absolute soll die absolut mit sich selbst identische Einheit sein, die der Welt der beschränkten Mannigfaltigkeit als deren Entstehungsgrund absolut transzendent bleibt. Das Wesen des in jeder Hinsicht vollkommenen Absoluten wird in Abgrenzung gegen die unvollkommene Welt des Endlichen und jeweils durch anderes Bedingten als das Unendliche und Unbedingte bestimmt. Hegel hält nun dieser Vorstellung des "natürlichen Bewußtseins" über das Absolute entgegen, daß auf diese Weise das Absolute dem Endlichen schlechthin entgegengesetzt wird, "wenn aber so Unendlichkeit der Endlichkeit entgegengesetzt ist, ist eins so endlich als das andere" (2; 297), und was in dieser Entgegensetzung absolut ist, ist nicht mehr das Absolute, sondern

---

[3] Vgl. John N. Findlay, Hegels Beiträge zur Absolut-Theorie, in: Metaphysik nach Kant? Stuttgarter Hegel-Kongreß 1987 (Hg. von Dieter Henrich und Rolf-Peter Horstmann). Stuttgart 1988, S. 814: "Seine gesamte Philosophie kann als ein Versuch in der Absolut-Theorie betrachtet werden, insofern sie durchaus nichts anderes unternimmt als die Kategorien des Denkens und die Formen des Seienden zu untersuchen und ganz allein deshalb zu modifizieren oder zu verwerfen, weil sie einer angemessenen Konzeption von einem Absoluten nicht entsprechen."

eben die Entgegensetzung selbst, das "Entgegengesetztsein des Unendlichen und Endlichen" (2; 294). Und Hegel zeigt, daß dieses Problem auch dadurch nicht gelöst werden kann, das Absolute als eine unmittelbare Identität zu denken, die noch vor jedem Gegensatz, auch dem Gegensatz von Endlichem und Unendlichem, schlechthin als solche besteht, wie Fichte dies in seiner Philosophie versucht ("Jedes zu dem Ausdrucke: das Absolute gesetzte zweite Wort hebt die Absolutheit, schlechthin als solche, auf"[4]). Denn entweder wird dieses Prinzip der absoluten Identität in seiner völligen Unmittelbarkeit und Ursprünglichkeit, die durch kein einziges Prädikat bestimmt sein soll, als etwas gänzlich Inhaltsleeres und Abstraktes gedacht: das Absolute als das "Unbegreifliche, Leere, ein unerkennbarer Gott, der jenseits der Grenzpfähle der Vernunft liegt" (2; 293 f.). Doch in dieser radikalen Unerkennbarkeit ist der Begriff "das Absolute" - oder auch, wenn er in dieser Weise verwendet wird, der Begriff "Gott" - im Grunde "ein sinnloser Laut, ein bloßer Name" (3; 26), der überhaupt nichts mehr aussagt. Oder aber es wird das Absolute gerade durch seine Bestimmung, noch vor jeder Entgegensetzung zu sein, eben nur ein weiteres Mal der Sphäre des Entgegensetzens, der Nichtidentität, entgegengesetzt, und das Problem stellt sich somit auf einer höheren Ebene wieder genauso ein. Es ist leicht zu sehen, daß es nichts nützen würde, dieser erneuten Entgegensetzung durch ein Festhalten an der reinen Identität des Absoluten begegnen zu wollen: auch auf dieser Ebene steht man wieder vor demselben Dilemma. Denn die Behauptung einer reinen Identität führt die Entgegensetzung gegen das Nichtidentische im eigenen Vollzug notwendig mit sich.

(2) Das Erkennen wird als eine Art "Werkzeug" vorgestellt, das gleichsam von außen auf seinen Gegenstand angewendet wird. Das erkennende Subjekt wird so von vorneherein als vom zu erkennenden Objekt schlechthin Getrenntes gedacht. "Durch solches Verhältnis wird das Erkennen als endliches und von Endlichem bestimmt; ... es hat daran seine Schranke" (17; 355). Aufgehoben scheint diese Schranke allein dort, wo sich das Denken selbst zum Gegenstand macht. Kant unterscheidet deshalb Verstand und Vernunft als zwei getrennte Erkenntnisvermögen des menschlichen Geistes: Der Verstand ordnet die gegebenen Sinneseindrücke, während in der Vernunft das Subjekt seinen eigenen Verstand und dessen Urteile zum Gegenstand macht. Die Vernunft kann darum im Unterschied zum Verstand zwar a priori richtige Erkenntnisse gewinnen, hingegen keine notwendig wahren Aussagen über die Welt der Objektivität treffen. Bei Fichte ist das Prinzip der Identität des Subjekts und Objekts im Vollzug des "Ich denke mich" immerhin der absolut gewisse Ausgangspunkt seiner ganzen Philosophie, aber im letzten wird diese unmittelbar gewußte Subjekt-Objekt-Identität doch wieder der objektiven Realität entgegengesetzt. Nur das reine Prinzip bleibt dadurch absolut wahr, auch wenn die anderen Erkenntnisse des menschlichen Geistes dennoch irgendeine Art von Wahrheit für sich beanspruchen

[4] J.G. Fichte, Gesamtausgabe der Bayer. Akademie der Wissenschaften. Hg. von R. Lauth und H. Jacob, Stuttgart 1964ff., Band II/6, S. 143

dürfen sollen. Ein Philosophieren, das "auf einen trüben Unterschied zwischen einem absoluten Wahren und einem sonstigen Wahren hinausläuft" (3; 70) kann jedoch nach Hegel nicht rechtfertigen, worin die Wahrheit eines nicht absolut Wahren bestehen soll.

Den Dualismus zwischen Absolutem und Nicht-Absolutem (im Sein wie im Denken), in dem die Philosophien Kants und Fichtes, die Philosophien des transzendentalen Idealismus, enden, sieht Hegel also schon in deren Voraussetzungen enthalten. Zwar bemühen sich diese Systeme durchaus, zu einer Versöhnung des in sich zerrissenen Geistes zu gelangen, und "in der Tat ist schon aller Trieb zur Wahrheit dies, dem Dualismus ... sich zu entreißen" (11; 241). Wenn allerdings zunächst einmal von einem absoluten Gegensatz ausgegangen wird, die Versöhnung erst erreicht werden *soll*, nimmt das Sollen selbst die höchste Stelle ein und führt das Bestreben nach Versöhnung nur in den unendlichen Progreß, nicht an das eigentlich ersehnte Ziel. In Wirklichkeit aber ist das Ziel "schon vorhanden - wie könnte es sonst gesucht werden?" (2; 24) Die wahrhafte, nicht nur postulierte, sondern wirklich herbeigeführte Versöhnung muß sich also "dahin vollenden, nicht mit der Voraussetzung des Dualismus anzufangen" (11, 241). Hegels eigene Philosophie ist deshalb von Beginn an vor allem anderen darum bemüht, jeglichen Dualismus zu vermeiden. Hegel konzipiert folglich seine Begriffe sowohl des Absoluten wie des Denkens - in direkter Abgrenzung gegen die philosophischen Modelle des transzendentalen Idealismus, die er für prinzipiell unzureichend hält, - ganz dezidiert als die Grundbegriffe einer monistischen Philosophie.[5]

(1) Ein Absolutes, das wirklich nichts mehr neben sich stehen hat, welches es selbst zu einem Beschränkten machen würde, ist nach Hegel zuallererst nicht als absolute Identität zu denken, denn dieser steht immer noch das Nichtidentische bleibend als etwas Anderes gegenüber, das hieße aber gerade: "die Nichtidentität wird zum absoluten Grundsatz erhoben" (2; 10). Im Bestreben, einen ersten unbedingten Grund für die bestehende Vielheit beschränkter Endlichkeiten zu finden, ist zwar die Forderung nach einer absoluten Identität richtig, doch die Vorstellung, eine solche Identität müsse eine reine, ganz unmittelbare Identität sein, ist offensichtlich falsch. Diese Vorstellung entsteht indessen notwendigerweise, wenn die Beziehung vom Absoluten zum Endlichen als ein Kausalitätsverhältnis gedacht wird. Soll die Suche nach einer ersten Ursache aller bestehenden Realität nicht in einen unendlichen Regreß führen, muß das Absolute als nicht mehr hinterfragbare Einheit der Ausgangspunkt aller verursachten Beschränkung sein. In der alleinigen Fixierung des Denkens auf die wesentliche Eigenschaft des Absoluten, absolut erster Grund zu sein, wird jedoch dessen ebenso notwendige Bestimmung, absolute Totalität zu sein, verfehlt. Um die differente Vielheit der absoluten Einheit nicht wieder entgegen und so etwas außerhalb der absoluten Totalität zu setzen, muß das Absolute beide Momente der Realität, Einheit und Verschiedenheit, umgreifen. "Das Absolute selbst aber ist darum die

[5] Vgl. Rolf-Peter Horstmann, Die Grenzen der Vernunft. Frankfurt am Main 1991, S. 43

Identität der Identität und der Nichtidentität; Entgegensetzen und Einssein ist zugleich in ihm" (2; 96).[6] Das Verhältnis des Absoluten zur endlichen Wirklichkeit darf deshalb nicht (oder jedenfalls nicht zuerst) als Kausalitätsverhältnis gedacht werden, sondern als Substantialitätsverhältnis.

Die Philosophie Baruch de Spinozas vereinigt in der Definition des Absoluten als Substanz Denken und Sein, Subjektivität und Objektivität, die in den Philosophien Kants und Fichtes einander schlechthin entgegengesetzt sind und in dieser absoluten Trennung ein wirkliches Absolutes verhindern, als zwei verschiedene Attribute der Einen Substanz. "Die Substanz ist das *Absolute*" (6; 246) - dieser Gedanke verbindet die Prinzipien der Identität und der Totalität, "Entgegensetzen und Einssein ist zugleich in ihm". Die Substanzphilosophie ist darum für Hegel unbestreitbar ein "notwendiger Standpunkt", um einen widerspruchsfreien Begriff des Absoluten zu gewinnen, trotzdem ist sie noch "nicht der höchste Standpunkt" (6; 249). Denn obgleich das Modell des Absoluten als der absoluten Substanz die bestehende Entzweiung in das Absolute als dessen Erscheinungsweise integriert und sie ihm somit nicht gegenüberstellt, vermag es doch die "Notwendigkeit des Fortgangs des Absoluten zur Unwesentlichkeit" (6; 198) nicht zu begreifen. Der Gegensatz von Subjekt und Objekt, der die endliche Welt bestimmt, wird von Spinoza nur "empirisch aufgenommen" (6; 196) und in Form der beiden Attribute Denken und Ausdehnung in die Totalität der Substanz eingeordnet. Damit aber ist das Absolute bei Spinoza ein Absolutes, "bei welchem nur *angekommen* wird" (6; 190), die Nichtidentität und ihr Gegensatz zur Identität wird als Auslegung des Absoluten in seinen Attributen nur von unserem einheitsstiftenden Denken auf die zugrundeliegende Identität der Identität und der Nichtidentität zurückgeführt, doch das Sich-Manifestieren der Substanz in einer Welt der Beschränkungen wird "nicht nach seinem *Ausgangspunkte*" begriffen und bleibt so im Grunde "eine dem Absoluten äußerliche Bestimmung". Die absolute Substanz ist deswegen zwar eine bessere Erklärung des Absoluten als das Prinzip der absoluten Identität, trotzdem ist sie noch nicht wirklich "das Absolut-Absolute" (6; 190). Das wahrhaft Absolute kann keine "äußerliche Bestimmung" mehr an sich tragen, als Grund alles Bestimmten kann es aber auch nichts völlig Bestimmungsloses sein. Das Absolute muß sich mithin selbst bestimmen und als absolute Totalität kann es sich nicht in der Abgrenzung gegen Anderes bestimmen. Vielmehr muß sich das Absolute seine Bestimmung an sich selbst geben, dazu muß es sich jedoch als sein eigenes "Anderssein" setzen, demgegenüber es sich als absolute Sichselbstgleichheit erweisen kann. "Die lebendige Substanz ist ... in Wahrheit wirklich ..., nur insofern sie die Bewegung des Sichselbstsetzens oder die Vermittlung des Sichanderswerdens mit sich selbst ist ... : nur diese sich *wiederherstellende* Gleichheit oder die Reflexion im Anderssein in sich selbst - nicht eine *ursprüngliche* Einheit als solche oder *unmittelbare* als solche - ist das Wahre" (3; 23).

---

[6] Diese Definition aus der 'Differenz-Schrift' wird auch noch in der 'Wissenschaft der Logik' als "die erste, reinste, d.i. abstrakteste Definition des Absoluten" (5; 74) bezeichnet.

Die Identität der Identität und der Nichtidentität ist als statische Sichselbstgleichheit, als ursprüngliche Identität nicht in sinnvoller Weise zu denken. Die spinozistische Substanz ist jene wahrhafte, nicht im leeren Nichts oder der bleibenden Entgegensetzung verschwindende Identität nur für unser Denken, das von der bestehenden Nichtidentität ausgeht und diese auf das Wesen der Substanz zurückzuführen versucht, sie ist darum "nur das Absolute einer äußeren Reflexion" (6; 190). Doch das Absolute muß die wahrhafte Identität an ihm selbst sein; als sein eigenes Zurückführen der Nichtidentität in die Identität der Identität und der Nichtidentität ist das Absolute aber kein statisches Sein, sondern ein dynamischer Prozeß. "Es ist von dem Absoluten zu sagen, daß es wesentlich Resultat, daß es erst am Ende das ist, was es in Wahrheit ist; und hierin eben besteht seine Natur, Wirkliches ... oder Sichselbstwerden zu sein" (3; 24). Dasjenige Absolute, das "Sichselbstwerden" ist, ist kein Absolutes einer "äußeren Reflexion", es reflektiert sich "im Anderssein in sich selbst", indem es sich selbst (Identität) in der Entgegensetzung gegen das Andere seiner (Nichtidentität) als mit sich selbst wie mit dem Anderen identisch erweist, als wahrhaft absolute Totalität oder eben als Identität der Identität und der Nichtidentität.

Die Einsicht in diese wesentlichen Strukturmerkmale des Absoluten, Reflexion seiner selbst im Anderen seiner und insofern Resultat eines Selbstbestimmungsprozesses zu sein, erweist es für Hegel unzweifelhaft, daß das Absolute weder nur als Prinzip der absoluten Identität noch allein als die Eine Substanz richtig beschrieben wird, sondern daß das Absolute "in Wahrheit *Subjekt*" (3; 23) sein muß. Die im Spinozismus ebenso wie im transzendentalen Idealismus vermittlungslos gedachte Einheit von Denken und Sein, Subjektivität und Objektivität, wird von Hegel als eine sich selbst setzende, sich zur wahren Totalität vermittelnde Einheit des sich selbst denkenden Absoluten konzipiert.[7] Das Absolute setzt, um sich seiner selbst bewußt zu werden, sich als Bewußtsein (Sphäre der Identität, die Unendlichkeit des Denkens) sich selbst - denn es gibt nichts anderes als das Absolute - als das Andere seiner, als nicht bewußtes Sein (Sphäre der Nichtidentität, die Welt des Endlichen) gegenüber, welches jedoch als das nicht mit sich Identische wieder in sein Gegenteil übergeht und so ebenfalls zum Bewußtsein seiner kommt - die bewußtlose Natur bringt das Bewußtsein des menschlichen Geistes hervor. Das Absolute "erweist sich als das schlechthin mit sich identische Denken und dies zugleich als die Tätigkeit, sich selbst, um für sich zu sein, sich gegenüberzustellen und in diesem Anderen nur bei sich selbst zu sein" (8; 63)[8]. Das Absolute schaut so im Anderen seiner selbst doch wieder nur sich selbst und eben gerade dadurch erst wirklich ganz sich selbst an und kommt auf diese Weise sowohl zum vollständigen Selbstbewußtsein wie zum Bewußtsein seiner selbst als der

---

[7] Eine äußerst präzise Analyse dieser Hegelschen Konzeption des Absoluten liefert Rolf-Peter Horstmann, Die Grenzen der Vernunft. Frankfurt am Main 1991, S. 177-182

[8] Innerhalb des enzyklopädischen Systems verwendet Hegel den Begriff "das Absolute" nicht, weil er zu unpräzise ist, um die verschiedenen Realisationsstufen des Absoluten zu bezeichnen; trotzdem ist es sicher legitim, Aussagen über die absolute Idee (wie die oben zitierte) bzw. den absoluten Geist im entsprechenden Kontext auf den allgemein gebräuchlichen Begriff "das Absolute" zu übertragen.

absoluten Totalität, die sogar "im *absoluten* Anderssein" (3; 29) noch sich selbst gleich bleibt oder vielmehr sich eben durch diese Bewegung des Sichanderswerdens erst wirklich als Absolutes, als ihrer selbst als solche bewußte Sichselbstgleichheit bestimmt. Als Resultat, nicht als "einfache Unmittelbarkeit" gedacht, ist das Absolute "die selbstbewußte Freiheit, die in sich ruht und den Gegensatz nicht auf die Seite gebracht hat und ihn da liegen läßt, sondern mit ihm versöhnt ist" (3; 25 f.).

Das konsequente Festhalten an der Absolutheit des Absoluten führt nach Hegel letztlich notwendig zu der Überzeugung, daß "die Substanz wesentlich Subjekt ist" - eine Einsicht, die im Lauf der Geschichte der Philosophie und der verschiedenen Religionen Gestalt angenommen hat "in der Vorstellung ..., welche das Absolute als *Geist* ausspricht", eine Vorstellung, "die der neueren Zeit und ihrer Religion angehört" (3; 28). Hegel sieht die christliche Religion und die Philosophie seiner Gegenwart also durchaus schon im Besitz des richtigen Begriffs des Absoluten, der jedoch nicht richtig, d.h. nicht seinem eigentlichen inhaltlichen Gehalt entsprechend verwendet wird. Denn wenn dieser hohe Gedanke, Gott sei Geist, das Absolute wesentlich Subjekt, von Religion und Philosophie "nur antizipiert" ausgesprochen wird, kann er nicht in seiner vollen Bedeutung verstanden werden. Wird das Absolute als "ruhender Punkt", als gleichsam fertiges Subjekt vorgestellt, das sein Selbstbewußtsein gänzlich unabhängig von der endlichen Welt immer schon als solches besitzt, dann trifft diese Vorstellung "nicht nur nicht die Wirklichkeit dieses Begriffs" des sich selbst setzenden und sein Bewußtsein seiner durch diese Setzung gewinnenden absoluten Subjekts, "sondern macht sie sogar unmöglich". Der Begriff des absoluten Subjekts hat seine Wirklichkeit ausschließlich in diesem Prozeß der "Selbstbewegung" (3; 27), das Absolute ist als Subjekt oder Geist wesentlich die wirklich absolute Totalität oder "das Werden seiner selbst, der Kreis, der sein Ende als seinen Zweck voraussetzt und zum Anfange hat und nur durch die Ausführung und sein Ende wirklich ist" (3; 23). Ein näheres Bestimmen des Begriffes des Absoluten durch Prädikate, wie es im denkenden Erkennen geschieht, nimmt daher diesem keineswegs seine Absolutheit, vielmehr erfaßt es das Absolute erst im Prozeß seiner Selbstbestimmung, in der ihm wesensnotwendigen Realisation seines an sich seienden Wesens, absolutes Fürsichsein, Bewußtsein seiner selbst zu sein. Von diesem Verständnis des Begriffes des Absoluten aus sieht Hegel also eine denkende Erkenntnis des Absoluten nicht nur als möglich an, sondern geradezu als geboten.

(2) Aus diesem - für Hegel einzigen widerspruchsfreien - Begriff des Absoluten als der absoluten, sich selbst herstellenden Totalität des seiner selbst bewußten Geistes folgt nun für den Begriff des menschlichen Erkennens unmittelbar, daß es dem Absoluten nicht entgegengesetzt sein kann, statt dessen selbst in irgendeiner Weise Teil des Absoluten als der einzigen Substanz sein muß. Aber diese Teilhabe des menschlichen Geistes am Absoluten reicht vor allem auch weit hinaus über eine bloße Verwurzelung des Abhängigen im es Begründenden, besteht sie doch in nichts Geringerem als der strukturellen oder Wesensidentität beider, Subjektivität, Selbstbewußtsein zu sein. In der Tat drückt so die in der "intellektuellen Anschauung" (Ich denke mich) des transzendentalen Idealismus erfahrene unbezweifelbare Einheit des

"Ich = Ich" die absolute Wahrheit der einheitsstiftenden Vernunft selbst aus. Im Unterschied zum transzendentalen Idealismus hält Hegel es indessen für durchaus legitim, diese absolute Wahrheit als die Wahrheit des Absoluten zu begreifen. Allerdings darf dieser Wahrheit keine andere, nicht absolute oder endliche Wahrheit gegenübergestellt werden, denn aus dem Begriff eines Absoluten folgt zwingend, "daß das Absolute allein wahr ist" (3; 70). Da das Absolute nur als absolute Totalität sinnvoll gedacht werden kann, ist die Forderung nach unmittelbarer Gewißheit der Wahrheit vielmehr aufzugeben zugunsten der aus dem Begriff des Absoluten gewonnenen Einsicht: "Das Wahre ist das Ganze" (3; 24). Das bedeutet jedoch nicht allein, daß es keine andere Art der Wahrheit neben der Wahrheit des Absoluten geben kann, sondern daß es im Grunde überhaupt nichts außer dem Absoluten "geben" kann, somit letztlich nicht einmal irgendetwas Falsches. Die Wahrheit des Absoluten "schließt also ebensosehr das Negative in sich, dasjenige, was das Falsche genannt werden würde, wenn es als ein solches betrachtet werden könnte, von dem zu abstrahieren sei" (3; 46). Da es dem Absoluten wesentlich ist, Selbstbewußtsein zu sein oder vielmehr, dies zu werden, ist es an ihm selbst Bestimmung, Negativität, Übergehen in das Andere seiner, in die Welt der Beschränkungen. Das Negative wird darum nur dann als "das Falsche" aufgefaßt, wenn es losgelöst von seiner eigentlichen Bedeutung, "das Moment des *vollkommenen* Andersseins zu bezeichnen" (3; 41), wenn es ohne seine Beziehung auf das Absolute genommen wird. Die Erkenntnisse des diskursiven, reflektierenden Verstandes stehen insofern keineswegs prinzipiell außerhalb der Wahrheit des Absoluten, sie beschreiben vielmehr dessen eigene Negativität, seine Kraft, sich zu bestimmen und zu konkretisieren. "Es ist daher ein Verkennen der Vernunft, wenn die Reflexion aus dem Wahren ausgeschlossen" (3; 25) wird. So wenig die Welt des Endlichen dem Absoluten absolut entgegengesetzt ist, so wenig ist auch der durch Entgegensetzungen geprägte Verstand der einheitsstiftenden Vernunft (oder auch dem religiösen Glauben) schlechthin entgegengesetzt, wie dies der transzendentale Idealismus (und eine pietistische Religiosität) annehmen; der Verstand ist im Grunde die Vernunft selbst, nur eben nach ihrer negativen Seite hin betrachtet, sich von der unmittelbaren Gewißheit ihrer selbst zur inhaltlich erfüllten Wahrheit des Wissens der absoluten Totalität als ihrer selbst zu bestimmen.

Erste Aufgabe der Philosophie muß es nach Hegel deshalb sein, den Verstand und seine Leistungen als ein wesentliches Moment der Vernunft zu erkennen, aber auch die Notwendigkeit, von diesem negativen Moment des Bestimmens zum positiven Moment des Aufhebens des Widerspruchs der verschiedenen Bestimmungen in der Wiederherstellung ihrer Einheit im Absoluten als der absoluten Totalität überzugehen. Dies ist indessen nur möglich, wenn der Verstand selbst dazu geführt wird, sein negatives Wesen als solches zu erkennen, indem er so zugleich befähigt wird, über seine eigene Schranke hinauszugehen und sich zur positiven Vernunft zu verwandeln. Auf sich selbst zurückgewendet, kann der Verstand sein haltloses Entgegensetzen in der Einsicht in die Identität von Denkendem und Gedachtem überwinden und zu einer bleibenden, weil den Gegensatz in sich aufgenommen habenden Venunfteinheit finden. Abgesehen davon, daß Hegel verschiedene Wege für möglich hält, das in den

Beschränkungen des nur negativen Verstandes befangene Individuum zur tieferen Vernunfterkenntnis zu führen[9], ist damit jedoch auch erst der erste Schritt zur Erkenntnis der absoluten Wahrheit getan. Vom Standpunkt des "absoluten Wissens" aus, der Vernunft, die den Verstand als Moment ihres Selbstbewußtseins nicht aus-, sondern in sich einschließt, muß dann auch eine Totalität vernünftigen Erkennens, ein System philosophischen Wissens hervorgebracht werden, denn die vom absoluten Wissen erkannte Wahrheit ist, weil sie wahr ist, die Wahrheit des Absoluten und dieses ist wesentlich Sichselbstwerden, Resultat einer Entwicklung. Eben deshalb genügt es nicht, nur allein das Wesen des Absoluten oder sein Selbstbewußtsein zu erkennen, um die ganze Wahrheit zu erreichen. Da das Absolute sich selbst nur im Anderen seiner, in der endlichen Welt, als sich selbst erkennt, muß das Denken das Absolute im Nachvollzug dieser ganzen Selbstrealisierungsbewegung erkennen, und zwar "im ganzen Reichtum der entwickelten Form; dadurch wird es erst als Wirkliches gefaßt und ausgedrückt" (3; 24).

Die wahrhafte Philosophie hat für Hegel darum das Absolute sowohl seinem Wesen, Selbstbewußtsein zu sein, nach zum Gegenstand (Metaphysik, die wegen der strukturellen Identität von Absolutem und Denken zugleich Logik ist) als auch in seiner Realisierung als das Andere seiner (Naturphilosophie), das jedoch nicht mit sich identisch bleibt, sondern in sein Gegenteil, Selbstbewußtsein, übergeht (Philosophie des menschlichen Geistes). Dabei darf freilich nicht die Tatsache übersehen werden, daß das philosophische Denken selbst keinen Standpunkt außerhalb dieser allumfassenden Selbstrealisierungsbewegung des Absoluten einnimmt. Für das Verhältnis von menschlichem Denken (in der Philosophie) und Absolutem bedeutet dies nun zweierlei. Zum einen muß damit auch das philosophische Erkennen des Absoluten selbst letztlich vor allem als Bestandteil der Selbstrealisierung der absoluten Subjektivität, als Teil der Totalität des Absoluten begriffen werden. Insofern muß jedoch das Denken, um das Absolute zu erkennen, auch sich selbst als ein Moment des Absoluten erkennen, nämlich als "die Anschauung des sich selbst in vollendeter Totalität objektiv werdenden Absoluten" (2; 112). Zum anderen findet aber gerade in dieser Erkenntnis des Denkens von sich selbst als eines Moments des Absoluten eben jene Rückkehr des Absoluten aus dem Anderen seiner, der Äußerlichkeit in Raum und Zeit, in die vollkommene, weil auch in dieser Nichtidentität bewahrte und ihr gegenüber bewährte Identität mit sich selbst, das absolute Selbstbewußtsein, statt. Weil das Zurückkommen des Absoluten aus der Entäußerung zu sich selbst als absolute Subjektivität, als sich selbst wissender Geist, sich eben von der Sphäre dieser Entäußerung aus vollziehen

[9] Hegels Denken hat sich von den ersten Jenaer Schriften bis zum enzyklopädischen System wohl in keiner anderen Frage so deutlich verändert. Zunächst sollte eine 'Logik' die Erhebung des endlichen Denkens zur spekulativen Vernunft leisten, später die 'Phänomenologie des Geistes' das Individuum auf den Standpunkt des "absoluten Wissens" führen, schließlich ein "Vorbegriff" innerhalb der 'Enzyklopädie der philosophischen Wissenschaften' dem Philosophierenden nahelegen, sich zunächst einmal auf diesen Standpunkt einzulassen, der sich erst am Ende des Systems als der notwendig wahre erweisen sollte. Vgl. Thomas Steinherr, Der Begriff 'Absoluter Geist' in der Philosophie G.W.F. Hegels. St. Ottilien 1992, S. 167ff.

muß, ist die Selbstwerdung des Absoluten nach dieser Seite betrachtet ein zeitlicher Prozeß, in welchem der Geist sein "Insichgehen" oder seine "Erinnerung" aus der Äußerlichkeit, um den "ganzen Reichtum seiner Substanz zu durchdringen" (3; 590), in einer Abfolge verschiedener Geistesgestalten, als Totalität eines "Geisterreiches" vollzieht. "Das Ziel, ... der sich als Geist wissende Geist hat zu seinem Wege die Erinnerung der Geister, wie sie an ihnen selbst sind und die Organisation ihres Reichs vollbringen" (3; 591). Die Totalität dieser Geistesgestalten, die in der Geschichte des menschlichen Geistes entsteht, vollendet sich im bewußten Erkennen eben dieses "Geisterreiches" als der "Offenbarung der Tiefe des Geistes", die er sich in der Realität selbst gibt, um darin in seinem ganzen Reichtum für sich selbst zu sein. Ein bewußtes Erkennen, das einzig die Philosophie, das Denken der absoluten Totalität des Wahren auf dem Standpunkt des seiner selbst bewußten Geistes, zu leisten vermag. "Der Geist, der sich so entwickelt als Geist weiß, ist die Wissenschaft. Sie ist seine Wirklichkeit und das Reich, das er sich in seinem eigenen Elemente erbaut" (3; 29). In der durch verschiedene historische Geistesgestalten hindurch bis zum vollständigen und wahrhaften Begreifen ihrer selbst als der Rückkehr des Absoluten aus dem absoluten Anderssein in die mit ihrem Gegensatz versöhnte Sichselbstgleichheit geführten Philosophie, der einzigen Form des Denkens, die den Namen "Wissenschaft" wirklich verdient, hat der aus der Natur zu sich selbst zurückkommende Geist, das Absolute, sein Wesen, für sich zu sein, an sich und für sich selbst unüberbietbar vollständig[10] realisiert.

So erweist es sich für Hegel zuletzt, daß die denkende Erkenntnis des Absoluten durch den menschlichen Geist nicht allein unverzichtbare Bedingung für dessen Versöhnung mit sich selbst und seiner Welt, sondern ebensosehr absolut notwendiges Moment der Selbstrealisierung des Selbstbewußtseins (und damit auch des Seins) des Absoluten als solchen ist. Der Dualismus, den Hegel von Beginn an zu vermeiden suchte, ist damit auf eine Weise überwunden worden, die ihn auch durch diese

---

[10] Obwohl Hegels Aussagen über diesen Punkt eigentlich unmißverständlich sind, wird häufig versucht, seine Philosophie so umzuinterpretieren, daß der geschichtliche Prozeß als eine "offene" Entwicklung ohne ein definitives Endziel erscheint. So sieht auch Stefan Majetschak das Fortschreiten der Geschichte in Hegels Philosophie als "ein Fortschreiten 'ohne Zweck und Ziel'" und meint, bei dem von Hegel selbst so bezeichneten "Endzweck" der Geschichte könne es sich "nur um den 'Endzweck' des geschichtsphilosophischen *Darstellungs*projekts handeln" (Stefan Majetschak, Die Logik des Absoluten. Berlin 1992, S. 311ff.). An der von Majetschak angeführten Stelle aus den Vorlesungen zur Geschichtsphilosophie kritisiert Hegel jedoch tatsächlich eben jene Vorstellung einer Entwicklung "ohne Zweck und Ziel", einer nicht qualitativ-zielgerichteten, sondern nur quantitativen "Perfektibilität", weil diese überhaupt nicht in der Lage sei, der einen Entwicklung einen Vorzug vor der anderen zu geben und im Grunde alle Veränderung als bloße Zufälligkeit betrachten müsse. Demgegenüber ist aber für Hegel die Entwicklung des Geistes "nicht das bloß Formelle des Entwickelns überhaupt, sondern das Hervorbringen eines Zwecks von bestimmtem Inhalte; diesen Zweck haben wir von Anfang festgestellt, es ist der Geist und zwar nach seinem Wesen, dem Begriffe der Freyheit" (G.W.F. Hegel, Gesammelte Werke. Hg. von der Rheinisch-Westfälischen Akademie der Wissenschaften. Hamburg 1968ff., Band 18 (Vorlesungsmanuskripte: (1816-1831). - 2.), S. 184). Vgl. Thomas Steinherr, Der Begriff 'Absoluter Geist' in der Philosophie G.W.F. Hegels. St. Ottilien 1992, S. 185-194

Überwindung nicht erneut hervorruft, wie dies im transzendentalen Idealismus stets der Fall gewesen war. Denn Hegel überwindet den Dualismus dadurch, daß er die Entgegensetzung als zwar notwendiges, aber auch nur vorübergehendes Moment der Selbstrealisierung der Einen absoluten Wahrheit (an-)erkennt. Im Resultat der Entwicklung des Geistes sowohl in der Geschichte wie im sich selbst reflektierenden System des philosophischen Wissens erfüllt sich der Zweck, der von Anfang an und im Lauf der gesamten Bewegung als solcher vorhanden war, in der Wahrheit der sich selbst wissenden Vernunft, "und es vereinigt sich in ihr, daß die Natur der Sache ... es ist, die sich fortbewegt und entwickelt, und diese Bewegung ebensosehr die Tätigkeit des Erkennens ist" (10; 394).

II.

Was auch immer man von Hegels Konzeption einer denkenden Erkenntnis des Absoluten halten mag, man wird zunächst schwerlich umhin können, seiner Schilderung der geistigen Situation der Moderne im wesentlichen zuzustimmen. Auch nach zwei Jahrhunderten klingen Hegels kritische Analysen zum Verhältnis von Vernunft und Verstand, zum Verhältnis von Glauben und Wissen durchaus noch aktuell, die Diskrepanz zwischen technisch-wissenschaftlichem Fortschritt auf der einen und weitgehend irrationaler Sinnsuche auf der anderen Seite scheint zur Jahrtausendwende größer denn je. Die zur "absoluten Macht" gesteigerte Kraft des nur trennenden Verstandes, der Verlust einer einheitstiftenden Vernunft, die resultierende Zerrissenheit des menschlichen Geistes - man erkennt die Hegelschen Topoi (auch ohne dessen spezifische Begrifflichkeit) unschwer wieder, wenn Joseph Ratzinger in einem Beitrag über Vernunft und Religion im 20. Jahrhundert schreibt: "Die Krise der Gegenwart beruht eben darauf, daß die Vermittlung zwischen dem subjektiven und dem objektiven Bereich ausfällt, daß Vernunft und Gefühl auseinanderdriften und dabei beide krank werden. Denn die sektorial spezialisierte Vernunft ist zwar ungeheuer stark und leistungsfähig, aber ob der Standardisierung eines einzigen Typs von Gewißheit und von Vernünftigkeit gestattet sie den Durchblick auf die grundlegenden Fragen des Menschen nicht mehr."[11] Vor allem hat sich auch Hegels Auffassung bestätigt, daß der seit Kant betriebene Rückzug des (religiösen wie vernünftigen) Glaubens in die reine Subjektivität letztlich keine befriedigende Lösung sein kann. Denn die strikte Trennung von rein analytischem Verstand und sinnstiftendem (Vernunft-)Glauben, die in der Moderne konsequent in allen Wissensbereichen betrieben wurde, führt eben nicht nur zu einer - von vielen schmerzlich empfundenen - Schizophrenie des menschlichen Geistes, sondern mit der Zeit zu einer völligen Preisgabe des Anspruchs auf allgemein gültige Wahrheitserkenntnis, zuletzt sogar noch im ethischen Bereich: "Während der naive (nicht nur der religiöse) Mensch glaubt, daß seine Existenz eine sittliche Be-

[11] Joseph Ratzinger, Gefährliche Spaltung. In: Rheinischer Merkur, 6. Feb. 1998, S. 25

stimmung habe, und aus dieser Überzeugung seine Würde bezieht, während die traditionelle Philosophie diesen Glauben auf einer höheren Ebene zu begründen versucht hat, ist die Zersetzung dieser Überzeugung eines der Hauptresultate der modernen Philosophie."[12] Und dieser von Vittorio Hösle konstatierte "Prozeß der Selbstzersetzung der wertrationalen Vernunft" dürfte in der Tat nicht nur Auswirkungen auf unsere rein theoretische Weltsicht haben, insofern "Relativismus und Irrationalismus ... im Begriffe [sind], jede Fähigkeit, auf die Herausforderungen der Zeit angemessen zu reagieren, zu zerstören".[13]

Ein Philosophieren, das demgegenüber am Anspruch festhalten möchte, nicht nur relative, sondern auch unbedingt gültige Wahrheit - zumindest prinzipiell - erkennen zu können, sollte sich also mit Hegel einig wissen im Bemühen, Vernunft und Verstand, Glauben und Wissen wieder zu einer Einheit zu führen. Für eine genuin christliche Philosophie bedeutete dies, daß religiöse Inhalte auch dem Denken zu vermitteln wären. Inwieweit kann sich also christliche Philosophie im Bestreben, den Gott des Glaubens als "das Absolute" auch zu denken, an der Philosophie Hegels, die nach eigener Aussage kein anderes Ziel realisieren wollte[14], orientieren? Jörg Splett greift diese Frage in seinem Denken, das sich ebenso dezidiert als christliche Philosophie verstanden wissen will[15], mehrfach[16] auf. Insofern auch christliche Philosophie freilich in erster Linie Philosophie ist, beurteilt Splett die Erkenntnisse Hegels wohlgemerkt - im Unterschied zur Theologie - nicht hinsichtlich ihrer Entsprechung zum religiösen Glauben, sondern allein nach ihrer Stichhaltigkeit für das reflektierende Denken "im Licht der Wahrheit"[17]. Auf Grund der oben aufgezeigten engen Verschränkung der beiden Begriffe des Absoluten und des Denkens in der Philosophie Hegels erscheint die Frage nach dem Gelingen des Hegelschen Versuchs, das Absolute zu denken, in einer doppelten Ausprägung: Ist erstens das Absolute, das in Hegels Philosophie gedacht wird, wirklich absolut? Und ist zweitens das spekulative Denken Hegels als solches überhaupt in der Lage, das Absolute in einer diesem angemessenen Weise zu erkennen?

(1) Hegel entwickelte seinen Begriff des Absoluten ganz unter der Maßgabe, die von Friedrich Heinrich Jacobi aufgestellte Alternative zwischen einem metaphysisch widersprüchlichen Dualismus von Endlichkeit und Unendlichkeit und dem alles

---

[12] Vittorio Hösle, Die Krise der Gegenwart und die Verantwortung der Philosophie. München 1990, S. 26f.

[13] a.a.O., S. 38

[14] Im Christentum als "der offenbaren Religion" ist für Hegel "der *Inhalt* des Vorstellens ... der absolute Geist; und es ist allein noch um das Aufheben dieser bloßen Form zu tun" (3; 575), das geglaubte oder vorgestellte Absolute soll in der Philosophie gedacht werden.

[15] Ausführlich wird dieses Selbstverständnis erläutert in: Jörg Splett, Freiheits-Erfahrung. Frankfurt am Main 1986, S. 50-82

[16] Explizit in: Die Trinitätslehre G.W.F. Hegels. Freiburg 1984 (3. Aufl.); Hegel und das Geheimnis, in: Philosophisches Jahrbuch 75 (1967/68), S. 317-331; Wie absolut ist der Hegelsche 'Absolute Geist'?, in: Peter Ehlen (Hrsg.), Der Mensch und seine Frage nach dem Absoluten. 1994, S. 157-184

[17] Jörg Splett, Denken vor Gott. Frankfurt am Main 1996, S. 48

verabsolutierenden pantheistischen Spinozismus zu umgehen. "Jacobi sagt: 'Gott ist und ist *außer* mir, ein lebendiges, für sich bestehendes Wesen, *oder* Ich bin Gott. *Es gibt kein Drittes.' Es gibt ein Drittes*, sagt dagegen die Philosophie, ... indem sie von Gott nicht bloß ein Sein, sondern auch Denken, das heißt Ich prädiziert und ihn als die absolute Identität von beiden erkennt" (2; 410 f.). Hegels Konzeption einer absoluten, sich selbst im anderen ihrer, der Endlichkeit, wissenden Vernunft soll auf der einen Seite verhindern, daß ein *außerhalb* Gottes angenommen wird, wodurch dieser als ein durch anderes bestimmter gedacht würde, auf der anderen Seite aber erklären, inwiefern der Mensch als ein das Absolute erkennender zwar "in Gott", aber nicht selbst schon Gott ist.[18] Diese beiden Argumentationsziele Hegels liegen wohl unbestritten im Interesse jeglicher christlichen Philosophie: "Denn gegenüber dualistischen Konzeptionen bezeugt das Glaubensbekenntnis Gott als den alleinig souveränen Schöpfer, gegenüber monistischen Werde-Entwürfen besteht der Gläubige auf der göttlichen Freiheit des Schöpfers bzw. einer radikalen Nicht-Notwendigkeit der Welt."[19] Doch kann Hegels Monismus der sich selbst begreifenden absoluten Vernunft die angestrebte Mitte halten zwischen Verendlichung des Absoluten und Verabsolutierung des Endlichen? Zwar wird bei Hegel das Endliche gerade *als* Endliches zum Moment des (Selbstrealisierungsprozesses des) Absoluten, aber bekommt es auf diese Weise nicht eben in seiner Endlichkeit absolute Notwendigkeit? Jörg Splett hat gezeigt[20], daß vor allem die Bestimmung von Freiheit im Gottesbild Hegels ihren spezifischen Sinn verliert. Inwieweit kann noch von Freiheit Gottes oder des Absoluten die Rede sein, wenn die Alternative zur Schöpfungstat ein "zur Erbaulichkeit und selbst zur Fadheit" herabgesunkenes "Spielen der Liebe mit sich selbst" (3; 24) bedeutet hätte, dessen Mitspieler sich selbst und einander so wenig genügen, daß erst in der Entäußerung des Sohnes in die Welt der Vater sich selbst erkennt und in dieser Erkenntnis der Geist der Gemeinde ist? Und wie ist es in diesem Zusammenhang zu werten, daß durch die Totalisierung des Selbsterkenntnisprozesses der Einen absoluten und göttlichen Vernunft das Böse zum ebenso notwendigen, weil zwar nicht *bleiben*, zunächst jedoch durchaus "hervortreten"[21] *sollenden* Moment des Absoluten selbst gemacht wird? Kann man schon allein angesichts dieser radikal-eindeutigen Hegelschen "Theodizee"[22] guten Gewissens mit John N. Findlay behaupten, das

---

[18] "Gott ist nur Gott, insofern er sich selber weiß; sein Sichwissen ist ferner sein Selbstbewußtsein im Menschen und das Wissen des Menschen *von* Gott, das fortgeht zum Sichwissen des Menschen *in* Gott." (10; 374)

[19] Jörg Splett, Denken vor Gott. Frankfurt am Main 1996, S. 289

[20] v.a. in: Die Trinitätslehre G.W.F. Hegels. Freiburg 1984 (3. Aufl.), S. 140-148

[21] Das Böse "als das, was notwendig *nicht sein soll*, d.i. daß es aufgehoben werden soll, *nicht* daß jener erste Standpunkt der Entzweiung überhaupt nicht hervortreten solle - er macht vielmehr die Scheidung des unvernünftigen Tieres und des Menschen aus - , sondern daß nicht auf ihm stehengeblieben ..., daß er als nichtig überwunden werde." (7; 262)

[22] "Die Philosophie ist die wahrhafte Theodizee, gegen Kunst und Religion und deren Empfindungen, - diese Versöhnung des Geistes, und zwar des Geistes, der sich in seiner Freiheit und in dem Reichtum seiner Wirklichkeit erfaßt hat." (20; 455)

Absolute, wie Hegel es denkt, könne "aus gutem Grund als das beste aller Absoluten gelten"[23]?

Diese Einwände christlichen Philosophierens gegen Hegels Begriff des Absoluten bedeuten nun keineswegs - wie Hegel es wohl sehen würde - ein nicht zur Selbstkritik fähiges Festhalten des unreflektierten religiösen Bewußtseins an gewohnten Denk-Schemata entgegen den zwingenden Beweisen wissenschaftlicher Philosophie. Sie gelten vielmehr prinzipiell, auf philosophischer Ebene, zielen sie doch nicht weniger als "die Diskussion des Verständnisses von 'absolut' an"[24], indem sie die Wesensbestimmungen von Hegels Absolutem für unvereinbar mit dem Begriff 'absolut' erklären. Selbstursprüngliche und sich selbst genügende Absolutheit ist ohne Freiheit nicht wirklich absolut zu denken, noch weniger als sich selbst durch das Böse vervollständigend. Ein Absolutes, dem einerseits die Bestimmung der Freiheit fehlt und das andererseits das Böse als ein Moment in sich selbst enthält, verliert letztlich seine Absolutheit ebenso wie ein naiv gedachtes Absolutes, das der Notwendigkeit und dem Bösen nur negativ - und damit durch sie bestimmt - gegenübersteht. Hegel selbst sieht seinen Begriff des Absoluten als der absoluten Totalität dagegen gerechtfertigt durch dessen lückenlose Entwicklung im widerspruchsfreien Notwendigkeitszusammenhang seines *ganzen* Systems der Philosophie. Vor dem Hintergrund dieser unauflöslichen Eingebundenheit jedes einzelnen Begriffs in das Gesamtsystem kann Hegel auch auftretende Widersprüche zwischen seinem philosophischen System und der christlichen Religion nach ihrem traditionellen Verständnis gerade als Bestätigung der Forderung interpretieren, zur angemessenen Darstellung der inhaltlichen Wahrheit des Christentums müsse über dessen defizitäre religiöse Vorstellungsform hinaus in das in sich widerspruchsfreie Begriffssystem der sich selbst wissenden Vernunft übergegangen werden, statt als Verfehlen seiner ausdrücklichen Versicherung, seine Philosophie lehre keinen anderen Inhalt als den der christlichen Religion. Hegels Theorie des Absoluten stützt sich also ebensosehr auf seine Konzeption der Wahrheit als der inneren Kohärenz des systematischen Begreifens der Wirklichkeit in ihrer Gesamtheit, wie dieser Wahrheitsbegriff sich aus der Hegelschen Theorie vom Absoluten als der absoluten Totalität ergibt. Die Kritik an Hegels Begriff des Absoluten führt somit weiter zu der Frage, ob Hegel überhaupt den Begriff des Denkens derart faßt, daß dieses in der Lage ist, die Wahrheit des Absoluten zu erkennen.

(2) In gleicher Weise wie der Begriff des Absoluten sollte auch Hegels Begriff des Denkens von Beginn an vor allem eine Vermeidung des Dualismus garantieren. Dazu muß das Denken in der Lage sein, jede bestehende Entgegensetzung gegen anderes aufzulösen. Dies gelingt jedoch nur, wenn das Denken im anderen seiner letztlich immer nur sich selbst erkennt. Das negative Moment des Verstandes, sich dem anderen entgegenzusetzen, es zu beschränken und zu bestimmen, muß sich schließlich

---

[23] John N. Findlay, Hegels Beiträge zur Absolut-Theorie, in: Metaphysik nach Kant? Stuttgarter Hegel-Kongreß 1987 (Hg. von Dieter Henrich und Rolf-Peter Horstmann). Stuttgart 1988, S. 823

[24] Jörg Splett, Wie absolut ist der Hegelsche 'Absolute Geist'?, in: Peter Ehlen (Hrsg.), Der Mensch und seine Frage nach dem Absoluten. 1994, S. 175

in die positive Vernunft verwandeln, die die Gesamtheit ihrer Gegenstände als die *eine* Totalität des Absoluten begreift, das wiederum dem Denken kein begrenzter Gegenstand mehr sein kann, weshalb dieses auch sich selbst noch einmal als Moment in jene absolute Totalität einbegreift. "Das Wahre ist das Ganze" (3; 24), und das Ganze vollendet sich erst im Sichselbstbegreifen des Denkens. Die Vollständigkeit und innere Kohärenz dieses Sichselbstbegreifens des Denkens, das zugleich Sichselbstbegreifen der absoluten Vernunft ist, wird damit zum Maßstab für die Wahrheit des Systems des Wissens, welches das Sichselbstbegreifen als seinen Höhepunkt hervorbringt. Jörg Splett kritisiert diese radikale Kohärenztheorie der Wahrheit in doppelter Hinsicht. Zum einen verschwindet durch die reine Selbstbezüglichkeit des Hegelschen Systems jegliches externe Kriterium zur Überprüfung seiner Wahrheit, wodurch dieses System nicht nur im Grunde ununterscheidbar wird von jedem möglichen "Wahn-System"[25], sondern auch jeder Anspruch auf "*Gewissen*-haftigkeit" zu einem "nachgeordnete[n] Moment im Wahrheitssystem"[26] herabsinkt. Im Konfliktfall von (vermeintlicher?) Vernunfterkenntnis und unbedingter Forderung des Gewissens entscheidet nur die Kohärenz des systematischen Denkens über die Wahrheitsfrage, "*Erkenne dich selbst*" wird das "absolute Gebot" (10; 9) und der neue kategorische Imperativ - natürliche Konsequenz aus dem Begriff des Absoluten als der absoluten Totalität, "eines Absoluten jenseits von Gut und Böse"[27], und eine prinzipielle Entscheidung, die man durchaus logisch-argumentativ vertreten *kann*, für die man sich aber auf einer Meta-Ebene noch einmal fragen lassen muß, ob man sie wirklich so treffen *will*, vor allem aber auch, ob man sie nicht ihrerseits bereits anders treffen *soll*.[28]

Zum anderen wird jedoch durch die alleinige Ausrichtung des Denkens auf das Sich-selbst-im anderen-Begreifen hin eben dies andere des Denkens von diesem bereits auf eine bestimmte Rolle reduziert, nämlich die des Gegenstands oder Objekts. Die Hegelsche Philosphie "entfremdet ... das andere ihm selbst, indem sie es mit sich (dem Denken) versöhnt. Indem das andere nur als anderes gedacht wird, wird es nicht an ihm selber gedacht, sondern allein nach seinem Für-den-anderen(=das Denken)-Sein. ... Das andere, als Schranke konzipiert, wird selbstverständlich überholt und einvernommen, da das Denken jede Schranke übersteigt."[29] Dagegen muß man im Hinblick auf die Subjekt-Subjekt-Beziehung zunächst schon der endlichen Individuen, vielmehr noch auf die zwischen endlichem und absolutem Subjekt fragen, "ob das andere nicht jenseits der einlinigen Dialektik von Schranke und Überstieg als Nicht-Schranke zu deuten sei, das heißt in der Konsequenz: als das *Nicht-andere*"[30]. Wenn die Philosophie das oder den Nicht-anderen, der sich "im (inter)personalen Gegenüber

---

25 a.a.O., S. 175

26 a.a.O., S. 176

27 a.a.O., S. 177

28 Vgl. Jörg Splett, Wie absolut ist der Hegelsche 'Absolute Geist'?, in: Peter Ehlen (Hrsg.), Der Mensch und seine Frage nach dem Absoluten. 1994, S. 176

29 Jörg Splett, Hegel und das Geheimnis, in: Philosophisches Jahrbuch 75 (1967/68), S. 323 f.

30 a.a.O.

als Mit-eins" erweist, nur in seinem (natürlich immer *auch* auftretenden) Anderssein für das eigene Denken zu erkennen sucht, aber nicht in seinem für das Denken uneinholbaren Vorausgesetztsein, *denkt* sie ihn gerade in unzureichender Weise, (miß-)versteht ihn prinzipiell als nur "den Umweg des Selbst zu sich selbst"[31]. Ein solcherart von vornherein eindimensionales, weil auch in der Beziehung zu anderem nur in sich selbst kreisendes Denken kann aber seiner eigenen Forderung nach einer wirklichen Totalität des Wissens niemals gerecht werden, die gesamte Sphäre der Intersubjektivität bleibt denn auch im Hegelschen System des absoluten Selbstbezugs auffallend unterbestimmt,[32] der andere ist (auf der Ebene des objektiven Geistes als endlicher, im Bereich des absoluten Geistes als unendlicher) im Grunde nur Material für den Selbstrealisierungsprozeß des Einen Absoluten.

Hegels Versuch, das Absolute zu denken, ist deshalb verständlicherweise - trotz der faszinierenden Genialität seines Systems - überwiegend auf Ablehnung gestoßen und so sein Bestreben, Glaube und Wissen zu versöhnen, historisch gesehen gescheitert. Angesichts der oben angedeuteten Gründe für das Mißlingen jener Versöhnung darf man wohl mit einigem Recht die Frage stellen, ob nicht die erstrebte Versöhnung gerade deshalb scheitern mußte, weil sie als das intendierte Ziel von Anfang an die Entwicklung der Hegelschen Gedanken über das Absolute in einem Ausmaß bestimmt hat, daß dessen Philosophie gar nicht mehr uneingeschränkt offenbleiben konnte für alle Ansprüche, die das Absolute als solches an das menschliche Denken stellt. Die von Hegel für möglich gehaltene Versöhnung des Denkens mit dem Glauben im philosophischen Begreifen der Religion und im Sichselbstbegreifen der Philosophie als der eigentlichen Wahrheit der Religion, das zugleich Versöhnung des philosophischen Denkens mit der Wirklichkeit und eben darin Versöhnung des Absoluten mit sich selbst sein sollte, ist jedenfalls offensichtlich etwas anderes, als die christliche Religion lehrt: die Erlösung des Menschen durch einen sich selbst genügenden Gott. Erlösung kann aber im Unterschied zur Versöhnung nur empfangend angenommen, nicht aus sich selbst heraus hervorgebracht werden - sollte etwas Ähnliches nicht auch für das Denken der Wahrheit, einer Wahrheit zumal, die sich als solche *mitteilt*, gelten? Gerade Hegel hat immer die biblische Offenbarung als Argument für die Möglichkeit angeführt, Gott auch zu denken[33]. Doch Philosophie, die eine geoffenbarte Wahrheit zu begreifen, in Übereinstimmung mit der Religion eine "wahrhaft reale und vorhandene Erlösung" (2; 423) in Gedanken auszudrücken versucht, müßte eben deshalb letztlich anders aussehen als die Philosophie Hegels, inhaltlich wie vor allem auch prinzipiell: statt in der eigenen Selbstbezüglichkeit sich zur Totalität zu gestalten versuchend vielmehr offenbleibend dafür, daß dem Denken "*Antwort* wird, die sein Fragen erfüllt"[34].

---

[31] Jörg Splett, Wie absolut ist der Hegelsche 'Absolute Geist'?, in: Peter Ehlen (Hrsg.), Der Mensch und seine Frage nach dem Absoluten. 1994, S. 179

[32] Vgl. Vittorio Hösle, Hegels System. Hamburg 1987, insbesondere S. 263-275 und S. 646-666.

[33] z.B.: (11;65)

[34] Jörg Splett, Hegel und das Geheimnis, in: Philosophisches Jahrbuch 75 (1967/68), S. 331

Martin Splett

Darf man das Theodizeeproblem ungelöst lassen? Zur rationalen Rechtfertigung einer Aporie

"Sagen wir es gleich vorweg: man wird mit ihr niemals fertig, niemand wird es. Nicht mit einem alles erklärenden Ja, aber ebensowenig mit einem Nein, das alles (oder doch zumindest 'Gott') erledigt."[1] Es geht um die alte, immer wieder neu aufbrechende Frage, die schon Ijob sich - und Gott! - gestellt hat: Wie passen Gott und das Leid zusammen? Mit der eingangs zitierten Einschätzung von Jörg Splett hat sich jedoch nicht das Nachdenken um die Angemessenheit, Methodik und Reichweite argumentativer Reflexion erübrigt. Trotz des Wissens, nicht an ein Ende zu gelangen, müssen wir immer wieder davon anfangen.

Die nachfolgenden Überlegungen sind vor dem Hintergrund eines charakteristischen Dilemmas zu verstehen, in das sich viele Christen - darunter auch ich - beim Nachdenken über Gottes Dasein und die Erfahrung von Leid und Schmerz verstrickt sehen: Einerseits wollen sie mit der gottgegebenen Vernunft ihre gläubige Weltanschauung rational formulieren bzw. vertreten und sich auch dann nicht vom Anspruch auf Rationalität dispensieren, wenn es schwierig wird, v.a. angesichts der Menge an Übel in Gottes guter Schöpfung (und Geschöpfen). Andererseits haben viele Gläubige trotz intensiver Suche (noch) keine überzeugende Antwort auf die Frage, wie Gott und Leid zusammenpassen, finden können; nicht einmal das wohl aussichtsreichste Argument von der leidbedingenden Willensfreiheit erscheint ihnen stichhaltig[2]. Darf man nun noch vernünftigerweise weiterhin an Gott glauben, ohne eine Antwort auf die Theodizeefrage parat zu haben? Ist es rational, das Theodizeeproblem weder für (grundsätzlich) unlösbar noch für gelöst zu erklären, sondern es vielmehr *offenzuhalten*, d.h. die Lösbarkeit zu behaupten, ohne (derzeit) eine Lösung erkennen und aufweisen zu können?

Dieser zugespitzten Frage möchte ich mit Hilfe der diesbezüglich divergierenden Positionen von Armin Kreiner und Jörg Splett nachgehen; beide haben sich intensiv mit der Thematik befaßt[3] - und dies aus reiz-voll unterschiedlichen religionsphi-

---

[1] J. Splett, Gotteserfahrung im Denken. Zur philosophischen Rechtfertigung des Redens von Gott, Freiburg-München [4]1995, 207.

[2] Auf eine eingehende Darstellung und Kritik potentieller Lösungsversuche wird hier aus Platzgründen verzichtet und – in Einklang mit vielen Theologen und Philosophen - vom Ungenügen bisheriger Theodizeeversuche ausgegangen. Für eine kritische Darstellung von denkerischen Bewältigungsversuchen der Tradition vgl. z.B. J. Splett, Gotteserfahrung im Denken 209-239; zu einem ausdifferenzierten modernen Entwurf einer sog. *free will defense* vgl. A. Kreiner, Gott im Leid 207-395. Auf meine Einwände gegen das Argument der Willensfreiheit werde ich im Rahmen dieses Beitrages nur kurz eingehen können.

[3] Zu Kreiner vgl. v.a. Gott im Leid. Zur Stichhaltigkeit der Theodizee-Argumente (QD 168), Freiburg [2]1998; einen "wissenschaftsjournalistisch" gehaltenen Überblick bietet sein Buch Gott und das Leid, Paderborn [3]1995. Zu Jörg Splett vgl. v.a. Und zu Lösungsversuchen durch Unterbietung, in: Theologie und

losophischen Grundansätzen heraus: hier kritisch-rationalistische Analytik angelsächsischer Provenienz, dort christlich-personale "Anthropo-Theologie".

Hierzu wird in einem ersten Abschnitt für die grundsätzliche Berechtigung einer philosophisch-theoretischen Erörterung der Frage nach Gott und dem Leid argumentiert (1). Daran schließt sich ein Versuch zur präzisen formalen Darstellung des Theodizeeproblems an (2). Er dient als Reflexionsgrundlage für die Auseinandersetzung mit der Kritik von Kreiner am Offenhalten der Theodizeefrage (3) und eine Darstellung der Position Spletts (4), die zu Überlegungen für einen rational verantworteten Umgang mit der ungelösten Theodizeefrage gebündelt werden (5). Den Abschluß bildet ein Fazit.

1. Das Theodizeeproblem als eine Dimension der religiösen Leidfrage

Immer wieder wird mit viel theoretischem Aufwand und Geschick die Unangemessenheit einer theoretischen Reflexion der Leidfrage darzulegen versucht: Sie laufe auf eine Rechtfertigung des Leidens hinaus, werde den Opfern nicht gerecht; sie sei durch praktische Überlegungen der Leid-überwindung bzw. -verhinderung zu ersetzen; es werde spekuliert, wo allein zu schweigen angebracht sei usw[4].

Bei allem Verständnis für die praktischen Anliegen: Es ist ein Mißverständnis zu meinen, diese gegen das philosophische Theodizeeproblem ausspielen zu müssen. Die Frage nach Gott und dem Leid ist äußerst vielschichtig; demzufolge gibt es verschiedene Gründe bzw. (praktische) Anlässe, sich mit ihr zu befassen und unterschiedliche Adressaten, an die man sich wendet. Ohne Anspruch auf Vollständigkeit seien folgende Dimensionen der religiösen Leidfrage angeführt: In der existentiellen Praxis stehen persönliche (Mit-)Leiderfahrungen im Vordergrund, in der pastoralen Praxis die Begleitung Leidender; politische bzw. diakonische Praxis hat konkrete Maßnahmen zur Leidüberwindung zum Gegenstand, intellektuelle Praxis hingegen eine rationale, d.h. konsistente (widerspruchsfreie) und kohärente (Einzelaspekte sinnvoll verknüpfende) Gesamtsicht der Wirklichkeit; in der apologetischen Praxis schließlich wird mit dem Ziel der Rechtfertigung des Glaubens an Gott gegenüber einer Religionskritik argumentiert, die sich auf die Leiderfahrung stützt.

Angesichts der angedeuteten Vielfalt ist nicht sachliche Trennung, aber methodische Unterscheidung der Praxis-Dimensionen vonnöten. Ich schlage vor, den – akademischen, nicht lebenspraktischen - Begriff "Theodizeeproblem" auf die spekulative

---

Philosophie 60 (1985) 410-417; Die Frage Ijobs, in: ders.,Gotteserfahrung im Denken (s. Anm. 1) 207-255; Sprachlos vor Leid und Schuld?, in: ders., Denken vor Gott. Philosophie als Wahrheits-Liebe, Frankfurt 1996, 282-312; Antigottesbeweis?, in: Theologie und Philosophie 73 (1998) 84-89; Rez. zu Armin Kreiner, Gott im Leid, in: Theologie und Philosophie 73 (1998) 137-142. Ein persönliches Motiv für die Auswahl der beiden Religionsphilosophen soll nicht verschwiegen werden: Der eine ist mein Vater, der andere mein Doktorvater.

[4] Zu Darstellung und Kritik anhand einschlägiger Vertreter vgl. A. Kreiner, Gott im Leid 191-206.

Frage nach der Vereinbarkeit von (scheinbaren Gegen-)Sätzen wie "Gott ist gut; Gott ist allmächtig; es gibt Übel in der Welt" zu begrenzen. Diesbezügliche Auseinandersetzungen sollten nach Vernunftkriterien geführt und beurteilt werden. Als Gründe für diese Art des Umgangs mit der Leidfrage kommen zunächst intellektuelle und apologetische Motive in Betracht; es gilt, die Rationalität des Glaubens an Gott angesichts des Übels in der Welt zu bewahren - für Glaubende und gegenüber ihren Kritikern. Damit ist jedoch nicht gesagt, daß eine derartige vernünftige Auseinandersetzung nicht auch in anderen Zusammenhängen mittelbar von Relevanz sein kann: Irgendwann - wenn auch kaum zu Beginn - wird in Leidsituationen von vielen Glaubenden die "Warum"-Frage nicht nur geklagt, sondern auch bedacht. Ob als Leidende oder als Mit-leidende bzw. im Leid Beistehende: Wenn wir eine redliche gläubige Gottes-, Welt- und Selbstdeutung anstreben wollen, kommen wir um das Theodizeeproblem nicht herum. Die Frage nach dem sinnwidrigen Leiden angesichts eines guten und allmächtigen Gottes trifft den Menschen als ganzen; sie erfaßt Gemüt und Verstand, Herz und Kopf. Damit wird durchaus nicht bestritten, daß die Wucht, mit der existentielle Leiderfahrungen diese Frage aufwerfen, viel gewaltiger ist als das intellektuelle Streben nach begrifflicher Kohärenz! Zudem ist ein stimmiges Satzgefüge kein Rezept gegen das Leid. Andererseits müssen Bemühungen um Aussagenkohärenz keine Verharmlosung des Leidens oder gar Mißachtung der Leidenden bedeuten. Kopfarbeit ist zuerst Arbeit für den Kopf; als solche dient sie bereits dem Organismus, auch wenn sie keine (Herz-)Schmerzen behebt.

Diese Dienstfunktion verstärkt sich, wenn das Herz willens und in der Lage ist, den Kopf für sich arbeiten zu lassen. Argumentative logische Philosophie, die sich ihr Material aus der Erfahrung zum besseren Verständnis der Wirklichkeit vorgeben läßt, steht hier - bei rechtem Gebrauch - weder persönlichen Bewältigungs- noch umfassenderen Ursachenbekämpfungsversuchen im Wege. Sie wirkt in bescheidenem Ausmaß leidmindernd (ohne Leid zu leugnen) und tröstlich (ohne zu vertrösten), wenn sie mithilft, daß man "möglicherweise auch im Leid an Gott glauben [kann], ohne dabei den Zwang zu verspüren, seinen Verstand zu diesem Zweck vorübergehend an den Nagel hängen zu müssen."[5]

2. Versuch einer logisch präzisen Darstellung des rationalen Theodizeeproblems

Klare Formulierungen des Theodizee- als eines Aussagenkohärenzproblems stellen zwar in ihrer Abstraktheit eine beträchtliche Reduktion der komplexen Leidfrage dar; dafür schaffen sie der logischen bzw. philosophischen Argumentation eine griffige Basis und erleichtern die einerseits für die Diskussion unerläßliche, andererseits mitunter nur mühsam zu wahrende Objektivität und Nachvollziehbarkeit der Gedan-

---

[5] A. Kreiner, Gott im Leid 399.

kenführung[6].

Prima facie scheint das Leiden in der Welt gegen die Existenz Gottes zu sprechen. Zur philosophischen Darstellung dieses zunächst intuitiven Urteils wird in der Regel eine Reihe von Aussagen gebildet und deren Widersprüchlichkeit behauptet. Im Wesentlichen sind es drei: 1. In der Welt gibt es viel Leid; 2. Gott ist (vollkommen) gut; 3. Gott ist allmächtig (Allwissenheit eingeschlossen). Mit Hilfe einer angemessenen Interpretation der Ausgangsbehauptungen lassen sich einige inadäquate Lösungsansätze schon im Vorfeld ausscheiden:

1. *In der Welt gibt es viel Leid*; dazu zählt neben sinnvollem oder gerechtfertigtem Leid[7] eine (nicht exakt zu bestimmende) Menge an Leid, das definitiv nicht sein soll; für dieses unheilvolle Leid steht im folgenden der Begriff "Übel". Dazu zählt zum einen das sog. *malum morale*, das (sittlich) Böse; zum anderen das *malum naturale* in Form physischer und psychischer Leiden, wenn ihnen kein rechtfertigender Sinn abgewonnen werden kann. Hingegen gehört jenes Leid nicht dazu, das dem Leidenden – oft erst im Nachhinein - aufgrund bestimmter positiver Folgen gerechtfertigt erscheint (z.B. Schmerzen als Warnsignale, Leiden als Anlaß zur Reife usw.). Somit lautet Prämisse 1: *P1: Es gibt Übel.*

2. *Gott ist vollkommen gut*; er hat nur einen guten Willen; d.h. er will das Gute, das Heil; also will er nicht das Nicht-Gute, das Un-Heil, das Übel. Er lehnt es ab. Daraus ergibt sich Prämisse 2: *P2: Gott will nicht das Übel*[8].

3. *Gott ist allmächtig*; er kann bewirken, was gut und nicht logisch widersprüchlich (wie z.B. ein eckiger Kreis) ist; also kann er tun, was er will, und auch verhindern, was er nicht will. Als Prämisse 3 läßt sich formulieren: *P3: Gott kann verhindern, was er nicht will.*

---

[6] Ein reiner ungetrübter Blick ist bei einem Thema wie diesem wohl bei keinem Diskursteilnehmer zu erwarten: "Wenn irgendwo, dann liest hier der Leser fast unvermeidlich mehr, als gesagt wird (und meinen wohl auch die Sprecher mehr, als sie sagen)." (J. Splett, Und zu Lösungsversuchen durch Unterbietung 410). Deshalb sollte man alle Behauptungen, für die man die Akzeptanz durch den Diskussionspartner einfordert (manch persönliche, aus individueller Erfahrung gewonnene Einstellung gehört nicht dazu), so entfalten und begründen, daß die argumentative Transparenz möglichst groß ist.

[7] Zu behutsamen Überlegungen über den Sinn des Schmerzes vgl. J. Splett, Schmerz und Leid als Konturen von Freiheit. Gedanken christlicher Anthropologie, in: Zeitschrift für medizinische Ethik 42 (1996) 217-232; ders., Spiel-Ernst. Anstöße christlicher Philosophie, Frankfurt 1993, 105-124.

[8] In der christlichen Tradition war diese Prämisse lange Zeit alles andere als selbstverständlich. Wurde das Übel nicht gar als von Gott verhängte Strafe verstanden, so galt es doch für viele als von ihm gewollt - und sei es aufgrund seiner Intention, daraus etwas Gutes entstehen zu lassen. Diese Denkweise wurde v.a. durch Augustinus in das Christentum eingeführt (vgl. dazu J. Splett, Gotteserfahrung im Denken 220-224) und kehrt neuerdings in vielen Varianten der *free will defense* zurück (vgl. z.B. R. Swinburne, Die Existenz Gottes, Stuttgart 1987, 243-308). Als Mittel zum Zweck gerechtfertigt, kann das Leiden nicht mehr als definitiv nicht-sein-sollend bestimmt werden; es erhält zumindest dadurch einen Sinn, daß durch seine Bekämpfung bestimmte Werte (wie z.B. Mitleid, Solidarität, Erkenntnisstreben) oder Zustände (wie Heilungserfolge oder Versöhnung) verwirklicht werden. Damit wird jedoch die erste Prämisse ebenfalls desavouiert. Daß oft aus übelhaftem Leid viel Gutes erwächst, ist unbestritten. Doch nicht erst/nur Auschwitz, sondern bereits/auch das Quälen eines einzigen unschuldigen Kindes ist durch keine noch so wertvolle Auswirkung zu rechtfertigen.

Logisch unvereinbar erscheinen diese Prämissen erst durch eine (intuitive oder common-sense) Zusatzannahme Z, die bei der Erörterung der Theodizeefrage oft implizit vorausgesetzt, aber selten thematisiert wird:

Z: Wer das verhindern kann, was er nicht will, verhindert es.

Das Desaster wird nun schnell sichtbar: Aus der Verknüpfung von P3 und Z folgt: "Gott verhindert, was er nicht will". In Verbindung mit P2 führt dies zu: "Gott verhindert das Übel", was offensichtlich P1 widerspricht. Gelingt keine plausible Beseitigung des logischen Widerspruchs, scheint ein rational verantworteter Glaube an Gott kaum noch vorstellbar!

Da die logischen Schlüsse korrekt sind, kommen als Lösungsansätze nur Mehrdeutigkeiten bei der Begriffsverwendung oder die Modifikation von Prämissen in Betracht. Daß "Macht" und "Güte" bzw. "Übel" als Nicht-sein-sollendes im Kontext der Rede von Gott nicht etwas völlig anderes bedeuten können als das, was wir uns unter diesen Begriffen vorstellen – wir hätten keine Ahnung mehr von dem, was wir über Gott sagen -, wird jedoch kaum ernsthaft bestritten werden. Als einziger Ausweg bleibt somit die Änderung bzw. die Preisgabe von mindestens einer der Ausgangsbehauptungen.

Die rettende Modifikation von P1 bestünde in der Bestreitung der Übelhaftigkeit des Leidens: "Alles Leiden ist sinnvoll, sein-sollend". Diese Behauptung widerspricht jedoch der Leiderfahrung zahlloser Opfer und der Schulderfahrung vieler Täter. Jede Änderung von P2 verletzt die christliche Grundüberzeugung, wonach Gott "die Liebe ist" (1 Joh 4,16). Nicht zuletzt deswegen nehmen viele Theologen "Abschied vom allmächtigen Gott"[9]; aus P3 wird: "Gott kann das Übel nicht verhindern". Die Einschränkung von Gottes Macht erweckt jedoch nicht nur den Eindruck einer mit der traditionellen Gotteslehre unvereinbaren "Ad-hoc-Hypothese", sondern wirft ihrerseits neue Probleme auf. Wie kann ein Gott, der Übel wie Vergewaltigung oder Konzentrationslager nicht zu verhindern vermag, die Welt erschaffen haben? Woher soll er die Macht nehmen, Mensch und Welt zu vollenden? Wie kann es sein, daß Gott nicht in der Lage ist, Folter zu verhindern, wenn er andererseits den Tod überwindet? Protest und Hoffnung werden gleichermaßen sinnlos. Die Allmacht Gottes scheint mir ein unverzichtbarer Bestandteil des christlichen Gottes- und Heilsverständnisses zu sein[10].

---

[9] Vgl. z.B. G. Schiwy, Abschied vom allmächtigen Gott, München 1995. Hierunter fallen auch dualistische Lösungsversuche mythologischer (der Teufel als Gegengott) oder prozeßtheologischer (gleichursprüngliche Materie) Natur; vgl. dazu A. Kreiner, Gott im Leid 79-125.

[10] Damit will ich nicht der - oft an Christus Maß nehmenden - Rede vom "ohnmächtigen Mitleiden Gottes" jede Berechtigung absprechen: hinter verbalen Paradoxien wie "Allmacht in Ohnmacht" stehen oftmals tiefe Erfahrungen und religiöse Weisheit. Wo zwischen Gottvater und Jesus differenziert wird oder die Begriffe pointiert mehrdeutig verwandt werden, liegt kein Widerspruch im strikt logischen Sinn vor. Das Theodizeeproblem bleibt jedoch auf diese Weise bestehen! Ähnlich verhält es sich mit Vorstellungen von einem bewußten Machtverzicht Gottes um seiner Schöpfung und Geschöpfe willen (vgl. H. Jonas, Der Gottesbegriff nach Auschwitz. Eine jüdische Stimme, Frankfurt 1984): Sollte eine freiwillige Selbstentmachtung Gottes überhaupt widerspruchsfrei zu denken sein, würde sich angesichts des dadurch nicht

Die verbleibende Möglichkeit liegt auf der Hand: Der Glaube an einen guten und mächtigen Gott ist ohne rationale Kapitulation gegenüber Leidverharmlosern oder Atheisten dann vernünftig, wenn man den logischen Widerspruch durch eine akzeptable Modifikation der ursprünglichen common-sense Zusatzannahme Z ("Wer das verhindern kann, was er nicht will, verhindert es") aufheben kann. Ich schlage folgende erweiterte Fassung vor: Z_1*: Wer das verhindern kann, was er nicht will, verhindert es - es sei denn, er nimmt es in Kauf bzw. läßt es zu um eines höheren Gutes willen, das ohne Inkaufnahme des Nichtgewollten nicht zu erreichen ist. Mit anderen Worten:

Z_2: Um eines höheren Gutes willen kann Vermeidbares und Nichtgewolltes zugelassen werden, wenn dieses höhere Gut nicht anders zu erreichen ist.*

Ein Beispiel soll die Plausibilität von Z* veranschaulichen: Mitunter lassen verantwortungsbewußte Eltern Handlungen oder Verhaltensweisen ihrer Kinder zu, die sie nicht billigen und die sie unterbinden könnten. Sie tun dies, weil sie den Wert einzuübender Selbständigkeit so hoch einschätzen, daß er die Inkaufnahme eventueller Leiderfahrungen rechtfertigt[11].

In Anwendung auf die Theodizeefrage läßt sich Z* wie folgt umschreiben:

Z_3: Gott läßt zu, was er nicht will (= das Übel) und was er verhindern könnte - um eines höheren, anders nicht zu verwirklichenden Gutes willen.*

Dieses höhere Gut muß 1. vollständig gut (wegen Gottes Güte) und 2. so beschaffen sein, daß es mit logischer Notwendigkeit die Inkaufnahme des Übels bedingt, d.h. auch für einen allmächtigen Gott nicht auf andere Weise zu verwirklichen ist. Es darf auch nicht das Übel selbst rechtfertigen, sondern lediglich dessen logisch notwendige Inkaufnahme. Gott könnte es zwar verhindern, aber nicht ohne zugleich etwas anderes Wertvolles zu "verunmöglichen". Statt um Wortklauberei geht es um Entscheidendes: Wenn "das Übel zulassen" für Gott gleichbedeutend wäre mit "das Übel wollen bzw. bewirken", wäre der logische Widerspruch wiederum unumgänglich, d.h. Gott wäre nicht gut. Dasselbe gilt bezüglich der Allmacht Gottes bei einer Gleichsetzung von "das Übel in Kauf nehmen" und "das Übel nicht verhindern können". Wenn schließlich die Rechtfertigung der Übelzulassung einer Rechtfertigung des Übels gleichkäme, dann wäre prinzipiell jedwede Theodizee von vornherein zum Scheitern verurteilt[12]!

Insofern die Zulassung des Übels einer Rechtfertigung gegenüber den leidenden Opfern bedarf, sind wir nach wie vor nicht bei einer Antwort, dafür aber beim Kern des Theodizeeproblems angelangt, der sich - alles andere als zufällig - am Ende einer

---

verhinderten Übels weiterhin die Frage nach ihrer Berechtigung stellen.

[11] Diese Illustration von Z_2* ist nicht als Argument für eine pädagogische Lösung des Theodizeeproblems zu verstehen! Gerechtfertigtes Gewährenlassen kann je nach Schwere des möglichen Schadens in Verantwortungslosigkeit umschlagen.

[12] Die Distinktion ist dennoch nicht ad hoc zur Rettung der Prämissen P1-P3 gebildet, sondern beansprucht Plausibilität von der Sache her: "Wer Böses tut, *ist* böse; wer es zuläßt, wäre dies erst, wenn er sich nicht rechtfertigen könnte" (J. Splett, Denken vor Gott 309). In der Ethik wie im Strafrecht gibt es die Unterscheidung von "Tun" und "Unterlassen" (vgl. z.B. D. Birnbacher, Tun und Unterlassen, Stuttgart 1995).

Reihe abstrakter logischer Schritte als die altbekannte, von unzähligen Gläubigen aus der Leiderfahrung heraus gestellte Frage entpuppt:

Warum läßt Gott das Übel zu (, das er nicht will und das er verhindern kann)? Oder:

Wie sieht das Gut bzw. der Wert aus, zu dessen Verwirklichung Gott das Übel zulassen muß (und "darf")?

3. Zu Armin Kreiners Kritik am Gottesglauben ohne Lösungsvorschlag

Den bisherigen Ausführungen bis zur Formulierung der Theodizeefrage könnte Armin Kreiner wahrscheinlich zustimmen, einschließlich der Ablehnung damit unvereinbarer Lösungsvorschläge[13]. Während ich mich nun jedoch nicht imstande sehe, einen geeigneten Wert oder Grund anzugeben, meint Kreiner, ihn in der menschlichen Willensfreiheit gefunden zu haben[14]. Darüber hinaus behauptet er, der "Aufweis der

---

[13] S. z.B. A. Kreiner, Gott im Leid 210: "Die formale Grundstruktur des Arguments läuft somit darauf hinaus, daß die Übel um eines bestimmten Guts, Werts oder Zwecks willen notwendig sind bzw. notwendigerweise von Gott zugelassen oder verursacht werden müssen."

[14] Vgl. A. Kreiner, Gott im Leid 207-395. Meine Kritik kann ich an dieser Stelle nur kurz andeuten: 1. Meiner Ansicht nach kommt die Willensfreiheit deswegen nicht in Betracht, weil Gott das an ihr Wertvolle – die Freiheit zum Guten, die Liebe – auch ohne Zulassung von Übeln hätte verwirklichen können. Zur Ermöglichung der freien Wahl des Guten braucht es zwar die Möglichkeit einer sittlich relevanten Entscheidung für etwas weniger Gutes bzw. für Nicht-Gutes, aber nicht die Option für das Un-Gute, das Böse. Mit anderen Worten: Wahre Menschlichkeit setzt die Möglichkeit von minderer Menschlichkeit bzw. von "(Noch-)Nichtmenschlichkeit" voraus, aber nicht logisch notwendig die Möglichkeit der Unmenschlichkeit. 2. Selbst wenn man die Notwendigkeit der *Möglichkeit* des Bösen einräumt, könnte Gott von Ewigkeit her in seiner Allwissenheit (nur) Menschen schaffen, die ihre Freiheit immer zum Guten gebrauchen. Eine Welt freier Wesen, die frei immer gut handeln, ist logisch denkbar, also auch von Gott zu verwirklichen. 3. Kreiner behauptet jedoch, daß Gott nicht mehr überzeitlich, sondern als in der Zeit bzw. zu jeder Zeit existierend gedacht werden müsse (vgl. ebd. 281-300). Darum könne er nicht um die zukünftigen Taten der Menschen wissen, da solches Voraus-sehen nicht mehr die Wahl einer alternativen Entscheidung zuließe. Die Plausibilität dieser Argumentation einmal vorausgesetzt, stellt sich angesichts des realen und des möglichen Ausmaßes an Leid erneut die Frage, ob Gott berechtigt gewesen wäre, die Kontrolle derart aus der Hand zu geben. Zum enormen irdischen Leiden kommt noch als endzeitliche Gefahr die Hölle als Zustand freier endgültiger Entscheidung gegen die Liebe Gottes hinzu: Ist es ein von Gott nicht kontrollierbarer Entscheidungsspielraum wert, daß sich einige oder viele (oder gar alle) Menschen gegen Gott und damit für ihr Verderben entscheiden?

Die Zulassung der natürlichen Übel rechtfertigt Kreiner mit einer "Keine-bessere-Welt-Hypothese" (vgl. ebd. 365): Danach brauchen Menschen zur Entwicklung und Ausübung ihrer Freiheit eine entsprechend geeignete Umwelt, die zwangsläufig auch leidermöglichende Faktoren enthält. Meine Kritik verläuft analog: 1. Ist nicht eine Welt mit einer Struktur denkbar, die menschliche Freiheit ermöglicht, aber zugleich viele natürliche Übel ausschließt? 2. Hätte Gott nicht die Welt schaffen können, ohne daß ihr zerstörerisches Potential realisiert worden wäre? 3. Wenn Gott all dies nicht vermag: ist es dann wirklich gerechtfertigt, daß Gott nicht öfters rettend eingreift, wenn er schon übelverursachende Strukturen um der Menschen willen schaffen mußte?

Diese kritischen Anfragen laufen nicht auf die Behauptung hinaus, Gott hätte Welt und Menschen nicht so schaffen dürfen, wie er es de facto getan hat! Aus den Ausführungen geht lediglich hervor, daß die menschliche Willensfreiheit m.E. nicht den Wert darstellt, zu dessen Realisierung Gott mit logischer

Rationalität des theistischen Bekenntnisses" sei lediglich "durch die Nennung möglicher Gründe zu erbringen, die Gottes Zulassung von Übel und Leid erklären und rechtfertigen können."[15]

Eine Auseinandersetzung mit Kreiners Argumenten gegen Theisten, die keinen Lösungsvorschlag formulieren, kann dazu dienen, die Möglichkeit eines rationalen Offenhaltens der Theodizeefrage zu prüfen. Im folgenden soll gezeigt werden, daß der Aussagegehalt einer Problemformulierung wie der unsrigen auch ohne positive Antwort ausreicht, sich den Einwänden Kreiners entziehen zu können (3.1). Anschließend wird seine Einstellung zur Theodizeefrage bzw. zu ihrer Offenhaltung in den Kontext seines Philosophieverständnisses gestellt (3.2).

3.1 Das Offenhalten der Theodizeefrage – eine "*reductio in mysterium*"?

"Unter der Bezeichnung *reductio in mysterium* werden im folgenden all jene Positionen verstanden, die zumindest die vorläufige theoretische Unlösbarkeit des Theodizee-Problems und damit auch das Scheitern aller bisherigen Theodizee-Versuche behaupten, dabei aber weiterhin am theistischen Bekenntnis festhalten." Mit dieser Definition beginnt Kreiner die Darstellung und kritische Diskussion einer Reihe von z.T. recht unterschiedlichen Einstellungen unter einem gemeinsamen Oberbegriff[16]. Seine Kritik betrifft damit all jene, die den bisherigen Argumentationsweg bis zur Formulierung der theoretisch-spekulativen Theodizeefrage mitzugehen bereit sind, sich dann jedoch außerstande sehen, konkrete Gründe für die Zulassung des Übels durch Gott zu nennen[17].

Daß eine wie auch immer geartete Geheimnishaftigkeit Gottes bzw. der Leidfrage nicht dazu führen darf, offenkundige Widersprüche zu akzeptieren (50) oder die rationale Frage nach der Vereinbarkeit von Gott und Übel für unzulässig zu erklären (62), wurde von mir bereits zustimmend aufgegriffen: mit der Rede von der gerechtfertigten Zulassung ist der logische Widerspruch behoben und zugleich eine vernünftige Frage formuliert worden. Ihre Form läßt weder die Behauptung prinzipieller Unlösbarkeit noch die pauschaler Erkenntnisunfähigkeit zu, sondern zeigt vielmehr den auch von Kreiner selbst beschrittenen Weg zu einer Lösung an: Er besteht in der Angabe von Werten bzw. Gründen, die eine Übelzulassung durch Gott notwendig machen. Jeder in Frage kommende Wert läßt sich an den Prämissen überprüfen: Er darf nicht alles Leid zu einem sinnvollen erklären, er muß vollkommen gut sein und logisch notwendig Gottes Übelzulassung bedingen. Für die begründete Ablehnung

---

Notwendigkeit moralisches wie natürliches Übel zulassen mußte!

[15] A. Kreiner, Gott im Leid 391.

[16] Vgl. A. Kreiner, Gott im Leid 49-78, hier 49. Darauf beziehen sich die Seitenzahlen im Text.

[17] Dazu gehört wohl auch J. Splett; in seiner Rezension hat er auf eine Auseinandersetzung darüber verzichtet bzw. lediglich das referiert, worüber Konsens besteht und was deswegen auch hier nicht erörtert werden muß: Die Ablehnung von Frageverboten, Begriffsäquivozität, radikal negativer Theologie und Fideismus; vgl. J. Splett, Rez. von A. Kreiner, Gott im Leid 138.

von Vorschlägen als unzureichend braucht es demnach nicht erst – wie von Kreiner gefordert – positive Antwortversuche (60)[18]. Hingegen stimme ich der Forderung nach einer prinzipiellen Verstehbarkeit und Beurteilbarkeit möglicher Gründe zu (69; 74); ihr kann man mit Hilfe des begrifflichen Rahmens, der sich aus einer systematischen Problemerörterung ergibt, nachkommen.

Der zentrale Streitpunkt scheint in der "These von der (vorläufigen) Unerkennbarkeit" der Gründe zu liegen, der nach Kreiner geläufigsten Version der *reductio in mysterium*, die "gleichsam eine 'Notbremse'" darstelle, insofern man einen Grund bei/für Gott annehme, ohne ihn angeben zu müssen (71). Für Kreiner folgt "aus der prinzipiellen Verstehbarkeit der Gründe unweigerlich ihre prinzipielle Erkennbarkeit" (71) und aus dieser wiederum "ihre faktische Erkennbarkeit" (73). Doch sind diese Folgerungen im Hinblick auf menschliches Erkennen wirklich schlüssig? Warum soll es nicht möglich, d.h. vernünftigerweise denkbar sein, daß Gott um die Gründe faktisch weiß, diese uns in unserer zeitlich-irdischen Begrenztheit jedoch zeitlebens verborgen bleiben und erst nach dem Tod zuteil werden? Zugegeben: Mit der Darlegung eines geeigneten Grundes würde sich diese Frage nicht mehr stellen; verneint wäre sie damit allerdings auch nicht.

In diesem Zusammenhang wendet Kreiner gegen die "These der (vorläufigen) Unerkennbarkeit" ein, sie müsse, um zu überzeugen, "plausibel machen, warum uns Gott seine Gründe nicht zugänglich macht und dadurch das Leid nur noch vergrößert." (71; vgl. auch 73) In der Tat stellt die Unmöglichkeit, zu Lebzeiten das Problem lösen zu können, einen mitunter äußerst leidvollen Erkenntnismangel dar, dessen Verursachung oder Zulassung durch Gott ebenfalls einer Rechtfertigung bedarf; ich vermag keine zu sehen[19]. Dieser Sachverhalt schwächt jedoch nicht die These von der vorläufigen Unerkennbarkeit, sondern bestätigt sie: Ihre rationale Variante will die vorläufige Unlösbarkeit nicht als *Lösung* des Problems propagieren, sondern behauptet gerade, daß nichts – keine religiöse, existentielle, theologische oder philosophische Antwort – in Sicht ist, was eine Übelzulassung rechtfertigen könnte. Die These

---

[18] Versionen der *reductio in mysterium*, die die Geheimnishaftigkeit und Sinnverborgenheit nicht auf die Übel*zulassung*, sondern auf das Leid als solches beziehen, erschweren hingegen einen adäquaten Umgang mit dem Leid: "Wenn man nicht wissen kann, welchen Sinn das Leid hat, kann man auch nicht wissen, wie man sich dem Leid gegenüber verhalten soll." (60) Hier hilft die Differenzierung zwischen gerechtfertigtem Leid und Leid als *Übel*: die gebotene Haltung (aus unserer wie aus Gottes Perspektive) gegenüber übelhaftem Leiden wird nicht erst durch eine Lösung, sondern bereits aus den Problemprämissen unmißverständlich ersichtlich: es ist als sinnlos abzulehnen und von uns nach allen Kräften zu bekämpfen. Die konkrete Unterscheidung zwischen gerechtfertigtem und sinnlosem Leiden ist hingegen nicht vorrangig Aufgabe und Gegenstand theoretischer Theodizee-Reflexion, sondern wird zuerst aus der Leiderfahrung heraus vollzogen. Noch einmal: Um zu dem Urteil zu gelangen, daß die Schmerzen eines zu Tode gequälten Kindes durch nichts gerechtfertigt sind bzw. Sinn erhalten, sollte man keiner eingehenden Erörterung bedürfen.

[19] Auch der Verweis auf endzeitliches Glück und Heil, demgegenüber dann (!) das Ausmaß derzeitiger Leiden nichtig erscheinen wird, mag trösten (vgl. Röm 8,18); zur Rechtfertigung taugt er indes nicht: Kein zukünftiges Wohl kann gegenwärtiges Übel ungeschehen machen, das Abwischen der Tränen (Offb 21,4) nicht das Weinen.

verlangt eine Antwort, die sie nicht sieht. Auch auf die Frage, warum diese Antwort jetzt nicht sichtbar ist. Von dieser Position sind all jene Varianten abzuheben (und deshalb abzulehnen), denenzufolge die Geheimnishaftigkeit Gottes bzw. mangelnde menschliche Erkenntnisfähigkeit eine Antwort auf das Theodizeeproblem darstellt[20]! Der gute Gott wird für unsere Unfähigkeit, die Lösung – d.h. den passenden Wert - zu finden, ebenfalls gute Gründe haben (müssen) wie für die Zulassung der Übel; doch scheinen sie uns verborgen zu sein. Das ist selbst noch keine Lösung, hält jedoch die Theodizeefrage weiterhin für eine Antwort offen.

Das Theodizeeproblem muß eine Lösung haben, sonst entbehrt unsere Rede vom guten und machtvollen Gott angesichts des Übels jedweder Berechtigung. Umstritten bleibt, ob das Eingeständnis, die Theodizeefrage – in ihrer durchreflektierten Fassung - vorläufig unbeantwortet lassen zu müssen, zugleich eine argumentative Niederlage gegen den Atheismus bedeutet bzw. den Glauben an Gott (auch) in rationaler Hinsicht entscheidend unterminiert. Kreiner scheint zu dieser Meinung zu tendieren: “Im Gegensatz zu denen, die das Problem für definitiv unlösbar erachten, muß ich einräumen, daß ich andere Konsequenzen ziehen würde, wenn ich zu dieser Überzeugung gelangte.” (10)[21]

3.2 Religionsphilosophie als Wissenschaft - zum Grundansatz Kreiners

Armin Kreiner betreibt Theologie/Religionsphilosophie aus einem Wissenschaftsverständnis heraus, das methodisch starke Anleihen beim kritischen Rationalismus macht[22]. Behauptungen und Theorien werden als niemals sicher gewußte, sondern immer nur (mehr oder weniger) wahrscheinlich wahre *Hypothesen* eingeführt; es gilt, sie kritisch auf ihren Aussagegehalt hin zu überprüfen und bei mangelnder Erklärungsleistung durch angemessenere zu ersetzen. Dementsprechend hängt die Rationalität des Glaubens an Gott von der Plausibilität der “theistischen Hypothese”[23] ab. Durch die Erfahrung von sinnlosem Leid in Frage gestellt, bedarf sie einer hypothetischen Theodizee, die zur Erfüllung ihres Zweckes zwar keine endgültige, alle Unklarheiten beseitigende Antwort, aber doch eine überprüfbare stichhaltige Lösung enthalten muß. Sie besteht im Aufweis des Wertes, durch den die Kohärenz von theistischem Bekenntnis und dem Übel in der Welt gewährleistet ist. Diese Forderungen meint Kreiner, mit seiner *free will defense* erfüllt zu haben. Zu ihr sieht er “im wesentlichen zwei Alternativen: zum einen den naturalistischen Atheismus und zum anderen einen Theismus, der entweder den Gottesbegriff adäquater konzipiert oder plausiblere

---

[20] Insofern ist “reductio in mysterium” als Oberbegriff etwas unglücklich gewählt: er suggeriert, daß die unter ihm zusammengefaßten Positionen darin übereinkämen, in der Geheimnishaftigkeit Gottes bzw. seiner “ewigen Ratschlüsse” eine Lösung des Theodizeeproblems zu sehen.

[21] Wobei nicht eindeutig ist, ob sich “definitiv” auf jede erdenkliche Perspektive (einschließlich der Gottes bzw. unserer eschatologischen) oder auf unseren zeitlich-irdischen Erkenntnisspielraum bezieht.

[22] Vgl. zum folgenden A. Kreiner, Demonstratio religiosa, in: H. Döring/ders./P. Schmidt-Leukel, Den Glauben denken. Neue Wege der Fundamentaltheologie (QD 148), Freiburg 1993, 9-48.

[23] Vgl. ebd. 45f.

Gründe für die Existenz von Übel/Leid nennt." (392)

Für eine Position, die im Wesentlichen von demselben Gottesbegriff (im Sinne der Prämissen P2 und P3) ausgeht, sich jedoch nicht zur Angabe von Gründen für die Übelzulassung in der Lage sieht, bleibt kein Platz. Die Zurückweisung des Vorwurfes, logisch Widersprüchliches zu behaupten, genügt dann nicht. Das Theodizeeproblem stellt eine Anomalie dar, die die theistische Hypothese zu falsifizieren droht, wenn sie nicht beseitigt wird. Beharrt der Theist darauf, über die Möglichkeit des "Daß" hinaus nicht auch das "Wie" der Aussagenkohärenz aufzeigen zu können, reduziert er drastisch die Erklärungsleistung der theistischen Hypothese und damit deren Wahrscheinlichkeit. Im Bemühen um Kohärenz scheint die "Auflösung" des Theodizeeproblems durch die Streichung von Prämissen gegenüber dem bloßen Postulat einer Lösung die rationalere Alternative zu sein. Unter der Voraussetzung, daß die Existenz von Übel evidenter ist als die Existenz Gottes, legt sich dann der Verzicht auf die theistischen Prämissen nahe.

Innerhalb des hier skizzierten religionsphilosophischen Rahmens wäre es auch für Jörg Splett nur konsequent, ohne positive Antwort die atheistische Position als die wahrscheinlichere zu betrachten: "Wird auch der Glaube als Hypothese verstanden, dann ist in der Tat nicht einzusehen ..., warum man an ihm festhält, wenn man (noch) keine Lösung für das Th[eodizee]-Problem hat."[24]

4. Zu Jörg Spletts Rechtfertigung des Gottesglaubens ohne Lösung der Theodizeefrage

Über eine plausible Antwort auf das Theodizeeproblem zu verfügen, wäre für Gläubige in mindestens zweierlei Hinsicht von erheblichem Vorteil: Man könnte sich in einer zentralen Streitfrage gegen den Atheismus argumentativ behaupten und damit zugleich für einen selbst die Glaubwürdigkeit der religiösen Weltanschauung stärken. Laut Splett bleibt dem Menschen jedoch nur die eschatologische Hoffnung auf eine Antwort von Gott. Im Kontext von Leid und Schmerz bedeutet dann "Glauben": "überzeugt sein davon, daß Er sich rechtfertigen kann, und hoffend erwarten, daß Er es auch tut."[25] Doch wie läßt sich dieser Glauben angesichts der ungelösten Theodizeefrage vernünftig begründen?

Unter dieser Fragestellung wird die Position von Jörg Splett referiert, der die Frage nach dem Übel um die nach dem Guten ergänzt (4.1). Anschließend wird sein spezifisches Anliegen im Rahmen der Leidfrage herausgestellt: Die Notwendigkeit personaler Freiheitsentscheidung und die Angemessenheit der Klage (4.2). Am Ende steht eine kurze Stellungnahme (4.3).

[24] J. Splett, Rez. zu A. Kreiner, Gott im Leid 142.
[25] J. Splett, Schmerz und Leid als Konturen von Freiheit 223.

4.1 Das Theodizeeproblem und die Frage nach dem Guten

Zwei Argumentationswege sind im Disput mit atheistischen Opponenten gangbar: Man kann versuchen, die Plausibilität der Ausgangsbehauptungen (P1-P3) zu erhöhen - vorgängig zu ihrer Verknüpfung; je gesicherter die einzelnen Prämissen sind, umso gerechtfertigter erscheint die Annahme ihrer nicht aufweisbaren, aber widerspruchsfrei zu postulierenden Vereinbarkeit. Eine andere Möglichkeit besteht darin, Unstimmigkeiten bzw. Inkonsequenzen in der gegnerischen Position aufzudecken. Splett betreibt beides, indem er die *Frage nach dem Guten* mit in die Diskussion einbringt[26].

Ausgangspunkt ist die Erfahrung des Guten als des Sein-sollenden in der Welt, zum einen in seiner zumindest bruchstückhaften Realität: Es gibt Gutes – trotz des Übels. Zum anderen in Gestalt eines unbedingten Anspruchs, den wir im Gewissen erfahren: Ich soll gut sein. Das in Wirklichkeit Gute, wozu auch das "Sollen-dürfen" gehört, gebietet Dankbarkeit und eröffnet Hoffnung; sein appellativer Charakter setzt menschliche Freiheit voraus. Von dieser Stelle aus schlägt Splett den Bogen zur Existenz Gottes: "Daß ich als Freiheitswesen da bin (nicht aus mir selbst) und gut sein soll, verpflichtet mich dazu, das 'Woher' meines Da- und Gut-sein-sollens (und –dürfens) als Macht und Güte in Person zu denken (weniger hieße nicht 'Gott') und mich entsprechend zu Ihm zu verhalten: in dankbarem Glauben, preisender Liebe und nicht zuletzt erwartungsvoller Hoffnung."[27]

Im Zusammenhang mit dieser direkten Stärkung der theistischen Prämissen des Theodizeeproblems konfrontiert Splett den Atheismus mit einer auf Boethius zurückgehenden "Ergänzungsfrage": "Wenn es Gott nicht gibt, woher das Gute?"[28] Diese Frage sei eindeutig beantwortbar: ohne Gott kein Gutes! Kein Gutes in Zukunft, kein Grund zur Hoffnung für zahllose Leidende. "Dann aber auch keines in der Gegenwart und der Vergangenheit. Denn wie dürfte jemand nur die kleinste Freude (in ihrem Verheißungs-Charakter) zulassen statt sie als Täuschung wenn nicht Lüge zu entlarven, gäbe es keine Zukunftshoffnung für alle!"[29] Tatsächlich gibt es aber immer wieder Grund zur Freude; ohne die durch Gott eröffnete Hoffnungsperspektive ließe sie sich angesichts des enormen Leids nur unter dessen Verdrängung genießen, was auf eine Entsolidarisierung mit den Opfern hinausliefe.

Kritisiert der Atheist diese Überlegungen als bloßes Wunschdenken, versagt er sich und anderen nicht nur die Hoffnung, sondern auch sinn-vollen Protest – und zwar nicht nur Protest gegenüber einem adäquaten Adressaten (im Hinblick auf das Leiden, das menschliche Verantwortlichkeit übersteigt), sondern auch Protest in Form der Ablehnung bestimmter leidvoller bzw. übelhafter Zustände, Ereignisse oder Taten;

---

[26] Vgl. zum folgenden J. Splett, Und zu Lösungsversuchen durch Unterbietung 415f.; ders., Antigottesbeweis? 88f.; ders., Denken vor Gott 308-310.

[27] J. Splett, Antigottesbeweis? 89. Zu seinem "Gottesbeweis Mitmenschlichkeit" vgl. ausführlicher ders., Gottes-erfahrung im Denken 61-88; zur Grundlegung der Ethik in Gott vgl. ders., Spiel-Ernst 49-82.

[28] J. Splett, Und zu Lösungsversuchen durch Unterbietung 415; ders., Denken vor Gott 308.

[29] Ebd. 415f.

denn Werturteile wie "Dies *darf* nicht sein" oder "Jenes *soll* anders sein, als es ist" stellen Sinnpostulate dar, die aufgrund des soeben Dargelegten das Gottespostulat miteinschließen[30]. Das Fehlen einer gesollten Ordnung (des Guten, Gerechten) kann eigentlich nicht sinnvoll bemängelt werden ohne die reale Möglichkeit dieser Ordnung und einen Ordner, der zudem nicht nur als ursprünglicher Schöpfer, sondern auch als bleibender Garant dieser Ordnung zu denken ist.

Mögen einerseits die theistischen Prämissen durch die Weltübel in Frage gestellt werden, so ist es andererseits gerade die Erfahrung von *nicht-sein-sollendem* Leid - d.h. die zunächst unstrittigste Prämisse P1 -, die den Naturalisten in Erklärungsnöte bringt, wenn er sie teilt.

Auf die Implikationen der Erfahrung des Guten - als teilweise Gegebenes, von jedem bzw. für alle Gefordertes und so oft Vermißtes - zu reflektieren, hilft dem Theisten, die Behauptung von der Existenz Gottes in der Auseinandersetzung mit dem Atheismus auch ohne Lösung zur Theodizeefrage rational zu verteidigen.

4.2 Freiheitsentscheidung und Gottesklage

Jörg Splett rekurriert als philosophischer Anthropologe in seiner Religionsphilosophie immer wieder auf Grundvollzüge menschlicher Freiheit. Er hält eine distanzierte, vom Erkenntnissubjekt absehende Erörterung zentraler anthropologischer Fragen für unangemessen[31]; zugleich beansprucht er für seine – aus "Liebe zur Wahrheit" motivierten - Überlegungen intersubjektive Verständlichkeit und Rationalität. Steht in der Religionsphilosophie Kreiners der hypothetische Charakter des Glaubens als Für-wahr-halten im Vordergrund, so richtet Splett sein philosophisches Hauptaugenmerk auf den personalen Aspekt[32]. Freiheitsvollzüge wie Vertrauen und Treue sind für ihn auch und gerade in der Gottesfrage erkenntnisrelevant; in personaler Erfahrung bzw. in der Erfahrung von Gott als Person wurzelnd, ermöglichen und gebieten sie das Bekenntnisses zum guten und mächtigen Schöpfer trotz des Übels mit einer "Beharrlichkeit", die hypothetischem Denken nur suspekt erscheinen kann[33].

Die Wahrheit der theistischen Prämissen sei dadurch so sicher, daß diese durch die Frage nach ihrer Kohärenz mit dem Übel nicht zur Disposition stehen. Das theoretisch-spekulative Theodizeeproblem stellt dann kein bedrohliches Argument gegen die Existenz Gottes dar. Als Konsequenz seiner personalen bzw. "praktischen Philosophie"[34] gilt für Splett die Verpflichtung, die Theodizeefrage aus der Perspektive

---

[30] Nicht notwendig die *Behauptung* von letzter Sinnhaftigkeit bzw. den Gottes*glauben*: auch die Absurdität des Postulats ist denkbar. Angesichts ihrer bräuchte sich jedoch der Gläubige seiner Kohärenzprobleme nicht zu "schämen", zumindest nicht mehr als der Naturalist.

[31] Vgl. J. Splett, Gotteserfahrung im Denken 247.

[32] Vgl. z.B. seine Definition von Glauben: "eine Gesamtdeutung vorliegender Fakten, in die als Gesamtdeutung unvermeidlich die Entscheidung des Deutenden eingeht" (J. Splett, Und zu Lösungsversuchen durch Unterbietung 414).

[33] Vgl. J. Splett, Rez. zu A. Kreiner, Gott im Leid 142.

[34] Vgl. J. Splett, Gotteserfahrung im Denken 247.

derer zu bedenken, die durch die Erfahrung sinnlosen Leidens in ihrem Glauben angefochten werden. Rationale Reflexion erhält so eine existentielle Prägung, die das Theodizeeproblem weniger als ein logisches *Rätsel* erscheinen lasse, sondern vielmehr zum *Geheimnis* mache[35], das den Menschen in seiner Freiheit vor die eine große Alternative stellt: "Hoffnung oder Verzweiflung. Statt um partielle Beweise geht es um prinzipielle Entscheidung."[36] Diese Entscheidung kann nicht durch eine Lösung auf das spekulative Theodizeeproblem umgangen, muß jedoch in ihrer Freiheitlichkeit rational verantwortet, d.h. begründet werden, was Splett – wie bereits dargelegt - mit der Frage nach dem Woher von Güte und Sinn versucht.

Die von der "Ersterfahrung des Guten" abgeleitete Erfahrung des Übels als des Nicht-Guten ist damit nicht (hinweg-)erklärt: "Wieso es gleichwohl in der Welt so quälend zugeht, nicht zuletzt auch durch mich und uns selbst, weiß ich nicht. Es 'falsifiziert' die Ersterfahrung nicht, doch ist es mit ihr unvereinbar. So ficht es an."[37] Welche Konsequenzen für das Gottesverhältnis ergeben sich für den mit Leid konfrontierten Gläubigen, der keine Gründe für die Zulassung des Übels durch Gott sehen kann?

Jörg Splett tritt hier für die Angemessenheit der Klage *gegen* Gott – zusammen mit der Hoffnung *auf* ihn - ein: Die Sinnlosigkeit und Schmerzhaftigkeit des Leidens sowie Gottes "Schweigen" zur Frage, warum er das Übel zulasse, geben den Opfern Anlaß und Recht, den Schöpfer der Welt anzuklagen[38]. Insofern ein Lösungsaufweis einem sinnvollen Protest gegen Gott die Grundlage entzöge, hätte er - durchaus entgegen der Intention seines Urhebers - eine Herabwürdigung der Leidenden in ihrer Klage zur Folge. Um der Göttlichkeit Gottes und der Berechtigung der Klage willen schreibt Splett, er mache sich "anheischig, jeden konkreten Erklärungsversuch (nicht den Erklärer) des Zynismus zu überführen"[39], sei er atheistisch oder religiös motiviert.

---

[35] Im Hinblick auf die Leidsituation Gläubiger – so Splett - "scheint selbst in philosophischer 'Außen'-Perspektive die Rede von einem Rätsel kaum noch passend. Ein Rätsel will gelöst werden; hier aber geht es darum etwas zu leben...Bietet sich hierfür ein besseres Wort an als 'Geheimnis'?" (J. Splett, Denken vor Gott 307)

[36] J. Splett, Gotteserfahrung im Denken 253.

[37] Ebd. Statt von *Unvereinbarkeit* – die darf es m.E. nicht geben – würde ich von *Unerkennbarkeit* sprechen.

[38] Vgl. z.B. J. Splett, Und zu Lösungsversuchen durch Unterbietung 416. So sind zwar Menschen für freie böse Handlungen verantwortlich, aber Gott für die Erschaffung von Menschen mit Freiheit oder für die Zulassung unschuldigen Leidens. Wie das Leiden und Klagen mit Ehrerbietungen und Danksagungen, die wir Gott aufgrund der gleichen Eigenschaften schulden, zusammengehen soll, ist für Splett die eigentliche religiöse Pointe der Leidfrage (vgl. J. Splett, Denken vor Gott 312). Eine solche Problemakzentuierung setzt eine gerade in der unmittelbaren Leidsituation oft nicht zu bewerkstelligende theozentrische Erfahrungsperspektive voraus. Darum ist für Splett die "Selbst-Zentrierung" die verhängnisvollste Auswirkung von Schmerzen und Leiden; vgl. J. Splett, Schmerz und Leid als Konturen von Freiheit 217f.

[39] J. Splett, Denken vor Gott 310; aus dem Kontext dieser Stelle wird ersichtlich, daß sich der Zynismusvorwurf nicht nur gegen Leiderklärungen und Gottesleugnungen (vgl. ders., Schmerz und Leid als Konturen von Freiheit 227; ders., Und zu Lösungsversuchen durch Unterbietung 412), sondern auch gegen das Unterfangen richtet, eine Rechtfertigung für Gottes Übelzulassung zu bieten. Möglicherweise ist Splett der Auffassung, daß letztlich jede Antwort auf die Frage, warum Gott das Übel zulasse, auf eine der beiden

Ein konkreter Lösungsvorschlag ist demnach laut Splett nicht für einen verantworteten Gottesglauben erforderlich. Philosophisches Nachdenken in personaler Freiheit bestätigt die gläubige Deutung von Welt- und Selbsterfahrung: Dem guten Gott gegenüber haben wir die Pflicht zur Dankbarkeit für Gutes, Anlaß und Recht zur Klage angesichts sinnlosen unverschuldeten Leidens sowie Grund zur Hoffnung auf leidfreies Heil für alle - eine Selbstrechtfertigung Gottes (= "Theodizee") miteingeschlossen.

4.3 Die Zusammengehörigkeit von Herz und Kopf in der Theodizeereflexion von Jörg Splett

Die ausdrückliche Einbeziehung der existentiellen gläubigen Leiderfahrung in den philosophischen Diskurs macht Spletts Ablehnung von (theoretischen) Lösungsvorschlägen verständlich: "Den Stachel von Schmerz, Tod und Schuld zieht dem Menschen keine Überlegung aus dem Fleisch."[40] Kein vernünftiger leiderfahrener Mensch wird das abstreiten. Zu fragen bleibt freilich, ob damit dem Problem der Aussagenkohärenz als einem bedenkens-werten Aspekt der Leidfrage Genüge getan wird. Um es noch einmal in die Bildrede von Kopf und Herz zu übersetzen: Keine Kopfarbeit vermag Herzschmerzen zu beheben. Aber umgekehrt gilt wohl auch: Die Befindlichkeit des Herzens ist zwar für den Kopf von Belang, kann jedoch keine hinreichenden Antworten auf dessen Fragen geben – und darf ihm auch nicht die Berechtigung spezifischer, d.h. rationaler Anliegen nehmen: Der ganze Körper ist auf die Dienstfunktion des Kopfes in Form einer kritischen Überprüfung von Wahrnehmungen und Deutungen angewiesen.

Während Kreiner als Repräsentant einer methodisch deutlich vom Herzen abgegrenzten Kopfarbeit gelten kann, versucht Splett, das Herz stark in die Reflexionstätigkeit des Kopfes zu integrieren. Die "Herzschmerzen" werden dadurch so relevant, daß Splett letztlich mit ihnen die Unlösbarkeit des Theodizeeproblems zu begründen scheint.

5. Konvergierende Überlegungen anhand divergierender Positionen

Weniger eine vergleichende Beurteilung der hier von mir als Kon-trahenten herangezogenen Denker steht nun an, als vielmehr die Wiederaufnahme der Ausgangsfrage nach einem verantwortlichen Umgang mit dem zu Beginn skizzierten Dilemma. Dabei steht die intellektuelle Dimension der Leidfrage im Vordergrund: Wie können Gottgläubige ohne positiven Kohärenzaufweis für ihre religiöse Weltanschauung Vernünf-

---

Unterbietungen hinauslaufe.

[40] J. Splett, Gotteserfahrung im Denken 239. Vgl. auch ders., Denken vor Gott 308; Und zu Lösungsversuchen durch Unterbietung 415. Entsprechendes gilt für die Schmerzhaftigkeit von gerechtfertigtem Leiden: "Gleichwohl: daß Schmerz so weh tut, bleibt unerklärlich." (ebd. 412)

tigkeit beanspruchen, wenn die Welt soviel Übel enthält?

Wie aus der Argumentation in den Abschnitten (1) und (2) zu ersehen ist, halte ich eine "sachliche" Auseinandersetzung mit dem "theoretischen" Theodizeeproblem nicht nur für berechtigt, sondern im Interesse intellektueller Redlichkeit für geboten. Dazu sollten Gläubige nicht die Mühe scheuen, sich mit dem Thema auf der Basis der Vernunft, d.h. "in der gemeinsamen Sprache von Gläubigen und Ungläubigen"[41] auseinanderzusetzen.

Logisches Denken bildet hierbei keinen Gegensatz zu anthropologischer Reflexion[42]. Das Bemühen um die sinnvolle Verknüpfung von Aussagenreihen gefährdet nicht den existentiellen Charakter der Leidfrage und beeinträchtigt in diesem Zusammenhang auch nicht den Stellenwert prinzipieller (Freiheits-)Entscheidungen. Denn 1. sind sowohl bei der Erörterung der Prämissen als auch bei der Suche nach deren Vereinbarkeit immer freie Werturteile mit im Spiel[43] und 2. ist jeder Diskursteilnehmer gefordert, die vorgebrachten Argumente vor dem Hintergrund seiner Erfahrungen, Grundeinstellungen und Deutemuster zu gewichten und zu beurteilen – in Freiheit, aber nicht nach Belieben.

Im Gegensatz zu Jörg Splett gehe ich nicht - quasi *a priori* - davon aus, daß menschliche Antwortversuche grundsätzlich das Theodizeeproblem unterbieten; mein (keineswegs origineller) Formulierungsvorschlag zeigt, auf welche Weise unter Aufrechterhaltung der Ausgangsprämissen über mögliche Lösungen nachgedacht werden kann[44]. Gegenüber Versuchen, Gründe für die Übel*zulassung* zu finden, halte ich dementsprechend einen Zynismusvorwurf für nicht gerechtfertigt. Die Klage Leidender hat zu viele Ursachen und Implikationen, um von Lösungsversuchen zur spekulativen Theodizeefrage prinzipiell in ihrer Angemessenheit – und Wucht – nivelliert zu werden. Zudem geht mit mancher Klage auch die Suche nach rationalen Antworten einher[45]; mitunter wollen Menschen "durch Kopfarbeit das Herz erleichtern". Die

---

[41] J. Splett, Antigottesbeweis 86, Anm. 6. Dieser Anspruch ist Konsens zwischen den hier Beteiligten; jedoch gehen die Auffassungen darüber auseinander, wie er einzulösen sei.

[42] "Was hier verlangt wird, scheint weniger Scharfsinn und Kombinationsvermögen zu sein als Vertrauen und Treue." (J. Splett, Denken vor Gott 307) Auf letzteres kann und darf in diesem Zusammenhang nicht verzichtet werden; doch wollen auch sie begründet sein. Zudem hat das *Geheimnis* von Gott und Leid eben auch eine *rätsel*haft-problematische Dimension.

[43] Dies trifft auch und gerade auf das Argument der Willensfreiheit zu; hier stellen sich Fragen wie: Ist es gut, daß es den Menschen so gibt, wie er faktisch (geworden/geschaffen) ist? Auch dann, wenn seine faktische Freiheit notwendig das unvermeidliche Risiko moralischen Übels einschlösse? Auch dann, wenn er nur in einer Welt existieren könnte, die natürliches Übel in gewaltigem Ausmaß hervorbringt?

[44] Insofern können wir m.E. durchaus die *Möglichkeit* einer Antwort erkennen (vgl. dagegen J. Splett, Denken vor Gott 311).

[45] Vielleicht hilft hier eine Differenzierung zwischen verschiedenen Klageformen: Wer "Warum, Gott!" ausruft, stellt keine Frage, verbittet sich jede Antwort; Erwiderungsversuche müssen zynisch erscheinen. Bei der Klage "Warum, Gott?" hingegen trifft genau das Gegenteil zu: eine Antwort wird (händeringend) gesucht, die Behauptung von Unbeantwortbarkeit wirkt zynisch. Diese Klageform läßt zunächst offen, ob menschliche Antworten möglich sind; spätestens dann, wenn nicht mehr Gott direkt angesprochen ist ("Warum das Übel, wenn es Gott gibt?"), sind Leidende mitunter durchaus offen für Antwortvorschläge bzw. kann deren Fehlen zusätzlichen Schmerz bedeuten.

Klage ist ja als solche auch ein Leiden, das der Klagende überwinden möchte – er darf es nur nicht unter seiner Würde tun. Zugleich bliebe im Falle einer intelligiblen Lösung immer noch genügend von Gott in Glaube und Liebe zu erhoffen. Nach Antworten auf die Grundfragen des Daseins und des Glaubens zu suchen und dabei (auch) logisch vorzugehen, beleidigt weder Gott noch die (leidenden) Menschen.

"Wenn Gründe für die Zulassung des Übels existieren, dann ist die Suche nach ihnen und die Auseinandersetzung mit vorhandenen Antwortvorschlägen nicht nur ein sinnvolles Unterfangen, sondern für jeden, dem an der Rationalität und Wahrheit seines Bekenntnisses gelegen ist, auch ein unerläßliches."[46] Dieser Anspruch schließt nicht die Möglichkeit aus, nach kritischer Prüfung von Lösungsansätzen – sozusagen *a posteriori* - zu dem Urteil zu gelangen, daß noch keine intellektuell befriedigende Lösung gefunden wurde und von Menschen vielleicht nie zu finden sein wird. Mit Kreiner bin ich der Meinung, daß die mangelnde Kohärenz einer Verknüpfung von Aussagen deren Plausibilität erschüttert und dies auch für das Theodizeeproblem gilt. Wenn man die Sinnhaftigkeit der von den Aussagen abgebildeten Wirklichkeit voraussetzt – und Gläubige gehen von einer (göttlichen) Ordnung der Welt aus -, stellt nicht erst die Widersprüchlichkeit, sondern auch die Unvereinbarkeit von Behauptungen bzw. von Erfahrungen deren Wahrheitsgehalt in Frage. Deshalb ist die Distinktion zwischen *prinzipieller Unvereinbarkeit* und *vorläufiger Unerkennbarkeit der Vereinbarkeit* unerläßlich! Rationale Reflexion muß zumindest imstande sein, die Möglichkeit der Kohärenz intelligibel aufzuzeigen – dies leistet die Rede von der begründeten Zulassung.

Die Erfahrung sinnlosen Leidens läßt einen mitunter an der Existenz Gottes zweifeln; daß sich das Problem von Bosheit und Schmerz eigentlich erst vor dem Hintergrund einer Weltsicht wie der christlichen stellt, die von (der Zusage von) Liebe und Gerechtigkeit ausgeht, ist zunächst nicht unmittelbar einsichtig. Nicht nur, aber auch im Disput mit Nichtgläubigen hilft hier eine phänomenologische Besinnung auf die Bedingtheit des Übels durch das Gute weiter, wie Jörg Splett m.E. überzeugend dargelegt hat. Tatsächlich verhalten sich gut und böse nicht einfach symmetrisch positiv und negativ zu einem neutralen Sachverhalt, wie etwa +3 und –3 zum Betrag |3|[47]. Vielmehr verhält sich das Übel zum Guten wie die Krankheit zur Gesundheit, es ist der Mangel, die Perversion des Guten. Mit C.S. Lewis gesagt: "Das Böse ist nur das verdorbene Gute. Und es muß zuerst etwas Gutes geben, ehe es verdorben werden kann."[48] Während man Gutes nicht nur vor dem Hintergrund des Bösen tun kann[49], gibt es keine böse Tat ohne Anleihen beim Guten: "Um schlecht zu sein, muß

[46] A. Kreiner, Gott im Leid 77f.

[47] Der Zahlenvergleich kann immerhin verdeutlichen, daß es zur (An-)Erkenntnis von Positivität (+3/3) nicht logisch notwendig der Negativität (-3), sondern lediglich der Wertneutralität (|3|/0) bedarf.

[48] C.S. Lewis, Pardon, ich bin Christ. Meine Argumente für den Glauben, Basel u.a. 1995, 50. Die Tradition hat deshalb das Übel auch als *privatio boni* (= Beraubung des Guten) bezeichnet.

[49] Zur aufrichtigen Rede (bzw. zu deren Wahrnehmung) braucht es nicht die Negativfolie der Lüge, es genügt Schweigen oder Ahnungslosigkeit. Wahre Liebe hebt sich nicht erst gegen den Haß, sondern schon von Gleichgültigkeit oder Freundschaft ab.

die Macht des Bösen existieren, muß sie Verstand und Willen besitzen. Existenz, Verstand und Wille aber sind an sich gut. Also muß sie diese von der Macht des Guten empfangen haben."[50]

Auch Atheisten erfahren Bosheit und Leid als Übel; auch sie können fragen: Why do bad things happen to good people? Ob sie deshalb in der Lage sind, "die Existenz sowohl des Übels als auch des Guten als natürliche Gegebenheiten dieser Welt zu erklären - im Prinzip sogar restlos"[51], ist hingegen fraglich: Woher haben rein evolutiv entstandene Menschen die Freiheit, gegen die Ordnung der Natur zu handeln? Woher überhaupt diese Ordnung der Natur? Woher das "Recht" zur Klage, wenn sie nicht bloß Schmerzensschrei, sondern zugleich Protest gegen Unrecht sein will? Die Existenz Gottes beantwortet zwar auch nicht die Frage nach dem Woher und Wozu des Übels, bietet jedoch einen Rahmen, innerhalb dessen sie sinnvoll gestellt werden kann[52].

Diese Überlegungen zusammenfassend, möchte ich mich nach der Durchquerung (nicht: Umgehung) des logisch-spekulativen Terrains der Auffassung von Jörg Splett zur Doppelfrage von Güte und Übel, Freude und Leiden in der Welt anschließen: "Ich weiß nicht, warum (die Zulassung von) Leid und Bosheit. Ich weiß, daß im Ernst es ohne Gott kein Gutes gibt. Ich weiß zugleich (will sagen: ich habe erfahren und erfahre), daß es das Gute gibt (daß es sich mir gibt und vor allem, daß es sich mir aufgibt). Darin aber gibt sich *der* Gute: Gott."[53]

Fazit

Ist es nun rational gerechtfertigt – so unsere Ausgangsfrage -, das Theodizeeproblem vorerst ungelöst zu lassen? Darauf brauchen wir schon während des Lebens eine Antwort; sie muß letztlich von jedem in Freiheit gegeben und vor der eigenen Vernunft, aber auch vor den Opfern zahlloser Übel verantwortet werden.

Jörg Splett behauptet, v.a. um der Leidenden willen *müsse man das Theodizeeproblem offenhalten*: Die Frage nach der Zulassung des Übels durch Gott könne nur von Ihm selbst beantwortet werden. Menschliche Lösungen gefährdeten die Göttlichkeit Gottes bzw. die Übelhaftigkeit des Leidens. Die Auswirkungen für das spekulative Denken liegen dann auf der Hand: Nachdem wir keine Antwort wissen können, sei es "an der Philosophie, Antwort-Programme, die mehr sagen wollen, ihrer Haltlosigkeit zu überführen."[54] Armin Kreiner hingegen vertritt die Auffassung, v.a. um der Ra-

---

50 C.S. Lewis, Pardon, ich bin Christ 51.

51 A. Kreiner, Gott im Leid 20.

52 Zur Bildung moralischer Normen, zur Beurteilung von konkreten Handlungen und Ereignissen als gut oder böse bzw. sinnvoll oder übelhaft bedarf es nicht erst Gott. Aber wenn man die Moralitätsbewandnis als solche akzeptiert und erklären möchte, läßt sich ohne Bezugnahme auf eine personale Größe die unzulässige Ableitung von Soll-Ansprüchen aus Ist-Zuständen kaum vermeiden.

53 J. Splett, Denken vor Gott 309.

54 Ebd. 308.

tionalität des Glaubens willen *dürfe man das Theodizeeproblem nicht offenhalten*; menschliche Antwortverweigerung gefährde die Glaubwürdigkeit des theistischen Bekenntnisses. Konsequenterweise ist ihm "unbegreiflich, wie man dieses Problem für definitiv unlösbar erklären und desungeachtet weiterhin die Botschaft von einem gütigen und allmächtigen Gott verkündigen kann."[55]

Meine eigene Position liegt dazwischen: Um gläubiger Vernunftreflexion willen *darf man – quasi als* ultima ratio - *das Theodizeeproblem offenhalten.* Die klassischen Prämissen von Gottes Güte und Allmacht sowie von der Übelhaftigkeit des Leidens müssen und können aufrechterhalten werden. Dazu bedarf es einer Lösung des Problems ihrer Zusammengehörigkeit. Die prinzipielle Lösbarkeit läßt sich mit der Rede von der Übelzulassung aufzeigen; das Postulat eines anders nicht zu verwirklichenden Gutes beseitigt die scheinbare Widersprüchlichkeit der Prämissen, auch wenn dieses Gut nicht benannt werden kann. Daß es eine Antwort – oder mehrere Antworten[56] - geben kann, wurde mittels der Vernunft aufgewiesen. Zur Rationalität des Gottesglaubens ist es aber nicht mehr unbedingt erforderlich zu zeigen, wie sie aussieht.

Ohne eine zufriedenstellende Lösung des Theodizeeproblems vor Augen werden sich Gläubige immer wieder dem Verdacht und Zweifel ausgesetzt sehen, die Rede vom höheren Gut bzw. von rechtfertigenden Gründen sei lediglich ein gedankliches Konstrukt zur Rettung eines letztlich irrationalen Gottesglaubens. Dem ist zunächst entgegenzuhalten, daß aus subjektiven Einstellungen wie Sehnsucht und Hoffnung (dasselbe gilt für Furcht, Gleichgültigkeit oder Widerwillen) weder die reale Existenz noch die Nichtexistenz des Ersehnten oder Abgelehnten folgt.

Die eigentliche Begründung für die Glaubwürdigkeit des Glaubens ohne konkreten Lösungsvorschlag zum Theodizeeproblem liegt woanders: Das Bekenntnis zu dem wahrhaftigen Gott des Glaubens, dem guten Gott der Liebe und dem mächtigen Gott der Hoffnung wurzelt ja nicht in der Theodizeeproblematik - im Gegenteil, letztere setzt diesen Glauben gerade voraus! -, sondern in authentischen (übervernünftigen, nicht widervernünftigen!) Erfahrungen des Guten, die Menschen (Israel, Jesus, Jünger, Christen, Eltern, ich selbst) mit Gott gemacht haben und machen, wenn sie glauben, hoffen und lieben. Es sind dieselben Erfahrungen, die einerseits zu einer dramatischen Verschärfung der Leidfrage führen und andererseits Hoffnung darauf machen, daß einmal alles gut wird und wir Antwort auf unsere Fragen erhalten.

Diese rätselhaft-geheimnisvolle und zugleich schmerzhafte unauflösliche Spannung von Freude und Leiderfahrung, von Lob und Klage, im Herzen wie im Kopf auszuhalten – und dies in gläubig-liebend-hoffendem Vertrauen auf Ihn gegen die Versuchungen von Gottesleugnung oder Leidverharmlosung: all das mutet Gott Leidenden und Mitleidenden zu.

Warum er dies tut und warum er damit zugleich zuläßt, daß viele Menschen am

---

[55] A. Kreiner, Gott im Leid 10.

[56] Aus der Formulierung des Theodizeeproblems geht nicht hervor, daß dieses höhere Gut tatsächlich für alle Menschen und in jeder Leidsituation dasselbe sein muß; prinzipiell sind mehrere spezifische Lösungen denkbar.

Leiden zerbrechen bzw. den Glauben an ihn verlieren, muß Gründe haben; ich kann jedoch derzeit keine erkennen[57]. Was (und daß) wir jetzt – ohne unser Verschulden - nicht erkennen können, wird Gott zu verantworten haben. Gott steht seinen (leidenden) Geschöpfen gegenüber in der Pflicht, die Zulassung von Übel und mangelnder Erkenntnis zu rechtfertigen – und dies, gerade weil er gut und allmächtig ist.

---

[57] "Menschenversuche" zur Erprobung des Vertrauens oder zur Entwicklung eines höheren sittlichen Reifegrades kommen als Erklärung nicht in Frage: Sie sind nicht erst angesichts ihrer verheerenden Auswirkungen unter der Würde des Schöpfers und seiner Geschöpfe.

Hubert Lenz

"Zur Antwort berufen" Menschliche Freiheit vor dem Anspruch der Wahrheit[1]

Jörg Splett würde den Vergleich von sich weisen, doch beim Lesen seiner Ausführungen zu Sokrates[2] mußte ich immer wieder an ihn selbst denken: "Kann man sonst als Antrieb zur Tapferkeit oft genug die Angst ausmachen (vor dem Tod oder vor der Meinung der anderen), so ist dies bei Sokrates das Stehen vor dem Logos - und das Stehen zu ihm ..." (D 138) Dementsprechend sind die Begegnungen mit ihm niemals nur akademisch (im landläufigen Sinn): "Worum es Sokrates nämlich eigentlich geht, ist eines jeden Sorge um die Seele" (D 139f.), d. h. um das "Besserwerden der Seele" (D 143). Gemeint ist dabei mit "Seele" der ganze Mensch: das, was im Tun des Guten gut bzw. im Tun des Schlechten schlecht wird. Deshalb kommt es auch im Gespräch mit Sokrates immer wieder "zu einer Prüfung des Sprechenden ... Väter, die pädagogische Hilfe bei Sokrates suchen, erleben dies am eigenen Leibe: 'Ich wußte sehr wohl schon längst, daß nicht von den Knaben die Rede sein würde, wenn Sokrates zugegen wäre, sondern von uns selbst' (Laches 187 c - 188 b)" (D 140). Spletts Redestil ist zwar zurückhaltender, weniger direkt und so gesehen diskreter, "vornehmer" als der des großen Griechen - doch die Konfrontation mit der Frage "wie sich die Sache denn in *Wahrheit* verhält" und die (meist unausgesprochene, aber unüberhörbar im Raum stehende) Herausforderung, sich dem *An-spruch der Wahrheit* zu stellen, durchzieht - ohne, daß es aufdringlich wirkt - die meisten seiner Vorträge, Schriften und Gespräche.

Diese Art von Philosophie haben nicht wenige als "Gewinn für die Seele" (D 140) erfahren. In dem Maße, wie die Darlegungen J. Spletts zur Stellungnahme herausforderten, blieb selbstverständlich auch der Widerspruch nicht aus: "Das erträgt

---

[1] Um das Lesen zu erleichtern und den Fußnotenteil zu entlasten, werden für die hauptsächlich verwandten und zitierten Schriften v. J. Splett die nachfolgend aufgelisteten Kürzel verwandt:

A Agnostizismus: Leben als Mit-Sein, Frankfurt 1990, 13-20
Ak Akademischer Dienst an der Wahrheit: Der Mensch ist Person, Frankfurt 1978, 62-87
D Denken vor Gott. Philosophie als Wahrheits-Liebe, Frankfurt 1996
F Flucht vor dem Freiheitsrisiko. Fundamentalismus aus der Sicht philosophischer Anthropologie: H. Kochanek (Hg.), Die verdrängte Freiheit. Fundamentalismus in den Kirchen, Freiburg 1991, 72-82
FE Freiheits-Erfahrung, Frankfurt 1986
G Gerufene Freiheit: Anspruch der Wahrheit: Konturen der Freiheit, Frankfurt 1974, 14-36
M Warum menschlich sein (sollen)?: Spiel-Ernst, Frankfurt 1993, 49-81
MP Der Mensch ist Person, Frankfurt 1978
W Wahrheits-Anspruch: Freiheits-Erfahrung, Frankfurt 1986, 19-49
ZA Zur Antwort berufen, Frankfurt 1984

[2] J. Splett, Sokrates: Die Wahrheit und das Gute: D 125-147.

natürlich nicht jeder" (D 140), sagt er nicht nur über Sokrates, sondern hat er vermutlich auch in und nach manch heißer Diskussion sich selbst gesagt. - Ich habe nur wenige Denker kennengelernt, die ähnlich unmißverständlich wie Splett Stellung bezogen und zur Stellungnahme herausforderten (und dies ohne Arroganz und Rechthaberei). Dementsprechend war auch die Reaktion oft für oder gegen ihn. Selten blieb jemand persönlich unbeteiligt. Zurückhaltende Unentschiedenheit ist mir kaum begegnet.

Leben und Denken gehören im letzten zusammen: "Wer nicht lebt, was er denkt, denkt bald, was er lebt", heißt es mahnend im Sprichwort. Das nicht alltägliche Auftreten Spletts, sein von manchen als zu wenig sachlich, zurückhaltend und nüchtern empfundener Denk- und Redestil fällt nicht nur auf, sondern für manchen auch aus der ("gängigen") Art. Doch spätestens die - nach meiner Erfahrung nie abzuschließende - Beschäftigung mit J. Spletts Verständnis von Wahrheit und Freiheit, die als ganz zentrale Daten seiner Philosophie wie ein roter Faden sein gesamtes Werk durchziehen, läßt die geistigen Wurzeln und den philosophischen Grund und Horizont seiner philosophischen (Selbst)Kundgaben erkennen. Vor dem Anspruch der Wahrheit weiß er sich zur (bezeugenden[3]) Antwort gerufen und berufen. "Der Wahrheit die Ehre zu geben" ist für Splett nicht nur denkerische Pflicht, sondern philosophische Leitidee, wie im Folgenden näher dargelegt werden soll.

1. Freiheit und Wahrheit: (Vor)Gegebenheiten menschlichen Denkens und Lebens

Immer wieder weist Splett darauf hin, daß sowohl die Freiheit als auch das Licht und der Anspruch der Wahrheit Vor- und Grundgegebenheiten jedweden menschlichen Lebens sind: der Boden, auf dem wir immer schon stehen, bzw. der Horizont, in dem wir immer schon leben und denken.[4] Es handelt sich bei beiden Wirklichkeiten "um Voraussetzungen ..., die nicht erst frei (geschweige denn: beliebig - oder erpresserisch) von uns gesetzt würden, sondern um solche, die unsere nachträgliche Besinnung als 'Apriori' erkennt" (W 19). Die Wirklichkeit dieses Apriori kann wohl in einer fundamentalen Besinnung aufgewiesen, aber nicht mehr von etwas anderem her abgeleitet und bewiesen werden. Freiheit und Wahrheit sind immer schon da. Insbesondere für die Wahrheit gilt: "Das absolut Erste ist von seinem Wesen her unbeweisbar." (W 34) Wer dies leugnet, wer sagt, daß er nicht wisse, was Wahrheit und Freiheit sind, dem entgegnet Splett gern mit einem Zitat von W. Kraft: "Wenn Menschen behaupten, sie

---

[3] Für Splett ist das "Zeugnis vom Licht" (G 50) die gemäße Art menschlicher Ant-wort auf den unbedingten An-spruch der Wahrheit (vgl. auch G 23 und vor allem D 72).

[4] Spletts Sicht von Wahrheit und Freiheit wird auch dargestellt und (als Zusf. der gesamten Arbeit) aufgenommen von: H. Grunow, Der Weg der Wahrheit, die zum Leben führt, Würzburg 1993, 209-221; die 1992 verfaßte Diss. berücksichtigt allerdings (fast) nur Spletts Aufsatz "Akademischer Dienst an der Wahrheit" (A).

wüßten nicht, was die Wahrheit sei, darf man sie höflich darauf hinweisen, daß sie wissen, was die Lüge ist. Die Lüge setzt die Wahrheit voraus."[5]

Ähnlich ist es mit der Freiheit - von Splett verstanden als die grundlegende "Wahlfreiheit" des Willens, als das "Vermögen der Selbstbestimmung" (F 72; FE 96). Über das (Vor)Gegebensein dieser Freiheit zu diskutieren ist - genau betrachtet - gar nicht möglich, weil jede Diskussion sie bereits voraussetzt: "es gibt hier ... keinen 'rein objektiven' voraussetzungslosen Anfang, keinen ... 'zwingenden' Freiheitsbeweis - doch andererseits macht deren Leugnung sich selbst unmöglich: weil sie Leugnung wie Bejahung überhaupt unmöglich macht." (FE 97) Als "Anfangskraft" (R. Guardini) vermag Freiheit "dies und jenes anzufangen, nicht aber sich" (FE 97), denn um etwas anfangen zu können, muß sie bereits da sein.

Zusammen kommen Wahrheit und Freiheit in jeder Behauptung und in jedem Urteil. Spätestens hier wird das zuvor vielleicht mehr theoretisch Erscheinende konkret: "Behauptung ist Tat von Freiheit, sonst wäre sie kein Behaupten; aber sie ist nicht Willkür. In jedem Urteil geht es um die Wahrheit (selbst der Lügner muß das behaupten)" (G 30). Wer dem damit verbundenen Anspruch der Wahrheit nicht ausweicht, der wird sich zugleich seiner selbst wie dem Licht und Richtpunkt der Wahrheit bewußt.

Splett bleibt jedoch im Aufweis der Wirklichkeit von Freiheit und Wahrheit argumentativ nicht auf der Ebene des transzendentalen (Selbst)Widerspruchs stehen. In immer neuen Anläufen versucht er, die Sache selbst zum Aufscheinen kommen und einsichtig werden zu lassen. Immer wieder appelliert er an Leser und Hörer, "sich ein Gewissen daraus zu machen, ein Gewissen zu haben" (MP 70); denn wer sein Gewissen nicht vor dem unbedingten Anruf der Wahrheit verschließt, der wird sich spätestens bei der Wahr-nehmung des Gewissensspruchs auch der Tatsächlichkeit seiner eigenen (gerufenen) Freiheit bewußt. Wahrheit und Freiheit sind so als Apriori nicht nur theoretisch als nicht zu leugnende Wirklichkeiten aufgewiesen, sondern auch positiv zur "Selbstgewißheit des Bewußtseins" (G 21) und damit zu einer geistigen Erfahrung geworden. Wer diese Erfahrung gemacht hat, weiß, um was es geht, und hat den notwendigen Standpunkt gewonnen und eingenommen, von dem aus er weiterfragen kann und muß.

Wer sich darauf nicht einläßt, schließt sich letztlich aus der menschlichen Gesprächs- und Diskussions-Gemeinschaft aus, denn "über das Selbstverständliche [läßt sich nicht] diskutieren". (ZA 24) Zur Fundierung dieser Aussage verweist Splett mehr als einmal auf Aristoteles, der in der Topik (I 11 105a 3-7) erklärt: "Man soll nicht jedes Problem und jede These untersuchen, sondern nur solche, wo es zur Lösung obwaltender Zweifel der Vernunft bedarf, nicht der Züchtigung oder gesunder Sinne. Die etwa zweifeln, ob man die Eltern lieben soll oder nicht, bedürfen der Züchtigung, und die zweifeln, ob der Schnee weiß ist oder nicht, bedürfen gesunder

---

[5] W. Kraft, Zeit aus den Fugen. Aufzeichnungen, Frankfurt 1968, zit. u.a. in D 47.

Sinne." (ZA 24f)[6]

2. Zum rechten Verständnis und Gefüge

Einem seiner zahlreichen Aufsätze stellt J. Splett einen Text aus den "Gesprächen" Kungfutses voran, der ein zentrales Anliegen seines eigenen Denkens zum Ausdruck bringt:

"'Der Fürst von Wei wartet auf den Meister, um ihm die Regierung zu übergeben. Was wird der Meister zuerst tun?' Der Meister sprach: 'Sicherlich die Namen / Begriffe richtigstellen' Und Kungfutse erläutert: 'Wenn die Begriffe nicht richtig sind, so stimmen die Worte nicht; stimmen die Worte nicht, so kommen die Werke nicht zustande, kommen die Werke nicht zustande, so gedeihen Moral und Kunst nicht, so treffen die Strafen nicht; treffen die Strafen nicht, so weiß das Volk nicht, wohin Hand und Fuß setzen ...'" (FE 280)

Auch Splett legt um der Klarheit und Wahrheit willen Wert auf Unterscheidung und Präzision[7]. So setzt er bei seinem wohl gewichtigsten Aufsatz zur Wahrheitsfrage (W) bei der Unterscheidung zwischen logischer, ontischer und ontologischer Wahrheit an[8] - mit dem Ziel, über die logische, d. h. die Urteilswahrheit ["Eine Behauptung heißt wahr, wenn zutrifft, was sie vertritt" - (W 19)], die Frage der Angemessenheit und Sachgemäßheit und damit die alte Frage nach dem wirklichen Wesen des Erkenntnisgegenstandes zu stellen, um schließlich von dem zum Wesen gehörenden ontologischen Seinsgehalt und Sinnanspruch (ontische Wahrheit) den Blick auf das Licht der (ontologischen) Wahrheit selbst zu richten. Dieses Licht ist freilich selber nicht sichtbar, sondern macht die Dinge und Bezüge, die es beleuchtet, sichtbar. "Nicht die Wahrheit erscheint, sondern in ihr erscheint, was ist." (D 74)

Dabei ist das Fundierungsgefälle zu beachten: Die ontologische Wahrheit geht der ontischen voraus und beide der logischen. Und im Erkenntnisprozeß selbst gehen dem Erkennen des Subjekts sowohl das Sein als auch das Sich-zu-erkennen-Geben des Objekts voraus. Das seinsmäßig Grundlegende und Maßgebende ist deshalb die "ontologische Wahrheit" - von Splett meist mit "Licht" oder "Richte" umschrieben. Sie ist es, die den Menschen alles andere überhaupt erst in seiner ihm je eigenen (ontischen) Wahrheit erkennen läßt. Deshalb ist ihre Achtung Grundforderung an jedwedes menschliches Denken, Wollen und Tun, d. h. der Mensch hat - "wenn er

---

[6] Ein Zitat, dessen Sinnspitze (man kann und soll nicht jedes Problem rational untersuchen - über das Selbstverständliche läßt sich nicht diskutieren) durch das konkrete Beispiel und die Rede von der Züchtigung - vor allem bei sehr negativen Erfahrungen mit den eigenen Eltern - leicht aus dem Blick geraten kann.

[7] Wie das vorausgehende Zitat ist leider auch dieses in Gefahr, daß die Sinnspitze wg. unkritisch zitierter Nebenaussagen gar nicht richtig erkannt und aufgenommen wird. - Das Tun des Rechten sollte nämlich - so Splett sonst selbst - "um der Wahrheit willen" geschehen - und nicht aus Angst vor Strafe.

[8] Ausführlicher und gut verständlich wird diese Unterscheidung dargelegt v. E. Coreth, Grundriß der Metaphysik, Innsbruck - Wien 1994, S. 144-153.

wahrhaftig sein will" (W 23) - der Wahrheit "die Ehre zu geben" (s. Kap. 4).

Immer wieder weist Splett auf die Eigenheit und "Hoheit" dieses Lichtes hin, wohlwissend, daß alle Beschreibungsversuche unzulänglich sind und "nicht mehr als hinweisen [können] auf das, was jeder in sich selbst erfährt" (G 26): "das Unbeweisbare, das [als Bedingung der Möglichkeit allen Beweisens und Vermittelns] aus sich selbst einleuchtet" (G 27). "Diese Wahrheit zwingt den Menschen nicht zu einem bestimmten Entscheid, aber sie fordert ihn und nimmt das Recht zu ihrer (unbedingten) Forderung aus ihrer eigenen Hoheit. Sie beweist also nicht - und ist selber nicht zu beweisen: Sie leuchtet auf als 'Licht'."(W 23) Selbst angeregt und geprägt durch H. U. v. Balthasars Wahrheits-Schrift (s. dazu D 197-220) und vom Appell der ignatianischen Exerzitien, in allem und vor allem die Ehre Gottes zu suchen (besonders gelesen in Pczywara's Auslegung des "deus semper maior"[9]), wird Splett nicht müde, immer wieder auf die Hoheit und den Unbedingtheitscharakter der Wahrheit und des Guten hinzuweisen: Sie sind "nicht bloß oder auch nur erstlich Gesolltes, sondern 'Sonne' und 'Licht': aus sich selbst einleuchtender Sinn"(MP 58). Was das Bildwort *Licht* "vor allem sagen will, ist: Selbstbegründung, Selbstlegitimation" (G 25).

Und als solches spricht dieses Licht den Menschen an und fordert ihn zu antwortender Stellungnahme heraus. Ein Wort von E. Levinas aufnehmend, stellt Splett unmißverständlich den Absolutheits- und Unbedingtheitscharakter dieses sittlichen An-spruchs von Wahrheit und Gutem heraus, wenn er formuliert: "Unabweisbar nimmt mich der Hilferuf eines Notleidenden in Beschlag. In diesem Sinn wird das Gute nicht erst gewählt, 'es hat sich vielmehr des Subjekts bemächtigt' (wörtlich bedeutet 'Subjekt': unterworfen). Zur 'Wahl', zur 'Übernahme' der 'Verantwortung' ist man seinerseits je schon verpflichtet. 'Zur Verantwortung verpflichtet sein, das hat keinen Anfang' (77) ... Es gibt keine Flucht und Ausflucht davor, die nicht 'Fahnenflucht' wäre. Derart ist das Ich Leibbürge, Geisel (72), ja geradezu besessen (79). Levinas fragt, ob das nicht Knechtschaft bedeute. Doch was hier herrscht, ist das Gute. Und vom Guten sieht das Subjekt sich nicht bloß faktisch unterworfen, sondern es ist von ihm derart 'ergriffen', daß es sich zugleich als erwählt und im Gehorsam als befreit erfährt."[10]

Das hier vom sittlichen Anspruch des Guten Gesagte gilt in gleicher Weise auch für das Licht der Wahrheit, das den Menschen nicht weniger ruft, herausfordert und in Anspruch nimmt. Das Licht und der Ruf dieser Wahrheit wenden sich nicht nur und nicht zuletzt an den Kopf, "auch nicht ans Gefühl, sondern ans 'Herz' (Augustinus, B. Pascal)" (W 36). Mit dem (biblischen) Wort "Herz" meint Splett jene Mitte des Menschen, die andernorts mit "Gewissen" bezeichnet wird. Wenn Splett das Herz immer wieder als "Organ" der Wahrheitserkenntnis herausstellt, geht es ihm "nicht um Entgegensetzung" zum Kopf, sondern "um Vertiefung", um die den ganzen Menschen umfassende und ihn bis in sein Innerstes durchdringende und bestimmende

---

[9] So berichtete mir J. Splett im persönlichen Gespräch.

[10] J. Splett, "Du bist's". Zum Thema Einsamkeit: LebZeug 50(1995), 137-149; hier: 142f., die Levinas-Zitate entstammen dessen "Humanismus des anderen Menschen": Hamburg 1989, 75ff..

Bedeutung der (ontologischen) Wahrheit. An einem Kierkegaard-Zitat wird das ganz deutlich: "Die Frage ist, ob ein Mensch im tiefsten Sinne Wahrheit erkennen, ob er von ihr sein ganzes Wesen durchdringen lassen, alle ihre Konsequenzen annehmen will und ob er nicht im Notfall einen Schlupfwinkel für sich reserviert".[11]

Der sich an das Gewissen richtende Ruf und Anspruch der Wahrheit ist für Splett eindeutig - aber nicht zwingend. Es liegt am Menschen, ob er sich "ein Gewissen daraus macht, ein Gewissen zu haben", wie der Schüler von Max Müller vor allem in Vortrag und Vorlesung immer wieder herausfordernd formuliert.

Alles Überreden und Psychologisieren, alle pragmatischen Überlegungen ("wer einmal lügt ...") und jedwede Taktiererei ("es ist nützlich, die Wahrheit zu sagen"), ja nicht einmal ein eventueller "commone sense" wird dem hoheitlichen Anspruch der Wahrheit gerecht (vgl. D 70). Um der Wahrheit willen die Wahrheit sagen bzw. richtiger: die Wahrheit bezeugen, ist das, was Splett - bisweilen wie ein einsamer Rufer in der Wüste - den vielfältigen Reduzierungen und Relativierungen des Wahrheitsanspruchs gegenüber immer wieder betont. Und im Aufnehmen eines Satzes von H. Krings drückt der Frankfurter Religionsphilosoph nicht nur sein eigenes Denken aus, sondern er bringt auch etwas von seinem philosophischen Selbstverständnis und Ethos zum Ausdruck, wenn er (gern) zitiert: "Die ganze Wahrheit wird nicht bewiesen, sondern bezeugt. Oder besser: sie wird durch Bezeugung bewiesen. Der Tod des Sokrates liegt nicht außerhalb der Philosophie."[12]

Aufgabe der menschlichen Freiheit und des Willens ist es dann, die (Erkenntnis der) Wahrheit zu suchen und sich zu eigen zu machen. In dem Maß, wie sich der Mensch dem unbedingten An-spruch der Wahrheit stellt, wird er dabei - wie später noch näher ausgeführt werden wird - frei(er) und sich seiner selbst mehr und mehr gewiß. Das biblische Wort von der "Wahrheit, die frei macht" (Joh 8,32), ist so bereits philosophisch begründet - und in der näheren Auslegung der Gewissenserfahrung wird zugleich deutlich: "Der absolute Anspruch, diese unbedingte Forderung, muß als Anspruch *gemeint* sein, nicht von mir, sondern von ihm selbst her: er muß 'an und für sich' Willens-Charakter besitzen. Ja, er zeigt sich als Wille im Zentrum unseres Wahrheitsgewilltseins."(G 23) Im An-spruch der Wahrheit begegnet der Mensch - das betont Splett immer wieder - deshalb letztlich dem An-ruf Gottes, in dem der unbedingte und absolute Anspruch der Wahrheit zuletzt und eigentlich begründet ist.

Freiheit steht weder über noch neben der Wahrheit, sondern unter ihrem Anspruch und kommt gerade in dem Maße zu sich selbst, wie sie diesem Anspruch nicht ausweicht, sondern sich ihm auch tatsächlich stellt. Doch ist das Verhältnis von Wahrheit und Freiheit deshalb nicht nur eines von "oben-unten"; es ist auch nicht nur "äußerlich", sondern zutiefst "innerlich": Splett verweist auf Augustin's klassische Formel "Interior intimo meo et superior summo meo", womit er die Eigenart und unaufhebbare Einheit von Immanenz und Transzendenz treffend zum Ausdruck

---

[11] S. Kierkegaard, Der Begriff Angst IV 2,2 (SV IV 405); von Splett zitiert in W 36.
[12] H. Krings, Transzendentale Logik, München 1964, 341; zit. in D 72, Anm. 26.

gebracht sieht: "Der endliche Wille ist nicht die Wahrheit, aber er gibt unvermeidlich Zeugnis von ihr, und zwar als von etwas in ihm." (G 23)

3. Entscheidung für Wahrheit statt Flucht vor der Wahrheit

Als apriorische Gegebenheit ruft der unbedingte Anspruch der Wahrheit die menschliche Freiheit - ob sie dies will oder nicht - zu Stellungnahme und Entscheidung. Wer in seinem Gewissen den unbedingten Ruf erfährt, der kann diesem wohl ausweichen. Er kann versuchen, ihn wegzudrängen, aber er kann die Wirklichkeit des Rufes nicht zum Verschwinden bringen. Für Splett steht deshalb die menschliche Freiheit unausweichlich vor der Entscheidung, ob sie sich dem unbedingten Ruf und Anspruch der Wahrheit stellt oder nicht, ob sie ihn also als Norm und Richte über sich anerkennt und sich dementsprechend darauf einläßt - oder nicht. Angesichts des unbedingten Anspruchs gibt es für Splett nur dieses "entweder - oder". So vielfältig Differenzierungen und Zwischenlösungen sein mögen: Sie sind kein Drittes, sondern haben immer den Charakter der Nicht-Bejahung.

Da aber das Licht der Wahrheit dem Menschen sein eigenes Nicht-recht-Sein offenbar macht, "versteht es sich nicht von selbst, ihm [d. h. dem Licht der Wahrheit] die Ehre zu geben. Platon schildet den Widerstand der Höhlenbewohner gegen den schmerzlichen Aufbruch zur Sonne. Schärfer sagt es das Johannes-Evangelium (3,20): 'Jeder, der Böses tut, haßt das Licht und kommt nicht zum Licht, damit seine Taten nicht aufgedeckt werden.' Wir 'halten die Wahrheit nieder' (Röm 1,18)." (D 48f.)

Für nicht wenige klingt das vermessen und überheblich. Tut nicht angesichts vieler offener Fragen und falscher Wahrheitsansprüche "Selbstbescheidung" (A 15) not? Splett setzt sich ausdrücklich mit der Forderung des Agnostizismus auseinander, "das Gebiet sicheren Wissens nicht mit Behauptungen zu überschreiten".[13] Der moderne Agnostiker stellt der (angeblich erpresserischen) Alternative des "entweder - oder" seinerseits ein "weder - noch" gegenüber. Gerade angesichts nicht weniger rechthaberisch, inhuman, ja gewalttätig vorgetragenen Wahrheitsansprüche wird die Selbstbescheidung heute von vielen als humaner und toleranter angesehen. Der Agnostizismus "scheint so etwas wie eine Grundstimmung der Gegenwart zu bilden" (A 15). Und nicht wenige können anscheinend gut mit dem "bewußten Verzicht auf Letzt-Fragen und letzte Antworten leben" (A 17). Verwiesen wird dabei immer wieder auf Lessings "Nathan der Weise", mit dessen Programm des Offenhaltens der Entscheidung sich Splett ausdrücklich auseinandersetzt (D 86-95). - Seine letztlich entscheidende Gegenfrage ist dabei die nach der "Pflicht zum Wahrheits-Zeugnis?" - Wer - bei aller Bedachtsamkeit und Rücksichtnahme - aus Gründen der Toleranz dafür plädiert, "fünf gerade sein [zu] lassen" (D 45), wird weder dem unbedingten Ruf und Anspruch der Wahrheit noch der - dann ebenfalls als Letzt-Wert zur Disposition

[13] H. R. Schlette, Der moderne Agnostizismus, Düsseldorf 1979, 217 - zit. in A 15.

stehenden - Würde des Menschen gerecht. Ersterem verweigert er "die Ehre" - sich selbst aber widerspricht er, da er für sein Toleranzverständnis gerade jene absolute Geltung beansprucht, die er ansonsten ablehnt.

Und der dann heutzutage schnell erhobene Vorwurf des Fundamentalismus? Unter dem Titel "Flucht vor dem Freiheitsrisiko" (F) befaßt sich Splett näher mit ihm und legt dar, daß Freiheit "die Möglichkeit und die Notwendigkeit der Selbstrealisierung in Entscheidung und Wahl" (72) bedeutet. Immer wieder zeigt er auf, daß Freiheit nicht in unverbindlicher Offenheit verbleiben kann, sondern auf Entscheidung und Entschiedenheit ausgerichtet ist und sich nur und gerade so verwirklicht und Kontur gibt. "Eine Haltung und Gesinnung ist real nur, insofern sie sich in Taten auswirkt - oder doch zumindest ernstlich auswirken will, obwohl diese Taten selber nicht die Haltung sind - und auch aus anderer Motivation hervorgehen können ... Solche Taten also *bekunden* nicht bloß ihren Geist, sondern er *realisiert* sich darin, sie sind nicht schlicht Anzeichen seiner, sondern seine Wirklichkeit." (F 74f.) Deshalb darf - weil Freiheit das Sich-Entscheiden einschließt - Entschiedenheit noch nicht des Fundamentalismus verdächtigt werden.

Aufgrund dieses "Tat-Bestandes" gehört zur Freiheit auch wesentlich deren Selbstkundgabe im "Symbol". In Aufnahme und Weiterführung K. Rahners bezeichnet Splett eine Gegebenheit dann als Symbol, wenn in ihr "als im anderen ihrer eine Wirklichkeit da und gegenwärtig ist, sich gegenwärtig setzt und so erst vollends wirksam-wirklich wird" (F 74). Seitens des Menschen kommt im Symbol die Art und Weise, wie Freiheit sich selbst verwirklicht, kundtut und erkannt wird, zum Ausdruck. Seitens der Transzendenz bringt der Symbolcharakter der Wirklichkeit die Gegenwart und Immanenz der Transzendenz - also des Unbedingten und Absoluten und damit auch der Wahrheit - zum Ausdruck.

Aufgrund der Differenz zwischen Innen und Außen bzw. richtiger: zwischen Gesagtem und Gemeinten, gehören deshalb zum Umgang mit dem Symbol einerseits untrennbar die Deutung und der Mut zur stellungnehmenden Entscheidung - andererseits die Versuchung, dem mitten im Bedingten aufscheinenden unbedingten Anspruch zu entfliehen.

Splett beschreibt mehrfach drei Formen dieser Flucht[14] - denen allen gemeinsam ist, daß sie sich auf die im Endlichen und Bedingten erscheinende unbedingte Wirklichkeit und den damit verbundenen Anspruch der Freiheit bzw. des Unbedingten nicht einlassen, sondern ihm ausweichen wollen.

Das Thema "Flucht der Freiheit vor Bindung und Selbstrealisierung" wird von Splett später nochmals eigens hinsichtlich des Bezugs der Freiheit zur Wahrheit thematisiert. Dabei beschreibt er "sechs Formen versuchter Flucht vor dem Licht" (W 25ff.).[15] Deren Lektüre empfiehlt sich - ihre ausführlichere Beschreibung sprengt den Rahmen dieses Aufsatzes. Quintessenz der äußerst aufhellenden Darlegungen und

---

[14] Am ausführlichsten in: Konturen der Freiheit, Frankfurt 1974, 37-59, bes. 48-54.

[15] Von ihm selbst in größtmöglicher Knappheit zusammengefaßt in D 47f.

Analysen ist, daß alle Fluchtwege - auch wenn das Gegenteil gewollt wird - letztlich immer Entscheidungen implizieren bzw. verlangen und diese (doch wieder) im Licht der Wahrheit begründet werden (müssen). So zeigt sich am Ende "im Scheitern der Fluchten das Licht der Wahrheit als allgegenwärtig" (D 48).

Spätestens hier wird deutlich, daß die menschliche Freiheit allüberall unter dem unbedingten Ruf steht und lebt, dieses Licht der Wahrheit ohne Wenn und Aber nicht nur als absoluten Richtpunkt für Denken und Handeln zu erkennen, sondern auch zu akzeptieren und anzuerkennen. Alles philosophische Studieren und Disputieren zielt deshalb nicht darauf hin, "zu erfahren, was Menschen gemeint haben, sondern wie es sich mit der Wahrheit der Dinge verhält".[16] Aufbauend auf die Untersuchungen und Darlegungen von H.E. Hengstenberg[17] kommt Splett in diesem Zusammenhang auch immer wieder auf die "Unterscheidungssituation zwischen Sachlichkeit und Unsachlichkeit zu sprechen, oder genauer: [auf die] Unausweichlichkeit der 'Vorentscheidung'", der Wirklichkeit "sachgerecht" und situationsgemäß statt (nur) interessiert oder (primär) interessenbestimmt zu begegnen (FE 289).

Die Betonung des unbedingten Anspruchs der Wahrheit wird deshalb (erst) dort zur Gefahr der Intoleranz und des Fundamentalismus, wenn es an dieser Vor-Entscheidung für Sachlichkeit und der damit verbundenen Ausrichtung an der Wahrheit fehlt. Wer sich hingegen wirklich der Wahrheit verpflichtet weiß, wird auch immer wieder die Bereitschaft besitzen, sich selbst dem erhellenden Licht der Wahrheit zu stellen sowie die eigenen Egoismen aufdecken und korrigieren zu lassen.

4. Der Wahrheit die Ehre geben

Wohl kaum ein Satz oder eine Redewendung wird von Splett so oft wiederholt wie die Aufforderung, "der Wahrheit die Ehre zu geben". Der Wahrheit hoheitlicher, heiliger Charakter und unbedingter Anspruch fordert die menschliche Freiheit unausweichlich zur antwortenden Stellungnahme heraus. Wenn von der Ehre, die der Wahrheit gebührt, die Rede ist, geht es nicht um die Dienlichkeit und Nützlichkeit der Wahrheit, um pragmatische Vorteile und Interessen, ja es geht in gewisser Weise nicht einmal in einem vordergründigen Sinn um den Menschen (und schon gar nicht um sein Leben - vgl. D 146), sondern vor allem anderen um die *Herrlichkeit* der Wahrheit selbst (in D 145 erinnert Splett an das bekannte Wort "Kümmert euch nicht um Sokrates, kümmert euch um die Wahrheit."). Das Achten der Wahrheit ist dabei nicht ein sachliches, sondern ein zutiefst personales, ja religiöses Geschehen: "Will man der Wahrheit aufrichtig die Ehre geben, dann muß man bekennen, schicksalhaft nicht an Drähten gezogen, sondern angerufen zu sein und antworten zu sollen. Dem Ruf zu antworten aber bedeutet erst in zweiter Linie, ihm Folge zu leisten. Zunächst und zuerst heißt

---

[16] Thomas, In De Caelo I 22, zit. in und nach D 21.

[17] Philosophische Anthropologie, Stuttgart 1957, Kap. 1 u. 2; ders., Grundlegung der Ethik, Stuttgart 1969, 1. Hauptteil. Vgl. H. Kramer, De sittliche Vorentscheidung, Würzburg 1970.

dieser Stimme zu entsprechen: sie als solche (in ihrem Schweigen) selber zu hören und ihr selbst zu erwidern." (D 146)

Aus dem unbedingten Anspruch der Wahrheit ergibt sich die Gewissenspflicht, die Wahrheit bedingungslos zu achten. Dies geschieht zuerst und grundlegend in der "Gewilltheit zur Wahrheit" (A 69). Splett benutzt in diesem Zusammenhang gern - im Gefolge v. R. Lauth (A 69) - das Wort "doxisch" und möchte damit ein Zweifaches zum Ausdruck bringen: zum einen die *sittliche* Wahrheitspflicht, d. h. die Verpflichtung des *Willens*, sich ganz auf den unbedingten Ruf der Wahrheit einzulassen. Zugleich will er mit "doxisch" die biblische Bezeichnung der "Herrlichkeit Gottes" aufnehmen: "Und nicht bloß die biblische Tradition, auch die Philosophie hat seit je die Unbedingtheit erfahrenen Wahrheitsanspruchs im Bild des Lichtes gefaßt, um außer der Helle der Einsicht zugleich das Selbstgerechtfertigtsein dieses Anspruchs, seine Hoheit und Sieghaftigkeit - nicht aus Stärke, sondern aus Recht - zu bezeugen." (A 69)[18]

Wer sich diesem Anspruch nicht entzieht, sondern stellt, die Wahrheit bezeugt und ihr so "die Ehre erweist", dessen Denken und Ethos besitzt eine zutiefst religiöse Dimension und Ausrichtung, und Splett scheut sich nicht - in Anlehnung an Hegel - in diesem Zusammenhang sogar von "Gottesdienst" (D 77) zu sprechen.

Der Mensch, der in seinem Gewissen den unbedingten Anspruch der Wahrheit erfährt, ist - ob er will oder nicht - "zur Antwort berufen". Und will der Mensch wahr und wahrhaftig sein, gibt es angesichts der Herrlichkeit, Heiligkeit und Hoheit der Wahrheit nur eine einzige angemessene Antwort: ohne Wenn und Aber die Wahrheit zu achten und ihr die Ehre zu geben.

Mit diesen (herausfordernden) Überlegungen stellt sich Splett in mehrfacher Hinsicht klar gegen den Trend der Zeit. Denn er nimmt wohl das Anliegen "Freiheit" auf, doch bedeutet für ihn die neuzeitliche Betonung des Subjekts und der Freiheit nicht die Abkehr vom Primat des Absoluten - im Gegenteil: Erst in der Antwort auf den Anspruch der Wahrheit verwirklicht sich Freiheit und entfaltet die Person ihr eigentliches Wesen. Splett geht in seinem Denken wohl vom Menschen aus, zeigt dabei aber immer wieder die metaphysischen Implikationen und Grundlagen menschlicher Personalität und Ganzheit auf und öffnet (wendet) so die Anthropozentrik neu hin zu einer Theozentrik, in welcher der Mensch nicht zu kurz, sondern überhaupt erst richtig zu sich selber kommt.

Letztlich geschieht dies - und darauf läuft das gesamte Denken Spletts hinaus bzw. hat darin seinen Grund - in der personalen Begegnung des Menschen mit dem personalen Grund der Wahrheit, mit Gott. Das Wort bzw. der Name steht hier zunächst "einfach für diese unleugbare Erfahrung des Lichtes, dem sich anheimzugeben Befreiung, Glück und Erfüllung bedeutet" (W 25). "Es gibt Augenblicke, da das sich dem Herzen offenbart ... Solche Augenblicke wiegen Jahre auf; denn in ihnen west 'Ewigkeit' an, und sie gibt endgültig Antwort - oder vielmehr keine Antwort; sie

[18] D 74, Anm. 28 notiert Splett: "Doxa aber bedeutet nicht bloß Meinung, Anschein, sondern auch Willensmeinung, Beschluß und schließlich Aufschein, Ruhm und Herrlichkeit."

ist die Stillung allen Fragens; Stille, weil grundlose Fülle, abgründiger Sinn." (W 39) "Die Fragen entfallen, weil 'ein Angesicht genug tut'".[19]

Splett deutet den im Spruch des Gewissens erfahrenen Anspruch des personalen Gemeintseins eindeutig religiös-theistisch.[20] Für ihn tut sich hier "die Ursprungstiefe unserer Thematik"[21] auf. Letztlich ist die Wahrheitsfrage nicht von der Gottesfrage zu trennen[22] und der Wahrheitsbezug untrennbar mit der Gottesbeziehung verbunden. Diese religiös-theologische Zuspitzung seiner Philosophie ist für den Religionsphilosophen letztlich konsequent, ist doch Religion - nach Hegel - "der Ort, wo ein Volk [der Mensch] sich die Definition dessen gibt, was es für das Wahre hält".[23] Für den Christen ist dieses Wahre nicht "etwas", nicht nur in einem allgemeinen Sinne "Gott", sondern konkreter: Jesus Christus: "Gottes Wahrheit ist nicht bloß kein Satz, sie ist genausowenig nur ein Sachverhalt, sondern der *Sohn:* 'Ich bin der Weg, die Wahrheit und das Leben' (Joh 14,6) - und so das lange gesuchte Antlitz des Vaters (14,9)." (W 48)

5. Ausfaltungen und Konsequenzen

Die - in vielfacher Hinsicht für das gesamte Denken von J. Splett zentralen - Überlegungen zu den Themenkreisen Wahrheit und Freiheit haben vielfältige Konsequenzen. Einige sollen im folgenden aufgezeigt bzw. zumindest angedeutet werden:

Die personenbildende Kraft der Wahrheit

Öfter nimmt Splett Pindars Wort "Sei, der du bist" (G 32) auf. Die Grundlage und Gabe von Wahrheit und Freiheit ist zugleich Herausforderung und Aufgabe. Freiheit "hat ihre Identität nicht, sie muß sie erst gewinnen" (F 74). Entscheidend für diese

---

[19] J. Splett, Du bist's. Zum Thema Einsamkeit: LebZeug 50 (1995), 135-149, hier: 149, dabei zitiert er: A. de Saint-Exupéry, Die Stadt in der Wüste [Hymne an die Stille (Nr. 39)].

[20] Dies zeigt sich besonders deutlich in seinem Beitrag zur Begründung der Ethik: Warum menschlich sein (sollen)?: J. Splett, Spiel-Ernst, Frankfurt 1993, 49-81. Splett trug diesen Gedanken erstmals 1989 in einem Symposion über "Das Absolute in der Ethik" (hrsg. v. W. Kerber, München 1991, 131-156) vor - dort mit dem bezeichnenden Titel "Wenn es Gott nicht gibt, ist alles erlaubt? Zur theo-logischen Dimension des sittlichen Bewußtseins." Die festgehaltene Diskussion (157-178) seiner Ausführungen zeigt, wie sehr selbst im kirchlichen Umfeld seine unmißverständliche Betonung der theologischen Begründung umstritten ist.

[21] J. Splett, Du bist's, 148.

[22] Was von seinem Blickwinkel her auch J. P. Sartre klar gesehen hat, wenn er sagt: "Es gibt keine menschliche Natur, weil es keinen Gott gibt, der sie entworfen haben könnte." - Wenn es nun aber doch eine menschliche Natur gibt ...?

[23] Der von Splett öfter (hier: Du bist's, 148) zitierte Hegel-Text befindet sich in: Die Vernunft in der Geschichte, Leipzig 1917, 105. - Auf die sich spätestens hier stellende Frage nach dem Verhältnis von Philosophie und christlichem Glauben und damit nach seinem eigenen philosophischen Selbstverständnis geht Splett immer wieder ein, am grundlegendsten wohl in "Christliche Philosophie?": FE 50-82.

Identitätsgewinnung ist die Bereitschaft zur Gewissenhaftigkeit, d. h. zu einem Leben, das dem Licht der Erkenntnis nicht widerspricht, sondern sich nach ihm richtet. Wenn dies schließlich so geschieht, daß der Mensch "jenseits freier Wahl gar nicht mehr anders könne als das Rechte tun [..., so wäre dies] die Vollendung der Freiheit und die Reife des Menschseins" (MP 60).

Im Gegensatz zu Sartre, der Freiheit nur absolut und damit ohne Gott denken kann, sieht Splett die menschliche Freiheit in ihrer Unterordnung unter die Wahrheit nicht zu kurz kommen - in der "Angleichung" an sein "wahres Wesen" (W 37) kommt der Mensch vielmehr überhaupt erst zu sich selbst. Da das eigene Wesen nicht - wie Sartre meint - von ihm selbst entworfen wird, sondern vorentworfen und ihm vorgegeben ist, hat sich nicht "die Wahrheit dem Menschen, sondern er sich der Wahrheit zu beugen" (Ak 87). Entgegen dem ersten Anschein ist es genau dieses, was dem Menschen wirkliche Freiheit und Größe schenkt: "Von sich und seinen bindenden Interessen ... befreit den Menschen nur das Interesse, das Dabei- (und Außer-sich-)Sein bei der Wahrheit. Es allein kann ihm Identität gewähren; denn einzig das 'Licht der Wahrheit' legitimiert jenen Ganz-Einsatz, der dem Leben Sinn und Gewicht, Richtung und Ziel gibt. Und dies in allen Dimensionen des Lebens." (Ak 87)

Sich im Konkreten immer wieder unter den Anspruch der Wahrheit zu stellen, ist eine Lebensaufgabe, wie sich nicht nur an dem bereits genannten Mühen des Sokrates um das "Besserwerden der Seele" und der beschriebenen Versuchung zur Flucht vor der Entscheidung, sondern auch aus eines jeden Erfahrung unschwer ablesen läßt. Grund dieser Mühe ist der "Panzer des Egoismus". Ihn gilt es aufzubrechen, damit nicht durch "eigensinnig blinde [..] Selbstversteifung ... die Berufung auf das eigene Gewissen ... in das Böse über[geht]"[24]. Bewirkt wird dieser Auf-bruch aber nicht zuerst durch unsere eigene Suche nach Wahrheit, sondern durch die *Gnade* des Lichts. Die Eindrücke, die wir dabei gelegentlich von deren Größe "erhaschen", übertreffen und überwiegen jedwede andere Erkenntnis und Erfahrung (vgl. D 84, Anm. 44). Und den Menschen läßt diese Unterordnung unter die Wahrheit nicht klein, sondern frei und groß werden - ganz so, wie es "das Schlußgebet der früheren Missa votiva pro pace mit den Worten gekennzeichnet hat: Deus ... cui servire regnare; der Dienst für Gott ist" - ebenso wie natürlich auch der Dienst an der Wahrheit - "königlicher Selbstbesitz" (W 24).[25]

Der gemeinschaftsbildende Dienst der Wahrheit

Die Ausrichtung am Licht der Wahrheit formt und bildet nicht nur den einzelnen Menschen, sondern ermöglicht und bewirkt auch Gemeinschaft. Weder freundliche Toleranz und Urteilsenthaltung (die in Wirklichkeit den anderen mit seiner Überzeugung gar nicht richtig ernst nimmt, wie Splett vor allem in seiner Auseinandersetzung

[24] J. Splett, Du bist's, 139.

[25] Die Gebetsformulierung befindet sich im neuen Missale in der Votivmesse "Tempore belli vel eversionis".

mit Lessings Nathan betont), noch das psychologisierende "Ich verstehe dich" (welches den Mitmenschen zum Objekt degradiert), sondern erst die gemeinsame Achtung der Wahrheit schafft und fördert echtes Miteinander. Immer wieder mahnt Splett, wenn es um menschliches Miteinander geht, nicht auf halber Strecke stehen zu bleiben: Im Disput hat man "nicht bloß den Gegner zu achten, sondern mit ihm - und nur so respektiert man ihn wirklich - der Wahrheit die Ehre zu geben"(D 55). Und der heute sehr gängigen Auffassung "Hauptsache sei (statt zu finden, wer recht hat), daß man sich versteht" stellt er die (Auf)Forderung entgegen: "Geboten ist vielmehr, daß wir zusammen 'in der Wahrheit' seien." (D 209) Wo dies geschieht und gelingt, da "zeigt Gespräch sich wesentlich als - gemeinsame - Antwort".[26]

Wer - wie Splett - den Anspruch erhebt, daß es ihm (letztlich und immer) um die Wahrheit gehe, und wer aus Wahrheitspflicht nicht schweigt, sondern widerspricht, wird heutzutage schnell als rechthaberisch und intolerant bezeichnet. Gerecht wird diese Etikettierung der dargelegten Sicht allerdings nicht. Und dies nicht nur ihres eigenen rechthaberisch-urteilenden Anspruchs wegen - sondern vom prinzipiellen Ansatz her. Für Splett ist der "endliche Wille" gerade "nicht die Wahrheit" (selbst), sondern er gibt (lediglich) "Zeugnis von ihr" (G 25). Da dieses Zeugnis ein Zeugnis "von etwas in ihm" (G 25) ist, kann es zweifellos in Rechthaberei und Intoleranz umschlagen. Erkannt und geheilt wird beides aber nicht durch (bescheiden-freundliche) Urteilsenthaltung, sondern nur durch eine erneute Ausrichtung an der Wahrheit. Differenzen wird es dabei immer geben. Die dann immer wieder geforderte Toleranz (wörtl: "ertragen") ist aber "nicht der Name für ein Verhältnis zur Wahrheit, sondern für zwischenmenschliche Beziehungen - im Hinblick auf die Wahrheitsfrage" (D 92). Im Disput gilt es deshalb, sich immer wieder "freigewillt und freimütig um die Wahrheit zu mühen" (F 81) - im Miteinander aber um jene "Toleranz", welche die Differenzen nicht bloß duldet, sondern bezeugend erleidet (ggf. bis zum Martyrium) und immer mehr in Liebe umwandelt. (vgl. D 95)[27]

Ein zum Glauben führendes Verständnis von Wahrheit

Jörg Splett philosophiert nicht nur im Horizont des christlichen Glaubens - er versteht sein Denken auch als Dienst am Glauben "bis zu jener Stunde der Wahrheit, da sich das Geheimnis nicht als jenseits dieser, sondern - wider alle agnostische Tabuisierung - als ihr innewohnend zeigt" (D 85). Mit seinem Verständnis von Wahrheit und Freiheit leistet Splett einen in mehrfacher Hinsicht wichtigen Dienst für den Vollzug und das

---

[26] J. Splett, Dialog und Wahrheit: LebZeug 40(1985), H. 2, 76-80, hier: 79.

[27] Zumindest hingewiesen sei hier auf Spletts prinzipiell trinitarische Sicht menschlichen Miteinanders (Gott-Du-Ich), die sich an dieser Stelle nicht nur von der "Sache" her eigentlich anschließt (und auch zum rechten Verständnis von Miteinander und Liebe einen wichtigen Beitrag leistet), sondern vor allem im Gesamt der Philosophie J. Spletts einen zentralen Platz einnimmt. Von ihm dargestellt vor allem in FE 305-346; kürzer (und für den Einstieg verständlicher): J. Splett, Leben als Mit-sein. Vom trinitarisch Menschlichen, Frankfurt 1990.

Verstehen des christlichen Glaubens. In mehreren Stichworten soll dies zumindest angedeutet werden:

a) Die Gnade der Wahrheit

Vor allem dem neuzeitlichen Menschen fallen das Empfangen und Sich-beschenken-Lassen schwer. Soweit wie möglich möchte er die Fäden in der Hand haben und seinen eigenen Wert durch Leistungen unter Beweis stellen. Indem Splett klar den Primat der (allem anderen vor-gegebenen) ontologischen und ontischen Wahrheit betont, erhält der Anruf des Lichts - vor aller ethischen Forderung - den Charakter der Gnade[28]. Konsequenterweise ist dann die (geschenkte) göttliche Selbstoffenbarung nicht - wie oft (miß)gedeutet - eine Entfremdung des Menschen, sondern die logische Weiterführung des philosophisch erhellten Wahrheits-Geschehens.

b) Anruf und Umkehr

Die personale Deutung von Gewissenserfahrung und Wahrheitsverständnis bietet auch einen angemessenen philosophischen Horizont für das biblische "Beim-Namen-gerufen-Sein". Mit seinem personalen Verständnis der Wahrheit, welche die menschliche Freiheit nicht nur anruft und zu sich selbst befreit, sondern auch zur Entscheidung herausfordert, öffnet Splett zudem bereits von philosophischer Seite her den Blick für die Not und Notwendigkeit der Abkehr von sich und der Umkehr zum Licht.

c) Die Umkehr zum Glauben ist Umkehr zum Gründen in der Wahrheit

Umkehr ist dabei mehr als eine Richtungsänderung - ist der Mensch doch gerufen, sein Leben in der (ontischen und ontologischen) Wahrheit zu gründen. Spletts starke Betonung von deren personalem Charakter ist schon von philosophischer Seite her ein Appell, sein In-sich-selbst-Versteiftsein zu erkennen[29] und aufzubrechen bzw. aufbrechen zu lassen, um sich "selbstvergessen" dem Guten-und-Wahren anheimzugeben. Ein Perspektivenwechsel, welcher heute - angesichts vielfältiger Emanzipationsbestrebungen - auch für Theologen alles andere als selbstverständlich ist (vgl. D 18). Nachdem die neuzeitliche Wende zum Menschen [Splett spricht ausdrücklich von "Richtungsumkehr" und "Inversion" (D 18)] diesen derart in den Mittelpunkt gestellt hat, daß Religion für ihn aus dem Blick geraten oder zumindest ortlos geworden ist - fragt Splett sogar, "ob wir Heilung nur von jener Krankheit brauchen, unser Leben für den höchsten Wert zu halten. Müßte uns des weiteren nicht auch deutlich werden, daß selbst Menschlichkeit und Mit-sein nicht das Höchste sind?" (D 146)

d) Ohne Horchen und Gehorchen keine Erfüllung der Freiheit

Wie vor allem angesichts von Leid, Schuld und Tod deutlich wird, ist der Mensch

---

[28] Philosophische Überlegungen zum theol. Grundwort "Gnade" befinden sich in: D 313-335.

[29] Das "Licht macht offenbar, daß wir nicht recht, daß wir unmenschlich sind" (D 48).

eine Frage, die er sich selbst nicht beantworten kann. In vielfältiger Weise ist der Mensch deshalb "darauf verwiesen, sich etwas sagen zu lassen". Deshalb muß die Philosophie am Ende sich "selbst übersteigen: aufhören auf ein mögliches Wort der ewigen Wahrheit" (FE 41). Damit gehören das wartend-hoffende Horchen, der frei geleistete Gehorsam gegenüber dem Licht der Wahrheit sowie schließlich die selbstvergessene Lobpreisung ihrer Herrlichkeit wesentlich und grundlegend zur menschlichen Freiheit. Und gegenüber dem modernen Freiheitsverständnis, dem diese Sicht nicht nur fremd, sondern zuwider ist, spricht Splett nicht nur vom "Ernst und Glück des Vertrauens" (MP 184), sondern formuliert auch die provozierende, aber aufgrund des bisher Gesagten verständliche Aussage "Gehorchen ist menschlich" (MP 157).

e) "Ein Angesicht, das genug tut" und dem "Ehre gebührt"

Der von Splett öfter und gern aufgenommene Satz von A. de Saint-Exupéry wurde auch hier bereits zitiert. Der Glaubende legt sich "nicht die Welt in Chiffren aus, ... er bezeugt vielmehr einen vernommenen Namen, ein Antlitz, das sich ihm gezeigt hat. Er gibt Zeugnis vom Wort einer Freiheit ... Darum sterben die Märtyrer solchen Glaubens nicht töricht für Sätze, sondern in der Treue zu erfahrener Begegnung." (F 78) Immer wieder weist der Frankfurter Religionsphilosoph (als Philosoph) auf diesen personalen Charakter des Glaubens hin[30] und eröffnet so auch einen Zugang zur "Wahrheit als Geheimnis" (D 204). Von da aus ist der Schritt zur Anbetung - verstanden als "der selbstvergessene Lobpreis Gottes insofern er Gott ist und ob seiner Göttlichkeit" - als "Grundvollzug von Religion" (D 44) nicht mehr weit. Ein Gedanke, den Splett öfter am Ende seiner Ausführungen anklingen läßt und der zeigt, worin seine Forderung, "der Wahrheit die Ehre zu geben", ihre letzte Vollendung findet.

Schluß: Mut zum Zeugnis: Jörg Spletts "akademischer Dienst an der Wahrheit"[31]

Mit dem, was J. Splett über Wahrheit und Freiheit sagt, äußert er sich nicht nur über etwas, sondern gibt auch etwas von seinem Innersten kund: nämlich sein eigenes Selbstverständnis und Ethos als Philosoph. In seinen Gedanken und Darlegungen, die immer den Charakter von Behauptungen, d. h. von Freiheitsvollzügen und "Willensstellungnahmen" haben, beansprucht er "nicht bloß Wahrheit für seine Behauptung", sondern stellt sich auch unter den Anspruch, gewissenhaft "der Wahrheit zu entsprechen" (D 69).Entscheidend ist für ihn "nicht äußerer Konsens ..., sondern die erlaubtgebotene Gewissenszustimmung" (D 70).

Philosophische Argumente sind nicht zwingend, sondern "laden unter Vorlage von Rechtfertigungsgründen zur eigenen Entscheidung für die angebotene Auslegung ein"

---

[30] "Gottes Wahrheit ist nicht bloß kein Satz, sie ist genausowenig nur ein Sachverhalt, sondern der *Sohn*" (FE 48).

[31] Vgl. Ak.

(D 71). Da die Gesamtsicht - und Splett bietet eine solche - “nie aus den Fakten allein als einzig sinnvolle, oder gar einzig mögliche Deutung ernötigt werden kann”, sind “metaphysische Argumente ... stets eine Weise von Glaubensvollzug” (D 71). Glaube bedarf der persönlichen Entscheidung und will/muß als solche/r gelebt wie bezeugt werden. Vor allem in der konkreten Begegnung mit J. Splett wird spürbar, daß seine Darlegungen zu Wahrheit und Freiheit alles andere als rein theoretisch sind.

“Substantiell etwas zu sagen hat nur jemand, der sich von etwas oder jemand ‘angesprochen’ erfährt, dem seinerseits etwas oder jemand ‘etwas sagt’. Insofern ist ernsthaftes Philosophieren stets Antwort. Doch Antwort nicht bloß gegenüber dem Erscheinenden, sondern auch und zugleich dem Mitmenschen gegenüber, dem erstaunten, fragenden, vielleicht befremdeten oder seinerseits bezeugenden Anderen.” (D 80f.) Als Professor (d. h. Bekenner) hat J. Splett genau dies für viele spürbar werden lassen. Über seine eigenen Quellen, über das, was ihn angesprochen hat, spricht er kaum - aber seiner eigenen Antwort ist zu entnehmen, wie sehr er sich von der Wahrheit angesprochen und in Dienst genommen weiß. Ja, für ihn ist “es in der Tat unser Glück, ‘daß wir die Möglichkeit, ja die Verpflichtung haben, an den Grund der Religion zu rühren’” (D 85).[32]

Seinen eigenen “akademischen Dienst an der Wahrheit” (Ak) versteht Splett als Dienst am Menschen, der immer wieder nach dem “eigentlichen” Grund und Wesen und nach dem, wie die Dinge in Wahrheit sind und sich verhalten, fragt (vgl. Ak 73). Und seine Einladung an diese war und ist da: “Antwort geschieht im Austausch, Philosophie im Gespräch.” (D 81f.) Letzt-Fragen wich der Philosoph dabei nicht aus, sondern stellte sich ihnen und stellte sie auch seinen Hörern und Gesprächspartnern. Manchmal war dies für sie eine Zu-mutung. Doch Splett konnte und kann wohl nicht anders: denn durch das Licht und den An-spruch der Wahrheit wußte und weiß er sich “zur Antwort berufen”[33] Hinweisend auf das “Antlitz, das genug tut” und diesem vertrauend, wagte er es nicht nur, radikale Fragen zu stellen, sondern auch Antworten zu geben, die nicht minder tief gingen.

R. Guardini antwortet in seiner - von Splett gern zitierten - Anthropologie auf die Frage “Kann der Geist erkranken?”[34]: “Wenn er von der Wahrheit abfällt, wird er krank.” (140) Und näher erläuternd führt Guardini mit der ihm eigenen einfachen und doch klaren Sprache aus: “Dieser Abfall ist nicht schon gegeben, wenn der Mensch irrt, sondern wenn er die Wahrheit aufgibt; nicht schon, wenn er lügt, sogar häufig lügt, sondern wenn er die Wahrheit als solche nicht mehr für verpflichtend nimmt; nicht, wenn er den anderen täuscht, sondern wenn er sein Leben darauf richtet, die Wahrheit zu zerstören. Dann erkrankt er im Geiste.” (141)

(Gesunde) Philosophie kann so dem Heilwerden des Menschen dienen (was bereits Sokrates wußte und “praktizierte”). Jener, “der der Wahrheit dient, [leistet] eben darin

---

[32] Zitat von B. Pascal, Lettre 95/212.

[33] So auch der Titel einer eigenen Schrift von ihm über “Not und Chancen christlichen Zeugnisses heute” (ZA).

[34] R. Guardini, Welt und Person, Würzburg 1939, 139.

dem Menschen den entscheidenden Dienst, daß er ihm *den* Dienst zeigt und vorlebt, *zu* welchem und *in* den wir gerufen sind" (Ak 87). Daß dieser Dienst immer wieder nur in der Form des *Zeugnisses* vollzogen werden kann, hat Splett nicht nur gedanklich vorgetragen. Akademisch und persönlich warb bzw. wirbt und "kämpft" er dafür, die Wahrheit als tragenden Grund von Mensch und Person und die Liebe als letzten Grund und eigentliche Verwirklichung von Wahrheit und Freiheit zu verstehen und zu leben: "'Der Wahrheit die Ehre zu geben' war stets die Wahrheit und Ehre des denkenden Menschen... Die Wahrheit tuend, kommt der Mensch zum Licht (Joh 3,21). Er ist nicht dieses Licht; doch im Zeugnis von ihm (Joh 1,8) wird er selber hell (Jes 60,1) und schließlich 'Licht im Herrn' (Eph 5,8)." (W 48f.)

Alois Joh. Buch

Vergewisserung des Gewissens
Zu Bedeutung und Deutung des sittlichen Urphänomens

Einleitung

Manches deutet darauf hin, daß dem zeitgenössischen weithin frag-losen *Begleitbewußtsein* von Bedeutung und Freiheit des Gewissens nicht ein ebensolches des Sollens entspricht. In moralphilosophischer Hinsicht einigermaßen paradox, da Gewissen und Sollenserfahrung in der Entwicklung des abendländischen Denkens wenn nicht gar als (phänomenologisch) nahezu identisch, so doch weithin im Verhältnis der Komplementarität begriffen werden. Besteht hierzu offenbar (erneut) Klärungsbedarf, so betrifft dieser nicht in erster Linie das - vermutlich von dem genannten Verhältnis nicht unberührte - Problem näherer Definition(smöglichkeit) des Gewissensbegriffs, auch zunächst nicht die Frage, ob (trotz oder wegen) der erwähnten Fraglosigkeit und Paradoxie ein philosophischer *Streit um das Gewissen* stattfindet.[1] Daß das Sollen sich keineswegs einfach in (Erwägungen zu) dem Verhältnis von Gewissen und Normen bzw. Normativität erschöpft, sei einleitend immerhin vermerkt. Beachtenswert für das Mühen um Klärungen ist z.B. nicht nur die nicht seltene Identifizierung 'sittlicher' Normativität mit faktisch-individueller (eigentlich normen-loser) 'Gewissens'-Entschiedenheit (Beliebigkeit im Sinne des Gut-Dünkens), wie dies sozialwissenschaftlich im komplexen Prozeß zunehmender *Individualisierung* der Verhaltensorientierung in modernen Gesellschaften interpretiert wird.[2] Aber auch, unmittelbar ethisch, die auffällige Konzentration ethischer Erörterungen auf spezielle Fragen praktischer Moral (*applied ethics*) und damit konkreter Normativität, oft ohne eigenes Bedenken der

[1] Cf. dazu u.a. G. Höver/L. Honnefelder (Hrsgg.), Der Streit um das Gewissen, Paderborn/München/Wien/Zürich 1993 - darin vor allem G. Höver, Einleitung: Normativität und Gewissen, ebd., 11-12, bes. 11, sowie K. Hartmann, Vernunft und Gewissen. Gibt es eine philosophische Begründung für die Normativität des Gewissens?, ebd., 101-111, bes. 101. Auch: E. Schockenhoff, Das umstrittene Gewissen. Eine theologische Grundlegung, Mainz 1990, bes. 7-36; ebd. 8 zum Definitionsproblem: Das Wort Gewissen befinde "sich seit einiger Zeit auf dem Rückzug aus dem Vokabular der empirischen Human- und Sozialwissenschaften ... Es gilt wegen seiner Sperrigkeit gegenüber definitorischer Festlegung und wegen seiner weltanschaulichen Konnotationsanfälligkeit für die Wissenschaftssprache zunehmend als ungeeignet." Ähnlich, wenn auch aus ganz anderer Perspektive W. Gast, Das Gewissen als rhetorische Figur, in: Betriebs-Berater. Zeitschrift für Recht und Wirtschaft 47 (1992) 785-789, bes. 785.

[2] Cf. hierzu P. Ester/L. Halman/R. de Moor, Value Shift in Western Societies, in: dies. (Hrsgg.), The Individualizing Society. Value Change in Europe and North America, Tilburg (Niederlande) 1993, 1-20; L. Halman u. Th. Pettersson, Individualization and Value Fragmentation, in: R. de Moor (Hrsg.), Values in Western Societies, Tilburg (Niederlande) 1995, 297-316; spezifischer noch D. G. Barker u. N. Timms, Sexualität im gesellschaftlichen Kontext. Ergebnisse der Europäischen Wertestudie, in: ZME 39 (1993) 199-216, bes. 200ff u. 213f.

solches tragenden grund-legenden Wert-Überzeugungen oder Prinzipien. Letzteres nicht selten verdichtet im Bereich medizin-ethischer bzw. bio-ethischer Diskussionen, und keineswegs begrenzt auf Wortmeldungen spezifischen (etwa pragmatischen) Ethikverständnisses.[3]

So liegt nicht nur die Frage nahe, aus welchen Gründen dieses gesollt und jenes 'nicht' gesollt (zu vermeiden) ist, sondern auch und grundsätzlicher, in welchem Sinne Sollen gemeint wird, wie diesem (als Sollensanspruch und Gesolltem) Geltung zukommt. Pragmatisches und Grundsätzliches fügen sich hier, wie zu verdeutlichen ist, für philosophisches Denken in praktischer Absicht zueinander, im Hinblick auf Gewissen etwa die Dimension des Entscheidens (sittliche Selbstbestimmung in Freiheit) und der grund-legenden Erfahrung des Sollensanspruchs. Ausgewählte Elemente des Gewissensphänomens - konzentriert vornehmlich in dieser prinzipiellen Erfahrung, sozusagen also 'vorab' zu davon stets mitbetroffener konkreter Entscheidung - werden im folgenden bedacht. Es geht um Vergewisserung, nicht im Sinne vordergründiger Aktualität, sondern hinsichtlich stetiger Dringlichkeit des Sittlichen.

I. Menschsein und Gewissen

Der Hinweis auf den *Menschen als eines primär handelnden* Wesens kann - über dessen empirisch-anthropologische Bestimmtheit bei Arnold Gehlen hinaus[4], der anders begründeten Anregung Max Schelers näher[5] - auch in ethischer Hinsicht fruchtbar werden: Handelnd, gestaltend, zugleich gefordert, entscheidend, Stellung nehmend, in die Pflicht genommen erweist und erfährt sich der Mensch als moralisches Wesen, als sittliches Subjekt - in konkreter Einmaligkeit als Person in Freiheit und Selbstverfügung, darin diese als ihrer selbst und als sittlich unvertretbar beansprucht bewußt; transzendental-philosophisch gedeutet ist damit vornehmlich der *Selbstbezug praktischer Vernunft* gemeint.[6] Menschliche Person als sittliches Subjekt umfaßt einmal Selbst-

---

[3] Auffällig vielmehr auch in Stellungnahmen etwa aus dem Bereich (christlicher) theologischer Ethik zu aktuellen ethischen Normproblemen, dort möglicherweise infolge vermuteter Plausibilität innerhalb des internen Sprachspiels im Prinzipiellen als nicht klärungsbedürftig erachtet, im Blick auf Kommunikabilität auch spezifischer Normenbegündung jedoch unverzichtbar.

[4] Cf. A. Gehlen, Der Mensch. Seine Natur und seine Stellung in der Welt, 12. Aufl. Wiesbaden 1978, bes. 19, 23, 31-40; ders., Zur Geschichte der Anthropologie (1957), in: ders., Anthropologische Forschung. Zur Selbstbegegnung und Selbstentdeckung des Menschen, Reinbek bei Hamburg 1961, 7-25, bes. 17; ders., Ein Bild vom Menschen (1942), ebd., 44-54, bes. 49.

[5] Cf. M. Scheler, Die Stellung des Menschen im Kosmos, Bern/München, 7. Aufl. 1966, bes. 55f; dazu A. Gehlen, Zur Geschichte der Anthropologie, a.a.O., 15.

[6] Cf. L. Honnefelder, Vernunft und Gewissen. Gibt es eine philosophische Begründung der Normativität des Gewissens?, in: G. Höver/L. Honnefelder (Hrsgg.), a.a.O., 113-121, hier 113; auch ders., Praktische Vernunft und Gewissen, in: Handbuch der christlichen Ethik, Bd. 3, Freiburg i. Br. 1992, 19-43, bes. 19 ("Verhältnis des einzelnen zu seinem eigenen Wollen und Handeln und eben darin zu sich selbst"), auch 28, schärfer 27: "Auf ihr Prinzip gebracht, wird praktische Vernunft notwendig zum Gewissen, zur Instanz

Bestimmung und damit Gründung je eigener Freiheitsgeschichte, zum anderen die Erfahrung des Sollens, mithin recht verstanden Vermittlung von Wollen und Sollen im Sinne geforderter Entschiedenheit, selbst wenn diese vermeintlich verweigert wird. Kommt darin - wiederum definitorisch ungenau - Gewissen als vernehmendes und urteilendes und somit als für Sittlichkeit konstitutive theoretische und praktische Instanz zum Ausdruck, so besagt dies zugleich Wesentliches über den Menschen: Als sittliches Subjekt existiert er *gewissen-haft*, d.h. in Freiheit unter der Anforderung des Sollens (des Guten) und also grundsätzlich im Verhältnis der Verantwortung.[7]

Über Gewissen nachzudenken bleibt sonach, umgekehrt, zwar wesentliche Aufgabe von Ethik, der Sache wegen aber zugleich und umfassender bildet es ein Kern-Thema der Anthropologie; wofür (neben weiteren) gegenseitige anthropologische und moralphilosophische Implikationen und Konsequenzen ethischer Entwürfe anschauliche Belege bieten.[8] Wenn Gewissen den Menschen (mit-) bestimmt, stellen sich Wandlungen des sittlichen Bewußtseins keineswegs als belanglos dar - wiederum ethisch wie anthropologisch -, berühren sie doch stets Selbst-Verständnis und Selbstvollzug des Menschen. Gilt dies grundsätzlich, so nochmals spezifischer etwa hinsichtlich des eingangs erwähnten Wandels im Wertebewußtsein, sofern dieser ggf. nicht einfach Wertverschiebungen sondern auch Wertvergessenheit[9] signalisieren mag - grundlegender noch in möglicher Ent-Schärfung des Gewissens in Form reduzierter Sensibilität für das Sollen oder eingeschränkter Inklination zu frei verantworteter Entscheidung. Hinweise auf eine bedeutsame Wendung der Freiheitsthematik in modernen Gesellschaften - weg von der Intention gar exzessiver 'Erweiterung' individueller Freiheit, hin zur Sorge, personale Freiheit in komplexen Systemen erstlich zu bewahren und zu sichern[10] - unterstreichen die ethische wie anthropologische, aber auch sozialphilosophische Bedeutung solcher Verschiebungen. Zumal, dem Gesagten

---

der Selbstprüfung des eigenen Vollzugs."

[7] Cf. dazu G. Höver, Normativität und Gewissen, a.a.O., 14f.

[8] Insofern erweist sich in der Regel eine kritische Prüfung aus dem Blick auf die anthropologischen Grundlagen ethischen Denkens - ähnlich den erkenntnistheoretischen Vorgaben - als hermeneutisch besonders fruchtbar - cf. z.B. N. Hartmann, Ethik, 4. Aufl. Berlin 1962, bes. 4f, 198f, 202-208 u.ö.; J. Rawls, Eine Theorie der Gerechtigkeit (1975), Frankfurt am Main 1979, bes. 472-479; H. Jonas, Das Prinzip Verantwortung. Versuch einer Ethik für die technische Zivilisation, Frankfurt am Main 1979, bes. 31ff, 82-95, 156ff, 184ff.

[9] Auf deren Bedeutung hat Nicolai Hartmann, Ethik, a.a.O., (trotz der Apriorität der Werte - cf. ebd., 29) eindringlich hingewiesen; Entwicklung des Wertbewußtseins kann beides beinhalten: "Wertenthüllung, Werterschließung, freilich ... immer zugleich Wertverlust, Wertvergessen, Wertentschwinden" (49).

[10] Cf. hierzu aus sozialwissenschaftlicher Sicht die diskussionswürdigen Thesen von R. Dahrendorf, An der Schwelle zum autoritären Jahrhundert. Die Globalisierung und ihre sozialen Folgen werden zur nächsten Herausforderung einer Politik der Freiheit, in: Die Zeit Nr. 47, 14. Nov. 1997, 14f. In (zunächst nicht-theologischer, sondern) sozialwissenschaftlich entlehnter Analyse wird der gemeinte Wandel auch als (zu deutender) Prozeß von der "Faszination an der Subjektwürde zur Infragestellung des Subjekts" zu fassen versucht - so J. Römelt, Vom Sinn moralischer Verantwortung. Zu den Grundlagen christlicher Ethik in moderner Gesellschaft (Handbuch der Moraltheologie, Bd. 1), Regensburg 1996, 18.

zufolge, Verlust von Gewissenhaftigkeit und mehr noch Verzicht auf absichtsvoll verantwortetes Handeln dem Selbst(bewußtsein) Wesentliches zu nehmen, Menschsein zu de-humanisieren vermögen.[11]

Insofern steht Gewissensvergessenheit als Ausdruck auch von Selbst-Verlorenheit in innerem Bezug zu Inhumanität. Daraus erhellt unmittelbar die Bedeutung der Prägung und Gestaltung des sittlichen Bewußtseins, umfassender noch jene ursprünglicher Gewissensbildung. Dem Mühen um *Vergewisserung des Gewissens*, offenbar schon terminologisch auf die Verflechtung von Theorie und Praxis, Selbstbewußtsein und Sittlichkeit verweisend, eignet zeitlose prinzipielle Dringlichkeit, sofern darin Entscheidendes humaner personaler Existenz auf dem Spiel steht. Philosophisch ist insoweit aufgegeben, Gewissen im Sinne solcher Bedeutsamkeit möglichst angemessen zu verstehen und zu interpretieren, also unter Wahrung alles Wesentlichen, das sich an ihm in der Spannung von Sollen und Wollen zeigt und als frag-würdig erweist. Solche Bemühung wird stets auch mit der infrage stehenden Sache verknüpfte hermeneutische wie sprachlich-kategoriale Komplexität spiegeln.

II. Gewissen und Sollen

Eine wesentliche Dimension der Vergewisserung des Gewissens liegt in der Entfaltung des Sollens selbst. Dies zwar dergestalt, wie es sich zeigt und erfaßt wird, aber auch und zunächst bezüglich dessen, was das Sollen ausmacht und ggf. inhaltlich bestimmt. Letzteres berührt die Relation von Gewissen und Wahrheit, deren ambivalentes Zueinander etwa in der Garantie der Gewissensfreiheit im demokratischen Verfassungsstaat deutlich wird[12]: Daß diesem kein Urteil über die *Wahrheit* individueller Gewissensentscheidung zukommt, gehört zwar gerade zu den Bedingungen solcher Garantie, besagt indes keineswegs Verzicht auf Wahrheitsbezug. Vielmehr bleibt dieser seinerseits Bedingung von Gewissensrespekt und Achtung der Personwürde.[13] Sofern Gewissen grundsätzlich und in prinzipieller Hinsicht als auf sittlich Handelnde und sittliches Handeln unter den Kategorien des Guten (und Bösen) bezogen verstanden

---

[11] Dazu nochmals Nicolai Hartmann: "Die Stumpfheit des Wertgefühls ... rächt sich unmittelbar am Menschen." (Ethik, a.a.O., 11).

[12] Zur diesbezüglichen Gesetzesnorm und deren Weiterungen cf. H.-L. Schreiber, Gewissen im Recht - Gilt das allgemeine Gesetz nur nach Maßgabe des individuellen Gewissens?, in: G. Höver/L. Honnefelder (Hrsgg.), a.a.O., 29-40, bes. 30f, 36ff; unter gleicher Überschrift auch J. Isensee, ebd., 41-61, bes. zu Legalität und Moralität 42f sowie 50f.

[13] Cf. J. Isensee, a.a.O., 43; auch die kritischen Hinweise zu N. Luhmann bei E. Schockenhoff, Das umstrittene Gewissen, a.a.O., 24: "denn wer in dem Gewissen des anderen nicht seinen Weg zur Wahrheit achtet, der respektiert ihn nicht um seiner selbst willen" - individuell wie interpersonell folgenschwer, denn mit der Wahrheit "entschwindet auch der letzte Grund unserer Anerkennung voreinander - und damit die Freiheit und Würde jedes einzelnen" (25); weiter dazu L. Honnefelder, Praktische Vernunft und Gewissen, a.a.O., bes. 20f.

werden soll, bleibt die Wahrheitsfrage unabweisbar;[14] und zwar wiederum in den beiden Dimensionen des Handelnden und des Handelns. Je weniger in pluraler Gesellschaft solche Wahrheit 'selbstverständlich' erscheint, um so mehr bleibt das Mühen um Verständigung darüber gefordert, gerade auch um Gewissenhaftigkeit als solche zu wahren.

Der Hinweis, daß die "Frage nach dem sittlich guten Handeln ... niemals nur eine Frage nach den inhaltlichen Maßstäben dieses Handelns" sei, "sondern stets auch eine Frage nach der Weise, in der der Handelnde selbst sich diese Maßstäbe zu eigen macht"[15], läßt über die Betonung der Selbstreflexivität des Gewissens hinaus zum einen auf die enge Verknüpfung von Inhalt und Erfassen des Sollens aufmerksam werden; außerdem eignet er sich, ethisch unzureichende Konzeptionen des Gewissens abzuwehren, gleichermaßen in Form extensiver 'Objektivierung' wie exklusiver 'Subjektivierung' der Selbst- und Handlungsorientierung. Erstere kann etwa im Versuch umfassender, quasi positivistischer Normierung, auch in überbordend ausgreifender Inanspruchnahme des sittlichen Naturgesetzes[16], ihren Ausdruck finden; letztere etwa in selbst-genügsamer Beschränkung von Haltung und Handeln allein auf individuell-'faktisches' Entscheiden aus je eigener Maß-Gabe. In beiden droht das Gewissen die ihm gemäße vernehmende, prüfende und (selbst-) bestimmende Funktion einzubüßen, bleiben inhaltliche Kriterien der Sittlichkeit ethischem Diskurs weithin unzugänglich, läßt der Mangel an kommunikablem Wahrheitsbezug gegenseitigen Anspruch und Achtung des Gewissens grundlos erscheinen. Beide Gefährdungen können einander übrigens bedingen und gewissermaßen befördern: im gegen- und hintersinnigen Zueinander von - contradictio *in adiecto* - 'freiheitsloser Normierung' und 'normenloser Freiheit'.

Von den vielfältigen Implikationen und Konsequenzen solcher Widersprüchlichkeit sind in systematischer Hinsicht vor allem diese bemerkenswert: Über- wie Unterbewertung der Maßstäbe grund-legender Gewissenhaftigkeit wie konkreter Normenfindung können Ethik den Grund streitig machen; die (subjektivistische bzw. skeptische) prinzipielle Bestreitung (von Möglichkeit bzw. Sinnhaftigkeit) des Wahrheitsbezuges des Gewissens nimmt ihrerseits gerade Wahrheit eigens in Anspruch. Umso mehr gewinnt eine sachgerechte Verhältnisbestimmung von Sollen und Wollen an Bedeut-

[14] "In der Bemühung um das verbindlich Menschliche regt sich unausweichlich die Überzeugung, daß *solche Erkenntnis auf eine sittliche Richtigkeit, d.h. auf sittliche Wahrheit bezogen* ist." (B. Fraling, Sexualethik. Ein Versuch aus christlicher Sicht, Paderborn/München/Wien/Zürich 1995, 46.)

[15] L. Honnefelder, Praktische Vernunft und Gewissen, a.a.O., 19; ähnlich ders., Vernunft und Gewissen, a.a.O., 113.

[16] Cf. dazu die frühere Diskussion bei F. Böckle/E.-W. Böckenförde (Hrsgg.), Naturrecht in der Kritik, Mainz 1993, darin bes. etwa R. Specht, Über philosophische und theologische Voraussetzungen der scholastischen Naturrechtslehre, ebd., 39-60, bes. 54ff - auch E. W. Böckenförde, Kirchliches Naturrecht und politisches Handeln, ebd., 96-125, bes. 107-112; cf. mit anderer Akzentuierung auch E. Schockenhoff, Naturrecht und Menschenwürde. Universale Ethik in einer geschichtlichen Welt, Mainz 1996, bes. 18-51.

samkeit. Diese erhellt auch aus Versuchen, den Ausgleich zwischen spezifischem Eigeninteresse und Ethik in der Vermittlung der letzteren mit wichtigsten menschlichen Bedürfnissen als (einzig) angemessen zu behaupten.[17] Nun steht aber gerade in Frage, wie das Verhältnis von sittlichem Sollen und persönlichem Wollen zu bestimmen und die Verknüpfung von beiden etwa in sittlicher Entscheidung zu begreifen sind. Auf das verzweigte Zueinander von Sollen und Wollen hat - ein Stück weit gegen die These der Sollenskonstitution durch Wollen - phänomenologisch Winfried Weier hingewiesen[18], dabei aufschlußreich verdeutlichend, daß vielfach Ziele spezifischen Wollens als Gesolltes erscheinen, jedoch bedingtem Sollen im Sinne prinzipieller Verfügbarkeit die Tiefendimension unbedingter Sollenserfahrung mangelt.[19]

Neben der Analyse sittlichen Sollens zeigt auch die Reflexion über das Gewissenserlebnis - auch 'unterhalb' je konkreter Normenfrage, also in ursprünglicher prinzipienhafter Erfahrung von Sittlichkeit als solcher und somit konkreter Normierung grund-legend -, daß sich eigentliches Sollen wesentlich durch wider-ständigen Anspruch gegenüber dem Wollen, dieses gerade an- und herausfordernd, auszeichnet. Sittlichem Bewußtsein erschließt sich Sollen in der Form des *Er-fassens*, des *Vernehmens*, in der Herausforderung personalen Gewissens *be-gegnet* Sollen gerade als Maß des Wollens: Wahr-Nehmung also in ihrer zweifachen Relation zu (durchaus aktiver) Rezeptivität und Wahrheit (des Guten), und dies in zumindest subjektiver Gewißheit selbst im Gewissensirrtum, begründete Klärung des Selbst-Verhältnisses wie des Verhaltens zu anderen und anderem fordernd. Sollen als solches erfassen stellt sonach zugleich vor dessen Geltung, vor die Unverfügbarkeit des Gesollten sowie vor dessen Akzeptanz als sachgerecht, richtig, gut, wahr. Nicolai Hartmann zufolge spricht das Gewissen (obgleich bei ihm - das Phänomen eigentlich unterschreitend - nur als primäres Wertbewußtsein) "ungerufen, überraschend, ... kategorisch und überzeugend ..., nach eigener Gesetzlichkeit".[20] Mehr noch: wirkliches Wahr-Nehmen sittlichen Sollens erfaßt dieses als unabweislichen Anspruch an konkrete Person[21], es läßt den Menschen seiner selbst als sittliches Subjekt, sollens-vernehmend, vernünftig-verantwortend, angesichts des Gesollten selbst-bestimmend[22] ansichtig werden.

---

[17] Cf. besonders P. Singer, Wie sollen wir leben? Ethik in einer egoistischen Zeit, Erlangen 1996, bes. 29ff, 174.

[18] Cf. W. Weier, Die Mehrdimensionaliät der sittlichen Sollenserfahrung, in: SJP XVII (1997) 103-122, bes. 104-107.

[19] Cf. ebd. bes. 104f; ob Weier dem Problem sittlicher Autonomie insgesamt gerecht wird (cf. ebd. 111ff) und wie dieses mit der Begrifflichkeit von Bedingtheit und Unbedingtheit verknüpft ist (cf. ebd. bes. 111, 121), kann hier unerörtert bleiben.

[20] N. Hartmann, Ethik, a.a.O., 135.

[21] Eberhard Schockenhoff spricht vom Gewissen als "Platzhalter einer letzten Unvertretbarkeit, in der wir Menschen unsere gemeinsame Bestimmung als freie Vernunftwesen erfüllen." (Testimonium conscientiae. Was ist norma proxima des sittlichen Urteils?, in: G. Höver/L. Honnefelder (Hrsgg.), a.a.O., 73-81, hier 79).

[22] Näherhin geht es um zweifache Selbst-Bestimmung, nämlich des Handelns und (darin und vornehmlich) des Handelnden selbst; u.a. Ludger Honnefelder hat darauf hingewiesen, die "moralische Frage 'Was

Unverfügbarkeit des Gesollten, kategorische Forderung prinzipiellen Sollens als solchen und von dorther sittlich guten Wollens (im Zueinander von ursprünglicher Sollenserfahrung und konkretem normativem Sollen), Unabweisbarkeit wie Unausweichlichkeit konkret-personaler Beanspruchung des Handelnden durch das sich so erweisende Gute[23] - nochmals in besonderer Weise in deren Nicht-Befolgen - lassen zugleich die Unbedingtheit als wesentliches Charakteristikum des sittlichen Sollensanspruchs (in Unterscheidung von sonstigen Motiven und Zielen) hervortreten. Diese kennzeichnet auch das sittliche Sollen des Gewissens bzw. der praktischen Vernunft im Verständnis Immanuel Kants.[24] In anderer Perspektive: "nur indem die Person den Sollensinhalt als in seiner Geltung von der Bedingtheit ihres Seins unabhängig und *unbedingt gültig* erfährt, kann sie ihn als gesollt erleben."[25] Solche Unbedingtheit sittlichen Sollens, wie sie im Gewissen als prinzipieller Anspruch festgehalten wird, verweist wiederum auf den zuvor genannten grundsätzlichen Wahrheitsbezug des Gewissens - mit durchaus bedeutsamen Folgen für die Achtung von Person und Gewissen selbst;[26] sie bestätigt zudem vertiefend das erwähnte enge Zueinander von Anthropologie und Ethik und läßt schließlich in ihren interpersonalen Bezügen (etwa wechselseitiger Anerkennung) wie angesichts der Vielheit sittlicher Subjekte auf die stets individuellen wie sozialen Dimensionen menschlicher Sittlichkeit aufmerksam werden. Von daher kann sich ethischer Reflexion in der Vergewisserung des Sollensanspruchs erschließen, daß auch der Gewissensbildung nochmals Sollens-Charakter zukommt.

III. Unbedingtheit des Sollens-Anspruchs

Sittliche Erkenntnis im Sinne der Wahr-Nehmung des Sollensanspruchs in solcher Komplexität läßt sich sonach treffend als "Erkenntnis in Form der Anerkenntnis"[27] bezeichnen; auch (und gerade) wenn sich der Handelnde dem - anerkannten - An-

---

soll ich tun?'" sei "stets auch die Frage 'Wer will ich sein?'" (Vernunft und Gewissen, a.a.O., 113).

[23] Cf. dazu G. Höver, Normativität und Gewissen, a.a.O., 16f.

[24] Cf. I. Kant, KpV 37, 54ff; Grundlegung zur Metaphysik der Sitten B 17, 43, 51f, 73 u.ö.; dazu K. Hartmann, a.a.O., 103f sowie L. Honnefelder, Vernunft und Gewissen, a.a.O., 116f.

[25] W. Weier, a.a.O., 110; Weier hat auf die "Bedingtheit der Sollenserfahrung" (ebd., 107 - besser wohl im Sinne des Phänomens als insgesamt endlich-bedingter Unbedingtheitserfahrung: Bedingtheit 'der Weise' der Sollenserfahrung) hingewiesen, die jedoch die Unbedingtheit des sittlich Gesollten (Sollensgehalt) nicht aufhebt, sondern gerade bestätigt (cf. auch zur Differenz von 'bedingtem' sittlichem Urteil und unbedingtem Sollenanspruch: L. Honnefelder, Vernunft und Gewissen, a.a.O., 121).

[26] Cf. E. Schockenhoff, Das umstrittene Gewissen, a.a.O., 24f.

[27] L. Honnefelder, Praktische Vernunft und Gewissen, a.a.O., 23 - dies "ein Merkmal der sittlichen Einsicht, in dem alle großen Denker übereinstimmen." (ebd.; Lit. dort Anm. 20); cf. auch ders., Vernunft und Gewissen, a.a.O., 115. Transzendentalphilosophisch hierzu H. Krings: "der Inhalt der Überzeugung muß *anerkennungsfähig* sein ..., der Inhalt des Objektiven, also des Wahren und des Guten muß überzeugungsfähig sein. Die Anerkennungs- und Überzeugungsfähigkeit beruht auf der transzendentalen Übereinstimmung der Vernunft mit sich selbst." (in: G. Höver/L. Honnefelder (Hrsgg.), a.a.O., 99).

spruch verweigert. Da hierbei, wie gezeigt, der Kern des ethischen Phänomens, das Proprium sittlicher Erfahrung selbst im Blick ist, lohnt dieses über das zuvor Erörterte hinaus nochmals eigener Vergewisserung: Wie nämlich das Sollen des Gesollten in seinem eigentümlichen Charakter unbedingten Anspruchs und ebensolcher In-Anspruch-Nahme (des Guten) sowie personaler Anerkenntnis zu *verstehen* und also zu denken ist. Darin allerdings kann es nach dem Gesagten nicht um eine philosophische *Begründung* der Sollenserfahrung zu tun sein, die in sich und aus sich selbst ausgewiesen (und zumal transzendental eben so aufgewiesen) ist. Darauf hat Jörg Splett, dem die weiter-gehende Vergewisserung besonderes Anliegen ist, eigens - sozusagen negativ - aufmerksam gemacht, zugleich aber - positiv - die bleibende Aufgabe bezüglich des sittlichen Phänomens, das er (parallel zu Kants Faktum der Vernunft, in Orientierung an Reinhard Lauth) in der "Unableitbarkeit des Doxischen und seiner Sazienz"[28] sieht, formuliert: "Statt es begründen zu wollen, könnte und sollte man sehr wohl dem noch besser zu entsprechen suchen, was es nicht allein zu tun, sondern von ihm und sich zu denken aufgibt."[29] Eine diesbezügliche "Theorie der Gewissenserfahrung" also ist gefragt, die ebendiese "tiefer und besser verständlich"[30] macht, später heißt es: die sie "'angemessener', 'entsprechender'"[31] interpretiert. Es geht auch und gerade hier um das grund-legende "Daß ... unbedingten Sollens".[32]

Die Frage: "'Was bedeutet, daß ich soll?'", die auf "die Mitte des Phänomens selber" zielt[33], hat Jörg Splett anderwärts als "Kernfrage" so gestellt: "Genügt das Sittliche (als verpflichtendes Sollen) sich selbst oder nicht?"[34] Den Anknüpfungspunkt für Frage und Antwort bildet hier wie dort die Unbedingtheit des Sollens als "Anspruch" an

---

[28] J. Splett, "Wenn es Gott nicht gibt, ist alles erlaubt"? Zur theo-logischen Dimension des sittlichen Bewußtseins, in: W. Kerber (Hrsg.), Das Absolute in der Ethik, München 1991, 131-178 (mit Diskussion), hier 141; cf. auch grundlegend ders., Denken vor Gott. Philosophie als Wahrheits-Liebe, Frankfurt am Main 1996, 176, 183.

[29] J. Splett, Wenn es Gott nicht gibt, a.a.O., 143.

[30] ebd.

[31] ebd., 169 - speziell zum Verhältnis dieses Gedankens zu Kants Rede vom 'Faktum der Vernunft' cf. auch ebd., 172ff.

[32] J. Splett, Denken vor Gott, a.a.O., 177, dort verdeutlichend zu Newmans Unterscheidung (trotz gegenseitiger Implikation - cf. ebd., 179) von 'sense of duty' und 'rule of morals': das 'Daß' der "Pflicht-Erfahrung" (ebd., 178) "vorgängig zum konkreten Einzelgebot" (179) sei das eine, "das andere der Grad an Klarheit und Zusammenhang im Was" (177) - bezogen auf die abendländische Tradition im Sinne der .'Differenz' von synderesis und conscientia (cf. ebd., 180); zur Begrifflichkeit bei Thomas von Aquin cf.: zur synderesis STh I-II 94, 1 ad 2 ("dicendum quod synderesis dicitur lex intellectus nostri, inquantum est habitus continens praecepta legis naturalis, quae sunt prima principia operum humanorum"), auch STh I 79, 12 ("dicendum quod synderesis non est potentia, sed habitus"), zur conscientia STh I 79, 13 ("dicendum quod conscientia, propre loquendo, non est potentia, sed actus.") - dort auch zur Begriffsverwendung sowie zum Verhältnis von synderesis und conscientia (bes. STh 79, 13 ad 3).

[33] J. Splett, Wenn es Gott nicht gibt, a.a.O., 172.

[34] ders., Denken vor Gott, a.a.O., 99.

Person[35]: Das sittliche Gebot wird als "unbedingte Verpflichtung ... fraglos *erfahren*"[36]. Die - zunächst wiederum negative - Antwort: "Die Verbindung von Einsichtigkeit und Unbedingtheitserfahrung (von Licht und Anspruch) im Doxischen, welche die unvergleichliche Eigenqualität des Sittlichen ausmacht, 'nimmt den Charakter des rein Faktischen [...] und nicht weiter Begreifbaren an, sobald man unterstellt: non est Deus'"[37]. Positiv, und in Kürze: "1. kann ein kategorischer Anspruch nicht bloß allein *an* Personen ergehen (nicht an Unterpersonales), sondern muß als ein solch unbedingtes Gemeintsein auch von seinem Woher aus personal: also als *Anspruch gemeint* sein. 2. gebührt ihm eine Antwort derart, daß die Angesprochenen nicht bloß im Miteinander ihm gemäß verfahren, sondern ihm auch in wörtlichem Sinne entsprechen: also auch und zuvor direkt ihm selbst antworten, sich als sie selbst ganz auf ihn selbst beziehen."[38] Gewissenserfahrung ist sonach, selbst in der freien Nicht-Entsprechung, als Wort - Antwort, als *An-spruch - Ent-sprechung*, mithin dialogisch zu begreifen, und zwar nicht intrapersonal, sondern im 'Zueinander' von Mensch und Unbedingtem schlechthin[39]: "Im Ernst der sittlichen Entscheidung ... geht es für den Wählenden ... darum, daß er einem *Auftrag an ihn* nicht entspräche. Und genügte hier als Auftraggeber die Gesellschaft, ein Volk, die Menschheit? Müßte es nicht eine *absolute Personal- und Freiheitswirklichkeit sein?*"[40]

Dies zur Frage, ob "sich Moral(ität) ohne Religion angemessen verstehen" lasse[41], sodann allgemeiner: Tatsächlich stelle "Gewissenhaftigkeit (als onto-logisch reflektierte) den 'Sitz im Leben' und den Kern jedes Gottesbeweises dar"[42]. Wobei auch dann das Gewissen "nicht einfach zur Stimme Gottes erklärt" wird - nicht zuletzt im Blick auf die Möglichkeit des irrenden Gewissens.[43] Zwei wesentliche Dimensionen gehö-

---

[35] ebd., 184.

[36] ebd., 104.

[37] ebd., 107 - mit Zitat (cf. ebd., Anm. 17) aus B. Schüller, Der menschliche Mensch. Aufsätze zur Metaethik und zur Sprache der Moral, Düsseldorf 1982, 88.

[38] J. Splett, Wenn es Gott nicht gibt, a.a.O., 144f. - "Der Ernst des erfahrenen Anspruchs, eines so persönlichen Gemeintseins, muß einem wirklichen Meinen entspringen." (ders., Denken vor Gott, a.a.O., 184).

[39] Cf. dazu den (zu religions-kritischer Anfrage kritischen) Hinweis auf das 'Mit-Sein' als Vermittlung von Gottes- und Weltbezug: J. Splett, Denken vor Gott, a.a.O., 108f.

[40] J. Splett, Der Mensch ist Person. Zur christlichen Rechtfertigung des Menschseins, Frankfurt am Main 1978, 49.

[41] ders., Denken vor Gott, a.a.O., 106.

[42] ders., Wenn es Gott nicht gibt, a.a.O., 143. Grundsätzlich zu den 'Gottesbeweisen' cf. den Exkurs: Von Gott reden nach Kant, in: ders., Gotteserfahrung im Denken. Zur philosophischen Rechtfertigung des Redens von Gott, 4., überarb. Aufl. Freiburg/München 1995, 256-266; cf. zudem näherhin ders., Gottesbeweis Mitmenschlichkeit. Zur rationalen Begründung von Religion, in: A. J. Buch/H. Fries (Hrsgg.), Die Frage nach Gott als Frage nach dem Menschen, Düsseldorf 1981, 51-62 sowie ders., Gotteserfahrung im Denken, a.a.O., 61-88, bes. 85ff; Spletts Argument hält sich im Kern bis in jüngste Schriften durch, cf. ders., Denken vor Gott, a.a.O., 182.

[43] ders., Wenn es Gott nicht gibt, a.a.O., 148 (an anderer Stelle: "nicht umstandslos", so ders., Denken vor Gott, a.a.O., 107, Anm. 17). Trotz im ganzen ähnlicher Argumentationsrichtung bleibt bei Winfried

ren Splett zufolge - diese Gewissenstheorie verstärkend und verdichtend - hinzu: einmal Gewissen als "der Ort der Sazienz des Heiligen", weswegen "Moral und Gewissen(haftigkeit) auch als Bezug" zu Gott, mithin "als religiöse Haltung"[44] zu verstehen sind; zum anderen das Verhältnis von "Sittlichkeit und Religion" gerade in persönlicher, "im Singular"[45] zu bekennender Schuld, als (Weiter-) Leben ermöglichende "Hoffnung auf *Vergebung* ..., deren einziger Ort die Religion als Gottesbezug ist."[46]

Damit (erst) liegt ein Verstehen - solches war 'jenseits' der Begründungsproblematik gefragt[47] - des Gewissens vor, welche der komplexen Erfahrung des Sollensanspruchs als "*Sich-ergreifen-Lassen* als ergriffenem Ergreifen"[48] gerecht wird. Das mit der frühen Rede vom *unbedingten Beanspruchtsein durch absolute Personal- und Freiheitswirklichkeit* Gemeinte akzentuiert Jörg Splett später unter (teils kritischer) Bezugnahme auf Emmanuel Levinas ergänzend: Die Erfahrung des "Antlitzes", der "mich als Hilfeschrei aus meinem Selbstgenügen" reißende Blick "trifft mich" als "unabweisbares Gebot ... durch das 'Entblößtsein' des Gesichts"[49], Antwort fordernd. In Freiheit gefordert "sieht sich das Subjekt nicht bloß" vom Guten "tatsächlich unterworfen", es ist von ihm "derart 'ergriffen', daß es sich darin zugleich als *erwählt* und im Gehorsam als (von sich) befreit erfährt." Solches Ergriffen-Sein "weckt mich zu meinem unersetzlichen Dasein als ... ich."[50] Philosophischer Reflexion zeigt sich, daß in solchem (schaffenden - creatio ex nihilo) Erwecken "nicht mehr bloß das hilflos rufende Gegenüber im Blick steht", daß ersteres nicht "aus dem Bedürfnis nur als solchem des Mitmenschen ... hervorgehen kann"[51]. Vielmehr: "Aus nichts schafft nicht der Andere mich", in solchem Schaffen "zeigt sich freie Freigebigkeit"[52]. Auch hier also: Aus der Antwort fordernden Erfahrung des Gegenüber, der Verantwortlich-

---

Weier, a.a.O., diese Differenzierung und damit die zu wahrende 'Differenz' im wahrgenommenen Anspruch des Unbedingten undeutlich - insbesondere in der (ein wenig zu) generellen Rede von 'Sollensinhalt' und 'Sollensoffenbarung' (cf. a.a.O., 110f - dort auch zum Irrtum 114f). Jörg Splett darin deutlicher, cf. u.a. Der Mensch ist Person, a.a.O., 47f, jüngst unter Bezug auf Newmans 'Echo der Stimme': Denken vor Gott, a.a.O., 185); cf. auch zur Präzisierung der Irrtumsfähigkeit L. Honnefelder, Vernunft und Gewissen, a.a.O., 120f.

[44] J. Splett, Wenn es Gott nicht gibt, a.a.O., 147f, 151.

[45] ders., Denken vor Gott, a.a.O., 183.

[46] ders., Wenn es Gott nicht gibt, a.a.O., 156; Splett weist hier kritisch auf die philosophisch unbefriedigende Sichtweise Nicolai Hartmanns hin (unter Bezug auf dessen Ethik, a.a.O, 820; cf. auch 817ff). Dazu ausführlicher: A. J. Buch, Begrenztes Problemdenken. Zur Ausschaltung der Gottesfrage in der Metaphysik, in: ders. (Hrsg.), Nicolai Hartmann 1882 - 1982, 2. Aufl. Bonn 1987, 97-112, bes. 105ff. - Zu Schuld und Vergebungshoffnung im einzelnen: Splett, Jörg, Konturen der Freiheit. Zum christlichen Sprechen vom Menschen, Frankfurt am Main 1974, bes. 110-124.

[47] Cf. J. Splett, Denken vor Gott, a.a.O., 106; auch ders:, Leben als Mit-sein. Vom trinitarisch Menschlichen, Frankfurt am Main 1990, 36.

[48] ders., Wenn es Gott nicht gibt, a.a.O., 140.

[49] ders., Denken vor Gott, a.a.O., 109.

[50] ebd., 111.

[51] ebd., 112.

[52] ebd., 113.

keit für den anderen, im "ethischen Ereignis tut sich ... die religiöse und religionsphilosophische Dimension auf"[53].

Gewissen wird nach allem, im Sinne Jörg Spletts, (nur) angemessen verstanden im Mitdenken des Ausgriffs auf Gott. Dabei insistiert er nachdrücklich, "daß die religionsphilosophische Erörterung wirklich eine *philosophische* ist."[54] Es geht ihm um die philosophische Ausschöpfung der sittlichen Unbedingtheitserfahrung, um *theo-logische* Deutung des Gewissens, eben so um *philosophisches* Reden von Gott: "'*Gott*' also ohne Anführungszeichen. Und dies nicht erst im Raum einer *scientia fidei*, sondern im Sinn metaphysischer, philosophischer Theologie."[55] Solche Entschiedenheit (in ihrem zweifachen Sinn) rührt indes - wovon in Ansätzen zumindest die hier herangezogene dokumentierte Diskussion beredtes Zeugnis gibt[56] - nicht nur an das zugrundeliegende Verständnis philosophischer Ethik, sondern auch an das von Philosophie überhaupt. Zumal Splett betont, *angemessenes* Verstehen des Gewissens erweise die ethische und religionsphilosophische Betrachtung als *zusammengehörig*[57], die letztere habe nochmals "Rückwirkungen auf mein Verständnis von Sittlichkeit und Ethik"[58] und es sei (auch insofern) nicht zufriedenstellend, "bloß zu sagen, ich *kann* mich auf einen anderen Standpunkt stellen."[59]

Folgt man der Plausibilität dieser Gewissenstheorie, so darf von ihr her die genannte Problematik des Verständnisses von Philosophie noch ein wenig zugespitzt werden - als Frage zu weiterer Diskussion: Ist es nicht 'an der Zeit', der Sache der Philosophie selbst wegen (sozusagen meta-philosophisch, aber nur so: philosophisch) deren 'Gegenstand', Denk-, Frage- und Antwortmöglichkeiten, zugleich ihr (jeweiliges) Vor-Verständnis, die damit verknüpften (wiederum jeweiligen) Grenzen und Begrenzungen wie (auch metaphysischen) Ausgriffsmöglichkeiten nochmals und erneut eigens zu thematisieren? *Erneut* meint: Über bestehende Diskussionen hinaus, vor allem nicht auf weithin gängigen unbeweglichen Geleisen einfacher (oft nahezu zirkulärer) Selbst-Vergewisserung je eigener Standpunktlichkeit (und damit primär der Abgrenzung gegen andere). Also allseits in absichtsvoller Offenheit und gerade nicht begrenzt auf manche letztlich Kommunikation verweigernde Protagonisten diesbezüglicher Auseinandersetzung, auch nicht beschränkt auf Einzelthemen etwa der Ethik und der Anthropologie, die in Wahrheit nur die Dringlichkeit des Ganzen zeigen. Wenn die an John Henry Newmans Wort von der Weigerung, 'sich über den allerwichtigsten

---

[53] ebd., 112.
[54] ders., Wenn es Gott nicht gibt, a.a.O., 174.
[55] ebd., 148.
[56] Cf. ebd., 157-178; es geht Jörg Splett tatsächlich darum, "das Phänomen gegenüber zeitgenössischen Verkürzungen und Verzeichnungen als es selbst in seinem Voll-Sinn zur Geltung zu bringen." (Denken vor Gott, a.a.O., 181).
[57] ders., Wenn es Gott nicht gibt, a.a.O., 174.
[58] ebd., 168.
[59] ebd.

Gegenstand ein Urteil zu bilden', geknüpfte Beobachtung ihrerseits zutrifft, es scheine "die breite Mehrheit der Philosophen zu sein, die diesen Verzicht nicht bloß erträgt, sondern ausdrücklich fordert, und zwar als Ausweis ... für Philosophie überhaupt"[60]: Muß dann nicht um der Philosophie auch im Kontext wissenschaftlicher Diskurse wegen intensiver noch als bisher über *Philosophie als Philosophie*, in nochmals eigenem Diskurs zumindest über die ihrer Vielgestaltigkeit bereits inhärente Kommunikations-Problematik (und also über deren Erörterung als 'Begleit-Thematik' hinaus) gesprochen werden? Spletts 'spezifische' Gewissenstheorie, gerade *zusammen mit* der an ihr herausgearbeiteten prinzipiellen Problematik, kann zu solch offenem Diskurs sinnvollen Zugang bieten[61]: In ausdrücklicher kritischer Aufnahme, wenn möglich Wahrung nicht nur verschiedenartiger gegenwärtiger wie (geschichtlich) früherer philosophischer Denk-Wege[62], sondern in 'positiver' Anknüpfung an die auch in jüngeren 'metaphysischen' Anfragen sich manifestierenden spezifisch metaphysischen Problemanzeigen[63] eines sich und andere beschränkenden Philosophie-Begriffs gleich welcher Provenienz.

Damit stünden mit Aussicht auf lebendigen argumentativen Disput vielfältige 'alte' und 'neue' Erörterungen an, vor allem die des präzisen Sinns und der Möglichkeit *metaphysischen Argumentierens*[64] samt der zugehörigen gnoseologischen, methodischen und epistemologischen Aspekte. Aber auch das Be-denken der Verstehens-Möglich-

---

[60] ders., Denken vor Gott, a.a.O., 175 (zur Zitation von Newman cf. dort Anm. 1).

[61] Zumal unter Berücksichtigung der intensiven Erörterung des Problems der Metaphysik, cf. J. Splett, Denken vor Gott, a.a.O., 57-85.

[62] Cf. die frühe grund-sätzliche Bemerkung: "... begnügen wir uns mit dem Hinweis, daß in der Philosophie nicht durch Ausschluß, sondern durch Einbezug argumentiert wird." (J. Splett, Konturen der Freiheit, a.a.O., 157 - dort auch Anm. 12).

[63] Auf die einschlägige Diskussion und die spezifischen Beiträge geht Splett argumentativ oder verweisend in den hier herangezogenen Texten ein. Eigens erwähnt er - mit Blick auf die Rezeption von Levinas - Vertreter der analytischen Philosophie, cf. J. Splett, Wenn es Gott nicht gibt, a.a.O., 148.- Vgl. aber auch etwa N. Hartmann, Ethik, a.a.O., bes. 808f. Im Kontext metaphysischer Problemanzeigen ist auch auf Kant und dessen (wie der ihm darin Folgenden) Begrenzung der Philosophie hinzuweisen, cf. dazu I. Kant, KrV B XXX: "Ich kann also Gott, Freiheit und Unsterblichkeit zum Behuf des notwendigen praktischen Gebrauchs meiner Vernunft nicht einmal annehmen, wenn ich nicht der spekulativen Vernunft zugleich ihre Anmaßung überschwenglicher Einsichten benehme ... Ich mußte also das Wissen aufheben, um zum Glauben Platz zu bekommen ..."; J. Splett, Denken vor Gott, a.a.O., 65 in kritischer Aufnahme von Kants Anliegen: "Wenn aber [Kant zufolge sozusagen] jedwede(r) eine Metaphysik hat, dann wäre um deren Selbstkritik willen auch ihre reflektierte Übung zu wünschen." (cf. zum Postulat der praktischen Vernunft als 'nicht erweislichem Satz' ebd., 97); aber auch zu metaphysischen 'Argumenten' (genauer noch: zu entsprechendem Argumentieren) als "eine Weise von Glaubensvollzug", dabei Glaube philosophisch als "eine verantwortliche Gesamtauslegung von Fakten" (ebd., 71) verstanden - ähnlich ders., Gotteserfahrung im Denken, a.a.O., 271.

[64] So Spletts Terminologie, cf. dazu J. Splett, Denken vor Gott, a.a.O., 68, erhellend zur Sache bes. 57ff - nicht nur zum Verständnis von Metaphysik (58ff) und deren gnoseologischem Status (66f), sondern auch zur Kritik an Metaphysik bzw. (kritisch) zu metaphysischer 'Selbstbescheidung' (62ff). - Zu einigen Grundlinien des Problems cf. W. Kluxen, Ethik und Metaphysik (1995), in: ders., Moral - Vernunft - Natur. Beiträge zur Ethik (hrsg. v. W. Korff u. P. Mikat), Paderborn 1997, 17-25.

keit und Kommunikabilität nicht nur zwischen unterschiedlichen philosophischen Diskursen (z.B. Moralphilosophie und Religionsphilosophie - Moralität und Religion[65]), sondern innerhalb des jeweiligen Diskurses auch zwischen - tatsächlich oder vermeintlich - inkommunikablen Entwürfen oder gar Systemen. Kann solches - im Sinne der Hinweise Spletts zumindest im Verstehen-Wollen *sym-philosophierendes*[66]-Mühen nicht seinerseits für Philosophie sinn-voll und, sofern es um heutige 'Jagd nach Weisheit'[67] zu tun ist, notwendig sein? "Tatsächlich gibt es im eigentlich philosophischen Feld keine erledigten Fragen"[68] - so Jörg Splett, und dieser mit Max Müller: "Wer mehr sieht, hat immer recht."[69] Solches könnte Leitlinie und Stimulans des Diskurses sein - aber auch, umfassender *Kritik* verpflichtet, dies: Gewiß ist "Philosophie nie voraussetzungslos. Ebensowenig indes kann sie Schranken (selbst-) kritischer Rückfrage akzeptieren."[70]

Solches Rück-Fragen trotz aller versuchten Tabuisierungen oder Denkverbote besitzt erhebliche Relevanz für Philosophie, aber nun auch nochmals für Ethik, und darin die Fragen verschärfend. Folgt man Spletts Erwägungen, so stellt sich nach dem zuvor Gesagten in bestimmtem Sinne das Philosophieverständnis nicht einfach als ein solches 'beliebig' entscheidbarer Standpunktlichkeit dar. Dies grundsätzlich bezüglich der philosophischen Problemstellung: gewissermaßen 'erzwingt' philosophisch-konsequentes Bedenken der 'Sache' - zumal und in erster Linie des Gewissens als ursprünglicher Erfahrung des unbedingten *Du sollst* - sach-gerecht vom Gegenstand wie vom Denkenden her[71] die Einbeziehung zwar nicht des *Wie* (und ebensowenig des spezifischen Argumentes), wohl aber zumindest des grundsätzlichen *Daß* (als Möglichkeit eines wie auch immer nochmals bestimmten) strikt philosophischen Redens von

---

[65] Neben der Begrifflichkeit, der philosophischen Sprache und Hermeneutik (darin auch der Sprachebenen oder -spiele) steht offenbar auch eigens eine Bestimmung des Verhältnisses von Rationalität und Religionsphilosophie (!) an - cf. aufschlußreich zum Problem der Definition von 'Rationalität' und z.B. Emotionalität, deren tatsächlicher oder gesetzter Gegensätzlichkeit etc. F. Ricken in: J. Splett, Wenn es Gott nicht gibt, a.a.O., 164 (Diskussion), dort gerade bezüglich des Doxischen; dazu Splett, ebd.: "der eigentliche Gehalt von Wertantwort ist nicht eine Sache der Ratio plus Emotion, sondern was die Alten 'Herz' oder 'personale Mitte' genannt haben ..."

[66] Es "steht bei Grundfragen zu Welt, Mensch, Gott über der Diskussion das Gespräch symphilosophierender Freunde." (J. Splett, Wenn es Gott nicht gibt, a.a.O., 139); cf. weiter, zwar in spezifischem Kontext, aber treffend: "Zu einem Gespräch aber gehört, daß nicht im Voraus schon ausgemacht ist, wohin es (die Teilnehmer) führt." (ders., Denken vor Gott, a.a.O., 63).

[67] So bekanntlich der Titel des Spätwerks des Nicolaus Cusanus, De venatione sapientiae (1462/63).

[68] J. Splett, Wenn es Gott nicht gibt, a.a.O., 148.

[69] ebd., 163, dort auch Anm. 12.

[70] ders., Gotteserfahrung im Denken, a.a.O., 8.

[71] So kann auch philosophische Bemühung selbst 'zwingen': "Aber man kann auf jeder Stufe stehenbleiben, wenn man nicht weitergeleitet wird oder aus einer Kontroverssituation heraus genötigt wird, weiterzugehen." (J. Splett, Wenn es Gott nicht gibt, a.a.O., 163 - auch umgekehrt zur Grenze transzendentalen 'Erzwingens' ebd.).

Gott. Und dies gerade unter Beachtung 'sach'-gemäßer Analogie[72] und in klarer Abgrenzung zu religiösem Positivismus oder Theologie als Glaubenswissenschaft.[73] Kritisch gewendet: "Wieweit hängt die ... 'akademische' Funktionslosigkeit der Philosophie nicht in Wahrheit mit dem - wissenschaftlichen - Verzicht auf die großen Grundfragen zusammen?"[74]

Schluß

Jedenfalls in ethischer Hinsicht steht nach dem Gesagten als Aufgabe philosophischen Arbeitens Wesentliches an: vor allem für die Reflexion über Sittlichkeit und Humanität selbst[75], wofür wiederum angemessenem Verstehen des Gewissens höchste Bedeutsamkeit zukommt, prinzipiell wie im Blick auf konkrete Normfindung und -begründung. Letztere stellen übrigens eine nochmals komplexere Herausforderung in *interkultureller Globalisierung* dar, die in philosophischer Betrachtung europäisch geprägtes (weithin) dichotomisches Denken zunehmend ganzheitlichen Verstehenszugängen begegnen läßt.[76] Auch hieraus erhellt die Dringlichkeit umfassender, Ethik überschreitender wie diese zugleich mit-meinender Verstehensbemühung, zuerst bezüglich des Urphänomens Gewissen selbst. Denn: "'Gewissen zu haben' definiert den Menschen als solchen ...; und es tut dies unmißverständlicher ... als das tradierte '(animal) rationale'."[77] Einer Theorie im Feld der Philosophie kann Nicolai Hartmann zufolge generell erst "ihre Übereinstimmung mit sämtlichen Phänomenen, die sie direkt oder indirekt berührt, ... Halt geben"[78]. Ist ihm darin (trotz seiner andersartigen - widersprüchlichen - Thesen hinsichtlich des Verhältnisses von Ethik und Religionsphilosophie[79]) zuzustimmen, so ebenfalls Jörg Spletts Feststellung, die spezifische

[72] Cf. J. Splett, Der Mensch ist Person, a.a.O., 49f, dazu auch die Erläuterung: ders., Gotteserfahrung im Denken, a.a.O., 272.

[73] Cf. J. Splett, Wenn es Gott nicht gibt, a.a.O.,165, 169!, auch nochmals in Offenheit für die Einbeziehung spezifisch christlichen *Denkens*, was zwar wiederum philosophisch zu erfolgen hat, aber über (selbst theistische) philosophische Gottesrede hinausweist cf. ebd., 177f; dazu Grundsätzliches: ders., Gotterfahrung im Denken, a.a.O., 13-28.

[74] J. Splett, Denken vor Gott, a.a.O., 65; cf. auch ders., Gotteserfahrung im Denken, a.a.O., 8.

[75] Dies im Sinne der Überlegungen im 1. Teil zu Gewissen und Menschsein - präzisierend knapp dazu: "Nach dem Menschsein fragen heißt nach Menschlichkeit fragen." (J. Splett, Lernziel Menschlichkeit. Philosophische Grundperspektiven, Frankfurt am Main 1976, 14).

[76] Cf. hierzu näherhin A. J. Buch, Entwicklung und Kultur. Bemerkungen zu einer notwendigen Neuorientierung, in: StdZ 209 (1991) 723-734, bes. 729-732.

[77] J. Splett, Wenn es Gott nicht gibt, a.a.O., 142.

[78] N. Hartmann, Ethik, a.a.O., 205, cf. auch ebd. 801. Ähnlich und erkenntnistheoretisch allgemeiner ders., Kleinere Schriften I, Berlin 1955, 8; Metaphysik der Erkenntnis, 5. Aufl. Berlin 1965, 42f; bes. auch Kleinere Schriften I, a.a.O., 131: "Phänomene können nicht von Theorien bestritten, sondern nur aufgegriffen und erklärt werden. Wer sie bestreitet, setzt sich ins Unrecht."

[79] Dazu (wie zu immanenten Widersprüchen) ausführlicher A. J. Buch, Die Gottesfrage in der Philosophie Nicolai Hartmanns, in: TheoPhil 58 (1983) 161-180, bes. 170-175.

Sollenserfahrung des Gewissens als "Mitte des Phänomens"[80] rufe "nach eigener Erklärung"[81] - was demnach auch und gerade für das nicht weiter *begründbare* 'Faktum der Vernunft' gelte: es sei zu fragen, was mit diesem "gemeint sei", zumal wenn man in ihm "nicht ein Faktum als Tatsache, sondern - Kant gemäß - das Phänomen des Achtung-Gebietenden"[82] sieht.

Man mag streiten, wie gegebenenfalls - auch sprachlich - das Verhältnis moralphilosophischer und religionsphilosophischer Interpretation des Gewissens unter Wahrung ihrer jeweiligen Eigenheit wie ihres Zueinanders zu bestimmen ist. Ein einprägsames Vergleichs-Bild kann die angezielte Aufgabe verdeutlichen: "ein Apfel, den ich geschenkt kriege, ist als Geschenk angemessener gedacht denn bloß als Apfel"[83]. Die Hinzufügung verstärkt das Gemeinte: "es ist unanständig, wenn ich genau die Perspektive als beliebig behandle, daß ich ihn geschenkt bekomme."[84] In ethischem Bezug betrifft dies das Doxische des im Sollensanspruch begegnenden Guten, was seinerseits zugleich auf Dank (Lobpreis) als ihm gemäße folge-richtige Antwort-Haltung verweist. Ist solche Gewissenhaftigkeit, da man ihrer ansichtig wird, ihrerseits keineswegs beliebig, so - nochmals anders - ebensowenig diejenige der philosophischen Aufgabe einer angemessenen "Philosophie des Phänomens", die gerade "der ergriffen-ergreifenden Herrlichkeit in der je *eigenen* Gewissenserfahrung"[85] ansichtig wird. - Damit schließlich gerät Gewissenhaftigkeit auch als Denk-Haltung[86] in den Blick: dem Anspruch auch darin entsprechen zu wollen, da in diesem das Gute wahr-genommen und dem Philosophen so zu denken aufgegeben ist - selbst wiederum 'dialogisch'-antwortend.[87] Recht verstanden können sich demnach im Vollzug des Philosophierens selbst Denken und Danken - auch etymologisch verbunden - einander ergänzen.

---

[80] J. Splett, Wenn es Gott nicht gibt, a.a.O., 172.

[81] ebd. 143.

[82] ebd. 174; dazu die präzisierende Erläuterung in ders:, Gotteserfahrung im Denken, a.a.O., 364, Anm. 9. - Interessant, daß L. Honnefelder, der dem von Splett betonten Zueinander der Fragen nach der Ethikbegründung und nach (religionsphilosophischem) Verstehen des Gewissens widerspricht (cf. L. Honnefelder, in: J. Splett, Wenn es Gott nicht gibt, a.a.O., bes. 168f, [Diskussion]), seinerseits (zur Unterstreichung der von ihm gemeinten Differenz) nur von (metaphysischer) "Deutung" spricht (ebd.); anderwärts heißt es jedoch auch: "Das Faktum des Gewissens *nötigt* [Hervorh. v. Verf.] zur metaphysischen Deutung ..." (L. Honnefelder, Vernunft und Gewissen, a.a.O., 117).

[83] J. Splett, Wenn es Gott nicht gibt, a.a.O., 169 (Diskussion).

[84] ebd., 170.

[85] ebd., 143.

[86] Was für "verantwortliches Verhalten" generell und grundsätzlich gilt (cf. ebd. 152), betrifft auch Philosophieren und Philosophen: "Haltung und Einstellung" (ebd. 153) erweisen sich auch für diese als bedeutsam, gar "Gewissenhaftigkeit als religiöse Haltung", d.h. als eine solche "der Offenheit und Gewilltheit, der Pietät und 'dreifachen Ehrfurcht' (Goethe), die nicht anders als 'religiös' zu nennen ist." (ebd. 151).

[87] "Insofern ist ernsthaftes Philosophieren stets Antwort" (in mehrfacher Dimension) - J. Splett, Denken vor Gott, a.a.O., 80.

Insofern ist gewissenhaftes Denken seinerseits gesollt[88], speziell und zuvörderst im Denken des Gewissens selbst, eröffnen sich ihm doch letzte (Levinas zufolge wohl eher 'erste') humane Möglichkeiten.

---

[88] Folgerichtig umgekehrt zur Verantwortung des Denkens cf. J. Splett, Denken vor Gott, a.a.O., 176; auch ebd. 187, 196 bes. bezüglich der Ethik; aber auch nochmals im Kontext der Diskussion über Philosophie ebd. 69.

Adrienne Dünnbier

Bonum est vitatum, malum est factum - quid ergo faciamus? Einige - vornehmlich ethische - Überlegungen zum Thema Schuld und Böses

A. Vorüberlegungen

Von Immanuel Kant wurde die Problemstellung der Philosophie, der sie sich in der Ethik zu stellen habe, auf die schlichte und treffende Formel 'Was soll ich tun?' gebracht. Von daher ergeben sich zwei grundlegende Aufgaben: einerseits zu begründen, warum ich soll und was die Vorbedingungen und ersten Grundsätze dieses Sollens sind - der Bereich der allgemeinen Ethik - und dann, was ich genauerhin soll - der Bereich der speziellen Ethik. Letztere findet sich heute oft unter dem Namen angewandte oder praktische Ethik. Wenn im folgenden das Thema Schuld und Böses bedacht werden soll, so soll dies primär eben aus dem Blickwinkel der angewandten Ethik erfolgen. Die ethische Ausgangsfrage differenziert sich dann weiter zu der Frage: 'Was soll ich tun, wenn ich oder ein anderer nicht getan haben, was ich oder ein anderer hätten tun sollen?' Gemeinhin sind die Begriffe 'Schuld' und 'Böses' mehr in Themenkreisen der allgemeinen Ethik, der Philosophie der Freiheit oder der sog. Theodizee-Problematik zu finden. Doch auch wenn der 'Almanach der praktischen Ethik' - in vermutlich korrekter Beschreibung der Diskussionslage - kein Stichwort Schuld oder Böses in seinem Register führt, so meinen wir dennoch, daß es sich dabei neben den genannten Perspektiven auch um ein grundlegendes und wichtiges Problem gerade der speziellen Ethik handelt.

Was bedeutet es aber, das Thema Schuld als Thema der speziellen, der angewandten Ethik zu behandeln? Diese bezieht sich auf den Begriff der Schuld als einen, der eine menschliche Erfahrung artikuliert, die eine bedrängende und zugleich ethisch fordernde ist. Sie verlangt nach konkreter Orientierung. Wenn von daher manche eigentlich in diesen Zusammenhang gehörende Erwägungen schmaler ausfallen, als gewohnt, so deshalb, weil sie auf diese Ausrichtung zugeschnitten wurden. Dies gilt auch für die im ethischen Kontext so eminent wichtigen Begründungsstrategien und prinzipiellen Untersuchungen. Die angewandte Ethik soll im Bestfall eine konkrete Situation bewältigen helfen, sie nimmt ihren Ausgang vom Menschen, der nicht warten kann, bis die Grundsatzprobleme zufriedenstellend gelöst sind.[1] Ihr begründungstheoretischer Status überschreitet so den von Descartes' provisorischer Ethik nur um weni-

[1] s. Georg Meggle, Klaus Peter Rippe, Ulla Wessels (Hrsg.), Almanach der praktischen Ethik, Opladen 1992, 11.

ges[2], teilt mit dieser aber das Postulat grundsätzlicher Begründbarkeit. Ihr Maß wie ihren Prüfstein hat sie an menschlicher Not. Damit freilich trägt sie nur in radikalisierter Weise einen Zug, der jeder vernünftigen Ethik als ein Element eignen muß: die übliche wissenschaftliche Methodik und sauber durchgeführte Reflexion allein, so grundlegend sie sind, langen nicht zu, um hier Sachhaltigkeit zu gewährleisten. Gabriel Marcel wies deshalb seine Studenten einmal folgendermaßen an: "Stellen wir uns vor ..., daß ein bestimmtes menschliches Wesen sich mit einem ähnlichen Problem befaßt wie dem von ihnen genannten ... , und fragen wir uns, ob das, was Sie eben gesagt haben, ihm irgendwie zu Hilfe kommen könnte, das heißt, ob es ihm erlauben würde, sich in irgendeiner Weise in dieser Dunkelheit zu orientieren, gegen die es sich wehrt. Aber um diese Frage zu beantworten, müssen Sie sich an die Stelle dieses bestimmten Wesens versetzen, das heißt aufhören, einfach ein Referent zu sein, der in einem Hörsaal der Universität spricht, wodurch er, wie wir zugeben müssen, in einem unwirklichen Milieu steht. Dann werden Sie über das einzige Kriterium verfügen, das Ihnen zu erkennen erlaubt, ob Sie mit ihrem Vorschlag etwas Wirkliches gesagt haben oder ob Sie einfach mit Worten zufrieden waren."[3] Und für die Problematik des Übels - in deren Rahmen er dies erzählt - zieht er von daher folgenden Schluß: "Aus all dem folgt, daß derjenige, der sich bemüht, philosophisch über das Übel nachzudenken, außerhalb des zu behandelnden Themas bleibt, wenn er von dieser unreduzierbaren Gegebenheit der Begegnung mit dem Übel absieht: dadurch wäre alles, was er sagen kann, ohne Bedeutung, oder genauer: ohne das zu erfassen, was eine Realität zu sein aufhört, um zu einem vagen Begriff zu werden."[4] Diese Methode der Rückkoppelung an den Erfahrungs- und Problemkontext ist wohlgemerkt keine vorphilosophische, sondern eine dem Erkenntnisinteresse und Anspruch der Philosophie dienliche. Sie ist in unserem Zusammenhang freilich besonders wichtig, weil das Faktum der Schuld sich nochmals anders darbietet, als andere ethisch relevante Sachlagen, da hier der Bruch mit eben jener Ordnung vorausliegt, die nun befragt wird. Das Bewußtsein dessen, was Schuld bedeutet - und wir werden dem noch einige Aufmerksamkeit widmen müssen - muß so als Erfahrung gerade auch des Denkenden selbst das philosophische Denken begleiten. Freilich dürfen die mit Gabriel Marcel formulierten Warnungen nun nicht so mißverstanden werden, daß es einzig um eine verbale Bereitstellung von Lebenserfahrungen des einen für den anderen ginge. Die spezifisch philosophische 'Hilfestellung' besteht in der denkerischen Durchdringung der Erfah-

---

[2] Dieses Wenige besteht einerseits in skizzenartiger Herleitung von ethischen Grundsätzen, wie darin, daß das übernommene Ethos nicht das einfach gewachsene der Gesellschaft oder der Tradition, sondern schon anderwärts durchdachte und meist auch philosophisch weitgehend akzeptierte Konzepte sind.

[3] Gabriel Marcel, Die Begegnung mit dem Bösen in: Werkauswahl Bd.1, Hoffnung in einer zerbrochenen Welt? Vorlesungen und Aufsätze, hrsg. v. Peter Grotzer und Siegfried Foelz, Paderborn u.a. 1992, 178.

[4] Ebd. 184; in der verwendeten Übersetzung wird das frz. 'le mal' mit 'das Böse' übersetzt. Der Kontext zeigt aber u.E., daß die der Weite des frz. Ausdrucks entsprechende Übersetzung mit 'das Übel' der Marcelschen Gedankenführung entsprechender ist; von daher meinten wir diese kleine Korrektur vornehmen zu sollen.

rung und dessen, was geboten scheint, wodurch sie zwar Orientierung, aber keine Kasuistik bietet. Um Situation und Faktum der Schuld zu verstehen, und nur aus solch einem Verständnis heraus ist dauerhafte Handlungsorientierung möglich, ist es notwendig, die Erfahrung und ihre ersten Artikulationen in der Reflexion zu 'wiederholen', wie Paul Ricoeur dies nennt.[5] Dies war das Ziel seiner leider nicht vollständig durchgeführten Analysen zur 'Phänomenologie der Schuld'. Dort formuliert er sein methodisches Ziel so: "Was die Hermeneutik verlangt, ist nicht eine Verwandtschaft zwischen Leben und Leben, sondern das Denken mit dem, was das Leben meint, kurz, das Denken mit der in Frage stehenden Sache selbst."[6] Die Sache 'Schuld' selbst aber kommt, so meint er und wir wollen ihm hierin zustimmen, genuin dort zum Vorschein, wo sie als eigene Tat übernommen wird.[7] Vor jedem Lob oder Tadel anderen gegenüber wird Schuld oder Böses als es selbst im Bekenntnis des Schuldigen sichtbar und auch erstmalig artikuliert. Daß sie erkannt wird, zu Bewußtsein kommt, ist aber erste Voraussetzung jeden Umgangs mit ihr. Deshalb sei dem Phänomen Schuld nun als erster Schritt unseres Antwortversuchs auf die Anfangs genannte ethische Fragestellung nachgegangen.

B. Was heißt das, daß Böses geschieht?

I. Schuld

Wenn die böse Tat als böse, die Schuld als Schuld wahrgenommen wird, so als etwas, das ich getan habe, aber nie hätte tun dürfen. Das verbindet sie mit einem schweren und konsequenzenreichen Fehler. Schuld aber ist darüber hinaus das, was ich wollte, und nie hätte wollen dürfen.[8] Sie ist das, was weder sein soll noch muß. Das aber ist die eigentliche Härte des Schuldbegriffs, die er nie verlieren darf, wenn er das Phänomen treffen soll. Ersichtlich wird das darin, daß Unglück, das anderen willentlich zugefügt wird, eine neue und ungleich verletzendere Realität annimmt gegenüber dem unwillentlich zugefügten. So ist der Klageschrei über Erlittenes "... schärfer, wenn der Mensch sich als Opfer der Bosheit des Menschen fühlt."[9] Von daher umschreibt der

---

[5] Phänomenologie der Schuld II. Symbolik des Bösen, Freiburg i.Br. u.a., 1971, 9ff.

[6] Ebd. 400.

[7] Phänomenologie der Schuld I. Die Fehlbarkeit des Menschen, Freiburg.i.Br. u.a. 1971, 12.

[8] Während man bei einem Fehler zu Recht sagen kann: "Das habe ich nicht gewollt!" Da im menschlichen Leben beides oft in Verbindung, um nicht zu sagen 'Legierung' einhergeht, ist eine solche Reaktion freilich auch in einem schuldhaften Kontext denkbar, insbesondere wenn es um 'in Kauf genommene' Konsequenzen einer Tat geht. Und es ist eine naheliegende Ent-Schuldigung, wenn Schuld als bloßer Fehler verbrämt werden soll. Da wir hier zunächst versuchen, das Phänomen als es selbst - sozusagen 'chemisch rein' - zu erfassen, werden wir solche Spielarten und Ausflüchte im Moment noch nicht weiter miteinbeziehen.

[9] Paul Ricoeur, Le mal. Un défi à la philosophie et à la théologie, Genf 1986, 16. Übersetzung von Verfasserin.

Begriff des Negativen oder Dysteleologischen, die Carl-Friedrich Geyer, wohl in der Meinung zu höherer Wissenschaftlichkeit beizutragen, zur synonymischen Bezeichnung des Leides wie des Bösen wählt[10], zwar etwas Zutreffendes, nicht aber den eigentlichen Kern der Schuld. Sie ist negativ, aber nicht nur im Sinne eines möglicherweise befruchtenden Gegensatzes oder eines hinderlichen Widerstandes, was das Wort auch bedeuten kann (auch von ihm gilt: πολλαχῶς λέγεται). Sie ist negativ als Widerspruch[11], als Nicht-sein-sollendes. Ihr Dysteleologisches besteht darin, dem 'telos' nicht einfach im Weg zu stehen, sondern sich in den Weg zu stellen. Dies aber ist sie als Freiheitstat. "Moralisch schuldig wird jemand, der mit seinen Handlungen oder Unterlassungen oder durch bloßen Vorsatz bewußt und nach freier Entscheidung gegen sein Gewissen und sittliche Normen verstößt."[12] So definiert Wilhelm Vossenkuhl Schuld. Erst wenn sie in dieser Weise als in Freiheit gewollt und getan erfaßt wird, kommt sie als Schuld, als böse Tat zu Bewußtsein. Auf der Ebene der Wahlfreiheit ordnet sie dies zwar den anderen bewußten und freien menschlichen Handlungen parallel. Doch Freiheit erschöpft sich ja nicht darin, aus eigenem Antrieb zwischen zwei oder mehr Möglichkeiten wählen zu können. Wie Immanuel Kant in seiner berühmten Formulierung feststellt: Es "... ist ein freier Wille und ein Wille unter sittlichen Gesetzen sind einerlei."[13] Anders gesagt, der freie Mensch findet sich immer schon unter dem Anspruch vor, daß es ihm nicht gleich-gültig sein kann, wie er handelt. Daß er sich also ein Gewissen daraus machen solle, wie er handelt, und das setzt voraus, daß er sich ein Gewissen daraus macht, ein solches Gewissen zu haben.[14] Von daher wäre der Mensch, in dessen Existenz dieses 'Faktum' der Selbstausrichtung der Freiheit - noch in dem ganz weiten Sinne der 'Nicht-gleich-gültigkeit' - überhaupt keinen Platz hätte, nicht frei. Interessanterweise hat der Sprachgebrauch dafür eine Wendung geprägt: die rein willkürliche, ohne eigentliche Begründung erfolgende Wahl wird als ein '*wahlloses* Herausgreifen' bezeichnet. In der Handlungssituation, insbesondere von schweren und bedeutsamen ethischen Entscheidungen, drückt sich das so aus, daß die Wahlfreiheit zu einer 'Antwortfreiheit' wird.[15] Das Richtige erscheint nicht nur als die Möglichkeit, die neben anderen steht, aber davon unterschieden die Eigenschaft 'ethisch erlaubt oder geboten' besitzt. Es ist konkreter Anspruch an den Menschen, das 'Gebot der Stunde', und die Frage ist: 'Für dich, der du in dieser Situation bist, geht es nur um eines: Tust du es oder nicht?' Den zwingenden Charakter, den die Freiheitswahl so annimmt, beschreibt Gabriel Marcel so: "Es gab keine Wahl, und dennoch habe ich mich nie freier gefühlt als in diesem Augenblick. Warum? Weil es da nichts gab, was einer äußeren Notwendigkeit hätte gleichen können, es gab

---

[10] Carl-Friedrich Geyer, Leid und Böses, München 1983, 9f.

[11] Vgl. Jörg Splett, Denken vor Gott. Philosophie als Wahrheits-Liebe, Frankfurt a.M. 1996, 288.

[12] Wilhelm Vossenkuhl, Art. Schuld in: Otfried Höffe (Hrsg.), Lexikon der Ethik, München ^{2}1980, 213f.

[13] Immanuel Kant, Grundlegung zur Metaphysik der Sitten, AA IV, 447.

[14] S. Jörg Splett, Wenn es Gott nicht gibt, ist alles erlaubt, in: Walter Kerber (Hrsg.) Das Absolute in der Ethik, München 1991, 134.

[15] Diese stellt eine dialogische Weiterentwicklung der libertas exercitationis dar. Siehe dazu: Paul Ricoeur/Gabriel Marcel, Gespräche, Frankfurt a.M. 1970, 70ff.

nur diese Gewißheit, daß ich mich selbst verraten, daß ich mich selbst preisgeben, daß ich mich in Widerspruch bringen würde zu allem, was ich jemals gedacht und behauptet hatte, wenn ich diese Entscheidung nicht fällen und folglich jemand anderen schweren Gefährdungen aussetzen würde."[16]

Auf diesem Hintergrund gewinnt der lexikalisch knappe Ausdruck Vossenkuhls "gegen sein Gewissen und sittliche Normen" seine eigentliche Bedeutungsfülle. Das Böse ist Widerspruch, Widerspruch gegen das ethisch Angebrachte, das sich als 'Gebot der Stunde' präsentiert, Widerspruch gegen den grundsätzlichen Ruf der Freiheit zum Guten, der sich als Ruf der Freiheit durch die Freiheit ereignet.[17] Inhaltlich vollzieht sich das allgemein beschrieben als 'bewußtes und oft sogar gezieltes Mißlingenlassen von Beziehung'.[18] Und so ist auch sein Weiterwirken: als tiefe Störung des Menschen - dessen Leben als Mensch im personalen Bezogensein besteht - in seinem Bezug zu anderen und zu sich selbst. Der Widerspruch des Bösen ist so zugleich Widerspruch des Menschen gegen sich selbst. Verwirrung und ängstliche Bestürzung[19] sind ein Anzeichen dafür, und sie findet Paul Ricoeur in seinen Analysen der Symbolik des Bösen in reichem Maße und vielfältiger Form artikuliert. Sie kennzeichnen die Sprache des Bekenntnisses, das ein tiefes Erschrecken und eine Selbstentfremdung des schuldigen Menschen, ein grundsätzliches Infragestellen seiner selbst bekundet. Das Böse ist so zutiefst sinnwidrig. Von daher rühren auch die Schwierigkeiten, das Erfahrene ins Wort zu fassen und damit zu denken. Denn nach Ricoeur könnte man den "... Begriff, auf den die ganze Folge der Ursymbole des Bösen zugeht, ... den *unfreien Willen* nennen".[20] Deshalb aber sucht die Sprache hier die Sache nicht nur symbolisch zu fassen, sondern darüber hinaus in der indirekteren Symbolik von Gefangenschaft und Ansteckung. Denn "... das Paradox eines gefangenen freien Willens - das Paradox des servum arbitrium - [ist] dem Denken unerträglich ... Daß die Freiheit zu befreien ist, daß diese Befreiung die Befreiung aus der eigenen Knechtschaft ist, das läßt sich nicht in direkter Redeweise sagen."[21] Auf die genaue Bestimmung der epistemologischen Situation der Philosophie bezüglich dieser Erfahrung muß hier leider verzichtet werden. Es sei aber dazu noch auf Ricoeurs Erwägungen unter dem Titel 'Das Symbol gibt zu denken' verwiesen.[22] Hier sollte nur das Phänomen der Schuld in seinem spezifischen Charakter beschrieben und die eigentliche Schärfe der Schulderfahrung herausgearbeitet werden.

---

[16] Ebd. 73.

[17] Wobei diese Formulierung eine weiterführende Interpretation dieses Phänomens von seiten der Religionsphilosophie oder natürlichen Theologie nicht ausschließt, sondern nur für jetzt beiseite läßt.

[18] Philipp Schwarz im Gespräch. Die gemeinte Beziehung kann dabei auch die zur Welt und zu sich selbst sein, aber in besonderem Maße ist es die zu anderen oder zu dem Anderen, der Gott ist, auch wenn letzteres hier ganz in Klammern bleiben soll.

[19] "désarroi" ist der Begriff, den Gabriel Marcel dafür wählt. Ders., Die Begegnung mit dem Bösen, a.a.O. s.Anm.3, 183.

[20] Paul Ricoeur, Phänomenologie der Schuld II. Symbolik des Bösen, Freiburg.i.Br. u.a. 1971, 175.

[21] Ebd. 176.

[22] Ebd. 395-406.

II. Der Schuldige

Die Erfahrung der Schuld bringt den Menschen in eine Erschütterung seines Daseins, die - letztlich ebenso vernunftwidrig wie sinnwidrig - sich als "grundsätzliche[s] Fehlen einer Zuflucht"[23] zeigt. Es wurde getan, was nicht getan werden sollte, gewollt, was nicht gewollt werden sollte, gesetzt, was nicht sein sollte - und ich habe es getan, gewollt, gesetzt. Arthur Schopenhauer soll gesagt haben, der eigentliche Ausruf der Reue sei nicht in der Formel 'Ach was habe ich getan!' gegeben, sondern in der 'Ach, was bin ich für ein Mensch!' oder mehr noch 'Was muß ich doch für ein Mensch sein, daß ich solches tun konnte!'.[24] Die Erkenntnis der Schuld als Schuld beinhaltet die Erkenntnis des Schuldigen als Schuldigen. Schuld ist so "... jene Qualität 'böse', die der Person selbst, dem Aktzentrum, *durch* ihre bösen Akte dauernd zugewachsen ist."[25] Und diese Erkenntnis ist für sich genommen zerstörerisch. Fehlerhaftigkeit und Fehlbarkeit im außermoralischen Sinne gehören in einer Weise zum menschlichen Leben, daß sie zwar oft sehr schmerzen, aber mit diesen Begleitschmerzen in die eigene Biographie grundsätzlich und auch ethisch erlaubt eingliederbar sind: 'Dieser Fehler ist mir eben unterlaufen. So etwas kommt vor. Das kann jedem passieren.' Das mag etwas zu einfach klingen, können Fehler doch auch sehr belasten. Aber grundsätzlich ist die Identifikation mit sich selbst angesichts von Fehlern erst dann ernsthaft gestört, wenn Stolz, Verzweiflung oder massive Grundängste hinzutreten. Bei Schuld verhält es sich anders. In der freien Übernahme der bösen Tat als böser Tat, wodurch allein ihre Realität voll erfaßt wird, wird der in ihr liegende Widerspruch notwendig mitübernommen. Der Mensch erkennt sich als im Konflikt mit dem Guten, mit sich und damit mit seinem Sinnhorizont. In dem er sich als den anerkennt, der hier schuldig wurde, muß er sich zugleich ablehnen. Denn die Kennzeichnung seiner Tat als moralisch schlecht beinhaltet neben dem Element der Zurechnung der Tat als freier (im oben geschilderten Sinn) und der Anschuldigung, daß hier Wertmaßstäbe verletzt wurden, das Element des Tadels gegenüber dem Täter.[26] Nicht nur die Tat ist verwerflich, der Täter ist es durch die Zurechnung der Tat als freier in ihr. Das kann man nicht zutreffend und rechtens mit einem 'So ist das eben!' abhaken. Und es ist im Kern unbegreiflich, nicht rational einzuordnen und so zu bezähmen. "Das Rätsel ist ... der 'Sprung' vom Fehlbaren zum bereits Fehlgegangenen".[27] Dieses Rätsel aber, das

---

[23] Gabriel Marcel, Die Begegnung mit dem Bösen, a.a.O. s. Anm.3, 183.

[24] Angeführt von Max Scheler in 'Reue und Wiedergeburt' in: Vom Ewigen im Menschen, Bern [4]1954, 40. Die Verfasserin konnte bislang das Zitat in den Schriften Schopenhauers nicht verifizieren.

[25] Max Scheler, ebd. 48.

[26] Vgl. Paul Ricoeur, Le mal. Un défi à la philosophie et à la theologie, Genf 1986, 15.

[27] Paul Ricoeur, Phänomenologie der Schuld II. Symbolik des Bösen, Freiburg i.Br. u.a. 1971, 185. Es sei nur kurz angemerkt, daß die Ansicht von der grundsätzlichen Irrationalität des Bösen keinen Denkverzicht darstellt. Es ist dies nicht die Anempfehlung einer Kapitulation der Vernunft vor dem Phänomen des Bösen, sondern selbst ein Erkenntnisakt, der nicht zu wenig an 'Anstrengung des Begriffs' erfordert. Gewehrt werden muß hier zwei möglichen Fehlinterpretationen: Das Vernunftwidrige als der Vernunft zugehörig, als vernünftig, zu deklarieren, und ihm so auch im Sinngefüge der Wirklichkeit einen ange-

die Philosophie vor ganz besondere Denk-Probleme stellt, ist für den schuldig gewordenen Menschen eine lebenserstickende Last.

Eine solche Sicht von Schuld und Schuldigsein trifft nun oft auf mehr oder weniger heftige Ablehnung. Man will sie, wenn überhaupt, allenfalls für Mord und ähnliche Vergehen gelten lassen. Ehe wir weitergehen, müssen wir dem noch kurz Beachtung schenken. Die Ablehnung hat, soweit wir sehen, gewöhnlich zwei Hauptmotive. Man motiviert sie mit einem Eintreten für Wissenschaftlichkeit und einem Eintreten für Humanität, letzteres besonders außerhalb von Fachdiskussionen.

Bezüglich des Appells zu mehr Wissenschaftlichkeit sind es wieder zwei Hauptargumente, die fallen: Zu hohe Emotionalität wird vorgeworfen und eine verkappte Abhängigkeit von christlichen Prämissen. Zur Emotionalität ist zu sagen, daß es eine Gefahr, nicht unbedingt eine Gegebenheit dieser hier vertretenen Position zur Sprache bringt. Diese Gefahr ist, nicht mit Emotionen, sondern aus Emotionen zu denken. Letzteres ist schon im normalen Alltag und nicht erst im wissenschaftlichen Diskurs eine bedenkliche Sache. Ersteres aber ist nicht nur im Alltag, sondern auch in der Philosophie angebracht. Es gibt nämlich 'sachliche', auf den Gehalt des 'Objekts' bezogene Emotionen und 'nicht sachliche', nicht auf den Gehalt des 'Objekts' bezogene Emotionen. Das Thema Schuld kann viele Emotionen wecken. Gefühle der persönlichen Betroffenheit, vielleicht auch der Bedrückung, der Peinlichkeit etc. sind dabei durchaus in Ordnung und angebracht. Aber sie sind nicht 'sachlich', geben nichts über den Gegenstand unserer Untersuchung wieder. Der Schrecken über das Böse, seine vehemente Ablehnung und das Engagement für seine Abwehr sind sachliche Emotionen, korrekte Reaktionen und notwendige Begleiterscheinung der Erkenntnis, die sie verstärken, denn das Böse *ist* schrecklich, unbedingt abzulehnen und abzuwehren. Der Vorwurf einer unwissenschaftlichen Abhängigkeit von Religiösem hat ebenfalls sein Wahres und sein Falsches: Wahr ist, daß dieser Begriff von Schuld sich ansonsten vornehmlich in religiösem, und das heißt für uns im jüdisch-christlichen Kontext findet. Die Erfahrung und ihre erste Artikulation, auf die eine Phänomenologie und Hermeneutik des Bösen zurückgreifen kann, ist, das zeigt Pauls Ricoeurs 'Symbolik des Bösen', hauptsächlich religiöse Erfahrung. Aber es ist Erfahrung, nicht Dogmatik, auch wenn es bekanntlich interpretationsfreie Erfahrung nie - auch in anderen Zusammenhängen nicht - gibt. Philosophie bezieht sich in ihrem Denken auf die Selbst- und Welterfahrung des Menschen, ausgehend von der des

stammten Platz zuzuweisen. Hier gerät man schnell dahin, die recht zu verstehende Rede von der 'Notwendigkeit' des Bösen wörtlich zu nehmen. Es ist aber bleibend das Nicht-sein-sollende. Andererseits darf das Böse nie zu einer 'anderen Kraft' (Die andere Kraft. Zu Renaissance des Bösen, hrsg.v. Alexander Schuller und Wolfert von Rahden, Berlin 1993, schildert Aspekte solch einen Verständnisses) avancieren, die dem im vollen Sinne Vernünftigen gegenüberstünde. Es ist in seinem Gehalt völlig abkünftig, was sich in einer oft an die Oberfläche dringenden ekelerregenden Plattheit und Banalität zeigt. (Siehe Jürgen Busche, Lektion über Verruchtheit. Hannah Arendts Skandalwort von der 'Banalität des Bösen', SZ Nr. 216, 17.9.1997, N6; des weiteren Annemarie Piepers einleitende Erwägungen zu ihrem Buch 'Gut und Böse', München 1997, insbes. 8f) einzelnen Philosophen selbst.[28] Anders ist sie nicht möglich. Der Weg zu den Sachen selbst kennt hier keine Umgehung und muß auch keine kennen. Die religiöse und die in ihrem Horizont erfolgenden Erfahrungen, von denen die Schuld eine ist, sind hier nicht defizient oder nebensächlich, auch wenn sie bisweilen so behandelt werden mögen. Insofern ist die Heranziehung solcher Erfahrung nicht eine Gefahr für die Wissenschaftlichkeit der Philosophie. Dies wäre eher beim Gegenteil der Fall, wenn aus nicht anders als ideologisch zu nennenden Gründen ein Teil der menschlichen Erfahrung von der philosophischen Reflexion nicht wirklich ernst genommen würde.

Von anderer Natur ist der Protest im Namen der Humanität. Er moniert, daß ein solcher Schuldbegriff übertrieben sei. Wenn jede kleine Verfehlung in dieser Weise 'aufgeladen' werde, könne der Mensch überhaupt nicht mehr weiterleben. Er müsse unter Schuldgefühlen ersticken. Das Leben müsse doch weitergehen. Dies wird bisweilen auf das Phänomen des Bösen im allgemeinen ausgedehnt. Im Extremfall so, daß die Empfehlung lautet, besser sei, "... statt den Menschen an eine Weltverbesserungsidee zu verraten, heitere Resignation: 'Der Mensch ist Pfusch, er ist verpatzt, für die Katz.'"[29] Die Versuchung, Schuld darüber hinaus als ein rein psychologisches oder biologisches Phänomen wegzuerklären, fällt in eine ähnliche Kategorie. Das angeführte Zitat macht dabei u.E. deutlich, daß hier letztendlich, wird diese Linie konsequent verfolgt, gerade die Humanität verloren geht, in deren Auftrag man antrat. Doch auch dabei gilt es zu unterscheiden. Grundsätzlich ist an diesem Einwand vieles, was es zu bedenken und zuzugestehen gilt. Wir werden uns im folgenden auch einiges an solcher Argumentation zu eigen machen. Hier aber kommt sie zu früh. Das Phänomen der Schuld galt es zunächst zu beschreiben und in seiner Bedeutung für den Schuldigen aufzuzeigen. Die Härte der begrifflichen Fassung ist nicht Überinterpretation, sondern Wiedergabe des Erfahrungsgehalts. Wenn Schuld nämlich als Schuld erlebt wird, dann nicht als bloße Irritation oder gar quantité négligeable, sondern im beschriebenen Sinne als böse Tat. Weil dies der sich hindurchziehende schwarze Faden ist, erschrickt der Mensch auch vor einem kleinen Fehltritt, vor den 'alltäglichen' Bosheiten und Gemeinheiten in scheinbar unverhältnismäßiger Heftigkeit, wenn ihm aufgeht, was da vor sich geht. Wenn die Philosophie denken soll, was ist, darf sie sich dem nicht entziehen. Das Erstickende am Begriff der Schuld ist also nicht Ergebnis der Begriffsbildung, sondern des Phänomens selbst. Dieses Gefühl aber ist zugleich der Ausdruck dessen, daß der Mensch in dieser Situation nicht passiv bleiben kann. Er hat darauf zu reagieren. Die ethische nimmt gegenüber anderen philosophischen Betrachtungsweisen der Schuld einen Wechsel der Blickrichtung vor, der eine Art Erwiderung auf deren Problemstellungen darstellt. "Vom Mythos in Beschlag genommen wird der

---

[28] Und dies auch, wenn dieser sich ausdrücklich auf anderes und andere bezieht. Denn es ist ein von der hermeneutischen Philosophie oft formuliertes Grundgesetz jedes Weltverständnisses, daß es aus dem je eigenen Verständnishorizont des Verstehenden heraus erfolgt.

[29] Ralph Hammerthaler in Wiedergabe der Grundthese von Andrzej Szczypierskis Vortrag anläßlich der Tagung 'Die Blumen des Bösen' des Philosophicum Lech im September 1997 in: SZ Nr. 218, 22.9.1997, 11.

spekulative Gedanke nach rückwärts gezogen hin zum Ursprung: *Woher* kommt das Übel? fragt er. Die Antwort - nicht die Lösung - des Handelns lautet: Was ist *zu tun* gegen das Übel?"[30]

C. Was also sollen wir tun?

I. Die eigene Schuld

Schuld und Schuldigwerden beschrieben und analysierten wir aus der Innenperspektive, da sich von daher Phänomen und ethische Konsequenzen am deutlichsten zeigen. Diese Linie weiter verfolgend werden wir nun zunächst die Begegnung mit der eigenen Schuld ethisch untersuchen und von dort her Leitlinien für den Umgang mit fremder Schuld entwerfen.

Martin Buber spricht von drei Leistungen des Gewissens in seiner personalen Vollform, die es angesichts der Schuld vollbringe: Selbsterhellung, beharrende Selbstidentifizierung und ein sühnendes Verhältnis zur Welt.[31] Diese Begriffe seien als Gliederungshilfe für das Folgende übernommen, auch wenn wir uns, was die inhaltliche Füllung angeht, nicht nur an das halten werden, was Buber dazu entwickelt. Dazu gehört, daß wir einiges ausgesprochen oder unausgesprochen darin Enthaltene eigens herausheben möchten. Der rechte Umgang mit Schuld sei deshalb in folgenden Elementen beschrieben: (1) Selbsterhellung und Absage, (2) beharrende Selbstidentifizierung und Rückgewinnung des Schwerpunkts, (3) sühnendes Verhältnis zur Welt und Kontern.

1. Selbsterhellung und Absage

Der erste Schritt ist die Erhellung der Situation, in der sich der Schuldige befindet. Dies bedeutet die klare Erkenntnis der Schuld als Schuld und seiner selbst als Schuldigen. Zugleich hat das zu geschehen, was wir hier 'Absage' nennen wollen. Es ist die entschiedene geistig-seelische Distanzierung und Abkehr vom Geschehenen. Die Erkenntnis der Selbsterhellung brachte ein Bewußtsein der Schuld und des Schuldiggewordenseins, das ausdrücklich und unausdrücklich die oben geschilderten Züge trägt. Die Tat wird als abzulehnende, der Täter von ihm selbst als zu tadelnder erkannt. Dies vollzieht - in Einheit damit, aber dennoch als zu unterscheidender Akt - die Absage an das eigene schuldhafte Tun und Wollen.[32] Das freilich läßt den Widerspruch, den das Böse bedeutet, im Menschen erst richtig offenbar werden. Er muß ihn als seinen in ihm bestehenden Widerspruch übernehmen. Diese Belastung, um nicht zu sagen

[30] Paul Ricoeur, Le mal. Un défi à la philosophie et à la theologie, Genf 1986, 39.

[31] Martin Buber, Schuld und Schuldgefühle, Heidelberg 1958, 30ff bes. 41 u. 49.

[32] Daß die Absage hinzutreten muß, zeigt sich auch in der Möglichkeit der Verstockung, die auch voraussetzt, daß sich der Schuldige grundsätzlich über sein Schuldigsein klar ist. Aber er weigert sich die Position des Widerspruchs zu verlassen.

Überlastung, des Menschen, die ihn denn auch mit Angst und Furcht erfüllt, ist selbst eine Situation großer Versuchung. Er möchte ausweichen, das Unerträgliche loswerden. Oft geschieht daraus weitere Schuld. Von La Rochefoucauld stammt der leider sehr treffende Ausspruch: "Die meisten unserer Fehler sind verzeihlicher als die Mittel, die wir anwenden, um sie zu verbergen."[33] Von daher mag es scheinen, daß dieser Schritt besser übergangen werde. Geschehen sei geschehen, jetzt müsse man es eben besser machen. Wir werden aber sehen, daß gerade dieses 'Bessermachen' noch einmal die Selbsterhellung und Absage voraussetzt. Zunächst aber gilt schlicht, daß eine Rückkehr zum ethisch Richtigen und Guten - und um die geht es ja - bestimmt nicht damit begonnen werden kann, daß das ethische Gebot zur Wahrhaftigkeit verletzt wird. Die Stelle, an der freilich erlaubter- oder gar gebotenermaßen Abstriche gemacht werden können, ist die Ausführlichkeit und Ausdrücklichkeit - gerade bei kleineren Verfehlungen -, in denen Selbsterhellung und Absage geschehen. Hier ist oft weniger mehr. Eine der notwendigen Grundhaltungen ist diesem Zusammenhang ist nämlich das, was die Sprache der christlichen Spiritualität 'Demut' nennt. Gerade aber um der echten Demut willen ist der Mensch dazu angehalten, sich Demütigungen soweit als möglich zu ersparen. Ein Moment der Einsicht, kurz und verschwiegen, ein verlegenes Lächeln oder ein bittender Blick als Anzeichen, kann hier alles bringen und mehr als langes selbstquälerisches Grübeln oder wilde Selbstbezichtigungen. Umgekehrt ist allerdings zu sagen, daß das ausdrückliche Bekenntnis seine hohe Bedeutung hat. Besonders hinsichtlich der Beziehung zu anderen Menschen wird uns das noch beschäftigen. Hier sei nur der Aspekt in Bezug auf den Schuldigen genannt. Die Schuld ist für ihn in ihrer Sinnwidrigkeit zutiefst verwirrend und seine Integrität verletzend. Dieser Not, der er ausgeliefert ist, kann er durch die Artikulation erstmalig begegnen, so daß diese zum innigen Bedürfnis werden kann. Erkenntnis und Aussprechen der Erkenntnis ist der erste Befreiungsschlag gegen die erdrückende Macht der eigenen Schuld. Die "... Bekenntnissprache ist der Gegenzug zu den drei Merkmalen der Erfahrung, der sie ans Licht verhilft: Blindheit, Zweideutigkeit, Ärgernis. Die Erfahrung, die der Bußfertige eingesteht, ist eine blinde Erfahrung: sie liegt zugeschüttet unter der Emotion, der Furcht, der Angst; eben diese emotionale Note verlangt nach Objektivierung in diskursiver Rede: das Bekenntnis drückt die Emotion aus, drängt sie nach außen, die sich sonst über sich zuschlösse als ein Eindruck der Seele; die Sprache ist das Licht der Emotion; durch das Bekenntnis wird das Schuldbewußtsein in das Licht des Wortes gehoben; durch das Bekenntnis bleibt der Mensch Wort bis in die Erfahrung seiner Absurdheit, seines Leidens, seiner Angst."[34] Das zeigt, daß die Versuchung beinhaltende Härte des Vorgangs von Selbsterhellung und Absage einen positiven, konstruktiven Wert hat. Für die psychologische Seite hat Albert Görres hier den Begriff 'Tunnelprinzip' geprägt: "Es wird

---

[33] Das Zitat wurde der letzten Seite der Wochenendausgabe der SZ entnommen. Die Verfasserin konnte die genaue Nummer leider nicht mehr eruieren.

[34] Paul Ricoeur, Phänomenologie der Schuld II. Symbolik des Bösen, Freiburg i.Br.u.a. 1971, 13f.

wieder hell, wenn man mutig in die tiefste Finsternis hineingeht."[35] Dieses bekennend-absagende Verhältnis zur eigenen Schuldvergangenheit ist nach klassischer Begrifflichkeit mit dem Wort 'Reue' beschrieben, das freilich vielfältigen, nicht immer das Verständnis befördernden Konnotationen unterliegt. Doch gemäß dem eben Erarbeiteten ist mit Max Scheler zu sagen: "Die Reue ist weder ein seelischer Ballast noch eine Selbsttäuschung, sie ist weder ein bloßes Symptom seelischer Disharmonie noch ein absurder Stoß, den unsere Seele gegen das Vergangene und Unabänderliche ausführt. Im Gegenteil ist die Reue, schon rein moralisch gesehen, eine Form der *Selbstheilung* der Seele, ja der einzige Weg zur Wiedergewinnung ihrer verlorenen Kräfte."[36] Die Symbolik des Bösen zeigt, so ermittelt Paul Ricoeur, daß die Schuld den Willen bindet, unfrei macht.[37] Schuld hat auf das weitere Leben und Handeln des Menschen eine "determinierende und bindende Gewalt"[38], denn nicht nur ergeben sich, wie schon in einer Hinsicht angedeutet, neue Versuchungen daraus, der Wider-wille gegen das Böse ist darüber hinaus geschwächt, es liegt näher als zuvor, als schon einmal begangener Weg. Es formt oder genauer verformt Geist und Psyche. Diesen Mechanismus der durch Schuld provozierten Schuld durchbricht der Akt von Selbsterhellung und Absage. Indem er sich gegen die Vergangenheit wendet, gibt er den Weg für die Zukunft frei. Albert Görres formuliert in dem mit Karl Rahner zusammen verfaßten Buch 'Das Böse. Wege zu seiner Bewältigung in Psychotherapie und Christentum' eine vorläufige psychologische Antwort zum Thema Schuldbewältigung. Diese Antwort kann die angewandte Ethik in jeder Hinsicht mitsprechen: Schuld "... wird bewältigt durch jenen Akt der inneren Distanzierung von unserem bösen Handeln und unseren bösen Neigungen, den wir Reue nennen und der im Kern in einer Mißbilligung unseres Verhaltens und seiner Wurzeln in unserem Charakter besteht. In der entschiedenen Abkehr von der Fehlhaltung und dem Verhalten mit dem Vorsatz, die Fehlhaltung aufzugeben, das Verhalten nicht zu wiederholen. Reue ist Abkehr des geistigen Wollens, aber darin auch Ablösung der klebrigen Libido und der klammernden Aggression vom Gegenstand ihrer unguten Anhänglichkeit."[39] Das eigentliche Wirksamwerden dieser Abkehr in der Zukunft wird den dritten Punkt unserer Überlegungen zum rechten Umgang mit Schuld ausmachen. Das Abstoßen von der Vergangenheit und das Ausstrecken auf die Zukunft, das ihn kennzeichnet, überlagern sich in der Gegenwart des Schuldigen. In diese fällt der Wandel des Selbstverhältnisses, das die Selbstentfremdung der Schuld störte.

2. Beharrende Selbstidentifizierung und Rückgewinnung des Schwerpunkts

"Wer ... spräche: 'Ich bin mir keiner Schuld bewußt; also habe ich nichts zu bereu-

---

[35] Albert Görres/Karl Rahner, Das Böse. Wege zu seiner Bewältigung in Psychotherapie und Christentum, Freiburg i.Br. 1982, 140.

[36] Max Scheler, Reue und Wiedergeburt in: Vom Ewigen im Menschen, Bern ^{4}1954, 33.

[37] Siehe oben S 6.

[38] Max Scheler, Reue und Wiedergeburt in: Vom Ewigen im Menschen, Bern ^{4}1954, 36.

[39] a.a.O. s.Anm.35, 139f.

en' - der wäre entweder ein Gott oder ein Tier. Ist der Sprechende aber ein Mensch, so weiß er vom Wesen der Schuld noch nichts."[40] Diese wichtige Feststellung Max Schelers wollen wir dahingehend vertiefen, daß ein so Sprechender gewöhnlich vom Wesen der Schuld nichts wissen will. Und vorallem nicht davon, schuldig zu sein. Die Formen des Ausweichens der Menschen schon angesichts von Fehlern und Schwächen sind unzählige. Sie finden sich alle wieder, wenn es um das Begegnen mit eigener Schuld geht. Den Splitter im Auge des anderen zu suchen, statt den Balken im eigenen, oder zu behaupten, daß dieser Balken eigentlich von den Anderen stammt, sind typische Abschiebebewegungen. Aber auch die sublimere Weise, mit einem Vergrößerungsglas auf den Splitter in seiner Hand zu starren, wenn man sich eigentlich mit dem Balken im Auge beschäftigen sollte.[41] Eine besondere Fluchttendenz, die auch den tiefen inneren Riß zeigt, der durch den schuldigen Menschen geht, wendet sich weniger vom Faktum des Getanen, sondern von der damit verbundenen rechten Selbsterkenntnis ab. Einmal wird das eigene Selbst zum positiven Helden erklärt: Ich bin doch großartig, intelligent, gewissenhaft, liebenswürdig ..., und vor allem, wo alle moralisch versagten, war ich immer standhaft. Auf diesem positiv-heroischen Hintergrund wirkt es kleinlich, wollte man diesem einen Schnitzer Beachtung schenken. Oder es soll gar solch eine extreme Belastungssituation gewesen sein, daß es eigentlich eine Leistung war, nicht noch viel schlimmer zu reagieren.[42] Die dem scheinbar widersprechende, aber eigentlich nur spiegelbildlich vollzogene Form ist die 'Flucht nach vorne'. Die Schuld wird zum *Wesens*ausdruck des eigenen Charakters hochstilisiert. 'So bin ich eben, durch und durch schlecht. Vergeßt mich, laßt mich einfach untergehen, kommt mir nur nicht zu nahe! Mir ist nicht zu helfen und anderes so eben auch nicht zu erwarten.' Spätestens bei einem Gedanken von der Art des letzteren Satzes sollte klarwerden, daß es sich hier nicht um das rechte Schuldbekenntnis handelt. Wer so reagiert, stellt sich nicht wirklich seiner Schuld. Er macht sich vielmehr zum tragischen Helden, so wie vorher zum glorreichen, dessen Schicksal zu beklagen ist, von dem aber nicht zu verlangen ist, daß er wirklich anders werden und sein solle.

Gegenüber diesen und anderen Fehlformen, verständlich aber heil-los, soll nun ein Konzept des Selbstverhältnisses entworfen werden, das wir mit der Formulierung 'beharrende Selbstidentifizierung und Rückgewinnung des Schwerpunkts' benannten. Was beharrende Selbstidentifizierung bedeutet, beschreibt Buber so: Der Schuldige müsse "... - und wäre er in der Wirklichkeit seines gegenwärtigen Lebens noch so hoch über jenen Stand der Schuld gestiegen - in dem neu erworbenen demütigen Wissen um die Identität der jetzigen mit der damaligen Person beharren".[43] Das heißt, ich bin

---

[40] Max Scheler, Reue und Wiedergeburt, in: Vom Ewigen im Menschen, Bern ^{4}1954, 51.

[41] Albert Görres, a.a.O.s.Anm.35, 139.

[42] Dabei ist anzumerken, daß solche Überlegungen, die hier noch karikaturistisch überzeichnet wurden, sobald sie nicht mehr zum Ausweichen vor dem eigentlichen Bekenntnis der Schuld benützt werden, sondern als Milderungsgründe, durchaus legitim sein können. Der Fehler liegt also wie so oft darin, daß hier etwas am falschen Platz und zum falschen Ziel gebraucht wird.

[43] Martin Buber, Schuld und Schuldgefühle, Heidelberg 1958, 41.

bleibend der Mensch, der diese Schuld auf sich geladen hat, und dessen habe ich mir auch grundsätzlich[44] bewußt zu bleiben. Diese Haltung wehrt der Unwahrhaftigkeit, Schuld und Schuldigsein leugnen oder umdeuten zu wollen. Aber in ihr steckt noch mehr: Sie bekundet eine Einheit in Wandlung: Ich bin der, der dies getan hat, aber ich bin nicht derselbe, der dies damals getan hat. Die beharrende Selbstidentifizierung stellt nicht nur die beschämende Tatsache fest, daß ich jetzt mit dem, der damals so entschied, identisch bin: '*Ich* war es.' Sie stellt zugleich die beglückende Tatsache fest, daß das Ich, das ich damals war, mit dem Ich identisch ist, das ich jetzt bin und das sich vom damaligen Standpunkt abgewendet hat: 'Ich *war* es.' Die beharrende Selbstidentifizierung, die in Selbsterhellung und Absage gründet, bekundet so, was sie zugleich vollzieht: daß die Schuld zwar nicht beseitigt werden kann, daß man sich aber aus ihren Fesseln befreien kann.

Damit jedoch gehört sie zur notwendigen Rückgewinnung des Schwerpunkts. Schuld zeigte sich uns als Widerspruch gegen das ethisch Angebrachte, gegen das Gute als den Grundruf der Freiheit und damit gegen das Innerste des Menschen selbst. Sie ist so ein Riß, der Sinn und Selbstwert gefährdet. Es stimmt zwar nicht, daß - wie Vossenkuhl behauptet - der Schuldige *primär* sich selbst verfehlt, denn primär verfehlt er das Gesollte. Aber er verfehlt darin auch sich selbst. Neben dem Verstoß gegen die Verantwortung für andere und anderes verstößt er *auch* "... gegen die Verantwortung, die er als sittliches Wesen seiner Würde als Person gegenüber hat."[45] Die Rückgewinnung des durch diesen Widerspruch verlorengegangenen existentiellen Schwerpunkts geschieht gerade in jener schmerzlichen Konfrontation mit dem eigenen schuldigen Ich, die jene Zerrissenheit erst eigentlich zu dokumentieren und so festzuschreiben schien. In ihr wird jene Mitte der Gewissenhaftigkeit der Freiheit wiedergewonnen, gegen die ich mich in der Schuld wendete. Die Schuld bestand ja nicht nur im faktisch Getanen allein, sondern letztlich erst in der darinliegenden Motivation des Tuns. Sie wird nicht rückgängig gemacht, aber widerrufen. Der Widerspruch besteht nicht fort, die Antwortfreiheit gewinnt ihre Ausrichtung zurück. Insofern kann Max Scheler schreiben: "... darum ist auch die Reue als Akt ein *wahres* Eindringen in die Vergangenheitssphäre unseres Lebens und ein *wahrer* operativer Eingriff in sie."[46] Und insofern, allerdings nur insofern, Schuld für ihn vor allem jenes innere Im-Widerspruch-Stehen bezeichnet, das nun widerrufen wird, kann man ihm beipflichten, wenn er fortfährt: Die Reue "... löscht den moralischen Unwert, den Wertcharakter 'böse' des betreffenden Verhaltens *wahrhaft* aus, und sie nimmt ihm damit jene Kraft der Fortzeugung, durch die Böses immer neues Böses gebären muß."[47] Der Widerruf, der von der mit der Selbsterhellung verbundenen Absage ausgeht, ist aber nur der erste Punkt der Rückgewinnung des Schwerpunktes. Der

---

[44] Was natürlich nicht heißt, daß man ständig darüber nachsinnt, sondern nur, daß das Wissen um diese Vergangenheit nicht verdrängt und niedergehalten wird.

[45] Wilhelm Vossenkuhl, Art. Schuld in: Otfried Höffe, Lexikon der Ethik, München ^{2}1980, 214.

[46] Max Scheler, Reue und Wiedergeburt in: Vom Ewigen im Menschen, Bern ^{4}1954, 37.

[47] Max Scheler, Reue und Wiedergeburt in: Vom Ewigen im Menschen, Bern ^{4}1954, 37.

zweite besteht in der Annahme seiner selbst als Schuldiggewordenem. Die Aufgabe der Selbstannahme beschreibt Romano Guardini so: "Ich soll sein wollen, der ich bin; wirklich ich sein wollen, und nur ich. Ich soll mich in mein Selbst stellen, wie es ist, und die Aufgabe übernehmen, die mir dadurch in der Welt zugewiesen ist."[48] 'Ich soll sein wollen, der ich bin', soll mich annehmen. Dies ist, wie Guardini sagt, eine Aufgabe. Sie ist ein ethisches Gebot. Als solches ist sie begründet im ethischen Grundsatz, die Würde der Person zu achten. Es scheint vielleicht übertrieben, dies für die Selbstannahme ins Feld zu führen. Aber das gilt nur, solange diese Annahme seiner selbst unangefochten geschieht. Sie ist aber nirgends stärker angefochten als in der Schuld.[49] Eine Selbstablehnung würde hier jedoch gerade jene Verletzung der Würde meiner Person fortsetzen, die ich mit der Schuld zusammen widerrufen habe. Ich habe mich so mit meiner Schuld anzunehmen, als Folge meiner entschiedenen Rückwendung auf die verlassene Position meines Gewissens. Während die Schuld als solche bleibend abzulehnen ist, habe ich mich gegen jeden Hochmut der Verzweiflung zu entscheiden, der sagt: 'Ich will nicht dieser Mensch sein, der hier schuldig wurde. Das halte ich nicht aus!' Demgegenüber lautet die klare ethische Forderung: 'Du hast in Demut zu akzeptieren, daß du der bist, der hier schuldig wurde. Dies auszuhalten ist dir von nun an aufgegeben.' Wie ist es möglich, das zu vollziehen? Zuerst, weil die Rückgewinnung des Schwerpunkts in der ersten Form des Widerrufs hier schon geschehen ist in all ihrer befreienden Konsequenz. Ich bin nicht der, der ich damals war, obwohl ich bleibend der sein werde, der damals ein solcher war. Des weiteren, weil die ethische Forderung zugleich etwas bezeugt: 'Was immer du getan haben magst, nichts kann die grundsätzliche Würde deiner Person antasten. Weil du dir mit deiner Schuld gut sein sollst, darfst du es.' Daß ich angesichts der Schuld unter dem ethischen Anspruch verbleibe, erweist sich hier vielleicht am offensichtlichsten als Gnade.[50] Die dritte Ermöglichung der Selbstannahme liegt im zweiten Teil ihrer Aufgabenstellung beschlossen: 'Ich soll mich in mein Selbst stellen, wie es ist, und die Aufgabe übernehmen, die mir dadurch in der Welt zugewiesen ist.' Die Aufgabe hat sich durch meine Schuld in mancher Hinsicht spezifiziert. Was die Selbstannahme fordert, gibt ihr gleichzeitig Kraft: Das Tun in der Zukunft. Der dritte Schritt des rechten Umgangs mit Schuld ist so der sühnende Umgang mit der Welt und das Kontern.

3. Sühnendes Verhältnis zur Welt und Kontern

Das Böse, die Schuld, die Neigung des eigenen Charakters ins Finstere abzugleiten, sind nicht integrierbar. Nicht jedenfalls in jenem Sinne des Wortes, der integrieren als 'zu einem Ganzen bilden', 'ergänzen' und 'vervollständigen' meint.[51] Denn damit würde "... worauf das Schuldbekenntnis zielt, zum Wesen und Sein des Menschen

48 Romano Guardini, Die Annahme seiner selbst in: Gläubiges Dasein. Die Annahme seiner selbst, Mainz/Paderborn 1993, 14.

49 Zur Problematik dieses 'nirgends' s.o. S 6f.

50 Vgl. Jörg Splett, Denken vor Gott: Philosophie als Wahrheits-Liebe, Frankfurt a.M. 1996, 323.

51 Vgl. Gerhard Wahrig, Deutsches Wörterbuch. Gütersloh u.a. 1986/1991, 695.

gemacht."[52] Es wäre so als notwendig dazugehörend bestimmt, und als solches nicht mehr zu bereuen, letztlich 'in Ordnung'. Wir sahen jedoch dagegen, daß "[i]m Bekenntnis ihrer ... Schuld eingestanden [wird] zuerst als etwas, das nicht sein sollte noch soll *und* das nicht sein *mußte*."[53] Das Böse ist deshalb *kein* integrierender Bestandteil menschlichen Lebens wie beispielsweise Gehen, Lachen und Denken.[54] Und es ist schon gar nicht 'integer'. Wegen dieser Konnotationen schien es uns wichtig, das Wort 'integrieren' zu vermeiden und von Selbstannahme zu sprechen: Diese ist dann, wie gezeigt, gerade auch wegen des Bösen erforderlich: "Auch vor dem Bösen in mir darf ich nicht weglaufen: schlimmen Anlagen, verdichteten Gewohnheiten, aufgehäufter Schuld. Ich muß sie annehmen und zu ihnen stehen: so bin ich... das habe ich getan... Nicht im Trotz; der ist nicht Annahme, sondern Verhärtung. Aber in Wahrheit, weil nur sie über das Böse hinausführt: ich bin so; aber ich will anders werden."[55] Dieses Anderswerden hört sich vielleicht zu großartig an, wenn man die Erfahrung der grundsätzlichen Gebundenheit des Menschen, die 'Trägheit der Masse' seiner Seele, wenn es um grundlegende Veränderungen geht, und die als Notwendigkeit[56] erscheinende Wahrscheinlichkeit des immer erneuten Schuldigwerdens bedenkt. Aber wie wir sahen, anders wird der Mensch schon in Selbsterhellung und Absage, wenn es ihm ernst damit ist. Anders wird er aber auch durch den aus dem bisher aufgezeigten aufsteigenden Impuls 'ich will es wieder gut machen'. Das ist recht zu verstehen. Es kann keine 'restitutio in integrum' bedeuten, das ist nicht möglich. Aber es bedeutet sich dafür verantwortlich zu fühlen und zu zeigen, die sozialen, psychischen und physischen Konsequenzen der Schuld nach Möglichkeit zu stoppen, zu heilen oder wenigstens zu mildern. Dies ist die Art, wie 'Wiedergutmachung' geleistet werden kann. Ein erstes wichtiges Element, wenn, wie zumeist, man sich gegen andere Menschen vergangen hat, ist hier schon Bekenntnis und Bitte um Verzeihung. Hier zeigt sich ein weiterer Grund für die Notwendigkeit, der Wahrheit ins Gesicht zu sehen, die sich uns in dem Schritt der Selbsterhellung und Absage in ihrer vollen Härte und Gefährlichkeit zeigte. Ich, vor allen anderen, bin aufgerufen, meinem Opfer zu helfen, wieder heil zu werden. Innerlich wird es das aber durch seine Vergebung. Die Bitte darum und damit das Eingeständnis der Schuld sind eine ganz wesentliche Hilfe

---

[52] Jörg Splett, Konturen der Freiheit. Zum christlichen Sprechen vom Menschen, Frankfurt a.M. 1974, 119.

[53] Jörg Splett, Konturen der Freiheit. Zum christlichen Sprechen vom Menschen, Frankfurt a.M. 1974, 113.

[54] Die Auswahl folgt der Problematisierung einer etwaigen Gleichstellung des Bösen mit diesen wesentlichen menschlichen Vollzügen, die Zita Frey in ihrem Aufsatz 'Gehört das Böse zu uns? Von der Realität des Bösen und dem Umgang mit ihm' vornimmt. In: Hans Halter (Hrsg.), Wie böse ist das Böse?, Zürich 1988, 13f.

[55] Romano Guardini, Die Annahme seiner selbst in: Gläubiges Dasein. Die Annahme seiner selbst, Mainz/Paderborn 1993, 14f.

[56] Daß es keine Notwendigkeit im logischen oder ontologischen Sinn ist, daran muß festgehalten werden, will man dem Menschen nicht Freiheit und Sittlichkeit absprechen.

dazu.[57] Dies bedeutet aber auch eine darüber hinausgehende gesteigerte Verantwortlichkeit für das, was man an Finsternis verursacht hat, ein Mehr an Licht zu verbreiten. So schreibt Martin Buber zu seinem dritten Punkt 'ein sühnendes Verhältnis zur Welt', es ginge hier für den Schuldigen darum, "... die einst durch ihn verletzte Seinsordnung an seinem Orte und nach seinem Vermögen in dem ihm geschichtlich und biographisch gegebenen Situationen durch das Verhältnis einer aktiven Hingabe zur Welt wiederher[zu]stellen. Denn die Wunden der Seinsordnung können an unbestimmbar vielen anderen Orten geheilt werden, als an denen sie geschlagen wurden."[58] Aber der Gedanke der Sühne reicht nicht aus, das aktive und zukunftsbezogene Verhältnis zur eigenen Schuld zu beschreiben. Um dieses darüber Hinausgehende zu erfassen, haben wir den Begriff 'Kontern' gewählt. 'Kontern' heißt grundsätzlich aus der Defensive heraus einen (überraschenden) Gegenschlag führen. Von daher kann es dann auch bedeuten, etwas Ver-kehrtes richtigstellen. Letztere Bedeutung knüpft in unserem Zusammenhang natürlich an die 'Wiedergutmachung' an. Aber es ergänzt sie, was die innere Haltung angeht, in der Weise, wie die 'Rückgewinnung des Schwerpunkts' die demütig beharrende Selbstidentifizierung ergänzt. Wenn, wie Scheler sagt, Reue 'frei' macht[59], und dies, wie wir meinen, von allen hier entwickelten Schritten gilt, so befreien diese uns nicht nur zur Haltung des Sühnenden, sondern darin und darüber hinaus zur Haltung des frei Konternden, der - eben noch in der Defensivhaltung des sich von der erstickenden Fessel der eigenen Schuld Loskämpfenden - nun gerade aus dieser Erfahrung heraus in besonderer Weise Verantwortung für die Welt übernehmen *kann* und *darf* (und nicht nur muß). Er ist gewarnt, er kann von daher der eigenen Versuchung wie der des anderen in neuer Weise begegnen: "Achtung, hier ist ein Schlammloch!" D.h. die Erfahrung der überwundenen Schuld kann helfen, Schuld zu verhindern, wie die unverwundene neue Schuld hervorruft. Sie kann, mehr noch, Gutes erwirken helfen, in einer neuen Motivation und Sensibilität für dasselbe. Damit aber wird die Schuld, so sehr sie auch Faktum bleibt, wirklich und wirksam verwandelt. "Da ... die Vollwirksamkeit eines Erlebnisses im Lebenszusammenhang zu seinem *vollen* Sinn und seinem *endgültigen* Wert mitgehört, so ist auch jedes Erlebnis unserer Vergangenheit noch wert*unfertig* und sinn*unbestimmt*, solange es nicht *alle* seine ihm möglichen Wirksamkeiten geleistet hat. ... Vor unserem Lebensende ist alle Vergangenheit, wenigstens ihrem Sinngehalte nach, immer nur das Problem: *was wir mit ihr anfangen sollen.*"[60] So ist der Schuldige in der geschilderten Bewältigung nicht nur zur sühnenden Verantwortung gezogen, für das, was er tat, es ist ihm auch eine neue Mitverantwortung in der Gemeinschaft der Menschen übertragen, dem zu kontern, dem er selbst anheimgefallen ist, und dessen Sinnwidrigkeit er Absage erteilt

---

[57] Es kann freilich sein, daß von mir gefordert wird, diese Bitte einzig in der Zurückhaltung auszudrücken, und so auf Abstand zu gehen, weil der Betroffene noch zu sehr verletzt ist. Das kann eine der härtesten Sühneanforderungen werden.

[58] Martin Buber, Schuld und Schuldgefühle, Heidelberg 1958, 41.

[59] Max Scheler, Reue und Wiedergeburt in: Vom Ewigen im Menschen, Bern ^{4}1954, 36 u.a.

[60] Max Scheler, Reue und Wiedergeburt in: Vom Ewigen im Menschen, Bern ^{4}1954, 34.

hat. Diese Mitverantwortung besteht auch darin (und kann sich darin allein schon überreich erfüllen) mit einer neuen Milde und Solidarität denen zur Seite zu stehen, die ihrerseits schuldig geworden sind.

II. Die Schuld des Anderen

Die vorigen Ausführungen gründeten in dem ethischen Prinzip der Gewissenhaftigkeit, die in dem grundsätzlichen Anspruch der Freiheit an sich selbst besteht, daß es nicht gleich-gültig ist, wie man handelt, daß es nicht gleich-gültig ist, wie man gesonnen ist, zu handeln. Daraus entsteht der Anruf an Freiheit, sich vom Guten als dem jeweiligen Gebot der Stunde erfassen zu lassen. Zugrunde lagen weiter das Gebot, die Wahrheit anzuerkennen, zu denken und zu sagen und das Gebot, der Würde der Person, auch der eigenen Person, zu entsprechen. Die in der Schuldsituation besonders nötigen Haltungen waren von daher die Wahrhaftigkeit und die Demut. All dies wird uns nun auch im folgenden begleiten, wenn es um den rechten Umgang mit der Schuld des Anderen gehen soll. Den Grundimpuls gibt dazu die schlichte moralische Forderung, dem Mitmenschen zu helfen, wo er Hilfe benötigt.[61] "Ich muß Dir helfen dürfen, zu leben" nimmt Jörg Splett mit Saint-Exupéry als Grundwort der Freundschaft.[62] Und er fährt fort: "Freundschaft und Freundlichkeit aber dürften ihrerseits wieder die schlichtesten Namen für 'Menschlichkeit' sein."[63] Um den rechten, den im besten Sinne menschlichen Umgang mit Schuld geht es uns aber in dieser kleinen Untersuchung. Es ist aber nun gerade ein wichtiger Dienst am Anderen, ihm zu jenem menschlichen Verhältnis zur eigenen Schuld zu verhelfen, den wir eben in drei Schritten skizzierten. "Lebenshilfe heißt Hilfe zur Annahme seiner selbst als eines endlichen Wesens."[64] Sie heißt auch Hilfe zur Annahme seiner selbst als eines schuldigen Wesens. Dies mag selbstverständlich klingen, ist aber sehr schwer. Wenn man schon sagt, daß man erst in der Not merke, welches die wahren Freunde seien - und dies mit einem deutlich skeptischen Unterton -, so gilt dies noch mehr von der Situation der Gewissensnot. Daß der Umgang mit eigener und gerade auch mit fremder Schuld so viele Fehlformen kennt, drückt Karl-Peter Hubbertz aus, wenn er in den Anfangsüberlegungen seiner Schrift über 'Schuld und Verantwortung' die Frage stellt: "Wie läßt sich ein Selbstverhältnis und ein zwischenmenschlicher Umgang gestalten, in dem das Wort *Schuld* nicht als Kampfmittel, sondern als Ausgangspunkt

---

[61] Wo er Hilfe benötigt, nicht wo er sie verdient! Wer wollte sich auch anmaßen, dies zu bestimmen. Und wenn man es bestimmen könnte, so wäre dies ein Maßstab der Gerechtigkeit ohne Barmherzigkeit, die bekanntlich zur Grausamkeit wird, so wie auch die reine Barmherzigkeit ohne Gerechtigkeit dem bekannten Lehrspruch nach ihr eigentliches Gesicht verliert und die 'Mutter der Auflösung' wird.

[62] Jörg Splett, Freiheits-Erfahrung. Vergegenwärtigungen christlicher Anthropo-Theologie, Frankfurt a.M., 111.

[63] Ebd.

[64] Ebd. 124.

einer guten Verständigung dient?"[65] Von dieser Problematik ausgehend, werden wir versuchen, einige Grundsätze für den rechten Umgang mit der Schuld anderer aufzustellen. Da die ethische Begründung - dem Rahmen entsprechend - und auch das Ziel im vorigen schon dargelegt wurden, wird es jetzt vermehrt, wenn auch freilich nicht allein, um die Grundhaltungen gehen, in denen dies geschehn soll und kann.

1. Wahrhaftigkeit

Auch für den Helfenden gilt die Forderung der Wahrhaftigkeit. Der Schuldige ist nicht ernstgenommen durch ein bloßes Darüberhinwegsehen, ohne daß einmal - gemeinsam - hingesehen wurde. Wahrheit tut ihm not. Ebenso not tut ihm aber diese Gemeinsamkeit des Blicks. Mit der Begründung der Wahrhaftigkeit wird nämlich leider oft ein rachsüchtiger oder mißgünstiger Mißbrauch der Wahrheit als Waffe nicht gegen die Schuld sondern den Schuldigen bemäntelt. Doch fernab von solchen Fehlformen hat sich der Beistehende jedem Versuch, ihm einfach Beschönigungen zu entringen, zu entziehen, insbesondere solange das, was wir Selbsterhellung und Absage nannten, nicht statthatte. Deshalb gilt hier in besonderem Maße: "Der Mensch, dem Menschen helfend, seine Last auf sich zu nehmen, nimmt an der Last des anderen immer auch dadurch teil, daß er selbst seine Last wird. (Hilfe ist - das muß der Helfende nüchtern wissen - stets auch lästig.)"[66] Diese Wahrhaftigkeit hat aber nicht einfach nur eine theoretische Wahrheit zum Ziel, die in der Art dieses Artikels beispielsweise die Schuld analysierte. Diese theoretische Wahrheit muß konkretisiert werden, um Wahrheit zu bleiben. Eine erste Weise der Konkretion besteht aber schon darin, sich vor dem eben abgemahnten lieblosen 'Wahrheit-ins-Gesicht-sagen' zu hüten. "Denn Wahrheit, soll sie wirklich wahr sein, muß auch in dem Sinn konkret sein, daß sie nur liebend erblickt und gesagt werden kann. Oder anders: eine Wahrheit, die man jemanden 'an dem Kopf werfen' wollte, würde eben dadurch eine bloße Richtigkeit."[67] Deshalb muß die Wahrhaftigkeit mit Geduld und Freundlichkeit gepaart sein um dem Schuldigen zu ihr und den weiteren Tugenden verhelfen zu können.

2. Demut und Solidarität

Damit Geduld und Freundlichkeit für den schuldig Gewordenen glaubhaft und erträglich sind, müssen sie in Demut vollzogen werden. Demut ist die menschliche Weise der Selbst-Wahrhaftigkeit. Sie ist das aufrechte (das ist wichtig!) und klare Bewußtsein seiner eigenen Kleinheit. Sie besteht im Verzicht auf falsche Selbstbezichtigungen und peinliches Verstecken des eigenen Kleinseins ebenso wie im Unterlassen von Selbstüberhebung und Leugnen der Kleinheit. Insofern möchten wir

---

[65] Karl-Peter Hubbertz, Schuld und Verantwortung: eine Grenzbeschreitung zwischen Tiefenpsychologie, Ethik und Existenzphilosophie, Münster u.a. 1992, 16.

[66] Jörg Splett, Freiheits-Erfahrung. Vergegenwärtigungen christlicher Anthropo-Theologie, Frankfurt a.M. 1986, 125.

[67] Ebd. 21.

sie hier positiv als Klein-sein-*können* bezeichnen.[68] Angesichts der Schuld anderer hat diese Demut ein grundsätzlich zweifaches Aussehen: Einerseits das, was wir die 'Gesinnung des Pater Brown' nennen wollen und andererseits die Solidarität aus der Gemeinschaft der Schuldigen heraus.

Chestertons Figur des Pater Brown gehört zu den klassischen Detektivgestalten der Weltliteratur. In der Sammlung 'Father Browns Geheimnis' läßt er ihn seine Methode preisgeben, die er zugleich als sprirituelle Übung von größter Tiefe kennzeichnet. Ein Ausschnitt dieser Offenlegung sei zitiert: "... Ich will sagen, daß ich mich selbst, und zwar mein wirkliches Selbst, die Morde begehen sah. Ich habe die Leute nicht materiell umgebracht, aber darum geht es nicht. Jeder Ziegelstein oder jedes Stückchen Maschine hätte sie materiell umbringen können. Ich will sagen, daß ich immer und immer wieder darüber nachgedacht habe, wie ein Mensch dazu kommen kann, so zu sein, bis mir klar wurde, daß ich wirklich so *war*, in jeder Hinsicht mit Ausnahme jener letzten Zustimmung zur Tat."[69] Die Gesinnung des Pater Brown besteht also in der Demut zu wissen, daß man sich angesichts der Schuld anderer nicht im wohligen Besitz ethischer Unangreifbarkeit befindet. Wenn man nicht das Glück - der Erfahrung angemessener wäre das Wort Gnade - gehabt hätte, durch Lebensumstände, hilfreiche Menschen, eine entsprechende Erziehung oder möglicherweise sogar nur die eigene Feigheit davor bewahrt worden zu sein, hätte man diese Schuld seinerseits auf sich laden können. Keiner kann hier für sich letztendlich garantieren. Pater Brown formuliert das seinem etwas unbedarften Gesprächspartner gegenüber in aller Schärfe: "Sie mögen ein Verbrechen für entsetzlich halten, weil Sie es niemals selbst begehen könnten. Ich halte es für entsetzlich, weil ich es begehen könnte."[70] Zu dieser 'Demut des Pater Brown' tritt nun hinzu, daß wir alle ja immer schon Schuldiggewordene sind. "Denn es ist kein Mensch so gerecht auf Erden, daß er nur Gutes tue ..."[71] - diese uralte Menschheitserfahrung ruft nicht zur Demut auf, sondern auch zur Solidarität. Denn diese bedeutet ja nicht nur Gemeinschaft, sondern auch Füreinander-Eintreten. Und oft braucht es der Schuldige dringend, sich aufgehoben zu wissen beim Anderen, der so das erste Bewußtsein seiner Schuld für ihn erfaßt und für ihn an ihn glaubt, daß er sich davon distanzieren könne. Dann wird die Pflicht zur Demut und Solidarität zur Tat aus Achtung und so zur Tat der Liebe. Letzteres auch weil beide Arten der Demut, als Klein-sein-*können* verstanden, ihre eigentliche Stärke darin gewinnen, daß man gerade nocheinmal, insofern man wirklich 'unbescholtener' ist, auf diesen moralischen 'Vorsprung' verzichtet. Der Grundsatz lautet nicht: Ich ziehe dich zu mir hinauf. Sondern: Ich stehe an deiner Seite und gehe den Weg mit dir.

---

[68] Deshalb kann in der theologischen Verwendung des Wortes auch von einer Demut Gottes gesprochen werden als Hochform seiner Liebe und Gnade. Er ist so groß, daß er für uns klein sein kann. Daß dies auch im früheren Sprachgebrauch von 'Demut' vorkam, bezeugt Trübner, Deutsches Wörterbuch Bd.2, hrsg. v. A. Götze, Berlin 1940, 40.

[69] G.K. Chesterton, Father Browns Geheimnis, dt.v. H. Haefs, Zürich 1992, 13.

[70] Ebd. 124.

[71] AT, Buch Kohelet 7,22; Die Übersetzung entstammt dem gleichnamigen Artikel von Rüdiger Lux, ZfThK 94 (1997), 263-287.

3. Achtung und Ehrfurcht

Die Achtung, die der Person des anderen weiterhin unbedingt gebührt, ist ihm ausdrücklich zuzusprechen. Denn er selbst, in seiner Widersprüchlichkeit, ist oft kaum dazu fähig, dies noch anzuerkennen. Zuzusprechen ist ihm dazu auch der Trost dieses Gebots, den wir vorher aufzeigten. Der strenge Trost nämlich, daß nicht einmal die eigene Schuld, welches Ausmaß sie auch angenommen haben mag, diese Würde beeinträchtigen kann.[72] Achtung vor dem schuldigen Anderen bedeutet auch, daß ich ihn bleibend ernst nehme und auch seine Not ernst nehme. Und dies gerade dann, wenn er, wie es Menschen eben so tun, sich in dieser Not reichlich kindisch aufführt. Hier ist die 'Pater- Brown-Gesinnung' von großer Wichtigkeit. Wenn aber nun auch von Ehrfurcht die Rede sein soll, so mag das überraschen und übertrieben, um nicht zu sagen peinlich, wirken. Es ist aber deshalb angebracht, weil man bei einem solchen Beistand den Menschen gerade in dieser Situation seiner Erniedrigung auch in seiner ganzen Größe erleben kann. Auch hierzu sei von Pater Brown ein deutliches Wort an die allzu selbstgewiß Ehrbaren angeführt: "Lassen sie mich Ihnen eine Frage stellen. Sie sind große Damen und Männer von Ehre und Ihrer selbst sicher; Sie können sich erzählen, daß Sie niemals aus einem so erbärmlichen Grund so tief herabsinken würden. Und nun sagen Sie mir eines. ... Sie sagen, Sie könnten ein so niedriges Verbrechen nicht begehen. Könnten Sie ein so niedriges Verbrechen beichten?"[73] Es gehört zu dem wirklich Bedenkenswerten des Schuldphänomens, daß hier nicht nur die Perversion des Menschlichen in all ihrer Schrecklichkeit zu Tage tritt, sondern auch, wenn ihm in der rechten Weise begegnet wird, das Wunderbare von Menschlichkeit und Mitmenschlichkeit in besonderer Intensität aufleuchten kann.

4. Großmut der Begleitung und Großmut der Vergebung

Weil sich dies in der geschilderten Weise verhält, ist der Helfende nun zur Großmut und dem ihr eigenen Zartgefühl aufgerufen. In ihr versammelt sich das, was wir bis jetzt entwickelten. Deshalb soll auch hier nun eine Unterscheidung eingeführt werden, die zum vollen Verständnis des Problems der Schuld anderer notwendig ist. Die Unterscheidung zwischen dem Begleitenden, der als dritter hinzutritt und dem, der als Opfer nun die besondere Aufgabe der Vergebung hat. Auch er und gerade er ist zur Begleitung aufgefordert, und zur Großmut, die dem Schuldigen in Wahrhaftigkeit, Demut und Solidarität entgegengeht. Dabei ist natürlich, um die rechte Ordnung nicht auf den Kopf zu stellen, ganz deutlich hervorzuheben, daß die Grenze für diese Forderung ganz eindeutig das physische und psychische Heilbedürfnis des Opfers ist.

---

[72] In Werner Bergengruens Gedichtzyklus 'Dies irae' scheint das in bezug auf das schauderhafte 'Geheimnis des Abgrundes', das Hitler darstellt, eindrücklich in dem Vers auf: "Vergreift euch nicht. Er trägt das Zeichen, / und Kain wird siebenfach gerächt." Diese refrainartig wiederkehrende Aussage fällt umso mehr ins Gewicht, als nach diesem Gedicht vornehmlich das dämonisch-übermenschliche Ausmaß seiner Schuld das Gefühl erweckt, daß er der menschlichen Gerichtsbarkeit entzogen sei. Siehe Werner Bergengruen, Geheimnis des Abgrundes in: Dies irae, München ^{2}1947.

[73] G.K. Chesterton, Die Klage des Marquis von Marne in: Father Browns Geheimnis, dt. v. H.Haefs, Zürich 1992, 207.

Wenn dieses durch ein solches Entgegengehen - zumindest im Moment - überfordert ist, ist es natürlich von der Pflicht entbunden. Dies kann freilich im Einzelfall durchaus auch vom 'Dritten' gelten. Zugleich aber ist festzuhalten, daß die ethische Grundforderung das Gute zu tun und das Böse zu lassen, an jeden ergeht, auch an das Opfer. Hier wird die wahre Strenge und Unerbittlichkeit, die aber - was eigentlich unnötig ist anzumerken - eine durchwegs gute Strenge und Unerbittlichkeit ist, des moralischen Gesetzes offensichtlich. Der Anspruch der Freiheit an Freiheit ergeht an sie in jeder Situation und fragt zunächst nur: Was ist zu tun, was ist angebracht? Der Anspruch wird auch durch Unvermögen nicht im strengen Sinne aufgehoben, denn der Hilferuf, der aus der Not des Anderen heraus ergeht, besteht ja fort, sein Nichtbefolgen freilich ist dann gerechtfertigt. So zeigt sich jedoch, daß gerade die Betroffenen zur Hilfe aufgerufen sind, weil sie die erste und tiefgreifendste leisten können. Und dies nicht nur für den anderen. Heil werden im Prozeß der Vergebung beide je auf ihre Weise. Deswegen sagten wir oben, daß um Vergebung zu bitten ein ganz wichtiger Bestandteil der Wiedergutmachung sei. Vergebung, dieses freie Aufgeben des begründeten und berechtigten Grolls, ist schwer, und ist als Geschehen, das dialogisch zwischen zwei Menschen geschieht, von beiden gemeinsam ins Werk zu setzen. Wenn wir vorhin mit Scheler vom befreienden Charakter der Reue sprachen, und daran wollen wir auch festhalten, so ist, wenn es, wie meist, um Schuld an Menschen geht, die Reue doch nur wirklich in ihrer Vollform vollzogen, wenn sie in das Vergebungsgeschehen einmündet: Das "... Zauberwort der Befreiung heißt ... Versöhnung", meint Gerd Haeffner und fährt fort: "Machen wir uns nichts vor. Beide, der Beleidigte und der Beleidigende, das Opfer und der Täter müssen über ihren Schatten springen - zunächst derjenige, dem wehgetan worden ist. Der muß nämlich als erstes den Schmerz, der ihm angetan worden ist, noch einmal zulassen, um echt vergeben zu können ...: Ja, du hast mir wehgetan! ... Es ist, zweitens, schwer zu vergeben, da der Beleidigte - der dem wehgetan worden ist - einen enormen moralischen Vorteil vor dem anderen hat, ein Kapital, das jederzeit ausgespielt werden kann und das zumindest für das innere Sich-Fühlen von großem Wert ist. Vergeben heißt, auf diese stille Reserve zu verzichten. Sehr schwer!"[74] Man sieht, warum Großmut hier ganz besonders notwendig ist. Großmut, die umgekehrt dem Schuldigen die schwere Aufgabe erleichtert, um Vergebung zu bitten und sie anzunehmen. Dann aber, wenn beide sich dieser Anforderung beugen und Folge leisten, geschieht Menschlichkeit in schönster Form, in der gemeinsamen, durch das Schuldgeschehen noch gewachsenen Verantwortung füreinander. In einzigartiger Weise wird hier wiederaufgebaut, was zerstört wurde: die personale Beziehung.

In ähnlicher Weise gilt dies auch von der großmütigen Zuwendung dessen, der nicht betroffen ist, und der mit möglichst viel Zartheit an die Situation herangehen muß, um die Versuchungen des Schuldigen nicht ohne Not zu vermehren. Das 'Kontern' aber

---

[74] Gerd Haeffner, Tonbandabschrift der Fastenpredigten 1986 in St. Ludwig und St.Michael in München, 20.

zeigt sich so als ein eigentlich solidarisches Handeln. Wenn dies gelingt, und bei aller Schwierigkeit ist zu betonen, daß es wahrhaft gelingen kann und auch immer wieder gelingt, dann ist es für beide ein Geschenk, die gestärkt und bestärkt werden, in dem was gut ist und gut tut, und auch u.U. in einer neuen freundschaftlichen Haltung zueinander daraus hervorgehen. "Ich muß Dir helfen *dürfen* zu leben" (Hervorh. v. Autorin) schreibt Saint-Exupéry an seinen Freund. "Das Helfen-Dürfen braucht Exupéry; wer es ihm also erlaubt, der hilft *ihm*. Freundschaft ist ein Wechselbezug, und menschlich ist jener, dem 'nichts Menschliches fremd' ist."[75] Das aber bedeutet, daß ich keinen Menschen aus meinem Entschluß heraus als mir so fremd, so 'abartig' erklären dürfte, daß er mir nicht möglicherweise aufgegeben wäre. Nicht selten ist er es gerade dann, wenn er mir so erscheint.[76]

C. Religionsphilosophisches Staunen

Gewaltig und furchtbar in einem nennt das erste Standlied von Sophokles 'Antigone' den Menschen in seiner Schöpferkraft, seinem Vermögen zu handeln und zu gestalten.[77] Und dies angesichts eines Konflikts, der die Basis berührt, von der aus die gewaltige Potenz des Menschlichen erst ihre eigentliche Wertigkeit zum Guten wie zum Schlechten erhält. Ein Konflikt, den Antigone in die berühmten Worte faßt: "Nicht mitzuhassen, mitzulieben bin ich da!"[78] Wenn menschliche Existenz "Selbsthabe als Selbstgewinn, Bei-sich-Sein als Zu-sich-Kommen"[79] bedeutet, dann gibt Sophokles mit der Genialität eines großen Dichters hier in aller Kürze die Ausrichtung der Menschwerdung des Menschen an. Verfehlt dieser sie, gibt es tatsächlich nichts Furchtbareres als den Menschen in seiner pervertierten Gewaltigkeit. Folgt er ihr, so ist er gewaltig in einem anderen Sinn, den ein weiteres Dichterwort aus Griechenland formuliert: "Wie bezaubernd, welche Gnade ist ein Mensch, wenn er Mensch ist."[80] Dies gilt aber gerade auch noch einmal, wie wir sahen, vom Menschen angesichts von Schuld, wenn er sich in einer erneuerten Gemeinschaft mit den anderen davon abwendet. Philosophie beginnt im Staunen und zwar, wie wir meinen, in ihrem zentralen Anliegen im Staunen über das bereits Gewußte und schon Durchdachte. So

---

[75] Jörg Splett, Freiheits-Erfahrung. Vergegenwärtigungen christlicher Anthropo-Theologie, Frankfurt a.M. 1986, 111.

[76] Um Mißverständnissen zu wehren, sei angemerkt, daß es sehr wohl und häufig faktische Grenzen gibt, wo jemanden nicht zu helfen ist; wo es nicht nur erlaubt, sondern geboten ist, auf Abstand zu gehen. 'Abschreiben' darf man aber auch solche Menschen niemals, sondern ist immer verpflichtet, für sie zu hoffen, aus dem ethischen Grund der 'Würde der Person', die nicht erst für Taten, sondern schon für die Gedanken eine Richtschnur abgibt.

[77] Sophokles, Antigone, Verszeile 332ff.

[78] ebd. 523.

[79] Jörg Splett, Der Mensch in seiner Freiheit, Mainz 1967, 52.

[80] Menander, fr 761 K, Übersetzung von Jörg Splett als Motto seines Buches Lernziel Menschlichkeit. Philosophische Grundperspektiven, Frankfurt a.M. ^{2}1981.

sei hier dem Staunen über die gesehende Realität von Not, Chance und ethischer Gestalt des Schuldigseins noch ein wenig Raum gegeben.

Gestaunt werden soll über die Möglichkeit aus der Unmenschlichkeit zur neuen, ja möglicherweise verstärkten Menschlichkeit zurückzukehren. Gestaunt werden soll weiter über das, was hier ein Mensch dem anderen zusagen darf und soll (als die ursprünglichere Form gegenüber der Selbstzusage). Das heißt, es soll gestaunt werden über die Implikate der ethischen Forderungen angesichts der Schuld. Die ethische Forderung vor dem eigenen Nein zum Guten, ein Nein, das aus freier Entscheidung kam, war, sich erneut diesem Guten zuzuwenden. Das aber setzt voraus, daß dies möglich ist. Es galt den eignen Widerspruch zu widerrufen und neuen Stand im ethischen Handeln und in der ethischen Gesinnung zu finden, zerstörte Gemeinsamkeit mit den Mitmenschen wieder aufzubauen und dies durch den ersten Schritt von Bekenntnis und Suche nach Hilfe. Dies aber setzt voraus, daß dies möglich ist. Der Schuldige soll eine Neuer werden, soll dem Sinnwidrigen in der eigenen Biographie einen Sinn zuteilen, der ihm von diesem selbst her in keiner Weise zukommt. Dieses hat vielmehr eigentlich die Wirkung, auf Zukünftiges sinnzerstörend weiterzuwirken. Und in all dem soll bleibend vom Schuldigen wie seiner Umwelt dessen Würde geachtet werden, und das heißt, zu seiner zutiefst bedingten und darüber hinaus nun schuldiggewordenen Person ein unbedingtes Ja gesprochen werden, welches genau aus dem Freiheitsimpuls stammt, zu dem er sich in Widerspruch setzte. Das setzt voraus, daß dies möglich ist. Gewiß ist das möglich, so meinen wir, es geschieht ja immer wieder! Doch das ist, bedenken wir die Angelegenheit genau, alles andere als von selbst verständlich. Wie ist es denkbar, daß mit der Schuld, auch mit der schlimmsten und widerlichsten, diese Möglichkeit nie grundsätzlich verscherzt ist, sondern von der bleibenden ethischen Forderung bezeugt wird? Für diese braucht es natürlich keine außerethische Begründung, sie fordert kategorisch zu tun, was Gut ist und zu lassen, was Böse ist, und es sich stets ein Anliegen sein zu lassen, daraufhin zu streben. Aber dieser Charakter des in sich Stehens der Ethik ist ja kein Denkverbot. Das Denken muß vielmehr über dieses Faktum weiterstaunen. Dann aber zeigt sich ein Mehr, das über das ungeheure Vermögen des Menschen hinausgeht und dieses erst verstehbar macht.[81] Im Blick auf die Realität der Schuld, ihre Beziehung und Selbstbeziehung korrumpierende Wirklichkeit, ist ihre tatsächliche Heilung, die Rückkehr aus ihr alles andere als selbstverständlich. "Bereuen heißt ... im Hinbeugen auf ein Stück Vergangenheit unseres Lebens einen neuen Glied-Sinn und einen neuen Glied-Wert diesem Stück aufprägen."[82] So formuliert Scheler. Ebenso staunenswerte Züge sind für die Vergebung, die die Reue vollendet, festzustellen, Züge die über die Kompetenz des Menschen als Menschen hinausgehen, die aber dennoch dem anhaften, das der Mensch vollzieht und vollziehen soll. Vergebung stellt, mit Emmanuel Levinas gesprochen, "... eine Umkehr der natürlichen Ordnung der Dinge dar, die Umkehrbar-

---

[81] Es ist für das folgende sehr wichtig, den Unterschied von Begründbarkeit und Verstehbarkeit des Ethischen nie aus den Augen zu verlieren.

[82] Max Scheler, Reue und Wiedergeburt in: Vom Ewigen im Menschen, Bern ^{4}1954, 35.

keit der Zeit. ... Die Vergebung bezieht sich auf den verflossenen Augenblick, sie gestattet dem Subjekt, das in einem verflossenen Augenblick gefehlt hatte, so zu sein, als ob der Augenblick nicht verflossen wäre, so zu sein, als ob das Subjekt nicht gefehlt hätte. Die Vergebung ist aktiv in einem stärkeren Sinne als das Vergessen; das Vergessen betrifft nicht die Wirklichkeit des vergessenen Ereignisses; die Vergebung wirkt auf die Vergangenheit, sie wiederholt in gewisser Weise das Ereignis, indem sie es reinigt."[83] Das Geschehen, das wir hier als eine aus ethischen Grundsätzen folgende Forderung beschrieben, vollzieht sich gerade in der Mitmenschlichkeit von Vergeben und Vergebenlassen, aber auch in den anderen Schritten als ein stückweises, aber wirkliches Neuwerden, dessen unbedingter Impuls auf ein grundsätzliches Neuwerden ausgeht. Bezeugt wird dieses, wie mehrfach gezeigt, durch den bleibenden unbedingten Anspruch der Menschenwürde des Schuldigen. Wie ist dies zu verstehen? Aus der bedingt-unbedingten Existenz der menschlichen Person in sich, insbesondere insofern sie in der Zerrissenheit durch die Schuld steht, wird es nicht verstehbar, sondern nur an ihr offensichtlich. Das heißt jedoch, daß der Mensch, wenn er die Not eigener und fremder Schuld erkennt, sich ihr stellt und so mit ihr umgeht, wie er soll, in diesem Handeln dafür optiert, daß der Impuls seines Handelns, der weit über dieses hinausgeht, nicht ins Leere geht. Ethisches Handeln und besonders ethisches Handeln angesichts von Schuld stellt sich wesenhaft auf den Standpunkt, daß die in sich absurde und aporetische Schuldsituation nicht letztlich absurd und aporetisch sei. Dadurch ergibt sich für das Denken der Anspruch der Vernunft selbst, die Situation des Schuldigen so zu denken, daß damit diese im ethischen Handeln vollzogene Grundoption eingeholt wird, daß das Nein des Schuldigen immer schon von einem wahrhaft unbedingten Ja zu seiner Person umfangen und getragen ist. Damit eröffnet sich nämlich die Möglichkeit, durch ein Einstimmen in dieses Ja jene Neuwerdung in Gang zu setzen, die wir beschrieben. Das aber bedeutet, das unbedingte Ja, das die Ethik auch angesichts des Schuldigen und zwar auch des schlimmsten Verbrechers fordert, ist vor dem Denken, auch dem des Schuldigen selbst, der in seiner Schulderfahrung ernst zu nehmen ist, letztlich nur ver-antwort-bar "... durch Berufung auf ein (unbedingtes) Ja zu ihm, das nicht von einem bedürftigen oder launischen endlichen Ich [das zudem selbst sein trauriger Gefährte in der Schuld ist][84], sondern von einer absoluten Personal- und Freiheitswirklichkeit gesprochen ist."[85] Eine solche Wirklichkeit aber nennt man gemeinhin Gott. Wenn wir der Schuld nicht nur in der ethischen Tat entgegentreten wollen, was wohlgemerkt für sich völlig ausreichend ist, sondern ihr als Philosophen denkend begegnen, dann gilt, "... wenn ich zu einem Menschen nicht nach *seinem* Maß, sondern *unbedingt* soll verantwortbar Ja sagen können, dann muß mein Maß das unbedingte Ja Gottes zu ihm sein, aus dem er ist

---

[83] Emmanuel Levinas, Totalität und Unendlichkeit. Versuch über die Exteriorität, Freiburg u.a. 1987 413. Zum rechten Verständnis einer solchen 'Reinigung' der Vergangenheit siehe oben S 17f.

[84] Einfügung von Autorin, siehe oben S 21f.

[85] Jörg Splett, Der Mensch ist Person. Zur christlichen Rechtfertigung des Menschseins, Frankfurt a.M.1978, 30.

und sein soll, der er ist."[86] Für den Schuldigen ist dies der Grund, "... daß sich ihm die neue Zukunft eines Lebens in Würde erschließt: des Menschen Heil ist Rechtfertigung als schöpferische Neu-Erweckung."[87] Dies mag wie das ungeschickte und unorganische christliche 'Ausfüttern' eines vorher gut sitzenden philosophischen Mantels aussehen. Doch wir meinen, daß wir vielmehr nur denkend für das fragende Denken aufzeigten, welches die Kettfäden sind, die dem Gewebe Halt und Struktur geben. Vom christlichen Standpunkt ist aber zugleich anzumerken, daß ein 'christliches Futter' im vollen Sinne noch ganz anders aussähe. Die Selbstzusage Gottes, auf die das Christentum im Glauben antwortet, ist noch wesentlich radikaler als jene Grundoption ethischen Handelns, radikaler freilich auf derselben Linie. Das christliche Zeugnis von der Hoffnung, die aus Gottes Ja zum Menschen resultiert, einer in tiefem Vertrauen auf Allmacht und Allgüte bestehende Hoffnung, die das ethische wie das religionsphilosophische Denken transzendiert, ohne es zu schmälern, sei mit den Worten des Dichters Werner Bergengruen zum Schluß angedeutet:[88]

Stimme Gottes

Scheu dich nicht, mich anzugehen.
Meine Wohnung ist nicht klein.
Willst du aber draußen stehen:
Auch dies Draußen, es ist mein.

Wohl empfang ich, die gereinigt
Niebegangne Schuld gebüßt.
Doch es sind, die mich gesteinigt,
Gleichermaßen mir gegrüßt.

Wenn die letzten Tuben tönten
Von beglühten Wolkenspitzen
Werden auch die Unversöhnten
Mit an meinem Tische sitzen.

---

[86] Ebd. 30.
[87] Ebd. 35.
[88] In: Figur und Schatten. Gedichte, Zürich 1958, 95.

Peter-Otto Ullrich

Beobachtungen zum Person-Denken Jörg Spletts

1. Thema, Ziel und Methode seiner Bearbeitung

Die Wortprägung begegnet bei Jörg Splett selbst: "Person-Denken".[1] Es nimmt in seinem Werk einen bedeutungsvollen Platz ein.[2] Bereits das Werkverzeichnis demonstriert dies eindrücklich.[3] 18 Publikationen enthalten das Wort "Person" in substantivischer oder adjektivischer Wendung im Titel.[4] Auch in einer Vielzahl anderer Beiträge wird über "Person" gehandelt, ohne daß die Überschrift das Wort nennt.[5] Bei der Exposition von Fragestellungen und bei der Argumentation fungiert der Begriff, nicht bloß das Wort, vielfach als strukturierendes Element. "Person" ist ein Bezugs- und Grundthema, gleichsam ein "cantus firmus"[6] des Denkens Jörg Spletts.

Das gilt freilich auch umgekehrt: Zentrale Aspekte desselben firmieren als Themen eigenen Rechts; ihnen gebührt aus sich selbst heraus Aufmerksamkeit. Sie erfordern eigenständige Bearbeitung und finden entsprechende Beachtung, wie die Arbeiten zum

---

[1] J. Splett, Zum *Thema "Person"* heute. Ein Literaturbericht; in: Stimmen der Zeit 186 (1970) 125-132, 126; ders.: Nihilismus - Analogie - Dialogik. Person-Denken als trinitarische Ontologie, in: A. Molinaro (Hg), Interpretazione del Nichilismo (Roma 1986) 323-340. - Zur Zitationsweise: Publikationen von Jörg Splett zitiere ich nachfolgend durchgängig ohne Verfassernamen mit dem Sachtitel, ggf. mit dem bei der ersten Nennung durch Kursivierung kenntlich gemachten Kurztitel.

[2] Dies nicht zufälligerweise, bestimmt doch Splett selbst den Rang der Thematik wie folgt: "Es besteht wohl Einverständnis, daß mit dem Thema 'Person' [..] nicht eine Randproblematik heutigen Denkens benannt ist, sondern eine Fragestellung, die [...] das Denken unseres Jahrhunderts wesentlich bestimmt, zumindest mitbestimmt" (Thema "Person", 125). Kennzeichnend scheint mir zugleich die Perspektive zu sein, unter der diese Thematik wahrgenommen wird: "Charakteristisch ist aber auch die Rücksicht, unter der die Person zum Thema geworden ist[:] der dialogische Aspekt. Person-Denken ist vor allem Begegnungsphilosophie" (ebd., 126).

[3] Siehe Abschnitt IV dieser Festschrift. Nach wie vor nimmt die Zahl der Veröffentlichungen rasch zu. Eine in regelmäßigen Abständen aktualisierte Version des Schriftenverzeichnisses findet sich auf der Website der Phil.-Theol. Hochschule St. Georgen (www.st-georgen.uni-frankfurt.de/bibliogr/splett.htm). - Mit Hinweis auf dieses dort virtuell greifbare und hier gedruckt vorliegende Verzeichnis begnüge ich mich nachfolgend bei gegebenem Anlaß jeweils mit einer Auswahl von Belegen.

[4] Bezogen auf den Stand Juli 2000.

[5] Der Mensch in seiner Freiheit (Mainz 1967). - Konturen der Freiheit. Zum christlichen Sprechen vom Menschen (Frankfurt a.M. 1974). - *Freiheits-Erfahrung*. Vergegenwärtigungen christlicher Anthropo-theologie (Frankfurt/M. 1986). - *Leben als Mit-Sein*. Vom trinitarisch Menschlichen (Frankfurt a.M. 1990). - Der Mensch zwischen *Sozialität* und Individualität. Das Wesen der Mitte; Verlockung durch die Extreme, in: E.J.M. Kroker/B. Dechamps (Hg), Moralische Indifferenz. Die stille Revolution in unserer Gesellschaft (Frankfurt/M. 1999) 51-67.

[6] Also die einem Notensatz, einer Komposition "zugrundeliegende [...] Melodie, die in allen Stimmen auftreten kann" (W. Ziegenrücker, Allgemeine Musiklehre [München/Mainz [8]1985] 196).

Stichwort "Gewissen"[7] verdeutlichen oder die Beiträge zu Schuld und Verantwortung[8], zur Wahrheitsfrage[9], zur Thematik des Schönen und der Kunst[10] und der ganze Komplex philosophischer Rede von Gott[11]. Vieles von dem, was hier grundgelegt und entfaltet wird, gehört nach Art und Anlage unverzichtbar in das Person-Denken Spletts mit hinein.[12] Die genannten Themen - Traktakten jener philosophischen Tradition entsprechend, der Splett sich verbunden weiß[13] - durchdringen sein Person-Denken in solcher Weise, daß unter Absehung von ihnen dessen Pointe nicht erfaßbar wäre. "Anthropo-Theologie" könnte, formal gewendet, eine Kurzformeln lauten, welche die Fülle der vielfach variierten und modulierten Grundaussagen auf jenen Punkt brächte, der mit dem Thema dieses Beitrags angezeigt ist.[14]

---

[7] Gewissen - Ernst der Menschlichkeit, in: Katechetische Blätter 78 (1977) 523-534. - Bestimmung des einzelnen zur Selbst- und *Mitverantwortung* für das Wohl der Gemeinschaft; in: E.J.M. Kroker/B. Dechamps (Hg), Das Menschenbild der freien Gesellschaft. Globalisierung und Europäische Integration (Frankfurt a.M. 2000) 65-83, 65). - An anderer Stelle ("Person und Funktion"; in: Theologie und Philosophie 72 [1997] 360-380, Abschnitt III) wird die Berufung auf den Gewissensspruch (372) argumentativ zur Abwehr "aktualistischer Mißdeutungen" in der Diskussion um Person- und Menschsein (360 mit 372-379) herangezogen.

[8] Unfreie Freiheit: Schuld, in: Konturen der Freiheit (Anm. 5), 100-124. - *Partizipation.* Freiheit in Verantwortung; in: Theologie und Glaube 81 (1991) 177-189. - Der Mensch ist Person. *Würde und Verantwortlichkeit* als Grundbestimmungen abendländischen Selbstverständnisses; in: Zeitschrift für medizinische Ethik 45 (1999) 326-328.

[9] Wahrheit und Gewißheit, in: Stimmen der Zeit 176 (1965) 659-668. - Wahrheits-Anspruch. Philosophische Voraussetzungen, in: W. Löser/K. Lehmann/M. Lutz-Bachmann (Hg), Dogmengeschichte und katholische Theologie [FS H. Bacht/A. Grillmeier/A. Schönmetzer] (Würzburg 1985) 353-375.

[10] Liebe zum Wort. Gedanken vor Symbolen (Frankfurt a.M. 1985). Der Band versammelt eine Reihe einschlägiger Einzelbeiträge zum genannten Themenspektrum.

[11] Reden aus Glauben. Zum christlichen Sprechen von Gott (Frankfurt a.M. 1973). - *Gotteserfahrung im Denken.* Zur philosophischen Rechtfertigung des Redens von Gott (Freiburg/München 1973), ^{2}1978, (überarb.) ^{3}1985, (überarb.) ^{4}1995. - Denken vor Gott. Philosophie als Wahrheits-Liebe (Frankfurt a.M. 1996). - Freiheitsgrund Transzendenz, in: Theologie und Philosophie 74 (1999) 545-556.

[12] Dazu gesellt sich in methodisch anderem Zugang, doch mit unübersehbaren inhaltlichen Entsprechungen eine stattliche Reihe von Studien, die - quer durch die Philosophie-, Theologie- und Geistesgeschichte gehend - Einzelpersonen und ihrem Werk gelten, welche in dieser oder jener Form Spuren im Denken Spletts hinterlassen haben (so etwa: Die Bedingung der Möglichkeit. Zum transzendentalphilosophischen Ansatz der Theologie Karl Rahners, in: B.J. Hilberath [Hg], Erfahrung des Absoluten - Absolute Erfahrung? [FS J. Schmitz] [Düsseldorf 1990] 68-87. - "Liebe, die im Geist mir redet..." Dantes Dame Philosophie, in: Theologie und Philosophie 66 (1991) 557-569. - Gewissen und Glaubensbegründung bei John Henry Newman, in: A. Glässer [Hg], John Henry Newman [Eichstätt-Wien 1991] 33-50. - Der Schmerz und die Freude. C. S. Lewis' christliche Perspektive, in: Inklings-Jahrbuch 1 [1983] 43-66). Wie nicht wenige andere Publikationen verdanken sie ihre Entstehung einer Einladung zum Vortrag; auf eine Rede- und Gesprächs-Situation hin entworfen, sind sie schriftlicher, publizierbarer Text geworden, der losgelöst von der Ursprungssituation seine Eigendynamik entfaltet.

[13] Verschiedene Traditionen kommen hier zusammen und fügen sich zu einem Denken, das Hans Günther Türk "etwas grob und global" als "phänomenologisch-hermeneutisch, personalistisch, metaphysisch, auch transzendental" charakterisiert (H.G. Türk, *Rezension* zu Splett, Jörg, Denken vor Gott. Philosophie als Wahrheits-Liebe [1996]; in: Theologische Revue 94 (1998) Sp. 34-36, 36).

[14] Splett bringt selbst zum Ausdruck, daß mit dieser Formel ein für seine Philosophie charakteristisches Programm überschrieben ist (Leben als Mit-Sein [Anm. 5] 10).

Was die Wortstatistik zunächst als Hypothese nahelegte, erfährt also Stützung bei der Sichtung inhaltlicher Befunde. Von daher geben auch die anderen, nicht unmittelbar dem Person-Denken Jörg Spletts gewidmeten, sondern anderen thematischen Strängen seiner Philosophie folgenden Beiträge dieser Festschrift wichtige Einblicke in dieses. Wie dort stehen sie hier - nun nicht mehr von einem einzelnen Autor in dieser Weise komponiert, sondern von einem Autorenensemble in je eigenverantwortlichem Zugang ausgearbeitet und auf je eigene Weise "mit-gedacht" - in einem konstitutiven Verweisungszusammenhang. Das entlastet im Verein mit Spletts eigenem unablässigen Bemühen, die Konturen und wesentlichen Inhalte seines Person-Denkens jedwedem interessierten Publikum nahezubringen, von dem im Rahmen eines solchen Artikels nur schwer erfüllbaren Anspruch einer referierenden Wiedergabe, die einem komplexen Thema auch in die relevanten Bezugs- und Seitenthemen folgt.

Eine dankbar mit-denkende Auseinandersetzung kann im folgenden unmittelbar an eigene Expositionen Spletts anschließen. Sie ist - eine Anregung von Hans Günther Türk aufgreifend - "prinzipiell auf zwei Weisen" möglich: "Man kann die [...] Sichtweise grundsätzlich voraussetzen, um von hier aus Folgeprobleme - durchaus kontrovers - im Gespräch [...] zu diskutieren. Man kann aber auch einen einer solchen Perspektive entgegengesetzten, ja fremden [...] Standpunkt einnehmen, um dann mit dem Austausch der Argumente zu beginnen."[15]

Meine Intention für den folgenden Beitrag nimmt Elemente aus beiden Varianten auf, folgt aber keiner zur Gänze. Mir geht es hier weder um "Folgeprobleme" des Person-Denkens Jörg Spletts im engeren Sinne noch darum, von einem entgegengesetzten Standpunkt aus einen "Austausch der Argumente" zu eröffnen. Wohl aber suche ich auf der Grundlage eines weitreichenden Einverständnisses eine fremden Perspektive einzubringen, um von dort aus "Beobachtungen" zu jenem Denken zu formulieren: als Ausdruck des "Mit"-Denkens, von dem programmatisch der Titel dieser Festschrift spricht, und als Impuls zum "Weiter"-Denken an die Adresse des mit ihr Geehrten. Dabei lasse ich mich von zwei Hypothesen leiten: (1) daß zunächst und über weite Strecken ein breiter, womöglich garstiger Graben der Fremdheit[16] zu überwinden ist, um überhaupt des Gewinns ansichtig zu werden, der sich der Fremdperspektive verdankt, worauf dann in den argumentativen Austausch einzutreten wäre; und (2) daß dafür das unmittelbar bereitliegende (Routine-)Muster des Disputs nicht das Mittel erster Wahl ist. Das heißt nicht, daß die genannten Beobachtungen sich nicht von Argumenten leiten ließen, doch zielt meine Intervention darauf zu sehen,

---

[15] Türk, Rezension (Anm. 13), Sp. 36.

[16] Ich meine, es ginge dabei um mehr und Folgenreicheres als um "ein praktisches Exercitium in Teilnahme an Fremdem", das Splett mit leichter Ironie "für den konkret gesellschaftlich Engagierten" annimmt bezüglich seiner philosophisch, sprich: metaphysischen Antwort zum Thema "Partizipation" (Partizipation [Anm. 8] 177). Zur Tragweite der Herausforderung durch das Fremde vgl. P.-O. Ullrich, Herausgefordert vom Fremden. Zur Bedeutung der Ökumene im Kontext der beruflichen Fort- und Weiterbildung im evangelischen und katholischen Raum; in: K. Raiser/D. Sattler (Hg), Ökumene vor neuen Zeiten [FS Th. Schneider] (Freiburg-Basel-Wien 2000) 475-506, bes. 477-481.

was bei Spletts Person-Denken - und entsprechend bei der anschließend vorgestellten Fremdperspektive - aus Beobachtersicht der Fall ist, um dann weiterführende Perspektiven und Anschlußmöglichkeiten aufzuzeigen.

"Beobachtung" meint in erster Näherung "Feststellung eines bedeutsamen Unterschiedes"[17]. Die Differenz zwischen Selbst- und Fremdbeobachtung ist es, die Mit-Denken möglich und fruchtbar machen kann.[18] Von hier aus lassen sich Fragen formulieren, die entlang jener Unterschiede aufkommen, die einen Unterschied machen. Beobachten meint aber nicht allein "Beziehen auf eine Differenz". Niklas Luhmann fügt dieser Bestimmung eine zweite hinzu: "Beziehen auf Differenz *unter Voraussetzung von Limitationalität*, das heißt: auf Differenz in einem auch anders möglichen Unterscheidungsbereich".[19] "Beobachtung" im hier gemeinten Sinne ist mithin,

---

[17] H. Willke, *Systemtheorie II*: Interventionstheorie. Grundzüge einer Theorie der Intervention in komplexe Systeme (Stuttgart-Jena 1994) 12 (im Original kursiv). "Kompetentes Beobachten verlangt [..] zwei Fähigkeiten; zum einen elaborierte Möglichkeiten, überhaupt Unterschiede feststellen zu können und zum anderen elaborierte Möglichkeiten, aus den festgestellten Unterschieden Bedeutungen abzuleiten" (ebd., 12f). "Bedeutsam", signifikant ist ein Unterschied, der einen Unterschied macht, so die Formulierung von Fritz B. Simon (Unterschiede, die Unterschiede machen. Klinische Epistemologie: Grundlage einer systemischen Psychiatrie und Psychosomatik (Frankfurt a.M. ²1995). Als folgenreich für das Verständnis dieses Beobachtungsverständnisses erweist sich dessen Logik: Sie ist "nicht die Logik des beobachteten Phänomens, sondern die Logik des beobachtenden Systems und seiner kognitiven Struktur [...] *Die Referenz der Beobachtung* ist nur vordergründig der beobachtete 'Gegenstand'. Aufgrund der beobachterabhängigen Rekonstruktion des Gegenstandes ist die Referenz der Beobachtung der Beobachter, also *Selbstreferenz*" (H. Willke, Systemtheorie. Eine Einführung in die Grundprobleme der Theorie sozialer Systeme [Stuttgart-Jena ⁴1993] 179f; Hervorhebungen im Original).

[18] Was demgegenüber erfahrungsgemäß rasch in den Hintergrund tritt, ist jene gerade skizzierte Erkenntnis, die insbesondere die Theorie autopoietischer, selbstreferentieller Systeme einschärft: Die Referenz der Beobachtung ist der Beobachter, nicht das Beobachtete. Dialog und Disput sind von daher nicht wie immer gearteter (argumentativer) Austausch über Beobachtetes, auf welches sich als auf etwas für die Beobachter Gleiches ohne weiteres rekurrieren ließe, sondern Prozesse, in denen selbstreferentielle Verarbeitungen festgestellter Unterschiede zur Kommunikation offeriert werden ohne Berufungsmöglichkeit auf einen Standpunkt, eine Perspektive, eine Beobachterposition jenseits dessen.

[19] N. Luhmann, Soziale Systeme. Grundriß einer allgemeinen Theorie (Frankfurt a.M. ⁶1996; nachfolgend als SY zitiert) 359; Hervorhebung von mir. Publikationen Niklas Luhmanns werden nach der ersten Nennung jeweils ohne Verfassernamen mit dem dabei angegebenen Sigel zitiert.- Es mag nahe liegen, den Hinweis auf andere mögliche Unterscheidungsbereiche als Verzicht auf den Wahrheitsanspruch der Unterscheidung zu lesen. Eine derartige Interpretation träfe allerdings, soweit ich sehe, nicht zu. Ohne für die Unterscheidung Wahrheit zu beanspruchen, wäre sie sinnlos, kommunikativ nicht anschlußfähig. Statt dessen geht es darum, den aus der Komplexität des Prozesses von Beobachtung resultierenden Selektionszwang zu erinnern, der zugleich weitere Möglichkeiten anderer Selektionen, mithin anderer Beobachtungen thematisiert. Die Beobachtung wird durch die jeweils als signifikant gewählten Unterscheidungen limitiert. Grundlegend hierfür Luhmanns Bestimmung: "Als komplex wollen wir eine zusammenhängende Menge von Elementen bezeichnen, wenn auf Grund immanenter Beschränkungen der Verknüpfungskapazität der Elemente nicht mehr jedes Element jederzeit mit jedem anderen verknüpft sein kann. Der Begriff 'immanente Beschränkung' verweist auf die für das System nicht verfügbare Binnenkomplexität der Elemente, die zugleich deren 'Einheitsfähigkeit' ermöglicht" (SY, 46), bzw. in kürzerer Fassung: "Komplexität besagt, daß eine Vielzahl von Elementen [...] nur selektiv verknüpft werden kann. Komplexität bedeutet also Selektionszwang" (SY, 291). Unter bestimmten Voraussetzungen, aus der Sicht von Einzelelementen - z.B. für bestimmte Handlungen oder Informationsverarbeitungsprozesse des Systems -

entgegen alltagssprachlichem Verständnis, ein ebenso voraussetzungs- wie folgenreiches Geschehen.[20] Welche Limitationen, anders gesagt: Welche Aufmerksamkeit und Wahrnehmungsinteressen sind es nun, die mich als Beobachter des Person-Denkens Jörg Spletts nach Unterschieden schauen lassen, die Unterschiede machen?[21] - Ich nenne deren drei.

Die erste Blickschärfung geht zurück auf die Erfahrung - den Titel eines Artikels von Ernst Tugendhat aufgreifend und abwandelnd[22] - einer Art Hilflosigkeit des mir vertrauten Person-Denkens. Bald nach der Übernahme einer Aufgabe im Bereich der beruflichen Bildung in einer deutschen Diözese - organisationssoziologisch gesehen also in einem Unternehmen mittlerer Größe mit hoher Binnendifferenzierung und vielfältigen Schnittstellen nach außen und innen - trat mir jene Hilflosigkeit weiter Teile des handelnden Personals einschließlich meiner selbst angesichts der Operationsweisen d(ies)es sozialen Gebildes "Organisation" eindringlich vor Augen. Sie zeigte sich u.a. in Anbetracht der Herausforderungen, welche die selbstläufigen Mechanismen einer komplexen Organisation und das Handeln in solchem Kontext an ihre Mitglieder stellt, und zwar nicht erst in jenen eher seltenen "Sternstunden", in denen für eine bestimmte Option aus Gewissensgründen einzustehen ist, sondern gerade in den Alltagsvorgängen und Organisationsroutinen.[23] In dem mir bekannten Person-

---

wird Komplexität nur als "ein Maß für Unbestimmbarkeit oder für Mangel an Information" relevant; "Komplexität ist, so gesehen, die Information, die dem System fehlt, um seine Umwelt (Umweltkomplexität) bzw. sich selbst (Systemkomplexität) vollständig erfassen und beschreiben zu können" (SY, 50f).

[20] Die knappen Hinweise zu den Begriffen "Beobachtung" und "Komplexität" stehen als erste Belege für die o.g. Hypothese, derzufolge für anstehende Sachauseinandersetzungen zunächst in eigenen, teils aufwendigen Prozessen Verständnisfragen zu klären sind. Dabei kann möglicherweise bereits die Frage problematisierungsfähig sein, was man sich mit entsprechenden Verständnisbemühungen einhandelt und welche (unerwünschten) Folgen es zeitigen könnte, sie zu unternehmen.

[21] Darüber Rechenschaft zu geben, dient der Transparenz und Nachvollziehbarkeit der im Abschnitt 2 vorgestellten Beobachtungen und der sich daran anschließenden Überlegungen. Auch der Beobachter des Person-Denkens Spletts hat - wie jeder Beobachter - *seinen* "blinden Fleck". Doch mit dem Wissen darum ist noch nicht die Möglichkeit der Selbstbeobachtung des eigenen blinden Flecks gegeben. Vgl. dazu: N. Luhmann, Sthenographie; in: ders./H. Maturana/M. Namiki/V. Redder/F. Varela, Beobachter. Konvergenz der Erkenntnistheorien? (München 1990) 119-136.

[22] E. Tugendhat, Die Hilflosigkeit der Philosophen angesichts der moralischen Herausforderung unserer Zeit, in: Die neue Gesellschaft/Frankfurter Hefte 36 (1989) 927-935.

[23] Bei Vorgängen dieser Art erweisen geläufige Maximen wie etwa jene, das Interesse am Ganzen und an dessen Wohl dem Eigeninteresse voranzustellen (vgl. Sozialität [Anm. 5], 61), sich als nicht genügend trennscharf und damit kaum brauchbar, desgleichen die Berufung auf Pflicht, Erziehung und Anstand bzw. auf jene Gepflogenheiten, deren Sitz im Leben der vertraute Kreis oder allenfalls die überschaubare Gruppe ist. Die Erinnerung an das Amt des Prinzenerziehers und Fürstenspiegel ist das eine (ebd., 61); etwas anderes von dorther die Frage, wie in Aufnahme zentraler Anliegen des Person-Denkens ein "Spiegel" für Organisationsmitglieder auszusehen hätte. - Zu Recht weist Wilhelm Guggenberger angesichts einer Konstellation, in der es so gut wie keine Aufmerksamkeit für "Organisation", sondern nahezu nur für "Person" gibt, auf Folgendes hin: "Der 'Schwarze Peter' liegt [dann] beim Einzelmenschen, der - so die Idealvorstellung - Welt nach ausgleichendem Diskurs mit seinesgleichen gestalten soll. Damit sind wir [...] bei der Schlüsselfrage nach dem Stellenwert und den Möglichkeiten menschlicher Person in der gegenwärtigen Gesellschaft angelangt" (W. Guggenberger, Niklas *Luhmanns Systemtheorie.* Eine Herausforderung der christlichen Gesellschaftslehre [Innsbruck-Wien 1998], 130).

Denken gab es so gut wie keine Aufmerksamkeit für organisationale Operationsmodi und ihre Auswirkungen auf Status und Handeln von Personen, ohne daß dies zu Irritationen oder selbstkritischen Fragen geführt hätte - ein für mich irritierender Vorgang, der begriffen sein wollte.[24]

Die zweite Blickschärfung verdankt sich Beiträgen des Klagenfurter Philosophen und Organisationsberaters Peter Heintel, dessen Aufmerksamkeit gerade dem soeben beschriebenen Defizit gilt. Er erkennt darin eine verbreitete, über die Philosophie hinausgehende, gleichwohl auch für sie geltende "Organisationsblindheit"[25]. Unter der Anforderung, alltäglich in Organisationen handeln zu müssen und zugleich ein Stück weit begreifen zu wollen, was dabei geschieht, war es dann ein vergleichsweise kleiner Schritt von der Organisationstheorie zur Theorie der sozialen Systeme Niklas Luhmanns.

Als weitere Spezifizierung meines Wahrnehmungsinteresses wirkte sich schließlich (drittens) eine Besonderheit meines beruflichen Handlungsfeldes aus. Die Seelsorge der großen christlichen Kirchen ist in weiten Bereichen der funktionalen Differenzierung der Gesellschaft durch den beständigen Ausbau kategorialer Dienste gefolgt, mag sie eine explizite Vorstellung davon haben oder nicht. Darauf abgestellte berufliche Bildung des Seelsorgepersonals wird entsprechend mit den Folgen dieser Entwick-

---

[24] Luhmann berichtet von einer - bei allen Unterschieden - ähnlichen initialen Erfahrung: "Was damals [in der zweiten Hälfte der 50er und zu Beginn der 60er Jahre] an Organisationsliteratur existierte, war weitgehend auf Wirtschaftsbetriebe bezogen. Das stimmte mit meinen Erfahrungen im Ministerium überhaupt nicht überein. [...] So erklärt sich das Bedürfnis, eine Organisationstheorie haben zu wollen, um die Erfahrungen, die man täglich macht, zu begreifen" (in: D. Horster, Niklas Luhmann [München 1997] 34f).

[25] "Auf der anthropologischen Ebene fällt [..] auf, daß Organisation zwar als 'Instrument' anerkannt ist, emotionell aber eher negativ 'besetzt' wird. Sie ist sozusagen notwendiges Übel zum Zweck des Überlebens, zur Koordination unserer arbeitsteiligen Gesellschaft, zur Funktion von Staat und Gesellschaft [...] Organisation [wird] in ihrem funktionalen Teil, als Instrument und Mittel im Sinne rationeller Notwendigkeit[.] zwar begriffen und 'eingesehen' [..] man [kann] sich aber für sie emotionell nicht 'erwärmen' [..] Allgemein führt dies zu einem ständigen latenten Widerwillen, sich mit ihr zu beschäftigen oder gar auseinanderzusetzen, des weiteren zu Uninformiertheit, Ahnungslosigkeit über Wesen, Gestalt, Aufgabe, Einfluß und Möglichkeiten von Organisation. Ich nenne dieses Phänomen '*Organisationsblindheit*' [...] Wir wollen *in* Organisationen leben, diese sollen klaglos funktionieren; wir wollen uns aber nicht näher *mit* ihnen beschäftigen" (P. Heintel, Warum wir uns mit Organisationen schwer tun; in: R. Fischer/M. Costazza/A. Pellert (Hg), Argument und Entscheidung. Zur Idee und Organisation von Wissenschaft (München-Wien 1993) 113-131, 113f; Hervorhebung im Original.). Entsprechendes gilt Heintel und seinem Mitautor Wilhelm Berger zufolge auch für die "Philosophiewissenschaft": "Für die gegenwärtige Philosophie ist Organisation ein Fremdwort, bestenfalls akzeptiert als ein Randgegenstand unter mehreren anderen Themen [...] Üblicherweise wertet Philosophie Organisation als neutrales, vorausgesetztes Instrument, das keinen essentiellen Einfluß auf Methode und Inhalt des Denkens und des Philosophierens hat. Die universitäre Philosophiewissenschaft nimmt im allgemeinen ihre eigene Organisation einfach hin. Sie glaubt, sich an einem Ort zu befinden, an dem reine Philosophie betrieben werden kann [...] So wird der Schluß gezogen, Philosophie wäre kaum von institutionellen oder organisatorischen Wirklichkeiten betroffen und sie unterscheide sich gerade darin von allen anderen Wissenschafts- und Wissensformen, daß sie sich über eben diese Wirklichkeiten programmatisch erhebt [...], um von dort aus diese Wirklichkeiten zu reflektieren" (W. Berger/P. Heintel, Die Organisation der Philosophen [Frankfurt a.M. 1998] 13).

lung konfrontiert. Sie zeigen sich u.a. in einer Gleichzeitigkeit (selbstverständlich) organisational verfaßter[26] spezifischer Handlungslogiken und unterschiedlicher Geltungsansprüche, die sich nicht mehr - von wem auch immer - in sachlich-argumentativer Weise allgemein akzeptiert priorisieren lassen.[27]

Mein philosophisches Interesse, seit Studienende nicht mehr an dessen klassischen Hegestätten versorgt und dem professionellen Philosophiebetrieb unterworfen, erwachte mithin genau in der Situation, in welcher der mir besonders vertraute und nahe philosophische Ansatz sich im Hinblick auf die für meine Fragen ausschlaggebenden Referenzen[28] und Relevanzkriterien[29] als weitgehend hilf- und wirkungslos erwies[30].

Im nächsten Schritt sollen einige mir relevant erscheinende Beobachtungen zum Person-Denken Jörg Spletts vorgestellt werden (Abschnitt 2). Sie bilden die Basis für die eingangs bereits genannten Impulse zum Weiter-Denken (Abschnitt 3). Dabei stehen Überlegungen von Niklas Luhmann zum Thema "Person" im Zentrum. Eine gewisse Anschlußfähigkeit der unterschiedlichen Ansätze scheint solchermaßen, über die bloße Wortgleichheit hinaus, gegeben. Zugleich bleiben hinsichtlich der Konzepte und ihrer Grundannahmen tiefreichende Differenzen. Sie geben Anlaß zu der Vermutung, daß die Unwahrscheinlichkeit des Gelingens einer derartigen Bezugnahme größer sein könnte als die Wahrscheinlichkeit ihres Gelingens[31]. Auch eine solche Konzeption ist eine Form des Mitvollzugs und der Weiterführung des Person-Denkens Jörg Spletts, allerdings in einer Fremdperspektive. Fraglich bleibt, ob dieser Impuls sich als anschlußfähig erweist und welche Aufnahme bzw. Abwehr er erfährt.

---

[26] Vgl. dazu R. Grossmann/K. Scala, Landkarte von Organisationen; in: K. Scala/R. Grossmann (Hg), Supervision in Organisationen. Veränderung bewältigen - Qualität sichern - Entwicklung fördern (Weinheim-München 1997) 35-64, bes. 40f.

[27] Das mag im Denkentwurf eines einzelnen möglich sein, doch löst dies in keiner Weise die skizzierte Problematik auf der Ebene der Organisation.

[28] Diese gehen für mich auf Person *und* Organisation und können sich deshalb nicht mit dem Hinweis begnügen, für jene gelte eine andere Zuständigkeit.

[29] Vgl. zur Sache H. Willke, Systemisches Wissensmanagement (Stuttgart 1998) 8-11.

[30] Selbstverständlich gibt es andere Möglichkeiten philosophischen Umgangs mit einer derartigen Situation. Sie sind für mich allerdings nicht maßgeblich geworden und dementsprechend unmaßgeblich sind sie für die Bestimmung der für meine Beobachtungen ausschlaggebenden Limitationen.

[31] Diese Vermutung unterstellt weder einen Mangel an Gewilltheit oder Fähigkeit, noch stellt sie ab auf den Einfluß von "Zitationskartellen", die ja nicht nur nach außen wirken, sondern ebenso ihre Innenwirkung entfalten. Sie entspringt vielmehr der Erfahrung der generellen Unwahrscheinlichkeit gelingender Intervention in autopoietische Systeme (vgl. Willke, Systemtheorie II [Anm. 17] 4). Wenn deren "Fenster" für aus ihrer Umwelt kommende Irritation vergleichsweise sehr schmal sind (vgl. dazu die Ausführungen Luhmanns zum Stichwort "strukturelle Kopplung" in: N. Luhmann, Gesellschaftsstruktur und Semantik. Studien zur Wissenssoziologie der modernen Gesellschaft [Bd.1-3: Frankfurt a.M. 1993; Bd. 4: Frankfurt a.M. 1999] 4, 61 und 166; nachfolgend als GS zitiert), liegt die Frage nahe, welche Aussichten auf nicht nur negative Anschlußfähigkeit ein eher fremdartiger Impuls für eine Philosophie hat, die "einsamer Reflexion und unabgelenkten Denkens" bedarf (Zum *Person-Begriff Romano Guardinis*. Ein "Versuch" christlich-philosophischen Nach-denkens; in: Theologie und Philosophie 54 [1979] 80-93, 80).

2. Beobachtungen zum Person-Denken Jörg Spletts

2.1 Grundlagen und Motive

Von der Bedeutung des Themas "Person" war einleitend bereits die Rede. Zu seinem nimmermüden Einsatz sieht Splett sich durch ein breites Spektrum von Pflichten und Anliegen eingefordert. Inhaltlich gilt es, den unbedingten Rang und die Würde eines anerkanntermaßen endlichen Wesens philosophisch zu begründen und gegen deren Bestreitung zu verteidigen[32] sowie "entschieden auf dem Rang und der Würde des Einzelnen und seiner (je gestuften) Verantwortung für das Gemeinwesen zu bestehen"[33]. Es sind Denkwege zu bahnen für eine "Ermöglichung übergreifender Mit-Menschlichkeit"[34], Wege zu einem angemessenen Verständnis von personalem Bezug und Freiheitswirklichkeit, das weder "die Wahrheit von Schöpfung und hiermit die Ehre Gottes" verkürzt noch "den Ernst und die Größe seiner Freigebigkeit" bestreitet[35].

Solche inhaltlichen Bestimmungen geben zu erkennen, worum es formal geht: daß nichts "unterschlagen" wird, was eine "Wesensdimension" des Menschseins und der Verantwortlichkeit für dieses "verkürzen" könnte.[36] Dieses Anliegen findet in besonderer Weise Verwirklichung zum einen in jenen Arbeiten, die dem Ziel dienen, "bereits philosophisch Menschenkunde und Gotteslehre zusammenzuführen, um Menschsein und Menschlichkeit unverkürzt in den Blick zu bekommen"[37] und - wie Splett nachdrücklich beansprucht zeigen zu können - philosophisch-argumentativ Zugang zu jenem Gott zu eröffnen, dessen Ruhm der lebendige Mensch ist[38]; zum anderen in den Veröffentlichungen, in welchen Splett von Gottes "reiner Bejahung" und überfließender Gnade her mit diesem "'Gesetz' des Ursprungs der Welt auch ihre alles durchstimmende Logik" zur Geltung zu bringen und in die Rede vom Menschen und der Welt einzutragen sucht.[39] In der Verfolgung dieses Vorhabens kann er

---

32 Der Mensch ist Person. Zur christlichen Rechtfertigung des Menschseins (Frankfurt a.M. 1978), 13 und ebd., Kap. 1 "Mit-Menschlichkeit aus dem Glauben" (23-41).

33 Sozialität (Anm. 5), 63.

34 Ebd., 60.

35 Leben als Mit-Sein (Anm. 5), 113f.

36 Mitverantwortung (Anm. 7), 80. Auch dieses Motiv begegnet in den Schriften an zahlreichen Stellen, wobei ich - wie zuvor schon - davon absehe, eine größere Zahl von Belegstellen anzuführen.

37 Leben als Mit-Sein (Anm. 5), 9.

38 Vgl. dazu ebd. 113f.

39 Ebd., 115. Zur Erläuterung der Konsequenzen eines derartigen Ansatzes führt er an dieser Stelle aus: "Verdankt sich also die Schöpfung reiner Freigebigkeit, dann muß eben diese als ihre Grundstruktur und -verfassung ausgemacht werden können [...] - allen späteren Verstellungen und noch so weit- wie tiefreichenden Verkehrungen zum Trotz. Auch innerhalb der Welt und ihres Laufs ergäbe sich demzufolge *als Sinngehalt welcher Phänomene auch immer* eine Grundbewegung nicht - evolutiv - von Armut zu Reichtum, sondern umgekehrt von diesem zu jener, das heißt, von der Identität zum Bezug, vom Besitz zum Empfangen: Über-fluß" (ebd. 115; Hervorhebung von mir).

zuweilen gegnerische Positionen scharf und kämpferisch attackieren.[40] Doch nicht allein in solcher Zuspitzung, sondern zuvor schon in der Auseinandersetzung mit Positionen, die seines Erachtens Letztgültigkeit für sich beanspruchen[41], zeigt sich ein charakteristischer "Einsatzwille", den er mit "Gelassenheit" verbunden wissen will[42] und dies im Widerspruch gegen Konzepte "eines stoischen Rückzugs ins Private".[43]

2.2 Grundzüge und charakteristische Konturen

Wie präsentiert sich nun im einzelnen jenes Person-Denken, auf welches die Beobachtung sich bezieht? Inhaltlich greife ich für die Zwecke dieses Beitrags drei mir zentral erscheinende Themenkomplexe heraus: (1) "Trinitarisches Person-Verständnis (Zum Wesen von Person)"[44], (2) "Grunderfahrung" und (3) "Sozialität". Sie stehen in einem Verhältnis interner Verweisung zueinander: Zum einen muß Spletts Person-Verständnis gerade als "trinitarisches" auf "Grunderfahrung" rekurrieren, um argumentativ zugänglich und ausweisbar zu sein; zum anderen bedarf es nicht minder der Explikation auf Sozialität hin, wenn es dem Anspruch unverkürzter Darstellung genügen soll.[45]

Formal macht es das in reichem Maße vorliegende einschlägige Material vergleichsweise leicht, wesentliche Grundzüge in Kürze vorzustellen und charakteristische Konturen hervorzuheben. Sie halten sich durch das Gesamtwerk hindurch konstant; sie erfahren keine Modifikation, schon gar nicht Brüche. Spezifizierungen und nähere inhaltliche Ausgestaltungen sind bezogen auf den Anlaß, die jeweilige Fragestellung im einzelnen und auf den für die Veröffentlichung zur Verfügung stehenden Raum. Sie wirken sich aber nicht auf die Struktur der Argumentation als solche aus.[46]

---

40 Und zu Lösungsversuchen durch Unterbietung; in: Theologie und Philosophie 60 (1985) 410-417 (Antwort auf N. Hoerster, Zur Unlösbarkeit des Theodizeeproblems; in: Theologie und Philosophie 60 [1985] 400-409).

41 Vgl. beispielsweise Leben als Mitsein (Anm. 5) 13-20.

42 Es ist möglich, in solcher Verbindung einen Widerschein ignatianischer Spiritualität zu erkennen, die in der Ignatius von Loyola zugeschriebenen Maxime ihren Ausdruck findet, alles so zu tun, als ob aller Erfolg nur vom Handelnden abhinge und als ob alles Gelingen von Gott gefügt sei.

43 Sozialität (Anm. 5), 66.

44 So wörtlich als Überschrift des 5. Abschnitts in: Person-Begriff Romano Guardinis (Anm. 31), 89.

45 Das Augenmerk des Beobachters könnte sich entsprechend auf die Frage richten, wie das Verhältnis von Grunderfahrung und Sozialität beschrieben wird bzw. in welcher Weise die *trinitarische* Struktur des Personverständnisses sich auf den Begriff von *Sozialität* auswirkt. Diesen Fragen näherhin zu folgen, übersteigt allerdings den zur Verfügung stehenden Rahmen.

46 Von daher stellt die Wahl eines primären Bezugstextes vor keine Probleme. Als solchen wähle ich den oben (Anm. 8) bereits mit vollem Titel zitierten Beitrag 'Würde und Verantwortlichkeit' aus dem Jahr 1999. Aufgrund der Vorgaben mußte er als "Stichwort" knapp gefaßt sein und eignet sich schon deshalb für unseren Zweck bestens. Ergänzend werde ich im folgenden jeweils hinzufügen, was aus anderen Bezugstexten zur Verdeutlichung heranzuziehen sich empfiehlt. - Die Seitenangaben im Text beziehen sich auf diesen Beitrag.

2.2.1 "Trinitarisches Personverständnis (Zum Wesen von Person)"

Die Explikation vollzieht sich - im ausgewählten Beitrag aufs äußerste verdichtet in exemplarischer Klarheit, damit zugleich aber auch das Argumentationsmuster verdeutlichend, das ausführlicheren Darstellungen an anderen Orten gleichfalls zugrundeliegt - in vier Schritten unter programmatischen Überschriften: "Wort und Begriff" (326); "Der Mensch ist Person" (326); "Gott ist personal" (327); "Das bestimmend Christliche" (327). Einleitende, knapp gefaßte Anmerkungen zur Etymologie führen zur Definition des Boethius: Person als substantielles, in sich stehendes "Individuum einer geistigen Natur" (326). Die zugehörige Erläuterung weist auf die *theologische* Notwendigkeit der Erarbeitung des Personbegriffs im Kontext von Trinitätstheologie und Christologie hin und markiert damit im Sachzusammenhang erstmals den für Spletts Person-Denken grundlegenden Gottesbezug, sei es in Gestalt des Person konstituierenden Schöpfungs- (327) bzw. Gewissensanrufs (326), sei es zur Rechtfertigung des Anspruchs auf Personwürde gegenüber deren theoretischer wie praktischer Bestreitung (327), sei es in Gestalt der These von der Zusammengehörigkeit der Begriffe "Person" und "Gott" und ihrer Begründung. Im Anschluß an Überlegungen Wolfhart Pannenbergs spricht Splett die Möglichkeit an, "Person" ursprünglich als religionsphänomenologische Kategorie zu verstehen (327). Abschließende Überlegungen gelten Klarstellungen und Präzisierungen (a) zur prinzipiellen, nicht nur faktischen Verknüpfung des Person-Begriffs mit der biblischen Wirkungsgeschichte, (b) zur Notwendigkeit, "Gott selbst als Freiheit, Personalität und Liebe zu denken", (c) einleitende Hinweise aufgreifend, zum Verhältnis von Selbstand und Bezüglichkeit im Personbegriff und abschließend (d) im Anschluß an Richard von St. Viktor und Romano Guardini zur trinitarischen Grundgestalt von Liebe und Personalität (327f).[47]

Die anthropo-theologischen Aussagen nehmen mit weitem Abstand den meisten Raum ein. Ihnen gilt die größte Aufmerksamkeit des Verfassers. Demgegenüber sind die Ausführungen zur sozial-gesellschaftlichen Dimension des Person-Seins geradezu marginal und zugleich von einer charakteristischen Attitüde durchstimmt: Sobald über die bloße Auskunft zur Wortbedeutung hinaus[48] eine Bezugnahme auf Gesellschaftliches erfolgt, geschieht dies in stark wertenden, Person-Gefährdung anzeigenden Beschreibungen[49] bzw. in Formulierungen, welche die Erwartung naheliegender

[47] Eine Fußnote weist auf ausführlichere Darstellungen dieser Überlegungen hin (328 Anm. 8): Gott/Trinität A. Philosophisch; in: P. Eicher (Hg), Neues Handbuch theologischer Grundbegriffe (München 1984/85) II, 122-133, auch als Kap. 3 in: Freiheits-Erfahrung (Anm. 5) 83-95.

[48] Nämlich: Person = "Maske" = "(individueller) Träger einer gesellschaftlichen Rolle" (Würde und Verantwortlichkeit [Anm. 8], 326).

[49] "Über den Extremen Individualismus und Kollektivismus stehend, ist sie [die Person] von beidem gefährdet, sowohl direkt wie in Reaktion auf diese Gefährdung" (ebd., 326). Entsprechend andernorts: "In Aufnahme von Guardinis Hinweis wäre hier wieder vom Ernst dieser Situation *auch im Sinn äußerster Gefährdung* zu sprechen. Sie macht die *fast übermächtige Versuchung* zum Absehen von Person oder/und zu ihrer Manipulation (beim andern wie bei sich selbst) nur zu verständlich" (Person-Begriff Romano Guardinis [Anm. 31], 93; Hervorhebungen von mir).

Gefahr und eine defensive Haltung spüren lassen[50]. Ein anderer Ton begegnet in jenen Wendungen, die das bestimmend Christliche im Person-Denken abschließend hervorheben, nicht allein an dieser Stelle, sondern auch in anderen Beiträgen[51].

Eine weitere Beobachtung scheint mir bemerkenswert: Der relativ frühe Beitrag aus dem Jahr 1970 "Zum Thema 'Person' heute" hatte einleitend darauf aufmerksam gemacht, daß damit eine Problematik genannt sei, "die früher wohl nicht dieses Interesse gefunden hat", und dafür eine Reihe gewichtiger Gründe genannt[52]. Dieser Hinweis begegnet später in den Beiträgen, die unmittelbar dem Person-Begriff gelten, so weit ich sehe, nicht mehr.

2.2.2 Grunderfahrung

Die These von der Zusammengehörigkeit der Begriffe "Person" und "Gott" bedarf eines weiter ausgreifenden argumentativen Aufweises. Den Ansatzpunkt dafür markiert das Stichwort "Grunderfahrung". Wiederum geht es im vorliegenden Beitrag nur darum, die *Struktur* der Argumentation, das Argumentations*muster* herauszuarbeiten. Der geeignete Grundlagentext hierfür scheint mir das erste Kapitel unter der Überschrift "Christliche Philosophie" aus "Gotteserfahrung im Denken" zu sein.[53]

Strukturbildend sind Definitionen bzw. Erläuterungen jener Elemente, die im Begriff der Grunderfahrung mitgedacht und für die folgenden Überlegungen bestimmend sind: (1) "Philosophie" ist "methodisch-kritische prinzipielle Reflexion auf Grunderfahrungen" [15]. (2) "Grund-Erfahrung" meint nicht irgendein Erfahren, sondern ist "im doppelten Wortsinn" als dasjenige zu verstehen, was alle "Teilerfahrungen" durchstimmt, "sodann, insofern es tragende Gründung erfährt"; "Grunderfahrung besagt hier im weitesten Sinn [...] dialogische Erfahrung: 'in Begegnung mit'" [16]. (3) "Reflexion" ist "Selbstreflexion, auch und gerade im Bedenken der Erfahrung anderer" [16]. (4) "Prinzipiell" heißt diese Reflexion, "weil nicht nur die reflektierte Erfahrung zentral ist, sondern weil auch die Reflexion auf sie sich nicht mit Teilaspekten begnügt [...], sondern ihrerseits auf die Mitte, den Grund dieser Erfahrung zielt" [16]. Mit "Teilaspekten" nimmt vorlieb, wer - wie etwa die Religionswissenschaften - von der Wahrheitsfrage abstrahiert [16]. In einem fünften und letzten Schritt erfolgt eine zweifache Klärung: des Verhältnisses von Reflexion und (reflektierter) Erfahrung als dasjenige einer bleibenden Verwiesenheit, sowie eine Bestimmung dessen, was eine Erfahrung zu einer reflektierten macht. Splett unterscheidet dabei drei Momente: "erfahrende Freiheit, erfahrene Freiheit und das different-eine Geschehen des Erfahrens selbst" [17].[54]

---

[50] "Dieser Rang des Einzelnen, sich in den Menschenrechten zeigend, ist eine abendländische Errungenschaft, die es zu wahren gilt" (Würde und Verantwortlichkeit [Anm. 8], 326).

[51] Beispielsweise in: Person-Begriff Romano Guardinis (Anm. 31), 93; Partizpation (Anm. 8), 189; Freiheits-Erfahrung (Anm. 5), 346.

[52] Thema "Person" (Anm. 1), 125f.

[53] Gotteserfahrung im Denken (Anm. 11). Die Seitenangaben im Text beziehen sich darauf.

[54] Vgl. weiterführend dazu ebd., 35f.

Argumentationsstruktur, Definitionen und Erläuterungen lassen erkennen, was hier gedacht wird, um denken zu können, was gedacht werden soll. Es werden, anders gesagt, die Selektionen und Limitationen deutlich, die für das Weitere ausschlaggebend sind.[55] Formalobjekt prinzipieller Reflexion auf Grunderfahrung ist die "transzendentale (Mit-)Erfahrung Gottes" [35]; demgegenüber wird anderes als "Teilaspekt" in der Reflexion nicht thematisch.[56]

Diese Selektionen und Limitationen, m.a.W. diese Begriffe von Philosophie und Grunderfahrung sind jene ihres Urhebers, sind "*Selbst*-reflexionen". Ohne solche Beschränkung, ohne bestimmten, auch anders möglichen Ausschluß anderer Anschlußmöglichkeiten, mithin ohne Komplexitätsreduktion wären weder Aussagen möglich noch ließe sich für sie Wahrheitsanspruch geltend machen. Das gilt sowohl für die (Auswahl der) Erfahrungen[57] wie für die Hinsichten, auf die hin sie reflektiert werden. Mithin: Die Referenz der Beobachtung ist der Beobachter. Von dorther kann Beobachtetes, reflektiertes *Sich*-Zeigendes Kommunikationsofferte werden, auf die andere sich mit ihrer Beobachtung, in ihrer Selbstreflexion beziehen.[58]

Eine dritte Beobachtung scheint mir für das Person-Denken Jörg Spletts maßgebend: Zwar spricht der Bezugstext dieses Abschnittes nicht davon, doch weisen Aussagen andernorts auf die Wichtigkeit (der Erfahrung) des Angerufenseins hin[59].

---

[55] Nicht daß es allein schon dadurch in Frage gestellt oder bestritten würde. Erst die Kenntnis seines Referenzrahmens und des Geltungsbereichs ermöglichen es, das Vorgetragene zuzuordnen und zu würdigen.

[56] In seiner Rezension des Bandes "Freiheits-Erfahrung" (Anm. 5) hat Hansjürgen Verweyen auf die Gefahr hingewiesen, in einem solchen Ansatz könnte außerchristliche Humanität nicht ernst genug genommen werden (in: Theologische Revue 84 [1988] Sp. 421/422, 422). Ich möchte den Hinweis in zweierlei Hinsicht modifizieren: Außer den von Splett entfalteten gibt noch weitere Facetten *inner*christlicher Humanität. Der geschilderte Eindruck könnte sich mithin auch auf diese beziehen. Zum andern steht dessen Anlaß m.E. weder in notwendigem Zusammenhang mit Spletts Philosophiebegriff als prinzipieller Reflexion auf Grunderfahrung noch mit deren Formalobjekt als solchem, wohl aber sehe ich Zusammenhänge mit der Auswahl der bedachten Erfahrungen sowie bezüglich der Offenheit der Selbstreflexion im Bedenken der Erfahrungen anderer, was deren eigene Reflexion jener Erfahrungen betrifft.

[57] Im 3. Kapitel bietet Splett unter der Überschrift "Sinnerfahrungen" im Anschluß an Bernhard Welte und Max Müller ein Panorama charakteristischer Grunderfahrungen (Gotteserfahrung im Denken [Anm. 11], 54f). Er nimmt dabei nicht nur "Hochformen" in den Blick, sondern denkt auch an Erfahrungen "in viel bescheidenerer Form" (ebd., 55).

[58] Die daraus resultierenden Differenzen und Diskontinuitäten sind nicht zu überspringen. Vgl. dazu inhaltlich beispielsweise R. Koselleck, Die Diskontinuität der Erinnerung; in: Deutsche Zeitschrift für Philosophie 47 (1999) 213-222, insbes. 214. Der Beitrag Kosellecks bietet im übrigen ein Beispiel eines anderen Typs von Primärerfahrung als jene, die für Splett Bezugspunkte sind.

[59] "Als Seinsvollzug eines Bewußtseins- und vor allem Freiheitswesens ist dies [rein naturhafte] Streben [..] von Anfang an als Grund*entscheid* zu denken: als ursprüngliche Antwort auf den erweckenden Schöpfungsanruf" (Partizipation [Anm. 8], 178; Hervorhebung im Original). In solchem Zusammenhang pflegt Splett zur Erläuterung eine Passage aus Guardinis "Versuche[n] zur christlichen Lehre vom Menschen" - unter dem Obertitel "Welt und Person" in 2. Auflage 1940 in Würzburg erschienen - anzufügen. So auch an dieser Stelle: "Mit dem Satz, Gott habe die Person geschaffen, ist anderes gesagt, als mit dem, er habe ein unpersönliches Wesen ins Sein gestellt. Das Unpersönliche, Lebloses wie Lebendiges, schafft Gott einfachhin, als unmittelbares Objekt seines Wollens [...] Die Dinge entstehen aus Gottes Befehl; die Person aus seinem Anruf" (ebd., 179).

Unter dem Stichwort "Schöpfungs- bzw. Gewissensanruf" war davon bereits im vorigen Abschnitt die Rede. Wenn solcher "Anruf" es ist, der die Reflexion auf "Grundentscheidung" evoziert[60], spricht manches für die Annahme, in der Erfahrung des Angerufenseins eine Art "Modell" und Maßstab für Grunderfahrung überhaupt vorzufinden, an welchem zugleich Wege und Interessen seiner Reflexion deutlich werden - und umgekehrt: Ligaturen, von denen her sie sich zu Lob, Dank und Pflicht gerufen erkennt.

2.2.3 Sozialität

Die Publikationen, die sich diesem Themenkreis zuordnen lassen, weisen gegenüber jenen zu den beiden bisher bedachten Stichworten einige Unterschiede auf. Nicht allein ihre Zahl ist geringer, desgleichen sachlicher Anspruch und Systematik. Nach meiner Kenntnis gibt es keine Schrift Spletts, die mit "prinzipiellem" Anspruch einer philosophischen Grundlegung der Sozialdimension des Person-Seins gewidmet wäre und diese etwa im Licht der vorgetragenen Anthropo-theologie methodisch-systematisch entfalten würde. Was vorliegt, sind vielmehr vermutlich mehr gelegenheitsabhängig verfaßte Einzelbeiträge[61]. Dementsprechend gibt es zu diesem dritten Programmwort keinen den bisherigen vergleichbaren Basistext. Das heißt aber nicht, daß nicht auch hier signifikante Muster der Wahrnehmung und Darstellung beobachtbar wären. Sie wirken gleichermaßen strukturierend[62] und tragen zu einer weiteren Schärfung der Konturen des Person-Denkens Jörg Spletts bei. Musterbildend scheint mir hier nicht so sehr der Argumentationsgang der Beiträge im einzelnen zu sein als vielmehr deren Disposition[63]. Ihre Gesamtkomposition läßt ausgeprägter noch als dieser hervortreten, worauf es Splett ankommt.

Dies tritt beispielsweise in dem Artikel "Partizipation. Freiheit in Verantwortung"[64] prägnant vor Augen. Mehr oder minder unerwartet setzt er mit der Überschrift "Metaphysik" ein, führt über "eine philosophische Antwort auf die Anfrage des Titelbegriffs" [177] zur Grundthese des Menschen als Freiheitswesen [178] und - mit dem aus anderen Zusammenhängen bereits vertrauten Guardini-Zitat - zum Begriff der Person [179], um von dort aus im Mittelabschnitt "Gesellschaftsphilosophie" [180-185] ausgewählte kontroverse Positionen einer kritischen Sichtung zu unterziehen, die

---

[60] Der Mensch in seiner Freiheit (Anm. 5), 8.

[61] Auswahlweise sei auf folgende Beiträge hingewiesen: "Gemeinsame Freiheit: Dialektik der Autorität", in: Konturen der Freiheit (Anm. 5), 68-99; "Heimat", in: Freiheits-Erfahrung (Anm. 5), 261-279; "Frieden", in: ebd. 280-304; Partizipation (Anm. 8); *Ich und Wir*. Philosophisches zu Person und Beziehung; in: Katholische Bildung 97 (1996) 444-455; Sozialität (Anm. 5); Mitverantwortung (Anm. 7).

[62] Meine Überprüfung erstreckt sich zwar nicht auf *alle* einschlägigen Publikationen, doch sehe ich im Blick auf das Ergebnis der vorgenommenen Sichtung keinen Anhaltspunkt für die Vermutung einer eventuell notwendigen *grundsätzlichen* inhaltlichen Korrektur oder Modifikation der vorgetragenen Hypothese.

[63] Splett spricht gelegentlich von "Wegstücken", über die der Gedankengang geführt wird (Sozialität [Anm. 5], 51).

[64] Vgl. Anm. 8. Die Seitenangaben im Text beziehen sich darauf.

im - "Anthropo-theologie" überschriebenen - Schlußteil unter Stichworten wie "Spiel" [185], "Stilgefühl, Personachtung und Liebe" [186], "Opfer" [187], "Schöpfungs-Metaphysik" oder "trinitarisches Mit-Sein" [189] zu Ertrag und Ausblick zusammengeführt werden.

Vom Beispiel auf Struktur und Muster geschaut[65]: Die Komposition läßt sich als dreigliedrige Form identifizieren, bei welcher der Einleitung und dem Schluß das Hauptgewicht zukommt. Innerhalb solcher Rahmung wird das jeweilige, im Feld von "Sozialität" angesiedelte Thema exponiert, diskutiert und abgeschlossen. Die Introduktion erfolgt so, daß die zur Debatte stehende Problemstellung in der Begrifflichkeit und mit den Kategorien des Person-Denkens Spletts verortet werden kann. Da sein Anliegen grundsätzlich "statt bloß deskriptiver Behandlung eine normative" ist[66], steht die im Mittelteil erfolgende Erörterung unter den Vorzeichen der Normativität dieses Denkens. Insofern damit das Entscheidende bereits gesagt ist, bietet der Schlußteil Gelegenheit, zumeist in Aufnahme von Leitbegriffen aus der Introduktion deren Explikation in jener Weise fortzuführen und ans Ende zu bringen, die für die Arbeiten zum Personverständnis typisch ist und die im entsprechenden Abschnitt (2.2.1) bereits vorgestellt wurde.

Gleichwohl bieten die jeweiligen Mittelteile inhaltlich aufschlußreiche Hinweise auf Spletts Verständnis von Sozialität. In Worten und Randbemerkungen werden Positionen und Einstellungen erkennbar, die umso mehr Aufmerksamkeit verdienen, als sie nicht in deskriptiver, sondern normativer Absicht verstanden sein wollen[67]. Dazu drei Konkretionen.

(1) Ihre Zielbestimmung findet Sozialität nach Splett in der "Glückseligkeit". Um diese geht es "nicht bloß in isolierter 'Verfolgung des Glücks' noch in privater Zweisamkeit, vielmehr gerade im politischen Zusammenschluß: im Gemeinwesen, das er [der Mensch] sich als Gemeinschaftswesen schafft."[68] Splett geht dabei von "dem" Menschen aus; er fragt nicht, ob und ggf. in welcher Hinsicht eine derartige Zielbestimmung sinnvoll und anwendbar ist etwa auf konkrete politische Zusammenschlüsse wie Verbände, Parteien oder Staaten, auf Körperschaften des öffentlichen Rechts wie Kirchen oder die öffentlich-rechtlichen Sendeanstalten und dergleichen mehr. Zwischen den Formationen "private Zweisamkeit" und "politischer Zusammenschluß" (als solcher) bleibt der vielfach differenzierte Bereich intermediärer, zivilgesellschaftlicher Gruppierungen und Institutionen ungenannt. Fragen dieser Art werden - soweit mir bekannt - in Veröffentlichungen Spletts nicht gestellt. Dennoch sieht er in der Reklamierung der o.g. Zielbestimmung "keinen Sprung oder Bruch [..], sondern

---

65 Andere Beiträge füllen sie mit anderen Themen, die aber Muster und Struktur unverändert lassen.
66 Sozialität (Anm. 5), 51.
67 Mir scheint allerdings fraglich, ob eine derartige Unterscheidung - als einleitende Bemerkung rasch gesetzt - der Komplexität, also dem "Grad der Vielschichtigkeit, Vernetzung und Folgelastigkeit" (Willke, Systemtheorie [Anm. 17] 279) des jeweils zur Debatte stehenden Themas bei näherem Zusehen ohne weiteres angemessen ist.
68 Partizipation (Anm. 8), 180.

schlicht die Konsequenz des Bedachten, wenn die metaphysische Erinnerung uns zu der sozialphilosophischen Perspektive auf das Teilhabe-Thema geführt hat".[69] - Entsprechende Fragen ließen sich - von der Ziel- zur grundlegenden "Wesensbestimmung von Person" gehend - an deren Adresse formulieren. In Aufnahme von Arbeiten Karol Wojtylas bestimmt Splett sie "im theoretischen wie normativen Sinn" als "Teilhabe"[70], deren gelebte Grundgestalt er im "Austausch" erblickt[71], der "verlangt, was man hat, nicht zu verbrauchen, sondern zu bewahren - doch nicht für sich, sondern im Dienst der Weitergabe".[72]

(2) Sozialität kennt ausweislich der Textbefunde keine anderen Handlungsformen als jene personalen Handelns. Politisch gilt die grundsätzliche Pflicht "bereits" des "Privatmenschen", dem Eigeninteresse das "Interesse am Ganzen und an dessen Wohl" vorzuordnen; die "in tätiger Verantwortung" Stehenden hätten eigens das "bonum commune" in den Blick zu nehmen.[73] Die Pflicht wird erinnert, sie wird weder konkretisiert noch spezifiziert. Der sich unmittelbar anschließende Hinweis auf das Amt des Prinzenerziehers und auf die Fürstenspiegel, die "dieses Bewußtsein [der vorrangigen Gemeinwohlverpflichtetheit des politisch Verantwortlichen] in den künftigen Regenten zu wecken, es zu fördern und zu festigen [hatten]", könnte als Indiz für die Wertschätzung von Bewußtseinsbildung und Erziehung gelesen werden. Die höchste Bedeutung kommt indes dem entschiedenen Eintreten "nach Wissen und Gewissen für eine Gemeinwohl-Lösung" zu[74].

Zusammenfassend heißt es: "Um so wichtiger bleibt in Erziehung und Selbsterziehung der Zielentwurf 'aufrechter Gang' - nicht mehr, wie einst, als 'Männerstolz vor Königsthronen' [...], sondern als Mut von Mann und Frau zum eigenen Gewissensurteil und -verhalten gegenüber dem Gruppendruck durch Kollegen und Nachbarn."[75]

(3) Sozialität ist zugleich das Feld der grundlegenden Gefährdung von Menschlichkeit. Die in den zitierten Texten zum Personverständnis bereits wahrnehmbare Tendenz zu stark wertenden, Gefahr indizierenden Beschreibungen bei Ausführungen zur sozial-gesellschaftlichen Dimension des Person-Seins findet nachdrückliche Verstärkung. So schließt der gerade wiedergegebene Aufruf zu mutigem Einstehen für das eigene Gewissensurteil unmittelbar an eine Analyse der aktuellen Hauptgefahren für "Selbstachtung und ein freiheitliches Miteinander" an.[76] Gefahr droht der Mensch-

---

[69] Ebd., 180.
[70] Ebd., 181; vgl. Sozialität (Anm. 5), 56.
[71] Ebd., 60.
[72] Ebd., 61. Zum Verständnis des Hintergrunds: (Gemeinsamer) *Besitz* gilt als Grundbestimmung von Gemeinsamkeit (Partizipation [Anm. 8], 181).
[73] Sozialität (Anm. 5), 61.
[74] Ebd., 62.
[75] Ebd., 64.
[76] "Längere Zeit hat man die Hauptgefahr [...] in terroristischen Diktaturen gesehen [...] Inzwischen gewinnt die Einsicht an Boden, daß bei aller Bedrohlichkeit solcher Systeme [...] noch gefährlicher die sanft überredende Diktatur von *Aldous Huxleys Schöner neuer Welt* ist" (ebd., 63; Hervorhebung im Original).

lichkeit in ihrer sozialen Verfaßtheit allerdings nicht nur, womöglich nicht einmal hauptsächlich, aufgrund aktueller, sich ändern könnender Konstellationen, sondern vor dem Hintergrund der "prekären Stellung des Menschen zwischen Sozialität und Individualität" weit mehr noch grundsätzlich.[77] Prekär ist diese Stellung, da eine "Position lebendiger Mitte stets durch die Extreme gefährdet ist".[78] Von "Extremen" ist in den einschlägigen Texten oft und regelmäßig die Rede, dem Wort[79] wie der Sache nach[80]. Auffallend, daß solche Urteile als *Ausgangs*punkte der Erörterung gesetzt werden, nicht etwa als *Schluß*punkte einer vorangehenden Auseinandersetzung mit anderen Auffassungen, welche dem Leser die Möglichkeit geben würde, dem Prozeß der Urteilsbildung zu folgen. An starken (Einzel-)Worten herrscht kein Mangel[81], auch nicht an Randbemerkungen von einiger Kühnheit[82]. Der "Beobachter" Jörg Splett will engagiert auf Einseitigkeiten, Verkürzungen und Gefahren aufmerksam machen, die er in der Debatte wahrnimmt[83]. Das mag die Polemik teilweise erklären. Zugleich aber

---

[77] Als prekär sieht Splett allerdings auch schon die Personalität als solche (Person-Begriff Romano Guardinis [Anm. 31], 88).

[78] Mitverantwortung (Anm. 7), 65.

[79] Sozialität (Anm. 5), 51 (im Untertitel als "Verlockung der Extreme"); ebd., 56 (als "Versuchung der Extreme" in der Überschrift des III. Abschnitts).

[80] Wo es näherungsweise um eine Sozialität geht, die sich nicht unmittelbar überführen läßt in (Inter-)Personalität und Gewissenhaftigkeit, begegnen an den Orten, an denen in der Darstellung vor der Beurteilung zunächst eine Beschreibung der Situation zu erwarten wäre, bereits deutliche (Ab-)Wertungen in der Wortgestalt von "-ismen", etwa als "kollektivistischer Totalitarismus" (Sozialität [Anm. 5], 57; Ich und Wir [Anm. 61], 447), "liberalistischer Individualismus" (ebd., 445), weit überwiegend in der Figur des Extrems "Individualismus - Kollektivismus" (Thema "Person" [Anm. 1], 131; Partizipation [Anm. 8], 183; Ich und Wir [Anm. 61], 446f; Sozialität [Anm. 5], 57, 59; Mitverantwortung [Anm. 7], 80; Würde und Verantwortlichkeit [Anm. 8], 326. Die zitierte Literatur zeigt mit Ausnahme des frühen Beitrags in den "Stimmen der Zeit" den Einfluß von Arbeiten Karol Wojtylas.). Wertungen dieser Art finden, soweit ich sehe, keinen Gegenhalt in einer vorgängigen differenzierten Würdigung positiver Anliegen der im übrigen abgelehnten Position und lassen so nur schwerlich erkennen, wie dem Gegner (und dem Leser) der gebührende Respekt zuteil wird (so eines der Unterscheidungskriterien in "Mitverantwortung" [Anm. 7], 83).

[81] Das "'Recht' des Stärkeren" und die "Dschungel-Existenz erbarmungslosen Kampfes" werden im Zusammenhang der Hoffnung auf Freiheit und Friede zitiert (Partizipation [Anm. 8], 181), die Beispiele ließen sich unschwer vermehren.

[82] "Die Gewagtheit von Demokratie besteht darin, daß solch 'königliche' Gesinnung [vordringlich das bonum commune im Blick zu behalten] nun von jedem Mitglied des Souveräns Volk verlangt werden muß. Dies nun dient erst einmal - in aller Deutlichkeit gesagt - dem Frieden nicht" (ebd., 187). In einer späteren, im entsprechenden Passus im übrigen nahezu wortgleichen Fassung abgewandelt in: "Daß *Kant* die republikanische Verfassung wie als einzig angemessen so als 'die schwerste zu stiften, vielmehr noch zu erhalten' bezeichnet hat, gründet eben hierin, daß diese 'königliche' Gesinnung nun von jedem Mitglied des neuen Souveräns Volk verlangt werden muß" (Sozialität [Anm. 5], 62; Hervorhebung im Original).

[83] Seinen Anliegen wäre nach meinem Eindruck allerdings besser gedient, wenn Entgleisungen wie die quellenmäßig nicht belegte Zuschreibung "pubertärer Lernunfähigkeit" an die - wiederum - nicht näher bezeichnete Adresse von Institutionen- und Kirchenkritikern unterblieben, zumal dann, wenn wenige Zeilen später der Stil von Verlautbarungen und der Respekt vor dem Gegner als Kriterium menschlicher Kompetenz von Autoritäten vorgestellt wird (Mitverantwortung [Anm. 7], 82f). Gerade an den im außerfachlichen Diskurs schnell erreichten "Kompetenz-Grenzen" (a.a.O.) könnten derartige - sachlich m.E. überflüssige - Äußerungen dazu führen, das in ebenso beharrlicher wie bewunderswerter Lebensarbeit

würden entsprechende Randbemerkungen sich anders lesen, wenn sie dem Beobachter mehr Gelegenheit zur Annahme gäben, kritische Einwürfe beruhten auf *beid*äugigem Blick.[84] Und sie wären in Summe und Tendenz weniger Fehlinterpretationen ausgesetzt, würden sie als scharfzüngiges Aperçu nicht allein wie nebenbei in die Debatte geworfen, sondern - wie etwa der Einwurf zur Demokratie - einer, zumindest gelegentlich, umfassenderen Sachauseinandersetzung gewürdigt.[85]

2.3 Zusammenfassung der Grundzüge und Beobachtungen

Im Anschluß an die Sichtung der konsultierten Texte fasse ich mir wesentlich erscheinende Grundzüge des Person-Denkens Jörg Spletts zusammen:

(1) Zur "Person" wird der Mensch durch die Erfahrung eines Angerufenseins, das ihm unbedingte Würde verleiht. Es hebt ihn über den Status eines bloßen Individuums hinaus. Dieses Angerufensein verleiht ihm Selbstand, "wo ein Selbst in Bewußtsein und Freiheit über sich bestimmt", wo es nicht nur "Substanz", sondern "Subjekt" ist[86]. Der Anruf ermöglicht Partizipation als "Mitwirkung am Wortgeschehen von Ruf und Antwort", die sich "als erfüllte Gottesbeziehung" in der Doppelgestalt von "Anbetung" und "Verantwortung" äußern[87].

(2) Hervorragender Ort dieses Geschehens ist die Gewissenserfahrung als "Erfah-

vorgetragene Person-Denken in Mißkredit zu bringen.

[84] Dafür zwei Beispiele: (1) Der "Rang des Einzelnen, sich in den Menschenrechten zeigend," ist zweifellos als Errungenschaft zu wahren (vgl. Würde und Verantwortlichkeit [Anm. 8], 326). Doch ist mit dieser defensiven Aussage allein schon alles zur Situation der Menschenrechte gesagt? Wo findet etwa der Einsatz für die in stetiger Auseinandersetzung als allgemein (an)erkannte erst noch zu erringenden Menschenrechte Erwähnung, ein Einsatz, der als solcher mitten hinein führt in aktuelle Konflikte mit all ihrer Ausgesetztheit und Unübersichtlichkeit?

(2) Gegenüber der Aufmerksamkeit für aktuelle Gefährdungen der Anerkennung der Menschenrechte die lange Zeit hindurch wenig rühmliche Rolle nicht unmaßgeblicher Kreise der katholischen Kirche, die gemeinhin als eine der Hauptpromotoren und -verteidiger abendländischer Errungenschaft gilt, nicht gleichfalls zu nennen, würde ein Defizit markieren, das nicht allein die Glaubwürdigkeit der Verteidiger von katholischer Seite mindern, sondern auf eine nachhaltig verkürzte Wahrnehmung schließen ließe. Ich beziehe mich historisch auf die Art und Weise, wie die überwiegende Mehrheit der Bischöfe als Repräsentaten der katholischen Kirche in Deutschland im Dritten Reich für getaufte und nichtgetaufte Juden eingetreten bzw. gerade nicht eingetreten ist. Auf die Rolle, die hierbei menschenrechtsbasierte und auf anderen ethischen Fundamenten aufruhende Positionen gespielt haben, machen Arbeiten von Antonia Leugers (Gegen eine Mauer bischöflichen Schweigens. Der Ausschuß für Ordensangelegenheiten und seine Widerstandskonzeption 1941 bis 1945 [Frankfurt a.M. 1996], bes. 274-285, 346ff) und Rainer M. Bucher (Kirchenbildung in der Moderne. Eine Untersuchung der Konstitutionsprinzipien der deutschen katholischen Kirche im 20. Jahrhundert [Stuttgart-Berlin-Köln 1998], bes. Teil III) aufmerksam.

[85] Albert Franz hat in einer Rezension der 4. Auflage der "Gotteserfahrung im Denken" bezüglich der von Hansjürgen Verweyen gegenüber Spletts Konzept christlicher Philosophie vorgetragenen Kritik festgestellt: "Ein wirkliche Sachauseinandersetzung findet freilich nicht statt," und der Feststellung den Wunsch angeschlossen, "daß diese nicht auf sich warten ließe" (in: Theologische Revue 92 [1996] Sp. 521-526, 524). Eine derartige Anregung greife ich bezüglich der obigen, anders gelagerten Thematik gerne auf.

[86] Ich und Wir (Anm. 61), 445.

[87] Partizipation (Anm. 8), 189.

rung von Selbsthaftigkeit und unvertretbarem, unabnehmbarem Personsein".[88]

(3) Die Grunderfahrung ist in methodisch-kritischer prinzipieller Reflexion als transzendentale (Mit-) Erfahrung Gottes auslegbar. Sie eröffnet die Möglichkeit philosophischer Rede von Gott.

(4) Person-Sein realisiert sich als trinitarisches Mit-Sein von Freiheit (libertas) zu Freiheit, das der Freigebigkeit (liberalitas) ihres Ursprungs entspricht.

(5) Person-Sein stellt die "prinzipielle Überwindung" von Individualismus und Kollektivismus dar[89]; es dimensioniert zugleich die Größe der Gefahr der Unmenschlichkeit, die dem Menschen als Wesen der Mitte durch die Extreme ständig droht.

(6) Sozialität verdankt sich, soweit sie gelingt, engagierter Personalität. "Menschliche Gemeinschaft" gibt es nicht "ohne die verantwortliche Gewissenhaftigkeit des jeweils Einzelnen"; entsprechend speist "eine menschenwürdige Öffentlichkeit" sich aus "erfüllte[r] Privatheit".[90]

(7) Sozialität bemißt sich entsprechend an "dem Rang und der Würde des Einzelnen". Eine "bürokratische, apersonal statistische Sicht von Staat und Gesellschaft" mag sich zwar "bei bestimmten Größenordnungen" nahelegen und "an ihrem Platz auch legitim" sein; "aber sie läßt sich nicht als Grundperspektive und bestimmendes Paradigma rechtfertigen".[91]

(8) "Sozial-Bildung" bedarf einer anderen Vermittlung als einer rein sozialen[92]. Erst eine Bildung, die als *personale* im oben entfalteten Sinne zur Geltung gebracht wird, vermag dem geforderten Anspruch gerecht zu werden.

Die Stärken und Verdienste eines solchen Denkens sind unbestreitbar. In der unmittelbaren Gesprächssituation, in Rezensionen und kritischem Disput sind sie vielfach gewürdigt worden. Stellvertretend dafür sei Hansjürgen Verweyen das Wort gegeben: "S[plett]. entfaltet hellsichtig die grundlegenden Aspekte und Stationen von Menschsein." In seinem Werk - hier: in Freiheits-Erfahrung - komme der Wille zum Ausdruck, "im genauen Hinblick auf die Phänomene sich nicht durch Unkenrufe die Möglichkeiten glückender Humanität verstellen zu lassen, immer in lebendiger Auseinandersetzung mit einem breiten Spektrum von Einreden und mit gutem Gespür für das, was in einer langen Tradition von Philosophie, Theologie und Dichtung gewonnen wurde".[93]

Mir selber will scheinen, als sähe Splett sich nicht allein durch ein breites Spektrum von Pflichten und Anliegen, das nun in einigen wesentlichen Dimensionen deutlicher vor Augen liegt, eingefordert. Die, wie angemerkt, nicht selten fast hymnische Sprache im Schlußteil nicht weniger Beiträge zum Person-Verständnis läßt mich vermuten, es könnte mehr noch und dem zuvor der dankbar sich beschenkt wissende Wille zum

---

88 Mitverantwortung (Anm. 7), 69 (im Original kursiv).
89 Thema "Person" (Anm. 1), 131.
90 Person-Begriff Romano Guardinis (Anm. 31), 89.
91 Sozialität (Anm. 5), 63.
92 Ebd., 64.
93 Verweyen, Rezension (Anm. 56) 421.

Lobpreis des Gebers der Gabe(n) sein, der den Gang des gemeinsame Bedenkens beider beschließt, eine Art philosophische Doxologie.

An Anfragen und Einwänden fehlt es gleichwohl nicht. Der Stellenwert der Thematik legt es nahe, hierbei stellvertretend insbesondere das Konzept christlicher Philosophie in den Blick zu rücken.[94] Meine Beobachtungen fokussieren das Verständnis von Sozialität im Kontext des vorgetragenen Person-Denkens. Dazu, Abschnitt 2 beschließend, die folgenden Thesen:

(1) Sozialität, die soziale Dimension des Person-Seins im weitesten Sinne, erscheint bei Splett als nachrangiger Aspekt des Themas.

(2) Sozialität wird - von gelegentlichen, sehr allgemein gehaltenen und nicht näher spezifizierten Verweisen auf "apersonale" Sichtweisen abgesehen - ausschließlich in personale Kategorien wahrgenommen, beschrieben und besprochen.

(3) Argumentativ ausgewiesene Äußerungen zur Sozialität beziehen sich überwiegend auf Interaktionssysteme[95], mithin auf personal noch überschaubare Größenordnungen, auf "Ich-und-Wir"-Beziehungen. Zu sozialen Systemen größerer Reichweite und höherer Komplexität äußert Splett sich nur sporadisch, ohne methodisch-systematischen Anspruch und ohne auf die einschlägigen Fachwissenschaften näher einzugehen.

(4) Ich sehe keine Anhaltspunkte für die Annahme, Splett rechne mit einer gegenüber dem Personalen unterschiedlichen und eigenständigen - um die Terminologie Niklas Luhmanns aufzugreifen - "Operationsweise sozialer Systeme"[96]. *Insofern* hat er keinen Blick für Sozialität, für die Art und Weise, wie innerhalb ihrer Wirklichkeit konstruiert und Relevanz generiert wird. Das gilt auch für die Wahrnehmung von Fragen und Problemen, die nicht mit der seinem Person-Denken zugehörigen Begrifflichkeit und Kategorialität identifiziert werden können.

(5) Diese Einschränkung der Wirklichkeitswahrnehmung - sofern man sich dieser Interpretation anzuschließen geneigt ist und sie nicht mit Hinweis auf die o.g. These 2 für irreführend hält - hängt zusammen mit der Art und Weise, in der von Unterschieden abstrahiert wird. Mit dem Begriff der "Grunderfahrung" wird zugunsten einer raschen Thematisierung der in einer bestimmten Erfahrung gegebenen transzendentalen Mit-Erfahrung Gottes von allem abstrahiert, was die Erfahrung konkretisiert und kontextualisiert. Entsprechende Abstraktionen setzt der Begriff der "prinzipiellen" Reflexion voraus. Von daher ist der Gewinn an Prinzipialität mit einem Verlust an Kontextualität erkauft.[97]

---

[94] "Schwieriger wiegt die Frage, wieweit der von S[plett]. gewählte methodische Zugang [christlichen Philosophierens] grundsätzlich zu tragen vermag [...] Was besagt [der - von Splett geltend gemachte -] Unterschied zwischen [theologischen] 'Prämissen' und [christlichen] 'Präsuppositionen' [...]?" (ebd., 422).

[95] Luhmann unterscheidet bei den sozialen Systemen Interaktionssysteme, Organisationen und Gesellschaften (SY [Anm. 19], 16).

[96] Siehe dazu unten Anm. 119 und 125.

[97] Daß mit der notwendigen Abstraktion als solcher keine Bestreitung oder Leugnung dessen verbunden ist, wovon jeweils abstrahiert wird, ist unbestritten. Allerdings sehe ich nicht, wann und wodurch dafür Sorge getragen wird, daß dieses im weiteren Gang der Reflexion wieder aufgenommen würde. Dann aber

(6) Der Vorrang des Prinzips gegenüber dem Kontext und die fehlende Unterscheidung von Personalität und Sozialität äußern sich auch darin, daß Splett Person ohne jeden Bezug auf die Form gesellschaftlicher Differenzierung hin denkt, innerhalb derer die jeweilige Rede von Person situiert ist.[98] Die Stärken seines Person-Denkens sind offenbar nicht allein mit deutlichen Ausblendungen erkauft; sie erweisen sich - sofern die Bezugsperspektive nicht mehr allein auf Anthropo-theologie geht, sondern auf Sozialität - geradezu in spiegelbildlicher Weise als Schwächen.

3. Impulse zum Weiter-Denken

3.1 Voraussetzungen

Das Ansinnen, im Blick auf Jörg Spletts Person-Denken Impulse zum Weiter-Denken vorzuschlagen, beruht auf einigen Voraussetzungen. Thematisch bezieht es sich auf die Bestimmung von Sozialität und deren Verhältnis zu Personalität. Weder kann es hierbei um eine wechselseitige Rückführung des einen auf das jeweils andere gehen noch um die Zuordnung zu zwei getrennten Seinsbereichen, wenn denn in der Erfassung und Beschreibung der Probleme, auf die philosophisches Denken sich bezieht, nicht bereits folgenreiche Verkürzungen wirksam sind.

Angebracht kann eine solche Anregung nur erscheinen, wenn dafür ein gewisser Bedarf (an)erkannt wird. Die weitere Lektüre erübrigte sich deshalb, wenn die angesprochenen Desiderate als nicht gegeben erachtet würden. Sollte er hingegen zumindest nicht grundlegend in Abrede gestellt werden, wäre der naheliegende Vorschlag einer "Arbeitsteilung" zwischen Philosophie und Soziologie inadäquat, wenn er die Unterscheidung zwischen empirischer Wissenschaft und Philosophie zur Voraussetzung hätte.[99] Das Weiter-Denken muß sich vielmehr bei der Arbeit an der anstehenden Thematik zumindest prinzipiell in der gleichen Dimension und mit entsprechendem Anspruch vollziehen wie das bereits zuvor Bedachte und zugleich jene signifikante Differenz eintragen, die es als solches erst ermöglicht.

Damit werden weitere anspruchsvolle Voraussetzungen geltend gemacht: das Einverständnis damit, mit ungewissem Ausgang und nicht ohne Vorbehalte sich auf ein anderes Philosophieverständnis und Theoriekonzept einzulassen, sowie die

---

wird die methodische Abstraktion zu einer faktischen Ausblendung und chronifiziert sich zu entsprechenden Unterscheidungen zwischen einer "nur" historischen, soziologischen oder wie immer "empirischen" Betrachtungsweise einerseits und einer "philosophisch-systematischen" andererseits.

[98] Siehe dazu unten Anm. 122. Zwar zeigt sich in einem frühen Text (Thema "Person" [Anm. 1], 125; vgl. auch Anm. 52) eine gewisse Offenheit für ein historisch unterschiedlich ausgeprägtes Interesse am Thema "Person", doch findet sie zum einen weithin keine Aufnahme in spätere Arbeiten und zum andern ist die Relationierung von gesellschaftlicher Differenzierung und Person-Denken kein Thema, das in Spletts Œuvre nachweisbare Beachtung gefunden hätte.

[99] Zum Thema "Arbeitsteilung im Geiste", ihren Voraussetzungen und Folgen vgl. Berger/Heintel, Die Organisation der Philosophen (Anm. 25), Zweiter Teil "Prozeß und Differenz", bes. 149-198.

Bereitschaft, die eigenen Fragen so offen zu halten, daß sie in den anders situierten und formulierten Fragen des anderen Konzepts gleichwohl eigene Anliegen zu identifizieren vermögen. Vertraute Themen gilt es in fremden Kontexten und in anders strukturierter Systematik aufzusuchen, und das unter Voraussetzungen und Erkenntnisinteressen, die zumindest teilweise nicht die sind, die man selbst vertritt. Doch eine Fremde, in der alles eingerichtet ist wie zu Hause, ist kein Fremde. Oft passen nicht einmal die Anschlüsse. Versuche positiver Bezugnahme machen es nicht weniger offenkundig als Einwände oder Ablehnung. Fremdheit verlangt mehr als eine erste Kenntnisnahme.

Vollends wird die Kühnheit meines Ansinnens deutlich, wenn ich für den hier in Betracht kommenden Zusammenhang empfehle, einschlägigen Überlegungen von Niklas Luhmann Aufmerksamkeit zu schenken. Es begegnet ihm nämlich der Einwand, "in seiner Wissenschaftsperspektive" fälschlicherweise von der Auffassung auszugehen, von Fragen nach Freiheit und Würde absehen zu können[100], und damit gerade von Kernstücken des Person-Denkens Spletts.[101] Luhmann selbst leistet, so könnte es scheinen, Einwänden dieser Art Vorschub, wenn er lapidar erklärt, die Systemtheorie habe keine Verwendung für den Subjektbegriff.[102] Allerdings bietet er mit dem Begriff des selbstreferentiellen Systems Ersatz.[103] Dieser Vorgang sollte nicht übersehen werden, weder bezüglich der Begrifflichkeit noch hinsichtlich des Konzepts. Er signalisiert, daß der Zugang zum Werk Luhmanns und die Auseinandersetzung mit ihm eine voraussetzungsreiche Angelegenheit ist.[104] Welche Herausforderungen sich daraus ergeben, welche Blickschärfungen und Abschattungen und

---

100 Partizipation (Anm. 8), 183; wortgleich: Sozialität (Anm. 5), 59. Mangels Angabe von Gründen entzieht dieses Urteil sich der Möglichkeit argumentativer Auseinandersetzung. Ich halte es sachlich ebenso für unzutreffend wie die im gleichen Zusammenhang zuvor gegebene Qualifizierung als "'liberal'-technizistische[s] 'System'-Konzept[.]", falls diese sich auf Luhmanns Systemtheorie beziehen sollte. Eine Zuordnung erfolgt nicht explizit, doch läßt der Kontext ein solche implizit zu.

101 Unter dieser Rücksicht läge es nahe, dessen bereits früh formulierte nachdrückliche Warnung auch ohne von ihm hergestellten Bezug sachlich auf Luhmann zu beziehen: "immerhin sollte man sich darüber klar sein, welchen Gefahren der Unmenschlichkeit ein Programm sich aussetzt, das, um welchen Ziels auch immer, die Person übergehen zu können (gar sie übergehen zu müssen) glaubt" (Thema "Person" [Anm. 1], 131).

102 SY (Anm. 19), 51.

103 Ebd., 51. "Selbstreferentialität" ist Luhmanns Fassung des Autopoiesis-Konzepts. Die Systemtheorie kann damit formulieren, "daß jede Einheit, die in diesem System verwendet wird, (sei es die Einheit eines Elements, die Einheit eines Prozesses oder die Einheit eines Systems) durch dieses System selbst konstituiert sein muß und nicht aus dessen Umwelt bezogen werden kann" (a.a.O.).

104 Horster verweist auf Otfried Höffes Diagnose, "daß das Luhmannsche System nicht an Einzelpunkten zu kritisieren sei, sondern wegen seiner Hermetik und andersartigen Semantik nur eine fundamentale Kritik angebracht sei" (Horster, Niklas Luhmann [Anm. 24], 196f Anm. 9). Zu ergänzen wäre m.E., daß im Sinne Luhmanns solcherart fundamentale Kritik nicht in bloßer Bestreitung ihr Genügen fände, sondern erst dann dem an sie zu stellenden Anspruch gerecht wird, wenn sie problemadäquat funktionale Alternativen anzubieten hätte (vgl. unten Anm. 105).

welche Konsequenzen für jedwedes theoriegeleitete Denken[105], sind Fragen, die den angezielten Prozeß des Weiter-Denkens in Gang bringen können. Angesichts der Reichweite ihres Anspruchs als "Supertheorie [...] mit universalistischen (und das heißt: sich selbst und ihre Gegner einbeziehenden) Ansprüchen"[106] und in Würdigung der umfassenden Weise, in der er im Werk Luhmanns systematisch ausgearbeitet vorliegt[107], kann dieses Werk nicht als ein solches qualifiziert werden, das einer rein empirischen Sichtweise und bürokratisch-statistischem Interesse verhaftet wäre; es muß vielmehr auch als philosophisches gewürdigt werden, obwohl es sozusagen quer zu den überkommenen Fächern und Traditionen steht.[108]

---

105 Im Vorwort seiner grundlegenden Schrift zur Systemtheorie formuliert Luhmann den Anspruch, eine "universale Theorie" vorzulegen, die weit über die Soziologie hinausgeht und für die es in dieser kaum Vorbilder gibt: "Wir werden daher an fachfremde, interdisziplinär erfolgreiche Theorieentwicklungen anknüpfen müssen und wählen hierfür Ansätze zu einer Theorie selbstreferentieller, 'autopoietischer' Systeme" (SY [Anm. 19], 9ff). Eine solche Theorie braucht seines Erachtens nicht "Systemtheorie" zu heißen. Wer jedoch eine andere Bezeichnung favorisiere, müsse - eine für Luhmann typische Argumentation - ein funktionales Äquivalent anbieten, also etwas, das die Funktion des Systembegriffs wahrzunehmen und dessen Theorieplatz einzunehmen in der Lage wäre, "und dieses würde dem Systembegriff sehr ähneln" (ebd., 11). Luhmann entscheidet sich für dessen Beibehaltung, "weil im Bereich der allgemeinen Systemtheorie die wichtigsten Vorarbeiten für den angestrebten Theorietypus zu finden sind" (ebd., 12).

106 Ebd., 19.

107 Andreas Platthaus parallelisiert Luhmanns Werk- und Theorieaufbau mit dem Hegels: "Nach dem Auftaktband ["Soziale Systeme"], einer Art luhmannscher Parallelaktion zur hegelschen 'Phänomenologie des Geistes', also einer Einführung in das System, das hier aber nicht als das des Soziologen verstanden werden darf, sondern als Gegenstand seiner Theorie, folgten die Einzelanalysen der wichtigen Funktionssysteme [...] 'Die Gesellschaft der Gesellschaft' [ersetzte dann] in abermaliger Anlehnung an Hegels Systemschriften die 'Enzyklopädie'" (In bester Gesellschaft. Politik im System: Der Untergang muss jetzt bei Niklas Luhmann mitgedacht werden; in: FAZ 01.07. 2000).

108 Von den Schwierigkeiten einer zutreffenden Charakterisierung legt beredt Robert Spaemanns Laudatio auf den Hegelpreisträger Niklas Luhmann Zeugnis ab (Niklas Luhmanns Herausforderung der Philosophie; in: Paradigm lost: Über die ethische Reflexion der Moral. Rede von Niklas Luhmann anläßlich der Verleihung des Hegel-Preises 1989; Laudatio von Robert Spaemann [Frankfurt a.M. ^{3}1996] 49-73, Seitenangaben nachfolgend in Klammern): Spaemann billigt ihm zunächst "perspektivenerschließende Kraft des Zugriffs" zu [51], um dann fortzufahren: "Luhmann bringt [..] selbst auf den Begriff, aber nicht auf den philosophischen. Er erhebt vielmehr den Anspruch, eine leistungsfähigere Alternative zur philosophischen Theoriebildung zu entwickeln, leistungsfähiger hinsichtlich der symbolischen Erfassung und kommunikativen Repräsentation von Wirklichkeit" [52]. Die Zusammenfassung nähert sich dem Urteil: "Durch seine reflektierte Universalität ist Luhmanns Anspruch dem der Philosophie verwandt" [57]; die Dynamik der Theorieentwicklung "hat nun in der Tat alle Eigentümlichkeiten einer philosophischen Theorieentwicklung" [59]. - Weniger gewunden erkennt Guggenberger in Luhmanns Soziologie Metaphysik-Nähe (Luhmanns Systemtheorie [Anm. 23], 135). Dirk Baecker spricht zurückhaltender von "reflexiver Soziologie", die "das Unterfangen seiner Soziologie im Unterschied zu einer positiven oder einer kritischen trifft" (Wenn etwas der Fall ist, steckt auch etwas dahinter; in: R. Stichweh (Hg), Niklas Luhmann - Wirkungen eines Theoretikers [Bielefeld 1999] 35-48, 36).

3.2 Impulse

Die folgenden Hinweise können weder noch wollen sie eine Einführung in das "Person-Denkens" Niklas Luhmanns bieten.[109] Ihre Absicht besteht lediglich darin, den allgemeinen Impuls zum Weiter-Denken in einer ersten Näherung zu konkretisieren. Ich nenne dabei einige Stichworte und biete dazu jeweils kurze Erläuterungen Luhmanns.[110] Sie sollen eine eventuell bestehende Anfangsvermutung bestärken, es könnte der Mühe weiterer Befassung wert sein. Zugleich läßt die Zusammenstellung der Stichworte erkennen, daß zu kurz greift, wer sich allein auf einzelne Begriffe bezieht. Erst die Konsultation eines ganzes Begriffs-Geflechts versetzt in die Lage, Inhalt und Stellenwert von Aussagen Luhmanns angemessen zu erfassen. Die Auswahl der Stichwort erhebt weder den Anspruch auf Vollständigkeit noch jenen auf eine bereits ausgearbeitete Form ihrer systematisierten Präsentation. Ich lasse mich vielmehr primär von den Beobachtungen leiten, die im Anschluß an Spletts Sozialitäts-Verständnis formuliert wurden, und sekundär von Anschlußerfordernissen, die durch die Theoriearchitektur Luhmanns gegeben sind und in gewissem Umfang berücksichtigt werden müssen.

(1) "Person" ist bei Luhmann ausweislich des Wortbefundes nichts, was er übergehen zu können (gar zu müssen) glaubt.[111] Bereits ein kleines Florilegium der Person-Bestimmungen zeigt, daß sie sich raschen Zugriff entziehen und genauere Kenntnisse der Verweisungszusammenhänge und der vorausgesetzten formbildenden Unterscheidungen erfordern.[112] Unter "Person" versteht er kein "besonderes Objekt [...], auch nicht eine Art von Objekten oder eine Eigenschaft von Objekten"[113], mithin kein

[109] Zur Einführung in das Gesamtwerk vgl. insbesondere D. Krause, Luhmann-Lexikon. Eine Einführung in das Gesamtwerk (Stuttgart ²1999); dort auch ein Überblick über weitere Einführungswerke. - Unterstützung bei dem Versuch einer ersten Orientierung in der Theorie sozialer Systeme bietet das "Arbeitsinstrument" von C. Baraldi/G. Corsi/E. Esposito: GLU. Glossar zu Niklas Luhmanns Theorie sozialer Systeme (Frankfurt a.M. ²1998).

[110] Für den mit Luhmann weniger Vertrauten wird dieses Vorgehen nicht in jedem Fall ohne Verständnisschwierigkeiten abgehen, doch sehe ich im zur Verfügung stehenden Rahmen keine alternativen Möglichkeiten.

[111] Allerdings weist die begriffliche Fassung im Vergleich zu der Spletts beträchtliche Unterschiede auf, ohne daß schon daraus Rückschlüsse auf Defizite und "szientistische" Reduktionen möglich wären.

[112] So, wenn Luhmann die Form "Person" bestimmt "als *individuell attribuierte Einschränkung von Verhaltensmöglichkeiten*" (N. Luhmann, Die Form "Person" [nachfolgend als P zitiert]; in: ders., Soziologische Aufklärung 6. Die Soziologie und der Mensch (Opladen 1995) 142-154, 148; Hervorhebung im Original) oder als "eine in der *Kommunikation referierbare Einheit*, also etwas, was nur in der Kommunikation und nur für die Kommunikation existiert. Kommunikation kann nur funktionieren, wenn unterscheidbar ist, wer etwas mitteilt und wer passiv-verstehend beteiligt ist [...] Zugleich sind Personen [...] für psychische Systeme *wahrnehmbare und wiedererkennbare Sonderausschnitte ihrer Umwelt*, und zwar Ausschnitte von hohem Aufmerksamkeitswert [...] Personen sind interessant und faszinieren, weil man darüber Vermutungen anstellen kann" (N. Luhmann, Die Politik der Gesellschaft [hrsg. von André Kieserling] [Frankfurt a.M. 2000], 375f. Hervorhebungen im Original. Nachfolgend als PG zitiert).

[113] P (Anm. 112), 148.

"personales System"[114]; der Begriff "Person" steht vielmehr als Artefakt für die Möglichkeit, die soziale Relevanz psychischer Systeme zu behandeln[115], er ist "Attributionsformel" für ein psychisches System[116]: "Als Person wird das Individuum soziale Adresse, wird Garant seiner eigenen Identität im sozialen Verkehr".[117] Von daher kann Luhmann formulieren: "Psychische Systeme, die von anderen psychischen oder von sozialen Systemen beobachtet werden, wollen wir *Personen* nennen".[118] Er legt großen Wert auf die Unterscheidung zwischen Person und psychischem System[119], womit ein zweiter Begriff genannt ist, der - wie z.B. Individuum, Mensch, Gesellschaft, Kommunikation, doppelte Kontingenz, strukturelle Kopplung - ebenfalls herangezogen werden müßte, um anschlußfähige Kontexte in Luhmanns Theorie für das Person-Denkens Spletts zu finden.[120]

(2) Sozialität: Mensch und Gesellschaft.[121] Kaum weniger different als zuvor nehmen sich Luhmanns Beiträge zu diesem Themenfeld aus. Nicht allein, daß er den historischen und systematischen Zusammenhängen von Gesellschaftsstruktur und Personalitätsverständnis ungleich mehr Aufmerksamkeit widmet als Splett[122] oder mit dem entspre

---

114 Ebd., 147. "Personen sind Identifikationen, die auf keinen eigenen Operationsmodus Bezug nehmen" (ebd., 146f).

115 SY (Anm. 19), 373 Anm. 46. "Personen kondensieren demnach als Nebeneffekt der Notwendigkeit, das Problem der doppelten Kontingenz sozialer Situationen zu lösen" (P [Anm. 112], 149).

116 N. Luhmann, Die Religion der Gesellschaft [hrsg. von André Kieserling] (Frankfurt a.M. 2000) 301 (nachfolgend als RG zitiert).

117 GS (Anm. 31) 3, 251f.

118 SY (Anm. 19), 155; Hervorhebung im Original.

119 P (Anm. 112), 143, 146 u.ö. Psychische Systeme sind Systeme, die sich von anderen Systemen durch einen eigenen Operationsmodus, also spezifische Unterscheidungshandlungen, und das nur ihnen als psychischen Systemen eigene konstitutive Element - Gedanken - unterscheiden.

120 So finden sich beispielsweise einschlägige Aussagen zum Thema "Freiheit" in den Ausführungen zum Thema "Komplexität": Sie besagt, "daß eine Vielzahl von Elementen [...] nur selektiv verknüpft werden kann. Komplexität bedeutet also Selektionszwang. Diese Notwendigkeit ist zugleich Freiheit, nämlich Freiheit zu unterschiedlicher Konditionierung der Selektion" (SY [Anm. 19], 291). Luhmann kommt bei der Freiheitsbegründung also ohne den Code bedingt/unbedingt aus. Da *jegliches* Ansinnen, diese Freiheit außer Kraft zu setzen oder zu bestreiten, ins Leere geht, braucht er auch angesichts dessen keinen argumentativen Rückgriff auf eine Unbedingtheitsinstanz. Zum Thema "Gewissen" hat Luhmann sich beispielsweise in einem eigenem Beitrag geäußert (N. Luhmann, Die Gewissensfreiheit und das Gewissen; in: Ders., Ausdifferenzierung des Rechts. Beiträge zur Rechtssoziologie und Rechtstheorie [Frankfurt a.M. 1981] 326-359).

121 Luhmann verneint die Möglichkeit, "Gesellschaft aus einem Prinzip oder einer Grundnorm zu deduzieren - sei es in alter Weise Gerechtigkeit, sei es Solidarität, sei es vernünftiger Konsens" (N. Luhmann: Die Gesellschaft der Gesellschaft [Frankfurt a.M. ²1999; Erstauflage 1998] 12; nachfolgend als GG zitiert).

122 Luhmanns "Grundhypothese" lautet, "daß der Übergang zur Moderne als Umstellung des Gesellschaftssystems von stratifikatorischer auf funktionale Differenzierung begriffen werden kann und daß diese Umstellung den gesamten Sinnhorizont der gehobenen, ernsthaften, bewahrenswerten Kommunikation ändert" (GS [Anm. 31] 2,7). "[..] wenn eine Tradition nicht kontinuieren kann, und das behaupten wir für alle Fälle einer radikalen Änderung der Gesellschaftsstruktur, ist es notwendig, die Differenz zu klären, um Möglichkeiten der Übersetzung zu finden" (SY [Anm. 19], 286). Am Personverständnis geht eine derartige Änderunge nicht spurlos vorüber - "keine bloße Reparatur also, sondern ein die Fundamente einbeziehen-

chend ausgeprägten Erkenntnisinteresse auch über ein breiteres und differenzierteres Begriffsinstrumentarium zur Erfassung und Beschreibung sozialer Wirklichkeit verfügt. Besonders eindrucksvoll ist darüber hinaus, was Dirk Baecker zufolge als weiteres Glied in der Kette der "Kränkungen" des modernen Menschen angesehen werden könnte[123], nach Helmut Willke jedoch die "wohl folgenreichste[.] theorie-architektonische[.] Weichenstellung in der [..] Systemtheorie" ist[124]: die Bestimmung von Kommunikation als konstitutives Letztelement sozialer Systeme[125] und damit einhergehend die Herausverlagerung des Menschen aus dem sozialen System in die Umwelt des Systems[126]: "Wenn man Gesellschaft als Autopoiesis der Kommunikation begreift,

---

der Umbau ohne Hilfe von außen" und sozusagen bei laufendem Betrieb. (GS [Anm. 31]3,7): "Bis ins 18. Jahrhundert hinein war der Begriff des Individuums [..] noch ein Dingbegriff, gefaßt als Gegenbegriff zu komplexen und deshalb zerlegbaren Einheiten. Die wortgeschichtlich ursprüngliche Bedeutung beherrschte den Begriff. Alles Unteilbare konnte als Individuum bezeichnet werden; die Person war als Unteilbarkeit der rationalen Substanz nur ein Sonderfall. Mit der Individualität der Seele war zugleich die Indestruktibilität, also die Ewigkeit des Lebens garantiert und mit ihr war vorstellbar, daß der Mensch im Jüngsten Gericht für sich selbst einzustehen habe [...] Erst die Transzendentalphilosophie proklamierte das absolute Verbot, Dingbegriffe auf das anzuwenden, was den Menschen eigentlich ausmacht: sein selbstreferentielles, sich selbst Gesetz gebendes Bewußtsein. Und nun mußte der Mensch sozusagen selbst wissen, ob er unsterblich sei oder nicht." (SY [Anm. 19], 348f).

Daß solche Überlegungen nicht verzichtbarer historischer Zierat sind, sondern Grundlage für eine scharfsichtige Analyse auch der Folgen funktional differenzierter Gesellschaften, zeigen für "normative" Fortführungen - auch in Hinsicht auf eine ständig notwendige Fortentwicklung der Menschenrechte - anschlußfähige Überlegungen zur Differenz Inklusion/Exklusion, die sich "auf die Art und Weise [bezieht], in der eine Gesellschaft es den Individuen erlaubt, Personen zu sein und daher an Kommunikationen teilzunehmen" (Baraldi u.a. [Anm. 109]: GLU, 78): "Die moderne Form der Inklusion bringt eine starke Lockerung der sozialen Integration mit sich, da die Inklusion in ein Teilsystem noch nichts über die Inklusion in ein anderes aussagt. Das gegenteilige Phänomen ist statt dessen auf der Seite der Exklusion zu beobachten, da die Exklusion aus einem Teilsystem eine Art Dominoeffekt bewirkt, die das Individuum als Person sehr rasch gesellschaftlich irrelevant machen kann [...] Diese starke Integration der Exklusion kann dazu führen, Individuen immer weniger als Personen und als mögliche Kommunikationspartner zu beobachten" (ebd., 81). Kein einziges Mal ist in diesem Text das Wort "Würde" gefallen, und doch scheint mir, sei hier das Gemeinte zur Geltung gebracht worden zu sein und dies in einem Kontext, für den klassisch-metaphysisch grundierte Ansätze nur selten ein Augenmerk haben.

123 Nachdem Kopernikus den Menschen nicht mehr als Mitte des Kosmos sieht, Darwin nicht mehr als Krone der Schöpfung, Freud nicht mehr als Herrn im eigenen Haus, sieht nun Luhmann ihn nicht mehr als Element der Gesellschaft. Baecker plädiert dafür, "die Geschichte dieser Kränkungen umzuschreiben in eine Geschichte möglicher Heuristiken unserer Situation auf dieser Erde. Wir müssen unsere Matrix neu definieren und zu diesem Zwecke neu erkunden" (D. Baecker, Wenn Roboter eigenen Regeln folgen. Künstliche Intelligenz und das Paradigma der Gesellschaft; in: Frankfurter Rundschau [28. Juni 2000], 19).

124 H. Willke, Systemtheorie III: Steuerungstheorie. Grundzüge einer Theorie der Steuerung komplexer Sozialsysteme (Stuttgart-Jena 1995) 239.

125 "Der basale Prozeß sozialer Systeme, der die Elemente produziert, aus denen diese Systeme bestehen, kann unter diesen [zuvor näher ausgeführten] Umständen nur Kommunikation sein" (SY [Anm. 19], 192 u.ö.).

126 Im "Bereich der sozialen Verhältnisse" nahm man an, "daß die Gesellschaften aus individuellen Menschen bestehen wie ein Ganzes aus Teilen [...] Die gesellschaftlichen Voraussetzungen und die Wissensgrundlagen dieses Konzepts haben sich im Übergang zur modernen Gesellschaft tiefgreifend gewandelt" (SY [Anm. 19], 20f). "Der Differenzpunkt ist: daß für die humanistische Tradition der Mensch

gehört alles, was daraus ausgeschlossen ist, zur Umwelt. Dazu zählen dann nicht nur die üblicherweise gemeinten ökologischen Bedingungen der Fortexistenz gesellschaftlicher Kommunikation, sondern auch die menschlichen Individuen, die mit ihren eigensinnigen Bewußtseinsleistungen zur Kommunikation beitragen. Wir haben es also mit zwei Arten von Umwelt zu tun, die sich danach unterscheiden, ob sie zur Fortsetzung der Kommunikation beitragen, also als 'Personen' ansprechbar sind oder nicht. Die Biomasse menschlicher Körper nimmt an beiden Umwelten teil [...]".[127] Einwänden, die gegen dieses Konzept erhoben wurden, hält Luhmann entgegen: "Die Systemtheorie geht von der Einheit der Differenz von System und Umwelt aus. Die Umwelt ist konstitutives Moment dieser Differenz, ist also für das System nicht weniger wichtig als das System selbst. Die Theoriedisposition ist in dieser Abstraktionslage noch völlig offen für verschiedenartige Wertungen. Die Umwelt mag manches enthalten, was für das System (unter welchen Gesichtspunkten immer) wichtiger ist als Bestandteile des Systems selbst; aber auch die gegenteilige Konstellation ist in der Theorie erfaßbar. Gewonnen wird mit der Unterscheidung von System und Umwelt aber die Möglichkeit, den Menschen als Teil der gesellschaftlichen Umwelt zugleich komplexer und ungebundener zu begreifen, als dies möglich wäre, wenn er als Teil der Gesellschaft aufgefaßt werden müßte [...] Dem Menschen werden so höhere Freiheiten im Verhältnis zu *seiner* Umwelt konzediert."[128]

(3) Sozialität und Personalität: In welcher Weise ist das Verhältnis beider zu denken? - Je nach näherer Situierung des Verhältnisses sind Antworten differenziert zu geben. Geht es um die Selbstbeschreibung psychischer Systeme[129], tritt Luhmann der "Lehre

---

innerhalb und nicht außerhalb der sozialen Ordnung stand. Er galt als Bestandteil der sozialen Ordnung, als Element der Gesellschaft selbst. Wenn er 'Individuum' genannt wurde, so deshalb, weil er für die Gesellschaft ein nicht weiter auflösbares Letztelement war" (ebd., 286).

In dieser Tradition galt, "daß der Mensch als animal sociale Teil der Gesellschaft sei, die Gesellschaft also 'aus Menschen bestehe'. Von dieser Prämisse aus hätte die im ersten Kapitel ["System und Funktion"] skizzierte Systemtheorie nicht entwickelt werden können. Wer an dieser Prämisse festhält und mit ihr ein Humanitätsanliegen zu vertreten sucht, muß deshalb als Gegner des Universalitätsanspruchs der Systemtheorie auftreten." (ebd., 92 Anm.1)

[127] GG (Anm. 121), 804.

[128] SY (Anm. 19), 289; Hervorhebung im Original. Helmut Willke stimmt dem, noch weiter konkretisierend, zu: "Die Herausverlagerung des Menschen aus dem sozialen System in die Umwelt des Systems [...] verringert nicht die Bedeutung des Menschen, sondern verstärkt und unterstreicht sie [...] Denn nun läßt sich unabhängig von den Operationsimperativen des Systems die Besonderheit des Menschen definieren und als spezifische Umweltanforderung an das System herantragen. Wäre der Mensch tatsächlich 'mit Haut und Haaren' Teil des sozialen Systems, dann handelte es sich im Wortsinne um ein 'totales System' [...] Wird der Mensch als Person aus dem Sozialsystem herausgenommen, so schützt gerade dies seine Autonomie und Eigenständigkeit" (Willke: Systemtheorie II [Anm. 17], 157).

[129] Selbstbeschreibung gilt es von der Autopoiesis des psychischen Systems zu unterscheiden: "Wie immer durch ihre Umwelt bedingt, ist die autopoietische Individualität ein geschlossenes System. Eine andere Frage ist es, welche sozialen Anregungen ein solches System benötigt, um sich selbst beobachten und beschreiben zu können. Die Autopoiesis findet entweder statt oder nicht statt - so wie ein biologisches System lebt oder nicht lebt. Die Selbstbeschreibung ist dagegen ein Prozeß, der sich selbst artikulieren und modifizieren kann und der dafür eine Semantik entwickelt, mit der das System bewußt operieren kann. Nur hierfür kann und muß das Individuum Formeln, Unterscheidungen, Bezeichnungen verwenden, mit denen

von den zwei Identitäten, einer personalen und einer sozialen" entgegen, weil "kein Individuum sich selbst in dieser Weise zweifach identifiziert und auch kein Beobachter in der Lage wäre, diese Identitäten auseinanderzuhalten".[130] Geht es um das Verhältnis psychischer und sozialer Systeme, lauten Luhmanns einschlägige Fachbegriffe dafür "Co-evolution" und "Interpenetration". "Psychische und soziale Systeme sind im Wege der Co-evolution entstanden. Die jeweils eine Systemart ist notwendige Umwelt der jeweils anderen. Die Begründung dieser Notwendigkeit liegt in der diese Systemarten ermöglichenden Evolution. Personen können nicht ohne soziale Systeme entstehen und bestehen, und das gleiche gilt umgekehrt."[131] Der andere Fachbegriff kann als weiteres Beispiel einer eigenwilligen, zuweilen befremdlichen Terminologie erscheinen. Gleichwohl gestattet sie, wie jede Fachsprache, vergleichsweise rasche und präzise Verständigung. Dem damit indizierten Sachverhalt kommt eine Schlüsselbedeutung zu: "Von *Penetration* wollen wir sprechen, wenn ein System die eigene *Komplexität* (und damit: Unbestimmtheit, Kontingenz und Selektionszwang) *zum Aufbau eines anderen Systems zur Verfügung stellt.* In genau diesem Sinne setzen soziale Systeme 'Leben' voraus. *Interpenetration* liegt entsprechend dann vor, wenn dieser Sachverhalt wechselseitig gegeben ist, wenn also beide Systeme sich wechselseitig dadurch ermöglichen, daß sie in das jeweils andere ihre vorkonstituierte Eigenkomplexität einbringen [...] Im Falle von Interpenetration wirkt das aufnehmende System auch auf die *Strukturbildung* der penetrierenden Systeme zurück; es greift also doppelt, von außen und von innen, auf dieses ein. Dann sind trotz (nein: wegen!) dieser Verstärkung der Abhängigkeit größere Freiheitsgrade möglich. Das heißt auch: daß Interpenetration im Laufe der Evolution das Verhalten stärker individualisiert als Penetration. Dies gilt besonders eklatant im Verhältnis von Menschen und sozialen Systemen."[132] Offenbar in der Erwartung, wesentliche Elemente eines solchen Konzepts könnten leicht übersehen werden, insistiert Luhmann: "Ein zentrales Moment dieser Konzeption kann nicht genug betont werden: Die interpenetrierenden Systeme bleiben füreinander Umwelt. Das bedeutet: die Komplexität, die sie einander zur Verfügung stellen, ist für das jeweils aufnehmende System unfaßbare Komplexität, also Unordnung. Man kann deshalb auch formulieren, daß die psychischen Systeme die sozialen Systeme mit hinreichender Unordnung versorgen, und ebenso umgekehrt. Die Eigenselektion und Autonomie der Systeme wird durch Interpenetration [..] nicht in Frage gestellt [...] Alle Reproduktion und alle Strukturbildung setzt damit eine Kombination von Ordnung und Unordnung voraus: strukturierte eigene und unfaßbare fremde, geregelte und freie Komplexität [...] Soziale Systeme entstehen auf Grund der Geräusche, die psychische

---

es soziale Resonanz gewinnen oder abgelehnt werden kann. Und hier stellt sich die Frage, ob und unter welchen gesellschaftlichen Bedingungen ihm das Insistieren auf Individualität als Selbstbeschreibung erlaubt oder gar aufgenötigt wird" (SY [Anm. 19], 361).

[130] Ebd., 373.

[131] Ebd., 92.

[132] Ebd., 290; Hervorhebungen im Original.

Systeme erzeugen bei ihren Versuchen zu kommunizieren."[133]

3.3 Konsequenzen

Eine, freilich nicht unmaßgebliche Konsequenz eines solchen Konzepts liegt in der "Nichtzentralisierbarkeit" letztlich aller Kompetenzen im doppelten Sinn des Wortes: der Fähigkeiten und Zuständigkeiten.[134] Luhmann sieht darin keineswegs nur eine beklagenswerte Situation[135]. Er hält nicht viel davon, "sich in Bereichen mit verfallender Überzeugungskraft kontrafaktisch-normierend zu bewegen", sondern gibt der Möglichkeit den Vorzug, "die Differenz zu formulieren" und "von hoffnungslosen zu unwahrscheinlichen Konzeptualisierungen überzugehen".[136]

Ob die Denkanstöße, wie intendiert, Konsequenzen zeitigen, wird sich weisen. An Ansatzpunkten wäre kein Mangel; aber diese Einschätzung entspringt der Wertung des Beobachters. Zu wünschen wäre, daß ein Weiter-Denken in kritischer Aufnahme Luhmannscher Impulse in einer "Zuwendung zu den Texten [geschieht], die ihre Intensität nicht der Annahme verdankt, ein Verständnis von deren ureigenster

---

[133] Ebd., 291f.

[134] Am Beispiel ökologischer Kompetenz erläutert Luhmann die generelle Situation: "Es gibt in der Gesellschaft [...] keine Zentralkompetenz für [die] Behandlung ökologischer Probleme. Jedes Funktionssystem ist auf sich selbst angewiesen. Das heißt nicht, daß die Orientierung an den entsprechenden Problemen nicht verstärkt und auch der Wirtschaft, der Wissenschaft, der Politik aufgedrängt werden kann [...] Aber das steigert zunächst einmal die Diskrepanz zwischen Problemformulierung und Problemlösung [...] Jedes Funktionssystem kann auf die eigene Weise reagieren: die Politik rhetorisch, die Wirtschaft durch Preiserhöhungen, die Wissenschaft durch Forschungsprojekte, die mit jedem zusätzlichen Wissen noch mehr Nichtwissen zutage fördern" (GG [Anm. 121], 804f).

[135] "Die Nichtzentralisierbarkeit der Zuständigkeit für die Individualität der Individuen mag eher als ein Glücksfall gelten. Eine Zentralagentur, die sich mit den Möglichkeiten befaßt, individuell zu sein, und dies auch noch kommuniziert, ist nicht nur eine Greuelvorstellung, sondern außerdem eine offensichtliche Paradoxie. Die letzten Versuche dieser Art waren Begleitvorstellungen zum Untergang der stratifizierten Gesellschaft. Es hieß damals (etwa 1650-1750), daß Individuen glücklich sein könnten, wenn sie sich mit dem Stand zufriedengäben, in dem sie geboren sind. (Und 'Glück' war damals schon: reflektierte Individualität.) Die heutige Gesellschaft hat statt dessen nur Themen zu bieten wie 'Identität', 'Emanzipation', 'Selbstverwirklichung', die einen Abbau gesellschaftlicher Schranken fordern, aber offen lassen, wie das Individuum, das den Leerraum nutzt, den die Gesellschaft ihm läßt, ein sinnvolles, den öffentlich proklamierten Ansprüchen genügendes Verhältnis zu sich selbst finden kann [...] In unserem Zusammenhang ist nur festzuhalten, daß Individualitätsprobleme ebenso wie ökologische Probleme zu den Folgelasten der modernen, funktional differenzierten Gesellschaft gehören. Sie betreffen zwar die Umwelt des Systems, aber die Gesellschaft kann, da darüber kommuniziert wird, sie nicht ignorieren" (ebd., 805). Reese-Schäfer auf weitere Folgen hin: "Eine Gesellschaft, die in Funktionssysteme aufgegliedert ist, muß auf eine moralische Integration verzichten. Wenn zum Beispiel die Unterscheidung von Regierung und Opposition im politischen System mit dem Moralcode vermengt wird, die Opposition also für strukturell schlecht oder böse erklärt wird, ist die Demokratie am Ende [...] Dasselbe gilt für das Wissenschaftssystem mit seiner Codierung wahr/unwahr, für das Bildungssystem mit seinen guten und schlechten Zensuren, sogar für Liebesentscheidungen" (W. Reese-Schäfer: Luhmann zur Einführung [Hamburg ²1996; Erstauflage 1992], 114).

[136] SY (Anm. 19), 288.

Intention schon hinter sich zu haben, sondern gerade noch vor sich".[137] Das Person-Denken Jörg Spletts könnte davon eine Weiterentwicklung erfahren, die seine unbestreitbaren Stärken und Verdienste nicht schmälern müßte.

---

[137] E. Herms, Vorwort, in: D. Pollack, Religiöse Chiffrierung und soziologische Aufklärung. Die Religionstheorie Niklas Luhmanns im Rahmen ihrer systemtheoretischen Voraussetzung (Frankfurt a.M.-Bern-New York-Paris 1988), V.

Hanna-Barbara Gerl-Falkovitz

Leidenschaft und Fülle, Maß und Gleichgewicht. Frauengestalten in der Deutung Romano Guardinis

Für Jörg Splett in Erinnerung an ein lange zurückliegendes Gespräch, bei dem es um die Betonung von Gleichwertigkeit oder Differenz der Geschlechter ging - eine immer noch in Spannung haltende Frage.

"Diese Frau hatte 'die große Gesundheit', von welcher der kranke Nietzsche sehnsüchtig spricht; die edle Substanz, biegsam und kraftvoll; Leidenschaft, Fülle, und wiederum ein aus tiefstem Sein her wirkendes Maß und Gleichgewicht; jene Formkraft, die, fast möchte man sagen, für eine Art Unzerstörbarkeit Gewähr gibt."[1]

So lauten die Sätze Guardinis über die französische Mystikerin Madeleine Sémer aus dem Jahr 1928 - nachdem er die ihn so tief prägende Freundin Maria Knoepfler ein Jahr zuvor verloren hatte, über die er ähnliche Worte fand.[2] Nicht oft hat sich der große Deuter des menschlichen Daseins zum Thema "Frau" geäußert; es gehört zu den eher unauffälligen unter mancherlei angesprochenen Fragen und nicht zu den großen, lebenslang durchdachten Themenkreisen.[3] In der nachgelassenen "Ethik" blieb das vorgesehene Kapitel leer.[4] So kann man versucht sein, das Thema als unerheblich oder modisch, von heutiger Fragestellung erpreßt, abzutun. Es läßt sich aber auch vermuten, daß es - wie manch andere Fragen - gerade deswegen zurücktritt, weil es in den unausgesprochenen Bereich des Intimen, Empfindlichen und Zarten in Guardinis Denken führt. Wenn die Sprache aber auf die Frau kommt, dann in Verehrung und lösendem Vertrauen auf das "Eigene des weiblichen Menschentums".

Diese Vermutung wird im folgenden eingekreist. Bei den zu Recht berühmten Deutungen großer Dichtung hat Guardini mehrfach Frauengestalten interpretierend gewürdigt, eine geistige und gemüthafte Vielschichtigkeit des weiblichen Daseins erhellt (wie bei Dostojewskij) und dessen fast schon formelhafte Selbstverständlichkeit aufgebrochen (wie bei Dantes Beatrice).

---

[1] Romano Guardini, Nachwort zu: Felix Klein, Madeleine Sémer (1874-1921), übers. v. R. Guardini, Mainz (1928) 1952, 223.

[2] R. Guardini, Maria Knoepfler zum Gedächtnis, in: Die Schildgenossen 8 (1928), 516 - 523.

[3] Vgl. Hanna-Barbara Gerl, "Durchblick aufs Ganze". Romano Guardinis Werk in seiner Entfaltung, in: Joseph Ratzinger, Wege zur Wahrheit. Düsseldorf 1985, 32 - 69.

[4] 13. Kapitel: "Die weibliche Leistung", in: Ethik. Vorlesungen an der Münchner Universität 1948-1962, 2 Bde., hg. v. Hans Mercker, Mainz/Paderborn 1993, 976.

Möglichkeit und Grenze einer Typisierung des Weiblichen

Bei der Deutung von so gegensätzlichen literarischen Frauengestalten wie etwa Nastassja Philippowna im *Idiot* Dostojewskijs und Beatrice in der *Göttlichen Komödie* Dantes öffnet sich die Frage, ob Guardini diese gegenstrebige Vielfalt aus einer gemeinsamen Bestimmung "des Weiblichen" heraus erfaßt hat. Wer sich mit Guardini beschäftigt, weiß von der Wichtigkeit seines Gegensatzdenkens, der von ihm bereits früh entwickelten Methode[5]. So liegt es nahe, zuerst zu fragen, ob Frausein als ein "Pol" im Gegensatzgefüge dem "Pol" Mannsein zugeordnet wird. Und zwar nicht als triviale gattungshafte Ergänzung, sondern inhaltlich qualifiziert: ob die Frau im Gesamt des Wirklichen etwa den Pol der Fülle gegenüber jenem als männlich gedachten Pol der Form vertrete - so fragt Guardini selber, allerdings um dies als ein Mißverständnis abzuweisen. Es handelt sich um ein Mißverständnis nicht nur bestimmter Denker, sondern um eine geschichtswirksame, tragische Fehlentscheidung des abendländischen Wertempfindens, das mit "Fülle" eine gefährdete Nähe zu Chaos, Werden, Unlogischem gegeben sah, die dem klassischen Denken nur als Unwerte gelten konnten. Von daher sei Frausein, sofern es vom Moment der ungegliederten Fülle aus gesehen werde, tragisch mißkannt in die Nähe solchen Unwertes gerückt.

Im "Nachwort" des Dostojewskij-Buches[6] wird jenes grundsätzliche Gegensatzgefüge und darin das Moment chaotischen Werdens angeführt - als Schlüssel für das "Östliche" an den Gestalten des russischen Dichters. Anders bei Shakespeare (schade um das verlorene Manuskript des Berliner Kollegs): ihm habe das Chaos als "Grundwasser des Daseins" gedient, dem seine Gestalten entstiegen[7], jedoch um sich zur Eindeutigkeit zu klären. Stattdessen dringe bei Dostojewskij "das chaoshafte Element als solches durch. Dieses Wort soll aber nichts von Un-Wert an sich haben. [...] In deutlicher Absage also an einen uralten Irrtum, der für das Abendland zu tieferem Verhängnis geworden ist, als ohne weiteres ermessen werden kann: an die Gleichsetzung nämlich von 'Form' mit 'Wesen', 'Wert', 'Wirklichkeit', samt allen Konsequenzen, die sich daraus ergeben - welcher Gleichsetzung die andere gegenübersteht, 'Chaos', aber nun nehme ich richtiger den Terminus meiner Gegensatztheorie, 'Fülle' sei soviel wie 'Unwesen', 'Unwert', 'Schein', 'Finsternis'. Dieser Irrtum - doch er war nicht nur theoretischer Fehler, sondern auch lebendige Entscheidung, Haltung, 'Politik' - hat weittragende Folgen für das Abendland gehabt [...] In Dostojewskijs Werken ist das Fülle-Moment des Daseins, das Nichtdefinierte, aller Form Entgleitende, Fließende, Unvorhersehbar-Plötzliche in die Gestalten selbst heraufgestiegen. [...] Daher die

[5] Im Archiv des Freundeskreises Mooshausen e. V. liegt eine frühe Skizze des Gegensatz-Denkens von Guardini für Josef Weiger.

[6] Romano Guardini, Religiöse Gestalten in Dostojewskijs Werk, Leipzig 1933, München [3]1947 (ab hier zitiert als D).

[7] D, 288.

entmutigende Vieldeutigkeit".[8]

Diese Sicht läßt erwarten, daß die Frauengestalten bei Dostojewskij in auszeichnendem Maße an der Vieldeutigkeit, dem sich Entziehenden teilhaben. Allerdings unter der bereits erörterten Voraussetzung, daß damit nichts "typisch Weibliches", auf keinen Fall Abträgliches skizziert werde - das Fließende, Vielschichtige dient ja der Charakterisierung des Menschseins als solchem. Dostojewskijs Frauen bilden gleichsam ein vielfarbig aufleuchtendes Feld im Spektrum dieses östlichen Menschenbildes.

Um so tiefer, gehaltvoller wird die knappe Zeichnung Beatrices, die aus einer anders betonten Welt aufsteigt: der Welt des christlich-westlichen Mittelalters. Deutlich mehr geprägt ist sie von Ordnung, sogar "heiliger Ordnung" der hierarchischen Sphären, in welche sie als Geliebte einführt - recht verstanden also eine Welt hohen Formempfindens, in welchem sich auch die Frau und gerade diese Frau sicher und gemäß bewegt. Ohne allerdings - um dem Mißverständnis erneut zu wehren - männlich zu werden, denn die Aufteilung der Pole Fülle und Form entspricht eben *nicht* der Geschlechterteilung; die Geschlechter entfalten sich vielmehr in diesem *gemeinsamen* Fluidum oder selbstverständlich im Ganzen der Wirklichkeit. Freilich kann das Ganze kulturell wie individuell beschnitten werden: sei es zur unguten Normierung nur einer "Hälfte" des Wertgefüges, sei es zu einer besonderen Betonung, zur lebensmäßigen Ausgestaltung nur *einer* Wertigkeit (unter welcher dann die andere, gegenstrebige zurücktritt). Grundsätzlich sind aber Frau wie Mann zum Bestehen des *ganzen* Lebensgefüges aus Fülle wie Form befähigt.

Diese Überlegung Guardinis hat bisher nur den Horizont, und zwar den umfassend-menschlichen Horizont geöffnet, nicht aber den besonderen, ausschnitthaften Rahmen für das unterscheidend *Weibliche* der Frauengestalten. Versucht Guardini überhaupt eine reflexive Bestimmung des Weiblichen? Tatsächlich taucht "das Weibliche" selten auf; diese Seltenheit hat einen noch zu beleuchtenden Grund. Einer der wenigen Versuche erscheint in dem frühen Aufsatz von 1924 über "Heilige Jungfräulichkeit"[9] und sei seiner Bedeutung wegen zitiert: "Das Weib scheint in seiner ganzen Lebensstruktur einheitlicher als der Mann. Nicht nur graduell einheitlicher, sondern die Tatsache konstitutiver Einheit von Akt und Akt, von Akt und Sein scheint ein Ausgangspunkt ihrer besonderen Wesensart. Während der Mann konstitutiv in getrennten Bereichen steht (Sein und Akt; Leben und Werk usw.) und all sein Verhalten durch diese Scheidung der Bereiche und Ordnungen mit bestimmt ist; während er verschiedene Leben nebeneinander führen kann und meist führt, und damit, daß er auf einem Gebiete etwas ist und tut, psychologisch noch nicht gegeben ist, daß es auch auf den übrigen der Fall sei - gehört Einheit und Einheitlichkeit von Sein und

---

[8] D, 288f.

[9] Ursprünglich in: Die Schildgenossen 5,2 (1924); dann im Sammelband "Ehe und Jungfräulichkeit", hg. v. R. Guardini, Mainz 1926, 63 - 73; hier: 72.

Leben, und der Lebensbereiche untereinander, zu den Ausgangspunkten der weiblichen Haltung. So daß, was die Frau ist und tut, bei ihr viel weiter trägt als beim Manne. Auch scheint Akt und Geistesrichtung des Mannes besonders auf Sache und Werk gerichtet, die des Weibes hingegen auf das Leben selbst, auf Leben und lebendiges Wesen."

Guardini schließt sogleich eine Bemerkung von der "Fragwürdigkeit solcher Typisierungen" an. In der Nähe der versuchten Typisierung steht auch die ein wenig ungefüge Formulierung von "der Frau in wahrhaft fraulicher Tiefe, Weite und wissendem Starkmut".[10] Jedenfalls sei der Begriff der Jungfräulichkeit zurecht repräsentativ nach der Frau benannt worden, da sie bei ihr "viel tiefer in Haltung und Sein führt"[11]. Liest man den Abschnitt aufmerksam, so fällt die begriffliche Vielfalt auf, mit welcher Guardini arbeitet: Lebensstruktur, Wesensart, Sein, Haltung der Frau - womit er wohl die "Wesensdefinition" als solche wenn nicht umgeht, so doch umspielt[12]. Und eben in diesem Zusammenhang scheint der Grund seines theoretischen Zögerns auf, weil nämlich "die Haltung wesenhaft von der Gnade her kommt, die kein Geschlecht kennt, und im personalen Kern entspringt, der jenseits des Geschlechtes steht."[13]

Damit ist das Movens von Guardinis prüfendem Blick erreicht. Es ist nicht nur seine Begabung, die sich in der Plastizität der Gestalten, im Grad ihrer lebendigen künstlerischen und interpretatorischen Durchbildung ausspricht. Sein beeindruckendes Erfassen menschlicher Wirklichkeit beruht vielmehr auf jenem tieferen theoretischen Moment, vielleicht ließe sich mit einem von ihm verwendeten Wort sagen: auf der Entscheidung, nicht das Gattungshafte, sondern das unverwechselbar Einzige zu suchen. In der höchsten Steigerung heißt dies bei Guardini das Personale. Und es war ihm erkenntnistheoretisch das Wichtige, weil es unterscheidend christliches Denken bedeutete, den jeweils Einzelnen im Blick, im Anruf, im Auftrag seines göttlichen Schöpfers zu erfassen. Nur der Person kommt nach Guardini auch die Kategorie der Begegnung zu[14]; zugehörig dem höchsten Wirklichkeitsbereich eignet der personalen Begegnung - gerade im Unterschied zu allem Systematisierbaren und Allgemeinen - der Charakter des "Unvorhersehbaren und Unerzwingbaren"[15]. Solch Einzigartiges aufzufassen ist die Fähigkeit des schauenden Auges, des deutenden Begreifens, womit Guardini das bloße Systematisieren überholte, auch das verführerische Systematisieren von Weiblichkeit.

---

[10] Ebd., 73.

[11] Ebd., 72.

[12] Die zeitgenössische Phänomenologie würde viel unbefangener vom "Wesen der Frau" sprechen, so Edith Stein und Hedwig Conrad-Martius.

[13] Heilige Jungfräulichkeit, 73.

[14] R. Guardini, Die Begegnung. Aus einer Ethikvorlesung. Sonderdruck zum Weihnachtsfest 1955, 18 S.

[15] Ebd., 12.

Guardinis Deutung der Frauengestalten bei Dostojewskij

In der Dostojewskij-Deutung wird die gesuchte Unterscheidung zwischen *dem* Weiblichen und der konkreten Frau anschaulich. Dostojewskij bietet einen Reigen von Gestalten, die in vielfacher Brechung ihr Schicksal vollziehen oder erleiden. Für Guardini ist die Frage des darin wirksamen religiösen Ausdrucks wichtig: Frauen also als Trägerinnen der religiösen Wirklichkeit und darin sich selbst vollendend oder sich selbst verfehlend. Hier stehen die großen Individuen, hier wird - nach Guardinis Begrifflichkeit - das Personale unterscheidend oder "lebendig" wirksam. Auf anderer Ebene, manchmal nur hingetupft, fallen einige wenige Bemerkungen zur Psychologie des Weiblichen - auch Gattungshaftes also wird angesprochen. Allerdings nicht selbstzwecklich, sofern Guardini die Mechanik des nur Gattungshaften eben durch die Personalität und ihre Freiheit (eine Tautologie geradezu!) in Frage gestellt sieht. Zutreffend könnte man auch sagen, daß er psychische Kausalität nicht leugnet, sie aber gewissermaßen als "Rohstoff", als Ausgang für die sich selbst bearbeitende und freie Person nimmt. Insofern taucht bei ihm weit weniger "wesenhaft Weibliches" auf als in zeitgenössischen Frauentheorien[16]: Das Weibliche wird ins Personale aufgehoben. Christliches Dasein wirkt auch hierin konkret, erlösend.

Bei der Dostojewskij-Interpretation zeigt sich, daß eine Frau um so gattungshafter wirkt, je weniger sie eigene Konturen aufweist. Das klingt trivial, läßt aber die religiös spannende Frage entstehen, ob es auch eine Selbstverfehlung durch Idolisierung der Gattung geben könne. Zum Beispiel durch Anbetung des "großen Weiblichen". Diese Verfehlung taucht tatsächlich in der Gestalt der Marja Lebädkina aus den "Dämonen" auf, in dem unheimlichen, "flüsternden" Gespräch mit der alten Nonne (einem gesichtslosen Typus!). "Ganz recht, sagte sie, die Mutter Gottes - das ist die große Mutter, unsere fruchtbare Erde; und wahrlich, ich sage dir, eine Freude liegt in ihr für den Menschen. Und jedes Erdenleid und jede Erdenträne ist für uns eine Freude [...] Seit der Zeit begann ich zu beten, ich beugte mich zur Erde und küßte die Erde und weinte [...] Und so steige ich denn auf diesen Berg und wende mich mit dem Gesicht nach Osten und falle auf die Erde nieder und weine und weine und weiß nicht, wie lange ich weine, und habe dann alles vergessen und weiß gar nichts mehr."[17] Guardini deutet dies als dionysische Anbetung der "vergotteten Natur"[18], und Marja selbst erfährt dadurch nicht Erhöhung, sondern Bannung, Unfreiheit - Wirrnis einer Seele, die sich dem Unwahren und Unrechten unterwirft, wie sie sich gebannt ihrem Ehemann und Mörder Stawrogin ausliefert. In der Bannung wird das Personale gerade

---

[16] Z. B. bei Gertrud von le Fort und bei Edith Stein, um nur zwei christliche Theoretikerinnen des "Weiblichen" zu nennen. Beide kennen neben der Kategorie des Weiblichen allerdings auch die Kategorie des Personalen, freilich nicht immer bruchlos in der Theorie verbunden. Vgl. dazu H.-B. Gerl, Unerbittliches Licht. Edith Stein: Philosophie - Mystik - Leben, Mainz ²1998.

[17] D, 29f.

[18] D, 31.

nicht frei; das "große Weibliche" macht in der Anbetung die Frau urteilslos-gefügig.

Dem stehen Frauen gegenüber, die am weiblichen Schicksal leiden, also auch sie gattungsbestimmt. Solche Bestimmung meint nicht - etwa in heutiger Engführung - eine zugewiesene "Rolle", vielmehr eine Naturausstattung, die durch Schicksal und Kultur zwar gereizt und fremdbestimmt wird, aber doch als Natur anspringt, und zwar wesentlich zum Leiden. Solche namenlosen Frauengestalten kommen auch aus einer Bannung: durch psychophysische Folgen des Gebärens oder durch den Tod der geborenen Kinder oder durch harte männliche Bedrückung. Dostojewskij zeigt solche "typischen" Frauenschicksale in der Begegnung mit dem Staretz Sossima in den *Brüdern Karamasoff*; Guardini deutet dies als auswegloses, dumpfes Leid, aus der Natur der Frau, aus Leib und Seele des Mütterlichen oder der verletzten Weiblichkeit aufsteigend.

Dieses Dumpfe, Unveränderliche kann nicht einfachhin überwunden werden, aber es kann, wie Sossima zeigt, sich Gott anvertrauen. Anders: Es kann als Leid bittend, hoffend, weitergetragen werden - das rückt es aber schon anfänglich in den Raum der Zustimmung und nicht mehr nur des passiven Ausgeliefertseins. Nach außen wird sich in den Frauen und ihrem "gattungshaften" Unglück nichts ändern, nach innen werden sie das Unabänderliche zu eigen nehmen und daran selbsteigen werden. Das Verhältnis zu Gott, das der Staretz herstellt, ändert das Selbstverhältnis, ja schafft es erst. Die "frommen Frauen" - so die Kapitelüberschrift - werden aus bloß naturhaftem Muttersein oder aus naturhafter Hysterie zu Frauen eigenen Geschicks und inneren Wachstums.

In dieselbe Öffnung drängt sich die schwierigste Gestalt einer jungen schwindsüchtigen Bäuerin ohne Namen, die - so steht zu vermuten - ihren kranken, bösartigen Mann sterben ließ, vielleicht sogar unauffällig ermordet hat. Auch in ihr spricht die Verzweiflung ihres Geschlechts: die harte, lebenslange Arbeit, anstelle der ehelichen Liebe unbarmherzige Schläge... Guardini zieht auch hier die Deutung heran, der Staretz habe der Frau in der Ausweglosigkeit ihrer Selbstanklage den Weg der Reue, der Selbstdistanz also, und den Weg des Vertrauens auf Gott, der Selbstübergabe, gewiesen - zwei Haltungen, die die Frau aus der Bannung durch ihr Verbrechen holen. Auch hier wird nicht geflüchtet in die Theorie weiblicher Ausbeutung und gerechtfertigter Gegengewalt. Die Frau wird vielmehr Subjekt: verantwortlich für ihr Tun und offen für das göttliche Verzeihen.

Der Psychologie des Mütterlichen wird noch eine Nebenbemerkung gewidmet: Die Mutter Stawrogins, des dämonischen Menschen, habe schon ein halbes Jahr vor dem Ausbruch seiner kalten Bosheit auf "etwas" gewartet. "Es hat also angefangen, dachte sie erschauernd."[19] So sehr der Instinktbereich der Mutter aber intakt ist, so wenig

---

[19] D, 210.

wird sie aus dem bloßen Instinkt heraus der Entwicklung des Sohnes wehren können. Verworren und unfrei ist ihre Beziehung zum Sohn, sie schwankt zwischen Stolz und sklavisch-unbestimmter Furcht.[20] Hier wären andere Haltungen, Tugenden gefragt, die aber nicht aus dem Gefühlsbestand, sondern aus Selbstüberwindung hervorgehen.

Ein zweitesmal spricht Guardini den weiblichen Instinkt an, erneut kurz und nur feststellend - den erotischen Instinkt. Die Frau, die von Fürst Myschkin, dem "Idioten", geliebt wird und ihn wiederliebt, Aglaja, verspottet ihn als unmännlich. Guardini verwendet zur Kennzeichnung ihrer Liebe den merkwürdigen Ausdruck "mit ihrem ganzen Weibeswesen"[21], was in der Wortwahl abträglich klingt. Tatsächlich würdigt er Aglaja, eine Hauptgestalt des Romans, kaum. War sie ihm noch zu stark im Vorfeld ihrer Gattung, ungereift, Trägerin noch unausgestalteten "Weibeswesens"? Jedenfalls fällt auf, daß Guardini weder den mütterlichen noch den erotischen Instinkt, zwei tiefgreifende Naturvorgaben der Frau, weiter behandelt. Der Instinkt als etwas Selbstverfangenes, Selbstbezogenes ist der geistigen Möglichkeit der Frau eindeutig nachgeordnet.

Frauen im Zeichen von Schuld und Heil: die beiden Sonjen und *andere*

Die Namensgleichheit der Sonja Andrejewna in *Der Jüngling* mit Sonja Semenowna in *Rodion Raskolnikow (Schuld und Sühne)* weist auf etwas Gemeinsames hin: Beide stehen in Schuld, beide wirken aber daraus Heil oder genauer: lassen sich mit dem göttlichen Heil begaben, für sich und ihren Geliebten. Hier liegt ein differenziertes, doppeltes Drama der Liebe vor und ein differenziertes Drama der Individuation, die beide Frauen aus der puren Trägerschaft bekannter "weiblicher Hingabe" löst.

Die erste Sonja, in Ehebruch mit dem Gutsbesitzer lebend, wird von Guardini gesehen unter der Kategorie des Empfangens, des willigen Hinnehmens, "mit einer solchen Hingabe ihrer selbst, mit einer Tiefe und Kraft, daß es zu stiller Hoheit heranwächst"[22]. Schicksalhaft empfangen wird die Liebe selbst, zusammen mit der unlöslich damit verbundenen Schuld und mit allen Folgen, die ohne Ermüdung und ohne Vorwurf getragen werden. Die Schuld bleibt, aber auch die Liebe bleibt, und dieses Bleiben ist unvermischt, ohne Entschuldung, in der schmerzvollen Hoffnung, Er, Gott, werde dies Unentwirrbare einmal entwirren. Guardini sieht daran "stille, sammelnde Kraft"[23], noch einmal wiederholt: "tiefe, stille, ausharrende Kraft"[24] und

---

[20] D, 207.
[21] D, 249.
[22] D, 41.
[23] D, 197.
[24] D, 39.

den Klang “geheiligter Unbegreiflichkeit”[25]. Schlüssel für das Große, Geheimnisvolle an dieser Frau ist klarer Weise die Liebe. Aus ihr stammen das Heil (es gelingt ihr, “die auseinanderfallende Gestalt zu heilen”[26]) und die Rettung[27].

Damit diese Fähigkeit zur Heilung aus Liebe nicht flach gesehen wird, sei erinnert an eine andere Frau, die Ähnliches unternahm und scheiterte. “Durch Hingabe erlösen”[28] gelingt nicht einfach; Darja zerbricht an Stawrogin, obwohl selbst in diesem dämonischen Menschen etwas “nach Licht sucht. Was ihn an die zarte und liebliche Dascha Schatowa bindet, ist die Sehnsucht, etwas möge ihm heraushelfen.”[29] Doch ist das Schlüsselwort “Liebe” keineswegs genug, muß vielmehr genauer besetzt werden. Dazu gehört auch die Klarheit, daß es keineswegs nur die Hingabe der Frau sein muß, die den Mann löst, gewissermaßen aus naturgegebener weiblicher Kraft. Vielmehr übergreift auch diese Fähigkeit die Geschlechter; die ungute Lisa Chochlakoff “liebt Aljoscha, sehnt sich danach, durch das Heilige in ihm aus ihrem bösen Chaos gerettet zu werden.”[30]

Unter welcher Bedingung nur kann ein Mensch “durch die Liebe freigemacht werden”[31]? Und welche Kraft des Freimachens fordert es vom Liebenden, ob Mann oder Frau?

In den *Brüdern Karamasoff* versucht die schöne, stolze, leidenschaftliche Katerina Iwanowna (Schönheit und Stolz treffen auch bei der noch zu behandelnden Nastassja Philippowna zusammen), ihrer eigentlichen Liebe zu Iwan auszuweichen. So bleibt diese Neigung auf der Ebene des erotischen Instinktes, der sich mit einer Rivalin zerfleischt wie “wilde Katzen”[32]. “Wenn sie ihn wiederliebte, könnte sie wohl den Riß seines Wesens zum Heilen bringen. Sie könnte wohl die ‘Erdkraft’ in den Bereich des Geistes tragen, und den Geist mit dem Blut verbinden, dadurch, daß sie die Strahlungskraft des Herzens löste.”[33]

Um solche Heilung zu begreifen, ist zuerst das Auseinanderstrebende zu begreifen: hier verläuft der Riß zwischen Geist und Blut, anderswo wird er anders verlaufen. Jedenfalls ist es ein elementarer Riß: Iwans “Hochmut bedeutet im Geistigen, was die ‘rasende Erdkraft’ in der Welt der Leidenschaften: Herausgebrochene, für sich laufende Kraft.”[34]

---

[25] D, 43.
[26] D, 197.
[27] D, 39: “Sie weiß auch, daß diese Liebe für ihn die Rettung bedeutet.”
[28] D, 198.
[29] D, 230.
[30] D, 134.
[31] D, 269; die Stelle bezieht sich auf Rogoshin in *Der Idiot.*
[32] D, 134.
[33] D, 133f.
[34] D, 136.

"Die Urgewalt der 'Karamasoffschen Natur', herausgelöst aus dem Innerlichkeitsbereich, aus der Strahlkraft des Herzens, eben deswegen 'Elementarkraft', unpersönlich durch den Menschen hindurchrasend, Erdgewalt - da der Mensch Person ist, so wird das, was im Trieb des Tieres, im Wuchs des Urwaldes, im Sturm und Vulkan irgendwie 'rein' scheint, vielmehr Gut und Böse nicht berührt, beim Menschen böse."[35]

Die Aufgabe der Liebe ist Einung, und das kann sie nur vollziehen, wenn die Liebenden - hier sind es vorrangig die Frauen - selbst den Zwiespalt überwinden. Eine Bedingung dafür ist das treue, geduldige, "stille" Überstehen auch des Unguten, Widerstrebenden, und zwar im Blick auf die Einung, im Erbitten der gnädigen Lösung. Eine weitere Bedingung ist die Demut, die Gegenkraft zur Empörung, auch in ihrer schwächsten Form: der Autonomie. Und schließlich eine dritte Bedingung: die aufrecht erhaltene Unterscheidung von Gut und Böse. Selbst wenn eine Schuld nicht rasch gelöscht, ein währendes Verhältnis nicht unmittelbar überwunden werden kann: das Wissen vom Rechten darf sich nicht betäuben lassen. Auch darin sind beide Sonjen groß: Sie fälschen Schuld nicht ab, etwa in Umstände, Zwangslage, erlittenes Unrecht.

Sinnbildliche Mitte solcher Haltungen ist das Herz, das bei Guardini immer die Kraft der Lösung aus dem böse Zerstreuenden und die Kraft des Zusammenbindens ist. Allerdings kommt ihm die Kraft auch erst zu: im Öffnen, Warten, Erhoffen, Erbitten. Die einende Kraft des Herzens stammt eigentlich aus der zufließenden Kraft Gottes, aus dem Sichbeugen unter die Gnade. Oder in der noch unerfüllten Form: aus der niemals aufgegebenen Hoffnung auf Gnade.

Aus Hoffnung und Demut kommt es, daß Sonja Semenowna, die "innigste aller Frauengestalten Dostojewskijs"[36], mitten in ihrem aufgenötigten Dirnendasein die fast kindliche, zugleich unerbittliche, ganz gerade Hingabe des Herzens hat. In einem Maße, daß sie im Blick auf die Not ringsum und zugleich im Blick auf den Allerbarmer sich selbst verliert. Diese Liebe hat nicht nur die Kraft der Einung, sie hat zugleich die Kraft der Selbstvergessenheit. Daher rührt Sonjas bestürzende Reinheit, sie steht nicht im Eigeninteresse zwischen den Menschen und Gott, nicht einmal zwischen dem Geliebten und Gott; sie blickt gewissermaßen von Ihm her auf das Verbrechen Rodions und nötigt ihn zur Buße, wirft sich selbstvergessen auch dort mit hinein. Wenn oben gefragt wurde, welche Bedingung es brauche, um "freigemacht zu werden", so gehört wesentlich hinzu der Raum, der durch den "Heroismus der Selbstlosigkeit"[37] geöffnet wird und anderen erlaubt, sie selbst zu sein (so wird es für Sonja Semenowna, aber auch für Aljoscha Karamasoff beschrieben, durch dessen Anwesen-

[35] D, 132.
[36] D, 46.
[37] D, 137.

heit allein schon "freigemacht" wird). Es kann sogar gesagt werden: "Liebe wurzelt im grundsätzlichen Verzicht auf die Exklusivität der Einzelexistenz"[38]. Die Liebe bringt zur Selbstheit, sammelt sie doch alle Kraft der Existenz aus der Zerstreuung; sie gibt sie aber gleichermaßen wieder ab, denn: Ich liebe *dich*. So entsteht nicht autonome Existenz von eifersüchtig bewahrter Grenze und ängstlicher Mitte; es entsteht Existenz, die ihre Einung Gott überläßt.

In Guardinis Interpretation ist an dieser Sonja die Meisterschaft Dostojewskijs zu sehen: das Herausholen aus der geläufigen Kategorie "Dirne" und das Hineinstellen in den unbeschreiblichen, geheimnisvollen Raum verwirklichter, hingegebener, um sich selbst nicht besorgter Liebe (das ist eben jener Raum, der dann auch anderen zur Verfügung steht). Hier greifen schon vorhandene Kategorien ("Typologie des weiblichen Daseins") nicht mehr; hier wird Einzigartiges thematisiert, die "Innigkeit der Gotteskindschaft"[39]. Dasselbe, anders betrachtet, heißt auch "Innigkeit vom Herzen her"[40]. Nichts anderes heißt Personsein.

Ebenso kann Einzigartiges zerstört werden, wenn dem Personkern Gott genommen wird; das ist der schauerliche Fall bei dem Kind Matrjoscha, das Stawrogin entehrt und in den Selbstmord treibt. Das Dämonische ist das Auslöschen des Herzens und seiner Sammlung auf Gott. Kirilloff vollzieht dies intellektuell an sich selbst, indem er - nietzscheanisch - zuerst den Gottesgedanken, dann sich tötet; am Ende in der Schwundstufe einer Menschmaschine agiert: marionettenhaft, nußknackerartig. Mit Gott hat er den Raum seiner Selbstheit zerstört. Guardini erkennt auch hier den möglichen, allerdings willentlich verschlossenen Lösungsweg: "In diesem Manne weint das Kind nach der Mutter. Eine verzehrende Sehnsucht nach Heimat ist in ihm, nach Heimat in Gott; das Verlangen, sein Haupt an Gottes Brust zu legen und Frieden zu haben. Aber in seiner Natur erhebt sich etwas, und erlaubt es ihm nicht. [...] Es ist die Qual der sich selbst in das Nein verdammenden Liebe."[41] Also in das Nein zur selbstverständlichen Selbstlosigkeit, wo das Mütterliche zum gänzlich Personalen geworden ist, selbstübersteigend groß und leichter Überschritt zum Göttlichen. Nicht leibliche Mütterlichkeit ist gemeint: Auch Sonja Semenowna, die kleine, kindliche, ist eine solche Mutter.

Die Frau unter dem Zeichen der Vollendung

An einer Gestalt blüht das ganze Interesse Guardinis auf: an Nastassja Philippowna, von Dostojewskij kongenial zu Fürst Myschkin entworfen. Es ist die einzige Frau bei

---

[38] D, 85.
[39] D, 55.
[40] D, 132.
[41] D, 169f.

Dostojewskij, die nach Guardinis Meinung "wesenhaft unter der Kategorie der Vollendung" steht[42]. Diese Zuweisung läßt aufhorchen: mit "Kategorie" ist ein begrifflicher Rahmen benannt, der normalerweise bei Guardini durch das Lebendige nicht widerlegt, aber überstiegen wird.

Was wird an Nastassja Philippowna offenbar? "Die Werte der Vollendung bringen Gefahr; es sind Endwerte. [...] Alles Werthafte steht in ihrem Leben in der Form zu Ende gezogener Konsequenz."[43]

Diese Betrachtung entspringt Guardinis Gegensatz-Theorie. Alles Lebendige existiert im Spannungsgefüge von Gegensätzen; "rein" gedacht bedeuten sie für sich ungeheure Steigerung, aber nur bis zu einem in sich tödlichen, weil nicht mehr erträglichen Höhepunkt und Ende. Das Genie lebt in der Nähe solcher "Endwerte" und ist eben deswegen aufs höchste gefährdet. Welche "Vollendung" bedroht Nastassja Philippowna?

Zunächst wird nur deutlich, daß Außerordentliches sinnfällig an ihr aufscheint: eine blendende Schönheit, aber auch "grenzenloser Stolz, Verachtung und Haß [...] doch lag gleichzeitig in ihm [dem Gesicht] etwas Vertrauendes, etwas erstaunlich Gutherziges"[44], sowie offensichtlich eine hohe Intelligenz. Auch Nastassja Philippowna ist früh entehrt worden als sexueller Spielball eines Adligen, dem sie sich dann entziehen konnte. Die Zerstörung ist damit nicht aufgehalten; gerade ihre innere Konsequenz zeichnet sie mit Untergang. Eine mindere Natur hätte sich schneller heilen lassen; hier aber ist Kostbares angerührt und versehrt, das nicht vordergründig vernarben kann. Wer oder was hätte sie heilend berühren können? Guardini sieht nur Myschkin selbst an dieser Stelle, auch er von höchstem, empfindlichstem Wert. Hier hätte alles ins Spiel kommen müssen, was von der raumgebenden Kraft gesagt wird: Myschkin "gibt den anderen frei; so kann dieser im schauenden Blick erscheinen, wie er wirklich ist. [...] So fühlt der Mensch sich auf einmal in eine erlösende Wirklichkeitsfreiheit gestellt. Er braucht sich nicht mehr gegen die Anmaßung oder Heuchelei des moralischen Urteils zu wehren, denn es ist keines da; ebensowenig aber kommt er auf den Gedanken, Theater zu spielen oder sich in Positur zu setzen, denn er ist durchaus gesehen. Das tut wohl, macht frei und wahr. In dieser Klarheit aber wird - ohne alles Pathos, mit einer ruhigen, freilich sublimen Realistik - das angesprochen, was dieser Mensch von Gott her sein soll"[45].

Daß die Heilung Nastassja Philippownas trotz der Begegnung mit Myschkin nicht gelingt, liegt an der unterschwelligen Schuld des Fürsten, die Guardini als Schwäche anstelle der gebotenen Wachsamkeit deutet. Dennoch kommt es am Anfang zu der "ewigen Begegnung", dem "ewigen" Wiedererkennen der beiden, das Guardini mit

---

[42] D, 13; vgl. D, 246.
[43] D, 246.
[44] D, 253f.
[45] D, 247.

Platon und über ihn hinaus bezeichnet als "Teilnahme an einem Dasein, das keine Zeit hat, in dem aber der Sinn alles Zeitlichen enthalten ist."[46] Myschkin kann aber das Bild, das Nastassja in ihm "wiedererkennt", nicht bewahrheiten. So bleibt ein Mensch unerlöst, dessen Erlösung an jene der *magna peccatrix*[47] im Neuen Testament herangekommen wäre. Freilich ist damit schon der eigentliche Löser aufgerufen, Christus, der allein für die Kapazität dieser Frau Lösung bedeutet hätte.

Damit ist etwas Großes angedeutet, nicht ausgeführt: Nastassja Philippowna steht für die Unerlöstheit schlechthin, und zwar - neben allen Abwehrreaktionen - für die Unerlöstheit in ihrer ganzen Schönheit, ihrer bezaubernden Möglichkeit zur Vollkommenheit. Sie drängt geradezu dorthin, Vollkommenheit wäre ihr Lebensraum. Sie ist in dieser Existenz von außen daran gehindert worden; ihr Wesen aber ist in diesem Zeichen (*signum* gleich Segen) entworfen und unstillbar auf die Vollkommenheit gerichtet. *magna peccatrix* meint nicht die lustvolle, ihre Sünden genießende und immer steigernde Verworfene, die plötzlich umkehrt; hier ließe sich an Maria Aegyptiaca, die wollüstige Dirne der Legende, denken. *magna peccatrix* meint im Blick auf Nastassja Philippowna die unerlöste Schöpfung in ihrer ganzen dürstenden Größe. Es meint die Liebe, die ohne die geringste Rücksicht auf ihr Ziel losgehen würde, könnte sie es nur erraten. Nastassja Philippowna ist - unbeschadet ihrer frühen sexuellen Vernutzung - die Braut, die nur einen Herrn über sich anerkennen kann, würde er sich denn nur zu erkennen geben. Sie ist Sinnbild der Größe und der großen Verzweiflung in einem, und es ist folgerichtig, daß Frau wie Mann - schon im Nahbereich der Erlösung stehend - wohl erst im je verschiedenen Untergang, in der Ermordung und im Wahnsinn, das Bild Christi dennoch an sich tragen; Myschkin nach Guardinis Meinung deutlicher denn je.

In Nastassja Philippowna dürfte jenes Frauenbild getroffen sein, das Guardini selbst am tiefsten berührte: jene geistige Erotik, die unmittelbar den Hinweis auf die Erotik zu Gott selbst und auf die göttliche Erotik enthält.

Die Frau als Führerin zur Vollendung

Wundervoll, immer wieder und von früh an, ist für Guardini die Lektüre Dantes. Das Kind "pflückte Dante von den Lippen des Vaters"[48]; der Interpret kreiste vielfach um das größte Gedicht nicht nur der heimatlichen Sprache, sondern des abendländischen Mittelalters. Neben dem heidnisch-unerlösten Dichter Vergil, der Dante in die Tiefe führt, ist es die erlöste Freundin Beatrice - schon ihr Name kündigt ihr Wesen an -, die Dante in die Höhe führt; beide treten nach erfüllter Sendung zurück. In "Vision

---

[46] D, 260.
[47] D, 268.
[48] So die (im Original italienische) Widmung der Dantestudien an den Vater.

und Dichtung"[49] werden Beatrice nur wenige Zeilen gewidmet; darin erscheint sie als Fordernde und Führerin, die aus Schwierigem ins Leichte leitet. "Von der Spitze des Läuterungsberges aus ist es ein Schweben, besser ein Hinaufgenommenwerden, das immer offener den Charakter der Entrückung trägt. Was aber entrückt, ist das Lächeln seiner Führerin, Beatrice, das ganz Holde und Mühelose, das Symbol der Gnade."[50] Dieses zauberhaft Schöne wird noch einmal angesprochen: "Was die Gestalt Beatrices ausdrückt: daß die vollkommene Macht nicht in der Größe der Leistung, sondern im rein Geschenkten, im Lächeln der geliebten seligen Frau liegt, setzt sich durch die Rose ins Kosmische fort."[51]

Diese wenigen Zeilen spielen auf Guardinis tiefstes Gottesverständnis an; sie enthalten lauter Gottesattribute: Huld, rein Geschenktes, Gnade, Müheloses. In seiner Psalmenübersetzung liebte es Guardini, *gratia* mit Huld wiederzugeben, um die zu theologisch klingende Gnade zu verfremden, aber auch um mit dem Wort Huld an etwas anderes zu erinnern: an Schönheit. Schönheit war ihm ein Gottesattribut letzter und herrlichster Art. "Schönheit ist die Weise, wie das Sein für das Herz Angesicht gewinnt und redend wird. In ihr wird das Sein liebesgewaltig, und dadurch, daß es Herz und Blut berührt, berührt es den Geist. Darum ist die Schönheit so stark. Sie thront und herrscht, mühelos und erschütternd."[52] Selbst die Schönheit der gefallenen Schöpfung irritiert nur, weil sie den Abglanz des Göttlichen ins Böse verdreht, was also Vollendung ausdrückt, herunterzieht - eine um so stärkere Verführung, als sie die Spur Gottes noch an sich trägt. Das Böse muß sich gewissermaßen mit dem Schönen tarnen. Dennoch bleibt das Schöne Hinweis auf seinen Ursprung; Guardini macht die Beobachtung, in der Apokalypse werde "von der eschatologischen Schönheit der erlösten Welt"[53] gesprochen. Beatrices Schönheit spiegelt diejenige der Himmelsrose wider; mit beiden ist in der Welt der möglichen Bilder ein Letztes aufgerufen: Dante "empfindet das Dasein wirklich so, daß er das Letzte über dessen Ordnung und Charakter unter der Kategorie der überzwecklichen Schönheit sagen muß."[54] Zweck, Funktion gehört der Welt des menschlichen Handelns an, das Zweckfreie, Absichtslose der Welt Gottes.

Es ist entscheidend, daß Guardini in Beatrice nicht *die* Frau, sondern die konkrete, geliebte, identifizierbare Eine sieht. Keine platonische Wesenheit wird erschaut, sondern geschichtlich gewordene Gestalt. Zu dieser geschichtlich Gewordenen steht nicht das Sinnbild im Widerspruch, das sie zugleich ausdrücken kann; aber das

---

[49] R. Guardini, Vision und Dichtung. Der Charakter von Dantes Göttlicher Komödie, Tübingen/Stuttgart 1946; ab hier zitiert als GK.
[50] GK, 29.
[51] GK, 47.
[52] D, 256.
[53] D, 258.
[54] GK, 47.

Sinnbild hat nur Bestand, ja Gültigkeit, sofern es lebendig ist und lebendig erlebt wurde. Die Versuchung zum Überpersonalen oder Allegorischen wird - im Gegensatz zu anderen Dante-Interpreten - nicht gestreift.

Guardinis Deutung von Frauengestalten wirkt am stärksten, wo er tatsächlich auf die Einzigkeit des lebendigen Profils eingeht. Daß ihm dafür selbst das Auge erst geöffnet werden mußte, und zwar ebenfalls in "geschenkten" Freundschaften [55], macht seine Gabe des Sehens und Sehenlehrens nicht kleiner. Zumal in einer Zeitgenossenschaft, die sich über der Frage nach dem Wesen oder nur einer "Rolle" der Frau theoretisch zerfleischte. Für Guardini wären "Wesen" wie "Rolle" naturhafte oder kulturelle Kennzeichnungen, die selbst noch einer Lösung bedürften: der Entbindung zur Person, die das Geheimnis ihres einzigartigen Anrufs zur Realisierung an sich trägt. "Überwindung und Umwandlung"[56] der Vorgaben von Natur und Kultur in die Huld des Erlöstseins sind die Vorgänge, mit denen die wirkliche Geschichte weiblicher (und männlicher) Existenz geschrieben wird.

[55] Vgl. Karl-Heinz Wiesemann, "Zerspringender Akkord". Das Zusammenspiel von Mystik und Systematik bei Karl Adam, Romano Guardini und Erich Przywara. Freiburger Studien zur systematischen und spirituellen Theologie, Würzburg (Echter) 1999.

[56] D, 69.

Stellungnahme zu den Beiträgen

Jörg Splett

Menschsein vor Gott

"L'incompris cache l'incompréhensible,
et pour ce motif doit être éliminé."
Simone Weil

Wenn sich hier nach dem Konzept der Herausgeber der Be- und Angesprochene selbst ins Gespräch einbringt, dann kann das erste Wort - und wahrlich nicht, um es dann hinter sich zu lassen - nichts anderes als ein Dank sein: für den vielfachen Aufwand allein schon an (keinem von uns vermehrbarer) Zeit für geschenktes Gehör und entsprechende Antwort... für die Bestätigung und die Freude, die das bedeutet, wie auch für die heilsame Beschämung... und nicht zuletzt für die Herausforderung, die darin liegt.

Der so liebevoll Geehrte erblickt sich im Spiegel - und damit in jener Situation, die für die Gegenwart überhaupt vielleicht am bezeichnendsten ist, von R. M. Rilke bis zu J. Lacan, so weit zurück mit dem Spiegel auch dessen Metaphern reichen (Narziß kommt aus der Antike). - Daß wir in einem narzißtischen Zeitalter leben, wird von Kulturdiagnostikern unterschiedlichster Herkunft notiert, statt daß es bloß restaurative Zeitgeist-Schelte wäre.

Nun ist es in der Regel weder böser Wille noch der pure Übermut, was Zeitgenossen vor den Spiegel treibt. Im Vielerlei der hier wirkenden Antriebe fallen mir zwei besonders ins Auge. Das eine ist Selbstunbekanntheit, in welcher der Mensch nach sich sucht und sich im Gegenüber zu ergründen bemüht.[1] Dabei gelingt schon solcher "Selbstbezug vor dem Spiegel ... nicht ohne den Einbezug von Zeugen".[2] Nicht bloß muß anfänglich jemand das Kind und sein Bild "identifizieren"; sich im Spiegel zu erkennen sagt zugleich, sich überhaupt als sichtbar zu erkennen, als identifizierbar und beurteilbar.

Daraus entspringt dann der zweite Hauptantrieb; den F. Akashe-Böhme für die Frau in Anspruch nimmt,[3] in Abwehr des bekannten Motivs "Frau vor dem Spiegel". "Der Blick in das eigene Spiegelbild ist... keineswegs, wie immer behauptet wird, die selbstgefällige Bejahung, und er dient auch nicht der Bewunderung. Vielmehr beobachtet

---

[1] M. Scheler: "Wir sind in der ungefähr zehntausendjährigen Geschichte das erste Zeitalter, in dem sich der Mensch völlig und restlos 'problematisch' geworden ist; in dem er nicht mehr weiß, was er ist, zugleich aber auch weiß, daß er es nicht weiß." Späte Schriften (Ges. Werke 9), Bern 1976, 120 (Mensch und Geschichte).

[2] H. Nibbrig, Spiegelschrift. Spekulationen über Malerei und Literatur, Frankfurt/M 1987, 14. Siehe auch R. Haubl, "Unter lauter Spiegelbildern..." Zur Kulturgeschichte des Spiegels, Frankfurt/M. 1991; J. Baltrušaitis, Der Spiegel. Entdeckungen, Täuschungen, Phantasien, Gießen ²1996.

[3] Reflexionen vor dem Spiegel (Hrsg. F. Akashe-Böhme), Frankfurt/M 1992, 44.

und prüft frau im Spiegel selbstkritisch und ängstlich..." (9).[4] Selbstgefälligkeit herrscht auch im ersten Fall selten (unterstellt man sie darum dem andern? Narziß jedenfalls hat sich gerade nicht erkannt; das hätte ihn gerettet!). Im ersten Fall aber geht es darum, sich zu erforschen, im zweiten Fall darum, sich zu überprüfen; dort hat man sich selber im Blick, wenngleich nicht ohne Wissen um das Erblicktsein von andern; eben sie werden hier ins Auge gefaßt, wenngleich bezüglich der eigenen Wirkung auf sie.

Beidemal steht so eine Not hinter dem Verhalten, die es glaubt wenden zu können. Beidemal indes ist es dem "Spiegelmenschen" um sich selbst zu tun. Nicht er ist der Spiegel der Welt,[5] sondern diese der seine. - Das wohl treffendste und erschreckendste Bild dieser Inversion finde ich schon in einem Dialog Platons (wie ich hoffen möchte, doch unecht?)[6]: "daß, wenn jemand einem anderen ins Auge blickt, sich ihm sein eigenes Gesicht im Augenstern des Gegenübers wie in einem Spiegel zeigt, daher wir auch den Augenstern Pupille = 'Püppchen' nennen... Wenn also ein Auge ein anderes anschaut und in das hineinschaut, was das Edelste darin ist und womit es sieht, kann es in ihm sich selbst erblicken... Wenn demnach ein Auge sich selbst sehen will, so muß es in ein Auge blicken..."

Aber damit sieht es nicht das Auge des andern. Und dies nicht bloß in dem optischen Sinn, daß, wer sich im Spiegel erblickt, gerade so nicht den Spiegel selbst sieht (den er sähe, wenn "erblindete" Stellen statt ihn nur sich zeigten). Sondern viel ernster, insofern nämlich das Menschen-Auge nicht der *bulbus* ist, sondern gerade als "das Edelste" der Blick.

Ist es indes nicht eben dessen Blick, der in Texten zu einem Autor erscheint? In der Tat; doch in doppeltem Sinn: sie spiegeln sein Blicken - und das von ihm Erblickte. So wenig sich hier trennen läßt, so sehr steht - wie immer im Philosophieren - Unterscheidung an. Und während das erste (siehe bes. H. Lenz) neben dem Dank an die Spiegelnden vor allem zur Selbstkonfrontation ("vor, angesichts...") aufruft, lädt das zweite zu gemeinsamem Blick auf die erblickte und immer neu zu erblickende "Sache", den Menschen vor Gott.

I. Menschsein heißt Gewissenhaben

1. Im Zentrum sehe ich hier tatsächlich die Gewissensbestimmtheit des Menschen. A. J. Buch hat dies so eindringlich resümiert (und mit anderen Stimmen instrumentiert), daß ich mich kurz fassen kann. Jede Wortmeldung hierzu, gerade Kritik, wird nur mit Berufung darauf als Gesprächsbeitrag zugelassen. Das liegt nicht bloß allen Gewis-

[4] Und zwar tiefer als bzgl. "Wesen" oder "Rolle" im Blick auf sich als Person, "die das Geheimnis ihres einzigartigen Anrufs zur Realisierung an sich trägt" (H.-B. Gerl-Falkovitz, Ende).

[5] So seit Platon; vgl. M. H. Abrams, Spiegel und Lampe. Romantische Theorie und die Tradition der Kritik, München 1978; oder R. Kirsch, Ordnung im Spiegel. Essays, Notizen, Gespräche, Leipzig 1985.

[6] Alkibiades I. 132d-133b. Der Text fehlt natürlich weder bei Nibbrig noch bei Akashe-Böhme.

senstheorien voraus (hilfreich nach wie vor die mittelalterliche Unterscheidung zwischen dem Prinzipiengewissen: *synteresis* und konkretem Normen-/Wertbewußtsein: *conscientia*[7]), sondern ebenso etwa dem Hinweis auf ein "ganz anderes": holistisch a-personales, östliches Denken.

Wie immer der Mensch sich verstehe, verantwortlich, gewissenhaft hat er sich immer zu verhalten, nicht bloß in bestimmten Sektoren der Praxis, sondern ausnahmslos, auch - hier und jetzt - in Reflexion und Disput. Erst recht im Disput über Verantwortlichkeit und Gewissen, ob grundsätzlich oder konkret zu Maßstäben und Ansprüchen im einzelnen.

Den Stellenwert der Thematik belegt obendrein, daß sich in ihr klassische Fragefelder begegnen, fundamental schon "Theorie" und "Praxis" (Erkennen und Wollen) und die Verschränkung von Allgemeinheit, Besonderheit und Einzelheit.

So stellt sich das "Universalienproblem" nicht erstlich fachtheoretisch, sondern lebenspraktisch: Ist mein Gegenüber ein Mensch? Zudem erscheinen "Mensch/menschlich" sogleich in doppeltem Kontext = mit doppeltem Gegenbegriff: Nichtmensch(lich), Un-mensch(lich).

Schließlich sehe ich hier den Brennpunkt aller Gewißheit. Wer oder was auch immer ich sein mag und wie (wach oder schlafend, träumend, geträumt...): fraglos trifft mich ein Sollen. Und so unklar dessen Was oder Wie vielleicht ist: das Daß grundsätzlicher Verantwortlichkeit steht unableugbar. Um nichts weniger, wenn sich - in dessen Licht - ergäbe, daß ich hier und jetzt nicht zuständig bin.

2. Diese Erfahrung ist zu bedrängend, als daß sich uns nicht nahelegte, sie durch Umdeutung "wegzuerklären". So spricht etwa E. Tugendhat 1. von "müssen" statt von "sollen" (als stünde sich dies nicht geradezu konträr entgegen: heißt müssen doch: nicht anders können; sollen: nicht anders dürfen), und führt dies 2. auf das eigene Wollen zurück: eines idealen Ich, um von der Mitwelt anerkannt zu werden.[8] Damit aber ist aus dem kategorischen Imperativ ein hypothetischer geworden, aus Sittlichkeit als unbedingtem Ziel ein Mittel (und insofern rechtens aus dem Sollen ein Müssen).

Indes will Tugendhat selber doch kaum statuieren, was vielleicht der Zeitgenosse gern läse, sondern sagen, was ist. Warum? Eben weil es so ist und man im philosophischen Austausch "der Wahrheit die Ehre zu geben" hat. Andernfalls käme es gar nicht zur Diskussion. In ihr sollten wir die Wahrheit nicht bloß faktisch respektieren, sondern durchaus ehren *wollen*; doch dies Wollen seinerseits ist von uns gesollt.[9] Man rät es dem Unwilligen nicht bloß an, sondern fordert es ihm ab - und zwar keineswegs aufgrund eigener Schätzung, sondern selber aus Pflicht.

---

[7] A. J. Buch, Anm. 32.

[8] Vorlesungen über Ethik, Frankfurt/M. 1993, 61, 88-90, 96f.

[9] Wir "sollten" nicht bloß (offenbar dem "ought" verdankt?): wir sollen.

II. Ein gutes Gewissen ein schlechtes?

1. Bedrängend ist diese Erfahrung, weil sie die Autonomie der Freiheit im Kern trifft. Zwar hält sich nach dem "Zusammenbruch des deutschen Idealismus" und dem "Ende der Moderne" wohl kaum noch jemand für Gott. Der Mensch weiß sich als endlich; dies aber souverän. Beides verbindet der Perspektive-Gedanke ("Standpunktlichkeit"); denn gleichsam ein Punkt im Gesamt, ist der Mensch doch auf dieses Ganze eröffnet und erobert es in stetem Ausgriff - ohne indessen es anders ergreifen zu können als nach seinem jeweils eigenen Gesetz.

Indem wir dieses Paradox zur Sprache bringen können, haben wir es "distanziert" und (zwar nicht überwunden, doch) überstiegen. Das ist wenig und viel; es markiert gleichsam den Bergfried menschlicher Würde. So wenig man sich auf die Dauer im Turm allein behaupten kann: Nur wer ihn innehat, ist Herr der Burg. Auf neue Weise kehrt so die paradoxe Verschränkung von Grenze und Grenzenlosigkeit wieder, die den Menschen "horizontal" prägt; nun bindet sie die Horizontale und die Vertikale ineinander.

Doch nicht um diese Bindung geht es jetzt, sondern darum, was in das Zentrum der Freiheit selbst (in den "Bergfried") einschlägt, ihren Gleichmut verzehrt und ihr eine neue Bedeutung verleiht. Denn statt Ursprung und Ausgangspunkt von Intention, Ausgriff und Anspruch entdeckt man sich als deren Ziel, "Subjekt" im wörtlichen Sinn: unterworfen.

2. Und es bleibt nicht bei der Bedrängnis: zugleich und vor allem wird man beschämt. Statt nach Sokrates' Rat im anderen Auge mich zu erblicken, sehe ich mich angeblickt. Das ändert alles. Den Grundtext für diese Situation verdanken wir J.-P. Sartre.[10] Statt im Mittelpunkt meiner Burg finde ich mich plötzlich außerhalb ihrer. Nicht bloß aus dem Zentrum gerissen, in "einer Dezentrierung der Welt, die die Zentrierung unterminiert, die ich zur selben Zeit erwirke" (341): indem die Dinge ihm zeigen, was ich an ihnen nicht sehe; sondern selber schutzlos ausgesetzt: "Vor allem aber kann er *mich* ins Auge fassen. Die Wahrheit des 'den-Anderen-Sehens' ist das 'Vom-Anderen-gesehen-werden'" (343).

Angeblickt, sehe ich nicht auf mich gerichtete Augen - die wären ja Dinge meiner Welt. "Der Blick des Anderen verbirgt seine Augen" (344). Zwar läßt sich auch ein Blick erfassen: wenn er anderem gilt; aber den, der mich trifft, nehme ich nicht wahr, mir wird vielmehr bewußt, "erblickt zu werden" (345).

Sartre untersucht dies an der Peinlichkeit, bei etwas Ungehörigem ertappt zu werden. Das erste ist, daß man selber erscheint. Denn vorher war man selbstvergessen bei der Sache (ein Auge sieht nicht sich). Sartre zitiert die bekannte Formel: "Ich sehe *mich*, weil *man* mich sieht", findet sie jedoch "nicht ganz richtig" (347). Denn in der Tat sehe nach wie vor nicht ich mich; mir wird vielmehr bewußt, vom Anderen erblickt zu werden. "Das bedeutet, daß ich mit einem Male Bewußtsein meiner selbst habe,

---

[10] Das Sein und das Nichts, Hamburg 1962, 338-397.

soweit ich mir entgehe... Ich bin, jenseits aller Erkenntnis, die ich haben kann, jenes Ich, das ein Anderer erkennt" (347f).

Das entdecke ich "in der Scham (in anderen Fällen im Hochmut)" (348), bzw. meine Scham entdeckt es mir. Sie entdeckt mir mein Sein als das, wessen ich mich schäme und dessen ich nicht Herr bin, das ich nicht habe, sondern bin. "Alles geht so vor sich, als ob ich eine Seinsdimension hätte, von der ich durch ein tiefgreifendes Nichts getrennt bin; und dieses Nichts ist eben die Freiheit des Anderen" (349).

Zugleich aber zeigt gerade die Scham, daß ich nicht einfach eine Sache unter Sachen in der Welt des Fremden bin. Ich bin auch dies: "die Scham ist - wie der Stolz - die Erfassung meiner selbst als Natur, wenn auch diese Natur mir entgeht und als solche unerkennbar ist" (350). Aber nicht als Natur erfasse ich mich als Natur; in meiner Scham nehme ich mich mit dem anderen zusammen, "ich behaupte eine tiefe Gemeinsamkeit der Bewußtseinsindividuen" (349). Ich sehe mich mit seinen Augen.

Und doch nicht. Eben dies Nicht-bloß-Natur-Sein nämlich sieht an mir der Andere: er sieht mich in meiner Welt. Und indem sich sein Blick mir entzieht, entzieht er mir mit seiner Welt auch mein darin gesehenes Ich. Meine Möglichkeiten werden zu seinen (von ihm eingeschätzt).

Das heißt einmal: meine Möglichkeit wird für den Andern zur Wahrscheinlichkeit, und es ist "dieser skizzenhafte Schemen meines Seins", den ich voller "Scham, Wut und Furcht" immer neu auf mich nehme: blindlings; denn "ich bin es einfach" (353).

Anderseits bin ich "nicht Herr der Situation. Oder genauer, ich bleibe zwar ihr Herr"; doch eben dies bin und bleibe ich "für den Anderen" (ebd.). Er erblickt meinen Blick und objektiviert so dessen Objektivieren. Als "erblickter Blick" wird mein Sehen "seiner Transzendenz entkleidet" (354). - Der Andere ist in keiner Weise Objekt meiner Ich-Welt, sondern reine Freiheit, die das Ich durch die "eigene Knechtschaft" erfährt (360).

3. Beschämt nun schon das Erblicktwerden als solches, so erst recht der mich sittlich beurteilende Blick. Ich soll - und bin offenbar nicht so, wie ich sein soll - sonst müßte ich nicht sollen. - Darum hängt die Beschämung nicht am (ab)schätzenden (= abschätzigen) Blick des Gegenübers. - Im Kontrast zu Sartre beschreibt E. Levinas die Begegnung als Ereignis des Gesichts.

"Visage" ist auch für ihn nicht etwas, das ich betrachte, sondern ein Blick, der mich trifft. Doch anders als eben trifft mich kein Blick, der mich zum *Objekt* in der Welt eines anderen macht. Vielmehr reißt der Blick mich als Notschrei aus meinem Selbstgenügen oder meiner Heiterkeit. Und dies nicht als Appell an meine Milde oder Großzügigkeit, sondern - in aller Schutzlosigkeit - beanspruchend, fordernd. Verlangt ist Antwort.

Und zwar dringend, ohne Möglichkeit des Verzugs; nein, mit der Entdeckung, daß ich schon im Verzug bin. Ich entdecke mich als bereits in Beschlag genommen. Und nicht einmal dies trifft es ganz; denn statt meiner finde ich den Anderen in seiner Not.

Ohne Blick auf meine Lage bin ich ganz von seiner absorbiert.[11]

In diesem Sinn wird das Gute nicht erst gewählt, "es hat sich vielmehr des Subjekts bemächtigt".[12] "Zur Verantwortung verpflichtet sein, das hat keinen Anfang" (77). Es gibt keine Flucht und Ausflucht davor, die nicht "Fahnenflucht" (74) wäre. Derart ist das Ich Leibbürge, Geisel (72), ja (statt zu besitzen) geradezu besessen (79).[13]

Und die Scham vertieft sich, weil ich - statt bereits "zuvorkommend" gehandelt zu haben, derart erst zu meiner Pflicht gerufen werden muß. Die Klage, die der Flehende an mich richtet, trifft mich - im "Akkusativ" - als Angeklagten und ist zugleich mein Urteil.

So kann Gewissen nur ein schlechtes sein und ein "gutes" wäre "Dickfelligkeit", Mangel an Gewissen. - Immer schon stehe ich in jemandes Schuld und habe gutzumachen (in all den Formen, die A. Dünnbier ins Auge gefaßt hat).

III. "Gesetz" als "Evangelium"

1. Man kann die Schärfe dieser "Passivität, die passiver ist als alle Rezeptivität", d. h. Empfänglich- und Empfindsamkeit,[14] nicht scharf und ernst genug nehmen. Doch wäre damit allein die Begegnungserfahrung nicht richtig beschrieben. Eben diese Passivität und "Besessenheit" nämlich ist eine solche von Freiheit (darum übrigens auch völlig geisteskIar). Levinas selbst stellt die Frage:[15] "Sich der Verantwortung nicht entziehen zu können, ist das nicht Knechtschaft?"

Es ist dies nicht. Denn was hier herrscht, ist das Gute. Es hat sich, erstens, des Subjekts seit je bemächtigt, so daß zu keiner Zeit das Ich erst noch hätte "geknechtet" werden müssen. Wir kennen ähnliches bei den Naturbedingtheiten der Existenz. Doch fehlt, zweitens, hier der Abstand anders als dort. Läßt sich schon, daß die Taube[16] der Schwerkraft wie dem Luft-Widerstand "unterworfen" ist, nicht Knechtschaft nennen, so untersteht dem (Anspruch des) Guten das Subjekt nicht bloß faktisch, sondern derart von ihm "ergriffen", daß es dies zugleich als Erwählung erfährt. - Der Anspruch weckt mich zu meinem unersetzlichen Da-sein als (nicht [ein] Ich, sondern) ich. Darum kann hier "vielleicht", notiert der Philosoph behutsam, "von der *creatio ex nihilo* gesprochen werden".[17]

---

[11] Das bringt Levinas auf die Formel: "Es handelt sich um die Infragestellung des Bewußtseins und nicht um ein Bewußtsein der Infragestellung." Humanismus des anderen Menschen, Hamburg 1989, 42; auch: Die Spur des Anderen, Freiburg/München 1983, 223.

[12] Humanismus 75; wie schon anklang: "unterworfen".

[13] Und das Böse ist die Bestreitung dieser ursprünglichen Voreingenommenheit, der unvordenklichen Bindung der Freiheit; Freiheitsbehauptung "dessen, 'der nicht der Hüter seines Bruders'" sein will (80), genauer: nicht wahrhaben will, daß er es je bereits ist.

[14] Jenseits des Seins oder anders als Sein geschieht, Freiburg-München 1992, 116.

[15] Humanismus (Anm. 11), 74.

[16] Kritik der reinen Vernunft, B 8f.

[17] Humanismus (Anm. 11), 78f.

Darum ist das Gerufen-werden als solches schon “Gnade”. Daß wir sollen - und dies immer neu trotz immer neu erwiesener Unwilligkeit - , ist etwas, das wir dürfen. Die Rede vom Sollen, vom “Gesetz”, unter dem wir stehen, ist darum in sich schon “Evangelium”, Gute oder Heils-Botschaft.[18] - Erscheinung von Glanz und Licht.

Levinas spricht, in Aufnahme des biblischen *kabód*, von der “gloire de l'infini”;[19] zuvor hat R. Lauth für die Erfahrungsqualität den Namen “doxisch” vorgeschlagen, nicht in der geläufigen Entgegensetzung zur *epistéme*, sondern im Sinn von “gloria”.[20]

2. Von der Wahrheit in Anspruch genommen zu sein bedeutet, ihrer Ansprache gewürdigt zu werden. Das geht in der Tat nur so, daß Freiheit sich in Anspruch nehmen *läßt*. Insofern handelt es sich durchaus um ein interpersonales, dialogisches Geschehen; also auch beim Angesprochenen um Selbstvollzug in Verstehen-als; gewiß (Th. Splett, Anm. 28). Doch unbeschadet dessen besagt solch grundsätzliches Erst-Anfangen unumgänglich: Angefangenwerden.[21]

Im Blick steht dabei allerdings strikt allererste Ursprünglichkeit. Es geht nicht um Imperative als Regeln (ebd. Anm. 40), sondern um das Gesolltsein als solches von (vor jedem Regel-Handeln) Gut-Handeln und -Sein überhaupt. Darum sehe ich auch nicht, wieso ein solcher Dialog monoton werden müßte, weil er ein erstes Ja voraussetzt: das zum Dialog (ebd. Anm. 28). Im Gegenteil: während das Nein rein als solches nur das Angesonnene verneint, entspricht der Anfrage statt ihres Echos eine eigene Antwort: schöpferisch (auch und gerade wenn es - wie bei Faust und Helena[22] - darum geht, daß die Antwort der Frage entspricht).[23]

Das Wechselverhältnis kann in der Tat kein “symmetrisches” sein - wie seinerzeit von D. Sölle und neuerlich wieder von F. Wagner gefordert;[24] dennoch ist es wechselseitig: als Anruf der Wahrheit (Buch/Lenz) an den “Hörer des Wortes”.

3. Nach wie vor finde ich das Gemeinte nirgends so entsprechend ausgedrückt wie bei Romano Guardini: “Das Unpersönliche... schafft Gott einfachhin, als unmittelbares Objekt seines Wollens. Die Person kann und will er nicht so schaffen, weil es sinnlos wäre. Er schafft sie durch einen Akt, der ihre Würde vorwegnimmt und eben

---

[18] Voraus zu dem, was hier - philosophisch - ausgespart bleibt: das umwandelnde Heils-Wort Jesu, ja “Jesus selbst”: “vom Osten bis in den Westen die heilige und unvergängliche Botschaft”. F. Lentzen-Deis, Das Markus-Evangelium. Ein Kommentar für die Praxis (E. Beck/G. Miller), Stuttgart 1998, 363.

[19] Autrement qu'être ou au-delá de l'essence, La Haye 1978, 179ff.

[20] Begriff, Begründung und Rechtfertigung der Philosophie, München 1967, 53-55. Siehe A. J. Buch, Anm. 28.

[21] Darum heißt Aus-sich-Sein auch nicht etwa: aus sich Anfangen.

[22] Im inneren Burghof (Faust II 9365ff).

[23] Das Wurzelbild (Anm. 19) soll wirklich nur das “Bleiben” im “Heraus” erläutern. Freiheitlich wäre von “Sich-Voraussetzen” zu sprechen; allerdings nicht rein “erfinderisch”, sondern in Antwort. Gleichwohl geht es dabei anstatt um ein Anfangs*stadium* um den “Punkt” des Anfangs von Freiheit. Und hier sind alle Bilder mißlich, weil es zwischen Menschen ein so radikales Anfangen nicht gibt (die Bibel nennt es *bará*). Freiheit, die sich angefangen (habend) weiß, hat es zu denken.

[24] D. Sölle: “Ein Gott, zu dem wir in einem asymmetrischen Verhältnis stehen, ist human unerträglich geworden.” Sympathie, Stuttgart 1978, 106. F. Wagner in: Die andere Kraft (Hrsg. A. Schuller/W. v. Rahden),Berlin 1993, 139, 143.

damit begründet, nämlich durch Anruf... Dieser aber bedeutet, daß Gott sie zu seinem Du beruft - richtiger, daß er sich selbst dem Menschen zum Du bestimmt."[25] Der Mensch wird von Gott so gesprochen, daß er sich zugesprochen wird; und demgemäß spricht Gott auch die Welt als Wort auf ihn hin. So ist der Mensch zum Hören und zur Antwort bestimmt, und die Dinge sollen durch ihn "in der Form der Antwort zu Gott zurückkehren" (ebd.).

Damit handelt man sich zunehmend den Vorwurf speziesistischer Borniertheit ein. Anthropozentrisch auch, wenn man den Menschen selber aus dem Zentrum nimmt, insofern nämlich Gott (wenn nicht seinerseits anthropozentrisch) anthropomorph gedacht werde. Vielleicht auf den Abdruck in R. Simon-Schaefers "Kleiner Philosophie" hin begegnen mitunter auch im Feuilleton Texte, die durch den "Milbenmonolog" W. L. Wekhrlins von 1784 inspiriert scheinen[26]: "[...] Glückliche Milben! Ihr seid Mittelpunkt - Endzweck aller Kombinationen der Welt. Euch erfreuet das Licht, Euch duftet der Käs, Euch laden seine fetten Partikeln zum Genus ein [... Das sollte nun entfaltet und begründet werden], als der Zuhörer, vom Mitleid über ihre Mühe gerührt und um ihr eine langwührige Reihe Syllogismen zu erspahren, die Rednerin sammt dem Katheder, worauf sie stand, in den Mund stekte und verschlang. Man sagt, sie habe noch zwischen den Zähnen des Würgers behabtet, ihre Erhaltung, ihr Wohl sey der Endzwek der Natur.".

Die Erwiderung hätte wohl mit einer Meta-Überlegung einzusetzen, im Sinn von B. Pascals Fragment über die drei Ordnungen,[27] den "unendlichen Abstand" (unendlich, weil statt linear exponential: dimensional), von materieller Ausdehnung zur Geistwirklichkeit und nochmals von dieser zur Caritas. Demgemäß steht in der vorliegenden Skizze die Gewissenserfahrung unabweislich persönlichen Gemeintseins im Zentrum, ein grundsätzlich anderer Angang als (sei's hypothetische, sei's deduktive) leibnizoide Milbenphilosophie.

IV. Absolute Erfahrung

1. Die Erfahrung ist natürlich endlich; aber nicht, was sie erfährt. Mit J. B. Lotz, M. Müller oder H. Ogiermann wäre von ontologischer bzw. transzendentaler Erfahrung zu sprechen.[28] Es ist nicht die Erfahrung eines Etwas, sondern (an solcher) die Erfahrung eines Nicht-Etwas. Dieses Nichts hat insbesondere, in Anknüpfung an Meister Eckhart und auch W. Weischedel, B. Welte erwogen.[29] Mit dem Cusaner

---

[25] Welt und Person, Würzburg ²1940, 114.

[26] R. Simon-Schaefer, Kleine Philosophie für Berenike, Stuttgart 1996,158-160.

[27] Pensées (Mappe 23) 308 (Lafuma; Brunschvicg 793).

[28] H. Ogiermann, Die Problematik der religiösen Erfahrung, in: Scholastik 37 (1962) 481-513 u. 38 (1963) 481-518; M. Müller, Erfahrung und Geschichte, Freiburg/München 1971; J. B. Lotz, Transzendentale Erfahrung, Freiburg 1978; ders., Mensch Sein Mensch, Roma 1982.

[29] Nach der Religionsphilosophie, Freiburg 1978; Das Licht des Nichts, Düsseldorf 1980.

gesagt, ist es kein Anderes zu uns, womit es sogleich das Andere unser würde, sondern das Nicht-Andere - weder Andere(s) wie wir noch ein Anderes zu unser Andersheit, sosehr wir Andere zu ihm sind und bleiben.

Gemacht aber wird die Erfahrung an - existierender - Anderheit/Vielheit. Darum ist sie - J. Schmidt - von der eines Nichts-als-Nichts zu unterscheiden (was rein begrifflich nicht ginge). Sie ist es, die sich in Anselms Beweis artikuliert. Steht sie nicht auch hinter Thomas' *via tertia* (hinter dem ansonst für mich nicht einsichtigen Übergang vom "possibile non esse" zum "quandoque non est")?

Tatsächlich eindrucksvoll, daß ebenfalls das leere Nichts die "Qualität des Absoluten" hat. Auch und gerade in diesem Sinn ist unser Absolutheitserfahren endlich; nicht bloß insofern es an konkreter Endlichkeit geschieht. Und verweist nicht eben solch formales Unentschiedensein erneut auf die fundamental praktisch-sittliche Situiertheit von Geist und Freiheit (entsprechend dem religiösen Kontext von Parmenides' Einsicht)?[30]

2. Insofern die Erfahrung im Denken geschieht, ja als die seiner (als theoretisch-praktisch) selbst, bedarf es hier prinzipiell keiner Versöhnung von Denken und Glauben, ebensowenig wie einer von Glauben und Wissen.

Letztere Unterscheidung ist nicht erst seit Kant in der Welt, sondern begegnet leider schon bei Thomas, weil er als eigentliches Wissen (*scientia*) die Wissenschaft (*scientia*) versteht (= methodisches Grund- und Ursachwissen). In strenger Konsequenz gäbe es dann grundsätzlich - wie keine Wissenschaft - kein Wissen von Person und Freiheit. Und so ist ihmzufolge ja auch Gott nicht nur unbegreiflich, sondern (wenn auch nicht in modisch skeptischem Verständnis) unerkennbar.[31] Versteht man Wissen hingegen schlicht als reflektiertes Wahrheits-Verhältnis (*Sagen-können, daß man sagen kann, was ist*), dann läßt sich auch Glauben zwanglos als Wissen bestimmen. Er muß - als verantwortlich - sich selbst begründen können (1 Petr 3, 15), aber nicht das Geglaubte; er muß sich weder auf eigenen Augenschein stützen[32] noch Beweise vorlegen können.

Daß er gleichwohl irrig sein kann, hat er mit allem Wissen gemeinsam. Denn zwar nicht das Kern-Licht doxischer Evidenz (daß das Gute sein solle und der Wahrheit die Ehre zu geben), durchaus aber der "Hof" um diese Prinzipieneinsicht mag sich als vermeintliches Wissen herausstellen. Darum ergibt dies kein Argument für eine Unterscheidung von Wissen und Glauben. Die Unterscheidung verläuft statt dessen - zwischen Glauben (aus Hören) und Einsicht - innerhalb des Wissens.[33]

Daß sich aber gerade neuzeitliche *science* dem Glauben als Wissen entgegenstellt, ist umso verwunderlicher, als Theorien ein Hypothesennetz darstellen, weder wahr noch

---

[30] Nur bei Ausblendung dessen ließe sich als Kandidat für Unbedingtheit (Th. Splett, Anm. 24) der Zufall benennen; siehe dazu auch (m. E. als Explikationen von Anselms Intuition) die Analyse des Tuns durch M. Blondel oder W. Bruggers Dynamismus-Argument.

[31] Siehe W. J. Hoye, die Unerkennbarkeit Gottes als die letzte Erkenntnis nach Thomas von Aquin, in: Thomas von Aquin (Hrsg. A. Zimmermann), Berlin 1988, 117-139.

[32] "Wissen" gehört zu der indogermanischen Wurzel *ueid = erblicken.

[33] Und für beide Bereiche ruft das Eingangsmotto zur Arbeit (La pesanteur et la grâce, Paris 1962 [le monde en 10/18], 133).

falsch, also gerade heutige Wissenschaft gar kein Wissen beansprucht.

3. Hegel demgegenüber beansprucht natürlich Wissen - und läßt als solches nur Einsicht gelten. Absolute Erfahrung jedenfalls könne nur Selbsterfahrung des Denkens, Selbsteinsicht der Einsicht sein. Und er greift dafür auf Anselms Programm der "fides quaerens intellectum" zurück. Doch mit welchem Recht? Th. Steinherr hebt auf die Erlösung ab, die in der Tat sich von Versöhnung unterscheidet. So wie der Aquinate die Inkarnation an die Erlösung bindet. Sollte man aber hier nicht Skotist sein?

Und dem zuvor: Könnte Versöhnung wirklich "aus sich selbst heraus hervorgebracht werden"? Paulus ruft die Korinther dazu auf, sich versöhnen zu *lassen*.[34] Umgekehrt geschieht, hier Hegel zugestimmt, auch die Erlösung an uns nicht wie an Steinen.[35] Vielleicht aber kann man sagen, daß Hegel im Denken des Absoluten Thomas und Skotus sozusagen verbindet. Indem er nämlich den (Zusammen-)Schluß von Absolutem und Relativem nicht bloß faktisch, sondern prinzipiell als Versöhnung entwirft, also die Differenz beider als Entzweiung, Ur-teilung als Negation, das Werden des Menschen als Fall.

So aber kann es dann nicht Fall allein des Menschen sein. Versöhnung wird darum zur Selbstversöhnung Gottes mit sich. Während nun Hegel in solchem Vermögen eben die Absolutheit des Absoluten erblickt, ist sie im Licht der Gewissenserfahrung vielmehr gerade darob mit Entschiedenheit zu bestreiten.

Konkretisieren läßt sich dies an zwei Gegebenheiten (oder an zwei Aspekten einer?): am Gegenüber und Miteins von Personen (das Du als Nicht-Ich, Dialog als Monolog, Versöhnung als[36] "das Dasein des zur Zweiheit ausgedehnten Ichs"?) und am Bösen. Indem Hegel das erste zum Widerspruch logisiert (als ob Ich und Du, Person und Gemeinschaft sich widersprächen) wird das Böse (als der "existierende Widerspruch"[37]) zu dessen Ernstfall (als wäre es nicht - und zwar völlig undialektisch, unvermittelbar - seine Verneinung).[38]

Um erst letzteres aufzunehmen, weil wohl offener zu Tage liegend: Welch einen Gott verteidigt eine Theodizee, die nicht bloß die Zulassung von Bösem, sondern dieses selbst zu rechtfertigen unternimmt?

Dazu melden sich allerdings Fragen, die nicht bloß an Hegel gestellt werden, sondern auch an das hier gegen ihn Vertretene. Läßt sich das Böse nicht rechtfertigen (was aus seinem Begriff folgt),[39] wie dann die Zulassung seiner?

---

[34] 2 Kor 5, 20: katallágete.

[35] Begriff der Religion (in: Vorlesungen über die Religion I - G. Lasson), Hamburg 1966, 258.

[36] Phänomenologie (Wessels/Clairmont), Hamburg 1988, 442.

[37] Berliner Schriften (J. Hoffmeister), Hamburg 1955.

[38] Spätestens hier ist der Lehrer und Freund zu nennen, dem ich mehr als den Zugang zu Hegel, und zwar gerade im Kernpunkt des Dreieinigkeits-Themas, verdanke: W. Kern. Bibliographie in: ders., Geist und Glaube (Hg. K. -H. Neufeld), Innsbruck 1992.,

[39] Darum ja die Pflicht zu Wiedergutmachung wie Verzeihung. Wobei unser prinzipieller Diskurs sich eigentlich auf die konkrete "Anwendung" einlassen müßte, wie A. Dünnbier sie vorlegt. Während nämlich überfliegende Entwürfe sich leicht tun, von Ernst und Größe des Bösen zu reden - gegenüber tugendhafter

V. Das Böse?

1. Daß absolut nicht ein Gut-Böse-Gemisch sein kann, soll hier - im Licht der doxischen Erfahrung - nicht mehr eigens gegen gnostische Konzepte ausgeführt werden, so sehr sie wiederum Konjunktur haben, von der Faszination eines religionswissenschaftlichen "Heiligen", das wohl doch *sakral* heißen sollte (in Unterscheidung zum Sanctum), über Programme einer Hochzeit von Himmel und Hölle (W. Blake) bis zu Integrationsversuchen in Berufung auf C. G. Jung, unter Denunzierung eines ethischen Entweder-Oder als unreif und friedensunfähig.

Der im Gewissen erfahrene Gott ist das "Von-her bedingungslosen Gut-seinsollens", also "potenziert" gut: "summum bonum" (nachdem schon Gut-sein gut, Gut-sein-sollen[-dürfen] besser ist), schlechthin gut. Aber ist er absolut?

Wolle man an seiner Güte festhalten, dann müsse man - so nun auch von christlichen Theologen vertreten - angesichts der Welt, wie sie ist, auf das tradierte Allmachtsprädikat verzichten. Freiheit schaffen heiße eben Selbstbeschränkung.

Nun wäre zuerst der Allmachtsbegriff zu klären, etwa gegenüber einem formalistisch-buchstäblichen Verständnis, das schon die Berufung auf Logik als Einschränkung auffaßt. (Zu einem viereckigen Kreis ist Gott nicht unfähig; denn der - schlicht widersinnig = unmöglich - ist nichts, das zu machen oder nur zu denken jemand fähig/unfähig sein könnte. Einzig reden und schreiben läßt sich von ihm - wie hier [nicht ohne Gott] geschehen.[40])

Erst recht besagt Unfähigkeit zum Bösen kein Manko. Das besagt die weithin unverstandene These vom *malum* als *privatio*, "Beraubung". Statt daß damit, wie unterstellt, der Ernst des Bösen abgeschwächt würde, wird ihm vielmehr jedes Eigensein abgesprochen. Es existiert allein als Parasit und Perversion des Guten (weshalb es auch kein absolutes Böses gibt). Wiederum bleibt eine bloß formale Lektüre für das Eigentliche blind: Pflanzen und Tiere können mangels Selbstverhältnisses nicht lügen; für selbstbewußte Freiheits-Wirklichkeit aber stellt Nicht-lügen-Können ebensowenig eine Einschränkung dar wie Sich-nicht-irren-Können (ja noch weniger [auch dies nicht rechnerisch: ursprungslogisch zu lesen]).

Dann aber gilt mit Kierkegaard, daß Allmacht sich gerade in Hervorruf und Erhalt

---

"Kleinkariertheit", sogar feigem "Sich-die-Hände-nicht-beschmutzen-Wollen", zeigt näherer Hinblick nicht bloß die Erbärmlichkeit des Bösen, sondern deren Fortwirken noch nach der Abkehr von ihm: in der beschämenden Zumutung - an das Opfer, die gerade nochmals in der Bitte um Vergebung und im hilflosen Bemühen um Wiedergutmachung liegt.

[40] Ganz zu schweigen wäre von dem alten Kinderwitz, wenn er nicht ernstgemeint in Diskussionen erschiene: Gott vermöge keinen Stein solchen Gewichts zu schaffen, daß er ihn nicht heben könne. Der abstrakten Formalisierung entgeht die Qualität der hier waltenden Negation der Negation: Jeden Stein, den Gott schafft, kann er heben. Schon Anselm verdeutlicht, daß das Nicht-Besiegt-werden-können Achills nicht etwa dessen Unvermögen anzeigt (De veritate 8; Cur Deus homo II 17).

von Freiheit zeigt[41] - während die These von Gottes Ohnmacht nicht bloß Hoffnung und Bitte, sondern auch Dank wie Protest jeden Sinnes beraubt (und darum auch biblisch ganz ungedeckt ist). - Ist damit aber nicht die Möglichkeit des Bösen in der Welt?

2. Es scheint in der Tat so. So wenig zur Freiheit als solcher die Möglichkeit der Selbstverfehlung gehört, so sehr offenbar zur Situation geschaffener Freiheit, die - obzwar dem Ruf ins Dasein "anfänglich" gefolgt - dies doch in Selbst-Annahme eigens zu vollziehen hat: im Ja zum Ja zu sich selbst und dem Ruf(er).

Doch Möglichkeit besagt mitnichten schon deren Verwirklichung. Erst recht, wo es sich nicht um das Vermögen zu einer erwünschten Wirklichkeit handelt, sondern gleichsam um dessen Schatten: die Möglichkeit von Nicht-sein-Sollendem, von Versagen und Perversion des Vermögens, also eher um ein Unvermögen.

So schafft Gott die Möglichkeit des Bösen, doch nicht es selbst - was er, als der Heilige, im erwogenen Sinn gar nicht *kann*. Aber Er läßt die Verwirklichung dieser (Un-)Möglichkeit zu. Macht das Erwirken von Bösem den Erwirker selber böse (denn kein noch so guter Zweck heiligt ein in sich Schlechtes zum erlaubten Mittel), so läßt die Inkaufnahme noch eine Frage offen (darum darf man, entgegen heutigen Voten, die Unterscheidung keineswegs abtun): ob sie sich rechtfertigen lasse. - Womit?

Die *free-will-defense* verweist hierfür auf die Freiheit als solche . Mich überzeugt das so wenig wie M. Splett, weil sie mir nicht als Höchstwert erscheint. Damit aber muß ich gestehen, daß ich keine Antwort auf die Theodizee-Frage habe: Warum Leid und Böses, wenn Gott ist? Ich kann es nicht sagen - und kenne keine Aussage, die es statt meiner tut.

Das aber gilt nicht bloß für positive Antwort-Versuche, sondern auch für den Vorschlag, deshalb den Bedingungssatz zu streichen: daß Gott sei. Denn gerade darauf fußt die Hiobsfrage - statt daß sie der Weg wäre (so liest man), um zu "Gott" zu kommen. Ob damit gemeint ist: zum Glauben an Ihn oder zur Gotteshypothese, sinnvoll würde es jedenfalls nur, wenn der Gottes-Gedanke Wunschdenken wäre. Unter dieser Voraussetzung aber hätte das Gespräch schon vor dem Beginn sein Ende gefunden.

Will man - sei's dem Glauben, sei's der Hypothese - jedoch nicht von vornherein jede Vernünftigkeit bestreiten, muß es objektive Daten geben, auf die der Theist sich unabhängig von Leid- und Schuld-Erfahrung beruft. Und darüber ist zu diskutieren - wie dann über die In-Frage-Stellung seiner Thesen durch das Böse.

Das erste ist - im Rahmen des hier Möglichen - zuvor geschehen; jetzt stehen wir beim zweiten. Und hier scheint mir die Anwortlosigkeit, zu der ich mich bekennen

---

[41] "Das ist das Unbegreifliche, daß Allmacht nicht bloß vermag, das Allerimposanteste, das sichtbare Weltenganze, hervorzubringen, sondern auch das Allergebrechlichste hervorzubringen vermag: ein der Allmacht gegenüber unabhängiges Wesen... Die Schöpfung aus Nichts ist abermals der Ausdruck der Allmacht dafür, daß sie unabhängig machen kann... Wofern Gott um der Erschaffung des Menschen willen selber ein wenig von seiner Macht verlöre, könnte er den Menschen eben nicht unabhängig machen." Literarische Anzeige, Düsseldorf 1954, 124f (Tagebuch VII A 181).

mußte, tatsächlich das Reden von Gott zu erledigen - wenn es sich nur als Hypothese versteht. Soll der philosophische Disput nicht zum Kampf wechselseitiger Analyse verkommen, scheidet der Verweis auf eventuelle Lebensdienlichkeit des Wunschdenkens aus - ob beim Theisten, Atheisten oder beim Agnostiker. (Oder ginge es nicht einmal mehr um Kampf, weil jeder - pragmat[ist]isch - sich statt der Wahrheit verpflichtet, nur zur Glückssuche berechtigt fände?)

Als einzigen Grund, auf der Theismus-Hypothese zu beharren, sähe ich das Fehlen besserer Alternativen. Und dem stünden nicht allein Entwürfe wie die eines Sartre und erst recht Camus entgegen. - Anders stellt es sich dar, wenn der Glaubende sich aufgrund seiner Absolutheitserfahrung zum Glauben an Gott, d. h. zum Verständnis seiner und der Welt von Ihm her, auf Ihn hin und so "vor Ihm", verpflichtet sähe.

3. Ihm verlangt dann unsere Lage das Warten ab (man darf an einschlägige Bild- und Gleichnisreden Jesu erinnern). Dabei ist unabgelenktes Warten seinerseits leidvoll und schwer erträglich, weil es als solches Existenz im Nicht-mehr und Noch-nicht, in der "Erfahrung von Nicht-Erfahrung"[42] ist. So läßt es selber nochmals fragen - und birgt obendrein die übermächtige Versuchung, anstatt seiner etwas anderes zu tun ("Allotria zu treiben")?

Es sei nun wahrlich nicht insinuiert, Versuche zu theoretischer Antwort seien solch Allotria. Sie sind - ausdrücklich gegen theologische Frageverbote gesagt - nicht nur erlaubt, sondern geboten, "fromm" gesagt, als Stärkung der Schwachen und Werk geistlicher Barmherzigkeit (durchaus nicht nur anderen, sondern nicht selten auch sich selbst gegenüber). Und es bedarf ihrer nicht bloß zum Trost, sondern - in der Kritik verfehlter Antworten - auch zur Wahrung der Ehre von Gott wie Mensch. Wenn der "Herzschmerz" egozentriert, dann mag nicht zuletzt die "Kopfarbeit" dem Neugewinn von Wirklichkeitsgemäßheit dienen.

Aber daß es bei provisorischen Antworten bleibt, bei Antwortversuchen, scheint mir gewiß. Apriorisch? Aposteriorisch? Ich glaube sagen zu müssen: aposteriorisch apriorisch, d.h. aufgrund des erfahrenen Leids sehe ich nicht allein keine Antwort, sondern nicht einmal, wie sie aussehen könnte. Eine Differenz zu A. Kreiner - und auch zu M. Splett? - sehe ich darin, daß dort im Vordergrund das Leiden steht (wie übrigens auch bei J. B. Metz und anderen), bei mir die Schuld, das Böse.

Wie bzgl. Zulassen - Bewirken scheint mir auch diese Differenz von hohem Gewicht. Nur wer Böses schafft, ist böse, nicht wer Leid schafft. Aus der (aposteriorischen) Erfahrung von Leid würde ich nicht apriorisch von Antwortlosigkeit sprechen. Mit dem Schmerz, dessen Stachel wirklich keine Theorie aus dem Fleisch zieht, meine ich eigentlich weder leibliche noch seelische Leiden, nicht einmal den Tod (die Obsession durch ihn - nicht nur bei E. Canetti - habe ich niemals verstanden), sondern "der Übel größtes", die Schuld. Sie ist gewiß auch ein Rätsel (wie man selbst sich eines), doch vor allem (Thess 2, 7) ein *mystérion*.

---

[42] Ein Grundgedanke K. Rahners zum Thema. Um nur drei Aufsätze zu nennen: Über die Erfahrung der Gnade (Schriften z. Theologie III 105-109); Frömmigkeit früher und heute (VII 11-31); Warum läßt Gott uns leiden? (XIV 450-466).

Gegenüber Hegel, der erklärt, sie solle nur "nicht bleiben",[43] beeindruckt mich ihr bleibendes Nicht[-geschehen]-sein-Sollen.[44] "Gehabte Schmerzen hat man gern" - auch begangene Schuld?[45] Hier verstummt - wie einzuräumen ist - auch der Protest, und was uns einzig bleibt (aus der bedachten *Gnaden*-Erfahrung auch und gerade des Schuldspruchs), ist die Hoffnung wider Hoffnung.

VI. Mit-Sein

1. Damit sind wir wie von selbst zu der ersten noch zurückgestellten Frage gekommen, der nach Person und Gemeinschaft. Schuld hat ihren Ort im Miteinander. Doch besagt nicht bloß sie gerade den Verstoß dagegen, in "Selbstverkrümmung - incurvatio super se ipsum", sondern dies gelte, so ein wiederholt gehörter Vorwurf, gerade nochmals für die Beschäftigung mit ihr. Statt sich Leid und Schmerz der anderen zu widmen, sei man mit sich selbst befaßt.

In der Tat egozentrieren Leid und Schmerz. Und ist Schuld der schlimmste Schmerz, dann droht die Gefahr hier besonders. Aber es handelt sich um Gefahr, nicht um Folge bzw. Implikation. Sodann ist Egozentrierung das Gegenteil von Selbstverantwortung in Übernahme eines Auftrags.[46]

Weit entfernt also, daß Einzigkeit Unbezüglichkeit meinte, geht sie gerade aus dem Entschluß und der Entschiedenheit von Selbst-*Einsatz* hervor. Das bringt rigoros Levinas auf den Punkt. Bin ich für jemand im Wort, dann gilt: "Niemand kann für mich die Stellvertretung übernehmen..."[47] Für den Bürgen, die Geisel bürgt nicht nochmals ein dritter (299). Eben so aber, "aufgrund dieser Stellvertretung bin ich nicht 'ein Anderer' oder 'ein Anderes', sondern ich" (282).

Hier legt nun P.-O. Ullrich den Finger auf eine Fehlstelle. Zwar erhebt Person-Denken 1. prinzipiell keinen Systemanspruch à la Hegel - faktisch bleiben Logik und Naturphilosophie wie - in der Geistphilosophie - der "objektive Geist" unbearbeitet; mit Einladung zur Arbeitsteilung nicht bloß an die Wissenschaften, sondern auch andere philosophische Disziplinen (an meinem Platz vertrete ich von ihnen zwei: zusammengeführt in dem Arbeitsvorhaben Anthropo-Theologie). Und so sehr es 2. philosophisch stets ums "complete fact" geht[48], wird das oft genug nur prinzipiell ge-

---

43 Th. Steinherr, Anm. 21.

44 Ist nicht dieses radikale Nein der Kern im absoluten Ausschluß des Nichts (J. Schmidt) und der formale Nicht-Widerspruchs-Satz nur dessen Abstraktion?

45 In diesem Sinn ist kaum ein Wort so sehr von blasphemischer Pervertierung bedroht wie die Osternachtrede von der "felix culpa".

46 Siehe nochmals A. Dünnbier. Noch dem zuvor gehört hierher die bekannte Fehlkritik M. Bubers an S. Kierkegaard: Die Frage an den Einzelnen, in: Werke, Heidelberg 1962ff I, 215-265. Dazu R. R. Perkins, Buber und Kierkegaard - eine philosophische Begegnung, in: Martin Buber. Bilanz seines Denkens (Hg. J. Bloch/H. Gordon), Freiburg 1983, 289-314 (mit Diskussion 315-318).

47 Jenseits des Seins (Anm. 14), 280.

48 A. N. Whitehead nach J. Pieper, Schriften zum Philosophiebegriff, Hamburg 1995, 118.

schehen (also auch nur prinzipiell normativ) - im klaren Bewußtsein, daß Prinzipien zwar notwendige Bedingungen von Humanität sind, aber nicht hinreichende. 3. jedoch sei hier offen ein Defizit eingestanden, zudem im Kern unbehebbar, weil der lebenbestimmenden Traumatisierung eines Kindes und Jugendlichen verdankt, dem aufgrund mehrfacher "Evakuierung" und Flucht Gemeinschaft vor allem (aggressiv) exklusiv begegnet ist. Bei René Girard kritisiere ich die imperiale Gewaltsamkeit seiner Kulturtheorie; doch seine Grundintuition ist auch meine: Erfahrung von Gruppe - statt etwa bei Gespräch und Lied ums Lagerfeuer - als zur Steinigung bereiter Kreis (im Unterschied zu den Einzelnen unansprechbar). Daraus gibt es keinen Ausweg in systemtheoretische Formalisierung, weil die gerade vom Gehalt abstrahiert, so daß etwa vom Liebesgespräch bis zum zerstörerischen Tribunal ohne Unterschied gilt: "Ein Wort gibt das andere."

Daß N. Luhmanns Perspektive nach- oder subprinzipiell ist, zeigt sich mir gerade darin (Ullrich, Anm. 120), daß er von Freiheit ohne Unbedingtheit reden kann: von *Handlungs*freiheit, nicht indes von sittlich bestimmt transzendentaler. Unbestreitbar bedarf diese jener, und so muß es Menschen geben - Theoretiker wie Praktiker -, die sich ihr widmen. Doch bestehe ich auf der "Hierarchie" der Seinsverhalte. (Die Wechselbeobachtung von Systemen führt zum Subjekt, doch nicht zum Würdenamen Person.[49] Sozial und überich-bestimmt sind auch Primaten; den Menschen zeichnet seine *synteresis* aus.) Meine Kritik wäre also in dem Sinn "fundamental" (Anm. 104f), daß sie den Universalanspruch bestreitet; genauer - denn universal auf ihre Weise mag jede Theorie sein (von Hegel in der Logik vorgeführt) - den Primatanspruch dieser Perspektive. Läßt sich sagen, Luhmann erarbeite eine Grammatik, der noch voraus die lichthaft "doxische" Gehaltlichkeit liegt?[50]

Damit hängt wohl ein weiterer Punkt zusammen, auf den ich eingehen will: die mitunter polemische Schärfe, die nicht zum Person-Denken passe. 1. (und nicht bloß "abhakend") lasse ich mir das gesagt sein, zumal in Kontrovers-Situationen die Beteiligten fast unumgänglich Partei, also parteilich werden. Eingangs war vom Spiegel die Rede.[51] 2. läßt sich offenbar meine Kritik an Positionen zu leicht als eine an Personen lesen (Dinge wie in Anm. 81 sind freilich reine Faktenbeschreibung). 3. möchte ich - ohne das Eingeständnis von "Ausrutschern" zurückzunehmen (es gibt

---

[49] Siehe, im Licht von Abschn. 1 der "Beobachtungen", seine "nothing-else-buttery": "Personalität ist nichts anderes als eine Chiffre für Beobachten und Beobachtetwerden" (Die Religion der Gesellschaft, Frankfurt/M. 2000, 153; 44: statt Anthropologie Soziologie als *die* Religionswissenschaft).

[50] Hier kehrt wohl auch der Theodizee-Disput wieder: in theologischen Voten für den Perspektiven-Wechsel von Schuld zu Schmerz. Besonders entschieden jüngst W. Simonis, Woher kommt das Böse?, Graz 1999. Er sieht das Wesen des Bösen ausdrücklich im Schmerz und tadelt das Christentum für seine Radikalisierung des Gut-Böse-Gegensatzes zum Widerspruch (213). Diese "Verböserung" des Bösen führe obendrein zur Verharmlosung seiner, nämlich einerseits dazu, es ins private Innen zu verlegen, und anderseits zur Abwertung des wirklich Bösen, des Schmerzes (215).

[51] Was indes mag an der Forderung "königlicher" Gesinnung so ärgerlich sein? Hier folge ich doch schlicht Kant und Hegel, der die Gesellschaft als "geistiges Tierreich" von Gruppen-Egoismen beschreibt (vgl. das letzte Pascal-Motto zu Levinas' *Jenseits*... [Anm. 14]), gegenüber staatlicher Gemeinwohl-Sicht. Funktionieren würde nach Kant auch ein Reich von Teufeln; aber sollte es sein?

begnadete Debattierer, wie G. K. Chesterton, während die Gaben anderer eher der Austausch unter Freunden erschließt) - doch auch für den "beidäugigen" Blick zunächst erneut die Arbeitsteilung berufen - zumal angesichts der Rom-Perspektiven im katholischen "Man" hierzulande (samt den dazugehörigen "Argumenten"), nicht erst seit dem "Fall" Küng und - über "Querdenker" wie Drewermann - nicht bloß bis zum Beratungskonflikt und jüngst der Lektüre von *Dominus Iesus*.[52]

Aufrichtig bewundere ich die therapeutische Gelassenheit manches Kollegen; aber nicht bloß und immer. Mit Canetti gesagt:[53] "Alles ist zu ertragen, unerträglich ist nur der Angriff gegen die Menschen, die man zuhöchst liebt. Entnimm daraus, wie es einem Gläubigen zumute sein muß, wenn man seinen Gott beschimpft."

Und nicht bloß Gott hat Recht auf Ehrenschutz. So wenn zum Beispiel ein Pfarrer dem Papst (von dessen Tun und Reden nicht jeder nur angetan sein muß [es jedoch anderseits sein darf]) im Zug des "Volksbegehrens" Angst vor der Freiheit bescheinigt und auf Vorhalt ob solcher Ferndiagnose einen "renommierten Alttestamentler" ins Feld führt.

Doch vom Persönlichen wieder zurück zur Person, dem Menschen, der nach Aristoteles grundlegender als ein *zôon politikón* ein "zweisames Lebewesen": *syndyastikón* ist.[54]

2. Kern dieser Thematik ist die Doppelung des Mit, oder besser: seine Zweidimensionalität, insofern nicht bloß der Einzelne als solcher, sondern er gerade im Bezug zu(m) Anderen "vor Gott" steht: nicht bloß als (statt ein Ich) als je ich, sondern eben so im Wir.

Diese Spannung hat immer wieder in Leben und Denken zur Statuierung unguter Alternativen geführt. Zu eindimensionalem Entweder-Oder bzw. zur Instrumentalisierung einer der Dimensionen: der Mitmensch als Stufe oder Zwischenstation auf dem Wege zu Gott (immer noch weniger heillos indes als beim Unterwegs zu Ich oder "Selbst") - oder "Gott" als "Tiefe der Mitmenschlichkeit".

Der hier sich entrollenden Dialektik (letztlich der von "Herr und Knecht"): zwischen a) den Sich-Beziehenden, b) ihnen und ihrem Bezug und schließlich c) zwischen den Bezügen, wehrt wohl doch nur das Konzept eines überdualen Mit-seins. - Ohne den Dritten gibt es kein Wir, sondern nur das wechselseitige Du.

Das Wir kann sich ihm gegenüber, durch Ausschluß seiner "definieren", als "Egoismus zu zweit". Das aber wirft konsequent die Beziehung auf das wir-lose Ich-

---

[52] Dazu auch dies, daß ein Laie in kirchlichem Dienst wohl stets genügend zu erzählen hätte, es indes auch lassen kann - wenn er bei allen Traumen erwachsen geworden ist. Doch nicht nur darauf zielt das (Anm. 83) inkriminierte Wort von pubertärer Lernunfähigkeit. Dem Leser der Kontext: "Man sagt mit Recht, wir sollten keine Kinder bleiben... daß hier eine spezifische Gefahr religiös und kirchlich eingestellter Menschen liege. Seltener begegnet angesichts von Institutionen- und Kirchenkritik die (oft evidente) Diagnose auf pubertäre..." (Analog zur gesellschaftlichen *correctness*: wie wenig "rechts" muß jemand sein, um nicht auch "radikal" zu heißen, und wie weit "links", bis er so genannt wird?)

[53] (Nicht, weil es zu dramatisch würde, Shylock - gegenüber Salarino: III 1:) Nachträge aus Hampstead, Frankfurt/M. 1995, 146.

[54] Polit. I 2, 1253a 7f; NE VIII 14, 1162a 17f.

Du zurück: zur Dialektik der "Aufhebung" entweder des Ich in das Du oder umgekehrt oder beider in ein Groß-"Selbst", das vielmehr ein Groß-*Es* wäre.

Nur wenn das Wir sich dem Dritten aufrichtig zukehrt, wird es, im Maß des Ernstes der Zuwendung, dichter und einiger in sich selbst. Insofern aber nun der Dritte von keinem der beiden als Mittel und Umweg zum Gegenüber benutzt, sondern als er selbst und um seiner selber willen bejaht wird: als Du, ergibt sich auch für diese Du-Bezüge das Gesagte. Sie werden Mit-sein, öffnen sich zur Gemeinsamkeit auf den je Dritten hin.

Auf diese Weise steht jeder in einem doppelten Wir, dem jeweils Dritten gegenüber, und zugleich als Dritter im Bezug zu einem Wir. Und wie jedes Wir den Dritten bejaht, so jeder Dritte das ihn bejahende Wir. Niemand ist Mittel, jeder Mittler und vermittelt.

In seinem theologischen Beitrag merkt E. Kunz an, daß dies Struktur-Konzept - natürlich - von zwischenmenschlicher Erfahrung aus entfaltet wird. In der Tat halte ich es für eine hochwichtige Vorentscheidung methodischer Art, ob ich für die Rede von Gott bei kosmologischen Theorien oder bei menschlich-zwischenmenschlicher Unbedingtheits-Erfahrung einsetze (nicht zuletzt, siehe oben, bzgl. der Milbenphilosophie). Zugleich aber ist es wichtig, daß die Basis dieser Entfaltung von Anfang an nicht schlicht die zwischenmenschliche "Horizontale" bildet. Und das wird nicht bloß "strategisch", gegenüber Anthropomorphismus-Vermutungen, unterstrichen. Es ist vielmehr sachlich-inhaltlich von Bedeutung.

Im zwischenmenschlichen Erleben begegnet nämlich gerade nicht die Gleichrangigkeit der Drei. Das erklärt wohl auch die Fremdheit und Befremdlichkeit des offenbar zuerst vom Viktoriner Richard vorgelegten Konzepts[55] (auch in der Trinitätstheologie herrscht ja, bis hin zur "trinitarischen Ontologie K. Hemmerles, ein Ich-Du-Denken vor[56]). Der Mensch ist eben erstlich, wie soeben angesprochen, zwei-, nicht dreisam. Das Kind steht seinen Eltern nicht auf gleicher Stufe gegenüber - und Andere dem Paar nicht in gleicher Nähe.

Auch in der hier grundgebenden mehrdimensionalen Interpersonal-Erfahrung herrscht keine Gleichrangigkeit. Die im Gewissen sich bekundende "Vertikale" hat vielmehr unvergleichlichen Vorrang (was wiederum Formulierungen erklärt wie etwa Augustins "Gott und die Seele..."[57]). Zwar verweist gerade Gott die Seele auf den Nächsten; dem "ersten Gebot" ist "ein zweites gleich" (Mt 22, 38f). Doch zeigt der Urtext klare Unterschiede. Dtn 6, 5: "Liebe den Herrn, Deinen Gott, mit ganzem Herzen, mit ganzer Seele..." Lev 19, 18: "Sei dem Nächsten gut wie dir" (das selbe Wort - *ahâb* -, aber mit Dativ).

---

[55] Zu ihm (wie auch zu von ihm verarbeiteten Denkanstößen) M. Schniertshauer, Consummatio Caritatis, Mainz 1996.

[56] Jetzt in den Ausgewählten Schriften 2: Unterwegs mit dem dreieinen Gott, Freiburg 1996, 124-161. Seine Phänomenologie von Sprecher, Adressat und Wort (143) beschreibt, streng genommen, nur eine Zwei-Einigkeit. "Tripolar" demgegenüber die große Darstellung von G. Greshake (Kunz, Anm. 2).

[57] Solil. I 2, 7.

Insofern bietet zwar die zwischenmenschliche Erfahrung die Basis für das "Dreispiel"-Konzept, aber als Basis gerade eines Absprungs, eines Selbstüberstiegs. Indem sich nämlich am konkreten Erfahren die "Ingestalt" von Person-Bezug zeigt, erscheint "kontrafaktisch", daß dessen Vollgestalt die Gleichrangigkeit der Personen verlangt.

3. Zu dieser Ingestalt nun gehören auch Freiheit und "freie Freigebigkeit" der Personen (ebenfalls dazu bedarf es ihrer Gleichrangigkeit), so schwer offenbar sich der endlich-bedürftige Mensch mit dieser Einsicht tut. Daß sie außerhalb der Schöpfungsoffenbarung sich genau so wenig hat erschwingen lassen wie der Gedanke der *creatio ex nihilo* selber, verwundert nicht. Eher schon die Folgenlosigkeit des Schöpfungs-Wissens in der Geschichte des christlichen Denkens (vermutlich auch dadurch bedingt, daß man die Dreieinigkeits-Erkenntnis - als *mysterium strictissime dictum* - der Vernunft ganz entzog, so daß sie ihrerseits kaum Wirkung tun konnte). Auch hier erscheint immerfort *eros/amor* als vermeintlich ursprüngliche Form von Liebe.

Dem aber wird hier durchgehend unter Berufung auf die Licht-Erfahrung im Gewissen widersprochen; denn dies als *eros/amor*-Funktion (im Dienst der Selbsterhaltung oder -steigerung) verstehen hieße, es seines "doxischen" Charakters zu berauben. Allerdings zahlt, wie gesehen, jede Gegenstellung Tribut.

In diesem Sinn gibt Kunz zu bedenken, ob nicht doch ebenso von einem Angewiesensein der Personen die Rede sein sollte, auch und gerade der Personen in Gott.

Wünschenswert deutlich spricht er zunächst von deren selbstlosem Dienen. Wichtig darum, weil zwar - verständlich allein im Namen der Trinität - das Schöpfungsgeschehen als frei und frei-gebig zu denken ist,[58] die innertrinitarischen Hervorgänge aber nicht derart frei sind, sondern Gott wesentlich. (Ohne Schöpfung wäre/ist Gott - nicht nur gegen Hegel zu sagen - unverkürzt Gott; ohne Trinität hingegen wäre er dies nicht.[59]) Und diese Wesens-Notwendigkeit wird immer wieder - nach neuplatonischem Vorgang - als Not-wendigkeit verstanden: der Vater komme erst im Licht des Sohnes zu sich und beide erst im Geist zueinander. In diesem Sinn (der übrigens die Gleichrangigkeit wieder in eine Herr-Knecht-Dialektik "aufheben" würde) darf man selbstverständlich nicht von einem Angewiesensein der göttlichen Personen sprechen.

Wie aber, wenn eben Angewiesensein der Dienst wäre, den Personen einander tun? Kunz als Theologe geht den Weg von der Offenbarung, der "ökonomischen" Trinität, zur immanenten, und gemäß dem Rahnerschen Axiom der restlosen Selbstmitteilung der "immanenten" Trinität in jener schließt er aus dem hier gezeigten Angewiesensein auf ein solches in Gott selbst. Der Philosoph vermißt sich, dem strukturgrundsätzlich nachzudenken.

In der Tat muß Empfänglichkeit als "perfectio pura" gedacht werden können, soll man sie nicht bloß dem kenotischen Erscheinen zuschlagen müssen (wie etwa den

---

[58] Thomas v. A., Sth I 32, 1 ad 3.

[59] Weil nicht personal; siehe R. Spaemann, Personen, Stutgart 1996, 36 u. 49.

Tod). Hier dient dann nicht Reichtum der (zu behebenden) Armut, sondern diese ihm. Es wird nicht etwas/jemand aufgrund eines Mangels gebraucht: zu aneignender Komplettierung; sondern etwas/jemand trifft auf Offenheit, die umgekehrt sich ihm zuneigt und zueignet. - Dies aber keineswegs (sich) bloß "herablassend" (das Gegenteil von Offenheit), sondern "berührt" und "angerührt", ja "hingezogen", sogar "hingerissen".

Ist nicht die (von Wesen relative) Person absolut, sondern der personale Bezug (und nur so wird trinitarische Rede nicht tritheistisch), dann liegt tatsächlich die Stärke von Person in ihrer Schwäche - für den Anderen.

Umso dringlicher jedoch steht an, diese "perfectio pura" von ihrer "gemischten" Wirklichkeit im Geschöpf zu unterscheiden - und erst recht von ihrem getrübten Zustand im heilsbedürftigen Sünder. Gewiß ist in unserem Eros Caritas wirksam und in unserem Glücksverlangen nach wie vor unsere Schwäche für Gott. Doch ebenso unsere Herkunft aus dem "nihil sui et subiecti".[60] Und zeigt obendrein die Weise, wie beides gelebt (und auch, wie es gedacht) wird, nicht unübersehbar seine Verkehrung in Eigen- und Aneignungswillen?

Gottes Unser-Bedürfen ist seine Gabe an uns. Und sie ist unmißverständlich vom innergöttlichen Bedürfen (wie von dessen Gabe-Charakter) zu unterscheiden. Wie der dreieinige Gott ohne uns Gott ist, lebt er auch abstrichlos den Reichtum seiner Armut ohne uns. - In welchem Maß aber leben nun wir unser (von Ihm geschenktes) Seiner-Bedürfen als Gabe an Ihn? E. Kunz fürchtet eine Abwertung der Bedürftigen bei Akzentuierung des Gebens. Aber daß Geben seliger als Nehmen sei, sagt die Schrift (Apg 20, 35). Und bekommen wir nicht (uns und unsere "Talente"), um geben zu können? Entspringt die faktisch ja beobachtbare Abwertung nicht eher der angstvollen Verdrängung eigenen Be-dürfens?

Tatsächlich heißt für das Geschöpf mehr geben, mehr empfangen. So ist, wer dem Anspruch, dessen er gewürdigt wird, entsprechen konnte, dankbar. Aber letztlich seinetwegen? Oder nicht "ob dessen Herrlichkeit"?

In diesem Sinn mag dann wirklich vor *caritas/dilectio* der *eros/amor* treten, bei Gott und Mensch. Pseudo-Dionysius hat das aufgrund einer Fehllektüre von Ignatius' Brief an die Römer vertreten; Thomas rechtfertigt es sprachlich-sachlich:[61] "weil Eros mit Passion und Leidenschaft zu tun hat... die Liebe des Wohlwollens aber ein Vernunfturteil voraussetzt - quia amor importat quandam passionem... dilectio autem praesupponit iudicium rationis."

---

[60] Siehe dazu J. Schmidts differenzierende "Maeontologie".

[61] Ignatius v. Antiochien, Ad Romanos 7, 2: "Meine Liebe ist gekreuzigt - ho emós éros estaúrotai"; Dionysisus, De div. Nom. IV 12; Thomas, Sth I-II 26, 3 ad 4. Vgl. J. Pieper, Schriften zur philosophischen Anthropologie und Ethik: Das Menschenbild der Tugendlehre, Hamburg 1996, 394.

Außerakademische Resonanzen

Peter Mies

Philosophie und Seelsorge
Erfahrungen eines Pfarrers

Das erste Prüfungsgespräch mit Professor Splett gehört zu meinen prägenden Studienerfahrungen. Ich solle mir vorstellen, ich wäre in der Eisenbahn, sagte er mir. An meiner Kleidung habe er meinen Beruf erkannt und wolle nun die Viertelstunde bis zur nächsten Station nutzen, um mich zu fragen, wie ich denn als vernünftiger Mensch heute noch an Gott glauben könne. Kaum hatte ich einige Überlegungen skizziert, die deutlich machen sollten, wie vernünftig es sei, an Gott zu glauben, kamen von ihm "harmlose" Nachfragen, alternative Denkmöglichkeiten, vermeintliche oder echte Widersprüche, die mich alles auswendig Gelernte vergessen ließen und mich streng an das eigene Denken verwiesen. Als ich schließlich unterbrechen und zugeben mußte, ich hätte mich nun völlig verrannt und müßte ganz neu ansetzen, glaubte ich schon, diese Prüfung sei verloren... Statt dessen ein aufmunterndes Lächeln vom Prüfer, und das Gefecht begann von neuem. Plötzlich dann nachgebende Einsicht und Zustimmung zu meinen Argumenten, schließlich gar das Bemerken, er sei eigentlich jetzt doch recht überzeugt von dem, was ich vortrage. Auf meine verblüffte Nachfrage, wie er denn zu diesem schnellen Sinneswechsel gekommen sei, die Antwort: "Nun, die Viertelstunde bis zur nächsten Station ist um!"

Ich beginne mit dieser kleinen Erinnerung, (die nun schon über fünfundzwanzig Jahre zurückliegt,) weil in ihr deutlich wird, was für mich das Wesentliche der Philosophie ist - jedenfalls *der* Philosophie, die etwas mit Seelsorge zu tun haben könnte: eine Philosophie, die wesentliche Grundfragen des Menschen behandelt (statt nur theoretischer Komplexe), die keine Voraussetzungen hat außer der Vernunft und den Tatsachen, daher offen für alle möglichen und überraschenden Gedanken und Neuansätze - und schließlich: die sich in unserer praktisch vergehenden Zeit abspielt (statt im intellektuellen "Irgendwann"), eben wie die Prüfungs-Viertelstunde in der Eisenbahn.

Als Student der ersten Semester war mir (und uns) solches Diskutieren und nachdenkendes Vergewissern über die Grundfragen des Leben und Glaubens selbstverständlich und außerordentlich wichtig - (oft ging es in der Kellerbar bis in die nächtlichen Stunden hinein...). So habe ich auch geglaubt, (gerade aus der Jugendarbeit kommend, in der Diskussionen mit unseren Kaplänen eine große Rolle spielten), so etwas werde zu meinem normalen Berufsalltag gehören.

Zum Teil war es auch so. Es gab Gesprächskreise von Jugendlichen und Erwachsenen, wo grundsätzliche Fragen Thema waren. Auch der Religionsunterricht in der Oberstufe bot Raum für philosophische Fragen. Die Jahre als Studentenpfarrer haben immer wieder mein grundsätzliches Argumentieren eingefordert. Manches Mal fühlte ich mich lebendig in die Situation meiner ersten Prüfung hineinversetzt.

Allerdings gab es mehr gegenläufige Erfahrungen. Viele interessierten solche Grundsatzfragen nicht, es kam ihnen (mit einem Mode-Schlagwort) "zu verkopft" vor. Gemeinsames Tun und Erleben sei wichtiger als nur gemeinsames Denken. So mußten etwa für das Gemeinde-Kinderfest die Spielstände gebaut werden - statt Podiumsdiskussionen zu planen und Textbeiträge zu gestalten. Oder: Einer Predigt bekam zu häufiges philosophisches Hin- und Herwenden der Gedanken gar nicht... - Beispiele für den "Praxisschock" nach dem philosophischen Studium. Wenn ich heute als Gemeindepfarrer sagen sollte, wie viel von den philosophischen Anfängen und auch Erwartungen aus dem ersten Prüfungsgespräch übrig geblieben ist, müßte ich feststellen: Der Anteil "philosophischer Diskussionen" in meinem Berufsalltag ist auf ein Minimum geschrumpft.

Was heißt das in der Rückschau? Daß meine versonnenen und freundlichen Erinnerungen an das Philosophiestudium im Grunde Erinnerungen an eine "philosophische Spielwiese" sind: Übungen in einer Disziplin, die mir zwar damals Freude gemacht und Erkenntnis gebracht hat, heute aber dem Ernst und der Wirklichkeit des Berufsalltags nicht mehr entspricht und gerecht wird? In der Tat werden ja immer wieder Erwartungen an das Studium gestellt, es solle konkreter auf den Berufsalltag vorbereiten. Das könnte für einen Seelsorger, genauer: Pfarrer, heißen: Zusatzausbildung in Psychologie, Verwaltung, Kunst, Gebrauch der Sprache in Rede und Schrift, Gruppendynamik...

So einleuchtend und praxisnah das alles sein mag: Ich möchte die Semester auf dem philosophischen Übungsfeld nicht missen. Da waren nicht nur bestimmte "Bildungswerte", die möglicherweise in gepflegter Konversation hilfreich sein können. Da waren auch nicht nur bestimmte Denkansätze und Begriffe, die für das folgende Theologiestudium nützlich waren, etwa die Rede von der Analogie oder Überlegungen zur Beweiskraft von Gedankenfolgerungen, die sich auf Gott beziehen. Das hätte man wohl schneller lernen können - ohne immerhin die kleinere Hälfte des Studiums dafür aufzuwenden.

Nein - die philosophischen Übungen hatten einen sehr viel tieferen Ansatz. Das wurde für mich spätestens deutlich, als nach Beendigung des Studiums Zeitströmungen Gewicht bekamen, die zur Zeit des eigenen Studiums kaum wahrgenommen wurden, wenn sie überhaupt schon vorhanden waren. War damals für mich - nach der 68er-Revolte und während der Terroranschläge der RAF - die gedankliche Auseinandersetzung mit dem Marxismus wichtig, mußte ich ein paar Jahre später als Studentenpfarrer feststellen, daß sich für dieses Thema fast niemand mehr interessierte. Neue Themen waren:

die ökologische Frage: Wie soll es mit dem "Fortschritt" weitergehen, ohne daß dabei die Natur zerstört wird? Grundlegend also: Was ist die Natur? Und: Welche Rolle spielt in ihr - oder ihr gegenüber - der Mensch? "Natürlich" schien gleich "gut" und "verträglich" zu sein - menschliches Eingreifen "gegen die Natur" und damit schädlich. Es wurde schnell deutlich, daß es hier nicht nur um praktische Regelungen geht, sondern um ein philosophisches Grundverständnis von Welt, Natur, Tier und Mensch.

die feministische Frage: Wie soll es weitergehen mit dem Zueinander der Geschlechter? Den "kleinen Unterschied" eliminieren - oder ganz gegenteilig: weibliche und männliche Eigenschaften gegeneinander stellen und nach "gut" und "schlecht" bewerten? Auch hier erwies sich sehr schnell, daß es beileibe nicht nur um praktische Fragen, auch nicht nur um Machtfragen ging - sondern um Grundfragen des Verständnisses vom Menschen. Geht der Weg hier "zurück zur Großen Mutter" - oder gibt es tatsächlich ein "Voran" der Entwicklung?

die psychologische Frage: Wie soll es weitergehen mit dem Gewicht von Wahrheitsansprüchen, gar Dogmen, angesichts der Erkenntnis, wie sehr die Subjektivität des Menschen hier im Spiele ist? Ist nicht - im Letzten betrachtet - ein Wahrheitsanspruch nur so etwas wie ein Gefühl, vom Menschen im Menschen selber erzeugt? Wenn ja, was für eine Bedeutung kann er dann noch haben? Es ist klar, wie jemandem, der philosophisches Fragen gewohnt ist, hier die Alarmglocken schrillen: Immerhin geht es darum, ob sich überhaupt noch verantwortet etwas grundsätzlich Gültiges sagen läßt!

die esoterisch-religiöse Frage: Wie soll es weitergehen mit dem Einzigartigkeitsanspruch christlicher Glaubenserfahrung angesichts der ungeheuren Vielfalt religiöser Erfahrungen? In einer religiösen Praxis, die in bisher ungeahnter Weise Anregungen aus aller Welt und allen Richtungen aufnimmt, wird immer deutlicher in Frage gestellt, wie ein vernünftiger Mensch auf die Idee kommen könne, hier eine endgültige oder gar allgemeingültige Lebens- und Wahrheits-Entscheidung treffen zu können. Wie stehen die Weltreligionen mit ihrem Schatz an Erfahrungen zueinander : komplementär oder doch einander ausschließend? Wie ist religiöse Autorität zu vermitteln mit persönlicher, eigener Erkenntnis?

Vier Fragenbereiche, die zu meiner Studienzeit, wenn überhaupt, nur eine untergeordnete Rolle spielten. Und nun das Erstaunliche: die philosophischen Übungen des Studiums erwiesen sich als so tief gegründet, daß sie auch für diese neuen Fragestellungen ein gutes Fundament abgaben. Etwa die Frage nach der Natur: Wenn auch bestimmte Gesetzmäßigkeiten der Natur für den Menschen eine hohe Verbindlichkeit haben, ist sie doch keinesfalls eine unantastbare Instanz oder gar "göttlich". Im Gegenteil: Sie ist von Gott in die Verantwortung des Menschen gegeben. - Diese Grundgedanken aus dem Philosophiestudium waren ein hervorragendes Fundament für die ökologische Debatte. Für die Frage nach den Geschlechterrollen war mir wichtige anthropologische Grundlage, daß der Leib das "Dasein" der Person des Menschen ist. So ist die konkrete Ausprägung des Leiblichen in Frau und Mann natürlich keineswegs nebensächlich. Hinzu kamen die philosophischen Überlegungen zur Entwicklung der Selbständigkeit und Freiheit des einzelnen Wesen in Abhebung von einfach nur natürlichen Abläufen. Von daher war ich vor einem zu sehr naturseligen Denken einer "Großen Mutter Natur" gewarnt und halte es - so "modern" es klingen mag - für rückschrittlich. Auch die Frage nach der Freiheit des Menschen und nach der Möglichkeit eines Wahrheitsanspruches gehörten natürlich zu dem Fundament, das das philosophische Studium gelegt hatte. Ich bin heilfroh über dieses Fundament. Es hat mich davor bewahrt, im Studium nur den "Modefragen" aufzusitzen und nach dem Auslaufen der Zeitströmungen hilflos die Orientierung einzubüßen. Das hat für mich besondere praktische Bedeutung bekommen in vielen Gesprächen zu Lebensfragen und -problemen. Hier war es für mich von unschätzbarem Wert, nicht jeder psychologischen Modeerscheinung wehrlos ausgeliefert zu sein, sondern meine Einschätzung auf ein gründliches Studium der Anthropologie stützen zu können. So galt und gilt für mich in vielen Lebens- und Arbeitsfeldern: Die "philosophische Spielwiese" erweist sich als Ort praktischer Übung einer Vergewisserung der Grundlagen eigener Überzeugungen, die dem Studium über kurzzeitige Erscheinungen hinaus einen Atem gaben, der die ganze Lebensspanne beseelt.

Unversehens bin ich in der Rückschau an einen Punkt gekommen, der noch eine Ebene tiefer geht: Nicht nur das, was ich in der Philosophie an Grundlagen und dem Umgang mit ihnen gelernt habe, ist wichtig - sondern mehr noch: was die Übungen auf der "Spielwiese Philosophie" für Auswirkungen haben auf die eigene Person. Konkret: das Philosophieren verändert den Menschen. Ich nenne beispielhaft vier Punkte, die ich alle wiederfinde in dem eingangs skizzierten Prüfungsgespräch.

Philosophische Übungen bedeuten *Übungen darin, jeweils auf die Grundfragen zurückzugehen.* Natürlich drängt sich zunächst das Praktische auf, was vorliegt. Und sicher wäre es nicht bekömmlich, *nur* zu philosophieren. Aber in all dem Praktischen die Grundsatzfragen nicht aus dem Auge zu verlieren, an Grundsatzentscheidungen Maß zu nehmen, scheint mir unerläßlich dafür, sein Leben aktiv aus einer Einheit, "aus einem Wurf heraus" zu gestalten - statt nur reaktiv abwehrend auf verschiedene äußere Einflüsse hin etwas zu tun wie ein schwacher Tennisspieler, dessen Agieren ganz von den Angriffen des Gegners gesteuert wird. Seelsorge heißt zu einem guten Teil, mit der Gemeinde Grundfragen des Menschen und der Gesellschaft nachzuspüren.

Philosophische Übungen bedeuten *Übungen in der Konzentration auf die Vernunft und die Tatsachen.* Selbstverständlich spielen Gefühle und die Beziehungen der Beteiligten immer eine Rolle und müssen deshalb besprochen werden. Aber ich erlebe es als wohltuend, wenn nicht alles ständig miteinander vermischt, sondern klar unterschieden wird zwischen den verschiedenen Fragestellungen: Ist es wahr, was du sagst? - Warum sagst du das, was du sagst? - Was für Gefühle löst es bei wem aus, wenn du das sagst?

Philosophische Übungen bedeuten *Übungen im Zulassen grundsätzlich aller Gedanken.* Ich erfahre es als eine große Freiheit, nicht dauernd an bestimmte Bereiche, Systeme oder Grundlagen gebunden zu sein. Das gilt auch für religiöse Offenbarungsgrundlagen oder dogmatische Festlegungen. Durch die philosophischen Übungen geht es in Fleisch und Blut über, daß solche Grundlagen niemals zum Gedankenabbruch führen dürfen, sondern nur dann Sinn haben, wenn sie sich als Basis für einen überzeugenden Erkenntnis- oder Glaubenszusammenhang darstellen. "Die Gedanken sind frei", haben wir jugendbewegt gesungen: Ich bin dankbar, daß wir das in der Philosophie üben durften - (selbst, wenn man sich in seinen Gedanken einmal verliert, wie ich in der Eingangserinnerung zweifelsfrei feststellen mußte...) Für die Seelsorge ist es von größter Wichtigkeit, "freie Luft" atmen zu können - ohne Gedankensperren im Kopf.

Schließlich bedeuten philosophische Übungen: *Übungen darin, zielgerichtet eine Frage zu klären.* Das Viertelstundenmaß beim Prüfungsgespräch ist mir ein Symbol dafür. Philosophie bedeutet nicht, stundenlang oder gar ein Leben lang hin und her zu plänkeln, ein gepflegt-niveauvolles Gespräch l'art pour l'art immer weiter auszudehnen (möglicherweise, um praktischen Entscheidungen und Konsequenzen zu entgehen) - Philosophie bedeutet für mich, in einem bestimmten Rahmen und in bestimmter Zeit einer bestimmten Fragestellung grundsätzlich Raum zu geben auf ein Ergebnis hin. Es ist sicher nicht ohne Auswirkungen auf die eigene Person, immer wieder üben zu dürfen, eine Frage konsequent weiter zu verfolgen auch bei sehr komplexen Zusammenhängen, die man kaum noch in einem Blick übersieht. Ich bin ziemlich sicher, daß mich diese Übungen in der Seelsorge manches Mal davor bewahrt haben, im Gespräch oder in der Predigt ziellos herumzuirren.

All diese Grundhaltungen, die man aus philosophischen Übungen verinnerlichen kann, haben über die allgemein-menschliche Profilierung hinaus für mich auch noch einen wichtigen religiösen Bezug. Ich meine damit die Auseinandersetzung um die Basis, auf der ich stehe. Es ist dem philosophischen Denken inne, radikal die eigene Basis zu befragen: Nur Vernunft und Tatsachen gelten; alle Gedanken sind zugelassen, geschützte "Freiräume" innerhalb der eigenen religiösen Überzeugung gibt es vom Grundsatz her nicht. Ich kann aus eigener Erfahrung sagen, daß ein solches radikales Fragen manchmal sehr die eigenen Grundlagen erschüttern kann. Dann ist die Versuchung groß, das Philosophieren doch nicht "ganz so ernst" zu nehmen - statt dessen lieber den Glauben zu bewahren. Je mehr ich allerdings dieser Versuchung widerstand und auch meine tiefsten und wichtigsten Überzeugungen dem kalten Wind des oft so uncharmanten philosophischen Nachfragens aussetzte, merkte ich, welche Kraft der Glaube aus solcher "Tortur" heraus entwickelt. Gläubige christliche Überzeugung braucht keineswegs die Auseinandersetzung mit dem Denken der Geschichte und der Welt zu scheuen. Hervorragend, wenn man diese Erfahrung selber machen darf.

Zurück zum Anfang: Natürlich war ich froh, aus der Prüfung, wo An- und auswendig Gelerntes so wenig Basis bot, mit dem begehrten und notwendigen "Schein" herausgekommen zu sein. Noch sehr viel froher aber bin ich, den ganzen philosophischen Weg gegangen zu sein, der mich nicht nur viele praktische und hilfreiche Dinge gelehrt hat, der auch nicht nur eine Gedankengrundlage "befestigte", die deutlich über Zeiterscheinungen und Modeströmungen hinausreicht, sondern der vor allem mich selber geprägt hat. So verschmerze ich inzwischen besser, daß ich viele Einzelschritte der Philosophie nicht mit Gemeindemitgliedern oder -gruppen nachvollziehen kann - schon gar nicht in Predigten. Ich sehe vielmehr, wie sehr es für mich darauf ankommt, selber diesen Weg gegangen zu sein. Ich bin überzeugt davon, daß auch die Gemeinde das von ihrem Seelsorger erwarten darf, wenn er sie in Glaubens- und Lebensfragen begleiten möchte: daß zunächst einmal er selber diesen grundsätzlichen Weg des radikalen Fragens gegangen ist.

Bernhard Neumann

Antwort und Aussaat
Nachdenken über publizistische Fernwirkungen des Denkens von Jörg Splett

I. Zum Profil

"Markierungspunkte des Lebens laden zum Innehalten ein. Zur Einkehr bei sich, also - ganz wörtlich - zur Erinnerung. Sicherinnern aber läßt nachdenklich werden." Mit diesen Worten lädt der heutige Jubilar zu gemeinsamem Philosophieren ein. Er hat seine Gedanken dazu bereits im Septemberheft 1994 der Reihe "Lebendiges Zeugnis" vorgelegt. Die Überschrift "Über Dank nachdenken" weist auf eine Grundkonstante hin, die Jörg Splett im Lauf der Jahre immer stärker hervortreten läßt und die zum Zeugnis für die Transzendenz wird. Seine knappen Merkworte vor den einzelnen Kapiteln helfen auf die zielstrebige Dynamik achten: Nachdenken (am Lebensabend) - Zeit begehen - Dank-Feier - Dankbarer Vorausblick - Geistes-Gegenwart - Eucharistie - Selbst-Überstieg (als Jugendlichkeit). Die Folgerung am Schluß ist eindeutig: "Sich wirklich, unverkürzt, dem widmen, was es gibt, besagt, sich Dem zu widmen, *der* es uns gibt. Zeigt religiöse Praxis sich ernsthaft als sittlich, so Sittlichkeit sich als religiös: Der Dank wird tätig und das Handeln (Ant-)Wort. Derart im 'Atem'-Wechsel *lebt* der Dank: als Gehorsam sowohl wie als auf-hörende Zukehr (Lk 10, 39-42)."[1]

Zehn Jahre davor gab Splett einer seiner zahlreichen Publikationen den Titel: "Zur Antwort berufen"[2]. Das klingt wie ein Programm und bringt m. E. sein Philosophieren auf den Punkt. Wenn er sich zu Wort meldet, entfaltet er Einzelthemen von der Kernaussage her, daß der Mensch Person[3] ist und anderen ein Mitmensch, dazu befähigt, ihnen in Freiheit und im Dialog zu begegnen. Er kann seinem Leben eine Richtung geben, Sinnfragen stellen und Sinnerfahrungen machen, usw. Jörg Splett bedenkt das "Menschsein in Geschichte", was eine "Spannung von Freiheit und Bestimmtsein" zur Folge hat, "darin er aus den sich ihm bietenden Möglichkeiten seine eigene Wirklichkeit erst zu erwirken hat: sein Eigensein wie die jeweilige 'Kultur'-Gestalt seiner gesellschaftlichen 'Natur'."[4]

An anderer Stelle entwickelt Splett philosophische Gedanken über "Diaspora

---

[1] J. Splett, Über Dank nachdenken, in: LebZeug 49 (1994), 227-235.

[2] J. Splett, Zur Antwort berufen. Not und Chancen christlichen Zeugnisses heute, Frankfurt a. M. 1984.

[3] J. Splett, Der Mensch ist Person. Zur christlichen Rechtfertigung des Menschseins, Frankfurt a. M. 1978.

[4] J. Splett, Menschsein in Geschichte. Perspektiven religionsphilosophischer Anthropologie, in: LebZeug 34, H. 3/1979, 44-57, hier 44.

heute"[5] und stellt fest, daß der Einzelne die bekannten drei Fragen in der Aufzählung von I. Kant (Was kann ich wissen? Was soll ich tun? Was darf ich hoffen?) aus Eigenem nicht beantworten kann. Über die weitere Frage: Was ist der Mensch? drängt Splett zu einer fünften: *Was* ist der Mensch? Und er sagt: Zur Beantwortung dieser Wer- und Was-Fragen und zur Bewältigung der damit gegebenen Situation ist der Mensch auf die Gemeinschaft und ihre Tradition angewiesen.[6] Wer nicht nur *seine* Wahrheit verteidigen will, sondern *die* Wahrheit sucht, wird bereit sein, sein Wahrheits-Wort durch das Wort der anderen ergänzen zu lassen. "Darum ist der eigentliche Ort der Wahrheit das Gespräch unter Freunden."[7]

Wie ist das zu verstehen? In einem Artikel "Dialog und Wahrheit" schreibt Splett, daß er mit dieser Überschrift zwei Richtungen oder Dimensionen der Thematik ins Bewußtsein rufen will: "Im Gespräch geht es darum, daß die Unterredner den Anspruch erheben, die Wahrheit zu sagen, und entsprechend ernst genommen werden wollen. Dies aber - gleichsam im *horizontalen* Bezug - geschieht als Antwort auf ein sozusagen *vertikales* Angerufensein: dazu, daß Menschlichkeit zwischen Menschen herrsche, indem sie gemeinsam 'der Wahrheit die Ehre geben'."[8]

II. Wirkungen

Bei diesen von mir skizzierten Beobachtungen, die gewiß nur unvollständig das christlich-philosophische Profil im Denken Jörg Spletts charakterisieren, will ich es vorerst belassen. Sie dürften hinreichend verdeutlichen, daß er ein Mensch auf dem Weg ist, der sich Fragen stellt und Antworten gibt, stets offen und beweglich, um im Dialog mit anderen weiter auf schon gesicherten Grundlagen voranzuschreiten. Dieses Unterwegssein - nicht nur geistig, sondern auch auf Vortragsreisen - bringt es mit sich, daß er ein emsiger "Sämann" ist, der das Wort aussät und dabei hofft, daß es Frucht bringt.

Beim Nach-denken über meine langjährige Zusammenarbeit mit Jörg Splett hat sich mir dieses "Gleichnis" (vgl. Mt 13) aufgedrängt. Wenn man etwas publiziert, weiß man nie, was davon an- und aufgenommen wird und wie und wo es vielleicht "Frucht" bringt. Bei einem anwesenden Publikum kann man zustimmende oder auch abweisende Reaktionen auf eine Rede augenscheinlich wahrnehmen; bei gedruckter Herausgabe in eine unbekannte "Diaspora" hinein ist man auf eher zufällige Rückmeldungen angewiesen. Deshalb kann ich über "Fernwirkungen" des Denkens von

---

[5] J. Splett, Diaspora heute. Philosophische Gedanken, in: G. Riße/Cl. Kathke (Hg.), Diaspora: Zeugnis von Christen für Christen. 150 Jahre Bonifatiuswerk der deutschen Katholiken, Paderborn 1999, 445-458.

[6] Vgl. aaO. 446.

[7] Ebd. 452.

[8] J. Splett, Dialog und Wahrheit. Ein philosophischer Beitrag zum Gespräch, in: LebZeug 40, H. 2/1985, 76-80, hier 76. - Dazu ders., Religion lebt im Wort. Das Unsagbare verbietet Nichtssagendes, in: IKZ 28 (1999), 43: "Der Wahrheit nämlich gibt nur die Ehre, wer in seinen Worten *sie* zu Wort kommen lassen will."

Jörg Splett keine Umfrageergebnisse vorlegen, bin aber sicher, daß es diese Wirkungen gibt. Die Voraussetzungen dafür sehe ich beim "Autor" selbst, der seine Gedanken dialogisch und in kritischer Auseinandersetzung mit anderen in die Öffentlichkeit trägt. Dieser Zug gehört wesentlich zu seinem Profil im Denken und Sichgeben. Zum anderen kann ich anekdotisch einige Beispiele bringen, die die Phantasie zum weiteren Nach-, d.h. Hinterher-denken beflügeln können. Ich will also schlicht erzählen, wie ich Jörg Splett begegnet bin und in meinem Bereich "Fernwirkungen" beobachten konnte. Manchmal kam ein "Echo" auf einzelne Artikel oder die Zeitschrift insgesamt eher zufällig zu mir, etwa beim Zusammentreffen mit Lesern oder Leserinnen, die dankbar bekannten, daß sie ihnen Orientierung böten und sie gern in ihrem Bereich damit arbeiten würden. Aufschlußreich ist das Beispiel unter 2.

1. Am 31. August 1968 bin ich zum erstenmal Jörg Splett begegnet. Er hielt in Welschen-Ennest (Sauerland) einen Vortrag zum Thema Freiheit. - Man erinnere sich: Es war in Europa das Jahr der Studentenrevolten, die eine Kulturrevolution einleiteten, wenn auch nicht so radikal wie zuvor in China. Aber von dort und anderen sozialistischen Ländern wurden marxistische Ideologien übernommen; die sog. Frankfurter Schule mit ihrer Kritischen Theorie faszinierte viele Studierende und Jungakademiker. Ich hatte 1967 in Paderborn u.a. die Herausgabe und Schriftleitung der Zeitschrift "Lebendiges Zeugnis" übernommen und sah es als vordringliche Aufgabe an, Antworten auf die hereinbrechenden Fragen zu suchen, um auf diese Weise auch Brücken des Verstehens zwischen den beharrenden, aber verunsicherten Kräften und den vorwärtsdrängenden Gruppierungen zu schlagen. Im kirchlichen Raum war noch mit viel Euphorie die konziliare Erneuerung auf dem Weg nach vorn; nicht wenige übernahmen oft unkritisch die philosophischen Heilslehren der Frankfurter Schule, namentlich zum Thema Befreiung bzw. Freiheit, Demokratisierung etc. Die politische Lage war durch den "Kalten Krieg", den Vietnamkrieg und den "Prager Frühling" gekennzeichnet. Spannungen in der katholischen Kirche im Westen Deutschlands führten schließlich zur Einberufung der "Gemeinsamen Synode der Bistümer in der Bundesrepublik Deutschland". Es galt, die Impulse des 2. Vatikanums und weitere berechtigte Anliegen aufzugreifen, sie für das kirchliche und gesellschaftliche Leben aufzuarbeiten und zu synodalen Beschlüssen zu kommen, d.h. zu gemeinschaftlich verantworteten Wegen in die Zukunft. -

Angesichts der knapp geschilderten Situation fand ich in Jörg Splett einen aufgeschlossenen Gesprächspartner, der ebenfalls bestrebt war, die "Zeichen der Zeit" wachsam zu beobachten und von der Philosophie her - mit Hauptakzenten auf religionsphilosophischen und anthropologischen Grundlagen - Stellung zu nehmen. Geschätzt habe ich stets seine "Anstrengung" um begriffliche Klarheit und die Erschließung des eigentlich Gemeinten; seine Sprache bzw. seine Art zu schreiben mag dabei oft eigenwillig erscheinen; sie zwingt jedenfalls beim Lesen zum "Langsamfahren". Nach-lesen mag dann das Nach-denken fördern.

Vor gut dreißig Jahren also bin ich auf Jörg Splett zugegangen; wir unterhielten uns über seine Ausführungen, über das geistige Umfeld allgemein, und ich erbat seine

Mitarbeit an einem Themenheft im folgenden Jahr. In Heft 3/1969 veröffentlichte ich dann seinen Beitrag "Wahrheit, Ideologie und Freiheit" (S. 24-39). "Fernwirkungen", von denen ich ja berichten soll, wurden damit ausgelöst; nicht nur die vorgenannten Stichwörter tauchen in späteren Artikeln wieder auf. Der Jubilar wurde "Spitzenreiter" unter den mehr als 400 Autoren, von denen ich in 26 Jahren Artikel veröffentlichen konnte; 16 Beiträge tragen seinen Namen bis 1993, unter meinem Nachfolger weitere sechs, dazu Buchrezensionen. Gern habe ich deshalb auch am Beginn seines Beitrags zu der mir 1998 gewidmeten Festschrift gelesen, daß er seinerseits sich mir "seit Jahren im Dienst akademischer Verkündigung verbunden" weiß.[9]

2. Bei der Frage nach "Fernwirkungen" denke ich vor allem an die folgende Episode. Zu Beginn der 70er Jahre wurde die "Sinnfrage", wenn auch unscharf artikuliert, immer drängender gestellt. Wenn in Gesprächskreisen oder Bildungsveranstaltungen die Rede darauf kam, hörte ich des öfteren den Ausruf: Da müßte doch einmal etwas darüber geschrieben werden! Eine Umfrage des Dortmunder Oberstudiendirektors Cl. Willeke unter Oberstufenschülern in Nordrhein-Westfalen erbrachte das für ihn verblüffende Ergebnis: Die Frage nach Gott und dem "Sinn des Lebens" stand noch immer im Zentrum des Interesses.[10] Ich gab mich also daran, "Antworten zur Sinnfrage" zu sammeln. Beiträge von zehn Autoren füllten ein Doppelheft. An die erste Stelle plazierte ich den Aufsatz von Jörg Splett "Zum Sinn von Religion" mit den grundlegenden Darlegungen zu Sinn, Sinnfrage, Sinnantworten, Sinnerfahrungen usw.[11] So kam Klarheit in das diffuse Reden von Sinn. Die Nachfrage war groß, und bald war die Restauflage vergriffen.

In Würzburg begegnete ich vor einer Vollversammlung der Gemeinsamen Synode dem Rottenburger Bischof Georg Moser, der mich gleich fragte: Hören Sie mal: Haben Sie noch ein Exemplar zur Sinnfrage? Mein Heft kann ich nicht mehr finden, muß aber schon bald vor mehreren hundert Leuten einen Vortrag dazu halten ... - Ich hatte noch eines in meinem "Musterkoffer" im Auto und konnte ihm damit eine Freude machen und aus einer Verlegenheit helfen. Im Jahre 1978 veröffentlichte er selbst ein Buch: Wie finde ich zum Sinn des Lebens?, das 1987 bereits in 8. Auflage als Sonderausgabe erschien und auch schon ins Niederländische, Dänische und Spanische übersetzt worden war. Zehn Thesen oder Grund-Sätze, die das Gerüst dieses Buches bilden, habe ich drei Jahre später in dem Themenheft "Leben wofür?" abgedruckt.[12] Die Sinnfrage ist natürlich nicht abschließend beantwortet, und Jörg Splett hat sich erneut im "Lebendigen Zeugnis" zur Antwort gemeldet: "Umbruch als

---

[9] J. Splett, Dem Gott-Menschen begegnen, in G. Riße (Hg.), Zeit-Geschichte und Begegnungen. Festschrift für Bernhard Neumann, Paderborn 1998, 149-157, hier 149.

[10] Vgl. meine Einführung und dokumentierte Aussagen in: Antworten zur Sinnfrage, LebZeug 28, H. 1/2/1973, 3 (Anm. 1) und folgende.

[11] J. Splett, Zum Sinn von Religion, in: LebZeug 28, H. 1/2/1973, 14-30.

[12] Vgl. G. Moser, Wie finde ich zum Sinn des Lebens?, in: LebZeug 36, H. 2/1981, 16. - Das Buch erschien in Freiburg 1978, im Jahr darauf bereits in 5. Auflage.

Chance. Sinnkrise als menschliche Situation". Bezeichnend für ihn sind die Teilüberschriften: I. Der Mensch als Frage, II. Der Mensch als Antwort.[13]

3. Damit bin ich bei einem weiteren Kennwort im Denken Jörg Spletts, das ich eingangs schon erwähnt habe: es heißt Dialog. Er hat sich an vielen Orten damit befaßt und damit Denkanstöße in viele Richtungen gegeben.[14] Mir persönlich waren seine Darlegungen eine zuverlässige Orientierung bei den tastenden Versuchen im interreligiösen Dialog[15] und bei der Auseinandersetzung mit fundamentalistischen Richtungen. Nicht quantifizierbar freilich sind Früchte einer früheren Aussaat, wenn Denkformen als zeitgemäß empfunden werden, sich eingraben und schließlich noch eine präzisere Form und Ausrichtung erfahren. Splett hat das rückblickend so beschrieben: "'Dialog' war eine Zeitlang sozusagen das Panier, ja das Schibboleth für Humanität, Weltoffenheit und Zukunftshoffnung - in der Kirche, zwischen den Kirchen, zwischen Kirche und Welt wie zwischen den Welten ..."[16] Als die Kommission 8 "Pastorale Grundfragen" des Zentralkomitees der deutschen Katholiken ein Diskussionspapier über "Dialog statt Dialogverweigerung. Wie in der Kirche miteinander umgehen" erarbeitete, fiel mir die Aufgabe zu, Klärendes zum Dialogbegriff beizusteuern. Ein zuverlässiger Gewährsmann dabei war mir Jörg Splett![17] Er selbst ist nach wie vor im Dialog mit anderen, die um grundsätzliche Klärungen zum Thema Dialog bemüht sind. So z. B. mit Richard Schaeffler in einer ausführlichen Rezension von dessen Buch: Erfahrung als Dialog mit der Wirklichkeit.[18]

4. Als Letztes möchte ich noch auf die Dimension zurückkommen, die ich eingangs bereits bei der Skizzierung des Denkprofils hervorheben konnte. Sie wird von Splett selbst im Titel eines Artikels so formuliert: "Lebendiges Zeugnis: Gott-Rede als Fest der Sprache". Er stellt fest: "Das Reden von Gott ist mittlerweile eher zur Verlegenheit geworden, jedenfalls unter Philosophen ... Und wie steht es bei denen, die explizit Gott-Redner heißen: den Theologen?"[19] Splett scheut diese Rede nicht, wie es auch

---

[13] J. Splett, Umbruch als Chance. Sinnkrise als menschliche Situation, in: LebZeug 54 (1999), 125-133.

[14] Vgl. Anm. 8.

[15] Vgl. LebZeug 41, H. 2/1986: Interreligiöser Dialog; B. Neumann, Dialog/Kommunikation, in: F. Courth (Hg.), Lexikon des Apostolats, Limburg 1995, 58-61. (Lit. Verweist auch auf J. Splett, Zur Antwort berufen).

[16] J. Splett, Zur Antwort berufen (s. Anm. 2), 11 - als Zitat weitergereicht von B. Neumann, Im Zeichen des Dialogs. Ein Losungswort für Kommunikation und Mitverantwortung heute, in: Christophorus 43 (1998), 56-65, hier 64.

[17] Zu den verdeckten Fernwirkungen dieses Papiers, veröffentlicht 1991 und in hoher Auflage verbreitet, sei verwiesen auf A. Schavan (Hg.), Dialog statt Dialogverweigerung. Impulse für eine zukunftsfähige Kirche, Kevelaer 1994; ferner G. Fürst (Hg.), Dialog als Selbstvollzug der Kirche, Qu. Disp. 166, Freiburg 1997.

[18] Vgl. LebZeug 52 (1997), 69f.

[19] Vgl. LebZeug 47 (1992), 165-177.

sein Werk "Denken vor Gott" ausweist.[20] "Wirklich 'vor Gott' denkt nur, wer dem Unvordenklichen nach-denkt. Wer die Wahrheit - wie flüchtig und gebrochen auch immer - erblickt hat, weiß sich angeblickt: 'Cogitor ergo sum'" (S. 13). Splett weiß, wo er Grenzen der Philosophie überschreitet; seine Gott-Rede ist überzeugend und Zeugnis.

Auch bei diesem Thema ist es nicht möglich, "Wirkungen" des mutigen Vortretens und des "publizistischen" Herausgebens sorgfältig formulierter Gedanken zu messen oder nur exakt zu registrieren. Wer Zeugnis gibt, hofft gehört zu werden, ebenso wie der, der sein Wort aussät, daß es irgendwo und zu gegebener Zeit Frucht bringt. Die Gedankengänge Spletts auf S. 113ff. im vorgenannten Buch lassen uns wissen, daß er auch sein Denken, sein Publizieren, sein Hintreten vor die Öffentlichkeit von Gott her begreift und auf ihn hin ausrichtet. Vielleicht hat ihn mitunter auch der Titel der Zeitschrift "Lebendiges Zeugnis" dazu inspiriert, der er tatkräftiges Wohlwollen durch seine Mitarbeit geschenkt hat und wofür ihm an dieser Stelle aufrichtig gedankt sei. Mein Nach-denken über "Antwort und Aussaat" und meine Beobachtungen über sichere Fernwirkungen habe ich deshalb auf dieses "Feld" seines Publizierens beschränkt. Positives Echo, das mitunter zu mir kam - etwa bei Begegnungen, wo jemand sagte, er/sie arbeite viel mit diesem Themenheft -, gebe ich gern an den Jubilar weiter und wünsche noch viele Jahre fruchtbaren Schaffens.

[20] J. Splett, Denken vor Gott. Philosophie als Wahrheits-Liebe, Frankfurt 1996; rezensiert von M. Röntgen in LebZeug 53 (1998), 77-79. Vgl. auch meine Rezension von J. Splett, Reden aus Glauben. Zum christlichen Sprechen von Gott, Frankfurt a. M. 1973, in: LebZeug 30, H. 1/1975, 103f.; dort geht es auch um das Sprechen vor Gott, von Gott, von Gott her, und auch um "das Zeugnis, das sich festlegt".

Therese Ulrich

Christlichem Glauben philosophisch auf den Grund gehen
Jörg Splett in der Akademiearbeit des Christlichen Bildungswerks "Die Hegge"

Als Professor Splett im Advent 1993 das 50. Mal zu Vorträgen auf die Hegge kam, überreichten wir ihm fünfzig rote Rosen. Zwar nicht als Strauß von lebendigen (und also sterblichen) Blüten, sondern -passender, schien uns, für den notorisch bahnreisenden und bedürfnisarmen Philosophen - in Form eines Kartons mit fünfzig edlen Rosenfotos, auf Briefkarten geklebt. Frau Ingrid Splett würde wohl Anlässe finden, sie zu beschreiben.

Mindestens Rosen mußten es sein als kleines Zeichen unseres großen, sehr herzlichen Dankes. Dank für Professor Spletts unermüdliche Bereitschaft, auf die Hegge zu kommen: zu Vorträgen, interdisziplinärem Diskurs, Gesprächen mit den Tagungsteilnehmern. In welchem Rahmen dies geschah und geschieht, soll ein kurzer Überblick andeuten.

Unsere Beziehungen begannen vor 25 Jahren und vertieften sich zunächst in einer Reihe von "Pfingsttreffen junger Akademiker". Am Nachmittag wurde gewandert, an den Abenden gesungen, musiziert, der Gottesdienst vorbereitet. Um so intensiver galten die drei Vormittage philosophischen Überlegungen mit Professor Splett zu Themenkreisen wie: "Der Mensch in seiner Freiheit", "Gotteserfahrung im Denken", "Gewissen - Ernst der Menschlichkeit".

Junge Leute, die etwa Betriebswirtschaft studiert hatten oder Maschinenbau, ließen sich mit Neugier und Durchhaltevermögen ein auf Spletts denkerische Durchdringung eigener und fremder Existenzerfahrung mit Gott, Mensch und Welt. Übten sich ein, Spletts zuweilen allzu schnellem Vortrag und noch schnelleren Denkschritten - mit Begeisterung - zu folgen. Daß auch Inhalte des Glaubens auf Begründungen befragt und argumentativ gefestigt werden können, ohne ihren Geheimnischarakter im mindesten zu verlieren, das war wohl für viele ein pfingstlich-begeisterndes Neuheitserlebnis.

Als weiterer Veranstaltungstyp zu nennen sind Hegge-Tagungen für bestimmte Berufsgruppen: Philologen, Künstler, Juristen, Ärzte, bei denen Professor Splett neben Referenten anderer Disziplinen die Sicht christlicher Anthropologie vertrat. Zu erinnern sind vor allem seine Vorträge im Ärztekreis der Hegge, z.B. zum Gesamtthema: "Umgang mit Sterbenden": in Ergänzung der Referate von medizinischer Seite hieß sein Vortrag: "Kann Krankheit Sinn haben?" Oder, im Zusammenhang mit Problemen des Schwangerschaftsabbruchs: "Wann beginnt der Mensch?" Oder bei einer Tagung zur Familientherapie: "Mann und Frau: der Mensch".

Warum suchten wir bei den genannten Themen nach einem Beitrag aus der Sicht philosophischer Anthropologie? Weil ärztliche Fragestellungen immer auch die Dimension des Personalen berühren: Was ist der Mensch (im Unterschied zu "menschlichem Leben")? Was geschieht im Tod (jenseits des Sterbens, das ja zum Leben gehört, als letzte Wegstrecke)? Die Antworten der Humanbiologie und medizinischer Empirie reichen nicht aus, sie bedürfen ihrerseits philosophischer Deutung.

Auf die Frage: Was ist der Mensch? gibt der Humanbiologe mit dem Handwerkszeug vergleichender Hirn- und Verhaltensforschung Antworten aus deren Horizont. Die Antwort des Philosophen unterscheidet hingegen zwischen Möglichkeit und Wirklichkeit, und in aller Fesselung durch vielfältige leiblich-seelische Determiniertheit gewahrt er noch immer einen unverlierbaren Raum personaler Freiheit.

Schließlich ist zu erzählen von einer Reihe adventlicher Veranstaltungen, bei uns ausdrücklich "Splett-Tagungen" genannt, für die wir seit 1985 in ununterbrochener Folge jeweils das Wochenende zum Zweiten, resp. Dritten Adventssonntag freihalten. Einige der Gesamtthemen seien genannt, hier ein wenig nach Bereichen sortiert:

(Bild - Symbol - Kult)
"Vom Ernst des Spielens"
"Wasser - Ursprung und Gleichnis des Lebens"
"Fest - Feier - Sonntäglichkeit"
(Christlichem Glauben philosophisch auf den Grund gehen)
"Licht und Finsternis. Erlösendes Reden vom Dunkel"
"Gottes Schwäche ist der Mensch" (Zu Glaube, Hoffnung und Liebe)
"Hiobs Schrei und Antwortversuche des Menschen"
(Im Anschluß an Gedanken von R. Guardini und H. U. von Balthasar, C. S. Lewis und E. Levinas)
"Die Annahme seiner selbst (Selbstverwirklichung als Antwort)
"Nicht mehr von der Wahrheit sprechen heißt, sie töten"
"Heimweh und Glück - Vorgeschmack der Ewigkeit"
"Die Wahrheit hat ein Menschengesicht"

Zur Teilnahme an diesen adventlichen Tagungen wird offen eingeladen, und es sammelt sich ein vielschichtiger Gästekreis schon jeweils am Freitagnachmittag, um sich nach dem Abendessen zum einführenden Rundgespräch zu treffen. Bevor aber am Samstagnachmittag die Arbeit mit Professor Splett beginnt, um am Sonntagnachmittag zu enden, befassen wir uns zunächst mit einer ergänzenden Thematik. Dabei wählen wir das Medium der Kunst - die Erschließung exemplarischer Musik oder Bildender Kunst oder einer Dichtung - , um einen gewissen Kontrapunkt zu bieten zu den denkerischen Wegen von Philosophie und Theologie und ihrer "Anstrengung des Begriffs".

So weit, so gut, sagen meine Komparsen im Hegge-Team, aber das Wichtigste hast Du noch gar nicht erwähnt: den Splett im Türkenkeller!

In der Tat, in diesem Eindruck stimmen wir alle überein: Professor Spletts besonderes Charisma, jedenfalls in Bezug auf die Arbeit in einem Bildungshaus, sind seine Gespräche im kleineren Teilnehmerkreis. Nach vollbrachter Tagesarbeit, die am frühen Abend ausklingt etwa mit einer musikalischen Vesper, zieht Splett, ausgerüstet mit einer Flasche französischen Rotweins, in den sogen. Türkenkeller, den weiträumig einladenden Ort zum spätabend- und nächtlichen Zusammensitzen, Plaudern, Diskutieren. Er steuert die günstigste, d.h. unbegrenzt erweiterbare Tischgruppe an, und sogleich bildet sich eine Runde und beginnt das Fragen.

Und da ist nun Professor Splett großartig im Zuhören und Ausreden-Lassen. Er selbst meldet sich mit Bedacht zu Wort, nicht "philosophisch" im Sinne der Zunft, sondern auf eine allen verständliche und einleuchtende Weise. Seine spontan herangezogenen Bilder prägen sich ein: Was wäre das für ein Gott, dem seine Allbarmherzigkeit verböte, die Tür zum Himmel zuzuschlagen, nur weil ein Frechling seinen Daumen in den Türspalt hält? (Die Tür zur Hölle schlägt Gott ohnehin nicht zu, die wird von innen zugehalten.) - Oder: Würde das Kleinkind beim Zähnekriegen so herzzerbrechend weinen, wenn es wüßte, wie bald der Schmerz vorbei ist? Muß es sich nicht ängstigen vor einer Ewigkeit voller Schmerzen?

Begriffe wie Evidenz und Plausibilität stellen sich ein, wenn man die Wirkung von Spletts argumentativen Denk- und Gesprächsschritten aufzeigen will. Doch wäre es falsch zu meinen, Splett verabreiche "fertige", nicht weiterhin frag-würdige Antworten. Wie könnte dies auch sein, wo doch im Türkenkeller immer von neuem die schwerstwiegenden Existenzfragen, das Grundparadox christlichen Glaubens umkreisend, auf den Tisch geworfen werden? Wie geht das zusammen: Gottes Allmacht und Güte? Gottes Gerechtigkeit und offensichtliche Ungerechtigkeit? Gottes Einheit und Dreiheit? Wie geht das zusammen: des Menschen geschöpfliche Würde und Kontingenz? Sein Sündersein und Ewigkeitswert? Wie gehen zusammen Wahrheitsanspruch und "Toleranz"? Selbstverwirklichung und Selbstvergessen? Wie wäre in dieser unserer Welt Freiheit realisierbar?

Nein, keines der Probleme ist am Ende gelöst, keine Frage kann zum Schluß abgehakt werden. Aber manches Dunkel wurde ein wenig aufgehellt, so daß man ein wenig durchblicken und damit leben kann. Am andern Morgen erzählen dann einige von der nächtlichen "Sternstunde" mit Splett.

Manch einer erlebt übrigens auch noch eine Sternstunde im wörtlichen Sinn, wenn er oder sie, aus dem Türkenkeller heraufkommend, nicht gleich zu Bett, sondern noch etwas an die Luft gehen wollte: Der Weg nach Frohnhausen, dem östlich nächsten Nachbardorf, führt über eine freie Höhe und öffnet ringsum den weiten Horizont. Oft strahlt ein Sternenhimmel, wie Großstädter ihn wohl selten sehen, der die Augen weitmacht und der das Herz neu und tief durchatmen läßt.

Jan Schmidt-Garre

Lernziel Menschlichkeit

Man fängt ja gern mit der ersten Begegnung an - Freitagnachmittag, ein heißer Tag im Mai in meinem dritten Semester. "Der Mensch: Mann und Frau", so tollkühn hatte er die Vorlesung überschrieben, zu der ein glücklicher Zufall oder ein weises Curriculum mich verpflichtete; mit meinem damaligen Schwerpunkt Analytische Philosophie hätte ich diese Veranstaltung nie ausgewählt. So kam ich denn auch leichtfertig zu spät, doppelt zu spät sogar: die erste Vorlesung hatte ich versäumt und die zweite war schon im Gange, als ich die Tür zum großen Hörsaal der Hochschule für Philosophie öffnete. Der Raum war überfüllt, ich konnte den Redner zunächst nicht sehen und setzte mich auf einen Stuhl hinter einer Betonsäule. Der Redner sprach rasch, mit einer leichten, hellen Stimme, in einer Art Parlando, das ganz unakademisch und vor allem eins war: gewinnend.

Er sprach über verschiedene Modelle der Liebe, über Volkmann-Leanders Märchen von der Gänsebärbel und dem Schweinechristoph, die sich so sehr wünschen beim andern zu sein, daß Gott sie erhört und die Bärbel zu den Schweinen schickt und den Christoph zu den Gänsen, wo sie dann so unglücklich sind wie zuvor. Zitierte dann die ebenso fatale Variante Richard Wagners, in der die Liebenden ekstatisch aufeinandertreffen - und zerschellen im Liebestod. In der komischen wie in der tragischen Variante, so zeigte er, scheitern die Liebenden an der Verschiedenheit der Objekte ihres Sehnens und Begehrens, sodaß die wirkliche Übereinkunft, auf die Liebe aus ist, nicht gelingt. Die Lösung dieses Dilemmas, die Jörg Splett hier in nuce vorstellte, sollte ich später immer wieder von ihm hören, immer weiter entfaltet bis hin zur Spekulation über das Trinitätsgeschehen in Gott selbst: Wird von den beiden Liebenden "ein Dritter einträchtig geliebt", so Splett unter Berufung auf Richard von St. Viktor, so schlägt die Neigung der beiden "in der Flamme der Liebe zum Dritten ununterschieden zusammen". Gemeinsam, vereinten Herzens auf ein Drittes zugehen, ein Drittes lieben, die Arbeit, die Kunst, zuhöchst Gott, in diesen Gedanken mündeten Spletts Ausführungen, die ich staunend hinter der Betonsäule vernahm.

Gemeinsam arbeiten - das war damals die Losung meiner privaten Liebeslehre gewesen; gelernt hatte ich das von Brecht, der unter diesem Vorwand allerdings manche Geliebte als günstige Arbeitskraft instrumentalisierte. Hier wurde mir dieser Gedanke nun philosophisch situiert, begründet und geweitet auf seinen eigentlichen Kern hin, die Mitliebe. Ich war berauscht und beglückt und suchte, wie ich später dank Splett verstand, einen Adressaten, bei dem ich mich für mein Glück bedanken konnte. So verließ ich die Hochschule, kaufte bei einem Händler auf der Ludwigstraße einen Strauß Lilien und schenkte sie meiner verblüfften Freundin.

Vieles an diesem Nachmittag war bezeichnend für die Jahre, die ich bei Jörg Splett studieren durfte. Das Unverhoffte der Begegnung, die mich aus meinem anti-metaphysischen Schlummer weckte - ganz im Sinne Spletts, nach dessen Auffassung wir die wesentlichen Einsichten nicht den Fragen verdanken, die wir selber stellen, sondern den Fragen, von denen wir gar nicht wußten, daß wir sie hatten. Dann, mit meinem spontanen Blumenkauf, die selbstverständliche, ja notwendige Verlängerung der Theorie in die Praxis hinein: Philosophie als existentielle Lebens-Dimension, die keine universitären Grenzen kennt.

Was lernt man von einem solchen Lehrer? Auch philosophiehistorische Fakten natürlich, eine Fassung des Anselmschen Gottesbeweises etwa, die in ihrer distinktiven Schärfe jedem meiner angelsächsischen Analytiker standhielte - wenn denn die Analytiker die Schriften eines Philosophen zur Kenntnis nähmen, der sich selbst bescheiden (und manchmal trotzig) dem "poetischen" Pol des Denkens zurechnet. Man durchdringt mit seiner Hilfe vielleicht zum ersten Mal die Herr-Knecht-Dialektik, und sei es auch bloß für den Augenblick der blitzartigen Einsicht, die sein Vortrag so oft entzündet. Das reicht über die Vermittlung des philosophiehistorischen Faktums schon hinaus - aus Philosophie wird Philosophieren. Da erntet der Schüler keine Bildungsinhalte zur späteren Verwertung, da ist, hier und jetzt, er selber gemeint.

Dann, bleibender als die Fakten, die Denkfiguren, etwa jene: Erlösung-*der* statt Erlösung-*von*, ein philosophisches Allheilmittel, für das ich ihm immer wieder dankbar bin. (Wie auch für dies: "Wer dreimal lügt, der glaubt nicht mehr." Oder für dies: "Wer nicht lebt, wie er denkt, wird irgendwann denken, wie er lebt.") Erlösung *der* Geschlechterdifferenz in der Übereinkunft der Liebenden, statt Erlösung *von* ihr durch Verleugnung des Unterschieds. Erlösung *der* Zeit im Fest durch reflektierendes Heraustreten aus dem Zeitfluß, statt Erlösung *von* ihr durch Widerspruch und Ekstase. Erlösung *des* Verhältnisses zu Gott im bleibenden Gegenüber ("Ich bin Dein"), statt Erlösung *von* ihm durchs Aufgehen im großen Fluß des New Age ("Ich bin Du").

Übrigens ist jeder meiner Filme von Spletts Denken geprägt. Die dokumentarischen Künstler-Porträts etwa, vor allem das große über den Dirigenten Sergiu Celibidache, mit dem meine freie Arbeit als Regisseur und Produzent begann, von seinem Hinweis auf C. S. Lewis, dem anläßlich eines Sonnenstrahls in seiner Scheune ein grundsätzlicher Perspektivwechsel aufgeht: vom *Looking at* zum *Looking along*. Beim *Looking at* blicke ich auf den Strahl und sehe die Stäubchen tanzen. Beim *Looking along* blicke ich am Lichstrahl entlang durch den Türspalt nach außen und sehe die Baumwipfel, den Himmel und die Sonne. In jeder meiner Annäherungen an einen Künstler ist es das, was ich versuche: nicht auf ihn zu schauen, mit dem entlarvenden Blick der Psychologie, sondern mit ihm auf das, was ihn bewegt, die Musik, die Gesetze der Kunst.

Den Filmessay "Bruckners Entscheidung" kann man als Entfaltung von Spletts Philosophie der Freiheit lesen, am Beispiel der Lebenskrise Anton Bruckners im Jahr

1867, in dem für ihn die scheinhaften Alternativen seines bisherigen Lebens - "Wahl" in der Terminologie Spletts - in sich zusammenfallen, und er sich an dem Punkt findet zu bestimmen, wer er ist und wer er einmal gewesen sein wird: "Entscheidung". In diesem Moment der Krise geht es für ihn nicht mehr um die Wahl dieser oder jener beruflichen Option, es geht um das Ja oder Nein zu dem einzigen Angebot, das sich ihm offenbart, um die "Annahme seiner selbst" (Guardini): um Leben oder Tod.

Und in "Belcanto", einer Serie über historische Tenöre und die Idee der Tonaufzeichnung, kommt an prominenter Stelle Splett selber zu Wort: "Es stimmt zwischen Interpret und Partitur, wenn es zwischen Interpret und Publikum stimmt - im Dienst des Stimmens zwischen Publikum und Partitur. Jeder dient hier. Jeder vermittelt und macht dabei zugleich seine Erfahrung. Jeder geht beglückt nach Hause. Nur die Partitur nicht, aber die hat während der Zeit gelebt." Solche Sätze, im Interview leicht dahingesprochen, fast improvisiert und doch gehaltvoll, erregen im deutschen Fernsehen, wie ich feststellen mußte, Anstoß. "Ist ja alles sehr schön, aber dieser unverständliche Philosoph..." "Seien Sie doch froh, wenn Sie einmal im Fernsehen einen Satz nicht auf Anhieb verstehen", antworte ich meistens.

Zur Zeit entwickle ich einen Tanzfilm aus einer Erzählung von Ilse Aichinger, dem "Gefesselten". Erwähnt hatte sie, am 11. 2. 89 in seinem Sokrates-Seminar, Jörg Splett. Und ich träume von einem gemeinsamen Film, einem, ja, philosophischen Film, aber ohne Waldspaziergänge. Ob es das geben kann?

Noch eine universelle Figur in Jörg Spletts Denken: die Asymmetrie von Gut und Böse, von Position und Negation - wunderbar anschaulich im Mini-Dialog von Jasager und Neinsager: "Bleiben Sie dabei, wollen Sie wirklich Nein sagen? - Ja!" Das Böse nicht als die dunkle Hemisphäre, die unsere Existenz erst zur Ganzheit rundet, nein, das Böse als erbärmliche Schwundstufe, als Schmarotzer am Guten. Die Kraft des Ja!, immer wieder. Splett macht Mut, der Versuchung zum Nein zu widerstehen - in jeder kleinen Alltagsentscheidung, aber auch in der Kunst, wo heute Mut dazu gehört, das geschlossene Ganze anzustreben, die geglückte Gestalt, und sich den individuellen Kringel zu verbieten, jenes ängstliche "Verwechselt mich vor allem nicht!", das Nietzsche umtrieb. Die lange Zeit mit Jörg Splett gibt mir den Mut, die Kraft und das Rüstzeug, das Prinzip der Kohärenz in der Kunst zu verteidigen, einer Kunst, die das Häßliche, Störende, Widerborstige nicht naiv vermeidet oder gar leugnet, aber integriert in das gelungene Ganze (Erlösung *der* Dissonanz, statt Erlösung *von* ihr) -, dieses Prinzip zu verteidigen gegen die übermächtige Tendenz unserer Zeit zum Torso, zum Fragment, zur offenen Form. Jeder Schnitt, den ich als Filmemacher setze, ist der Versuch einer *restitutio ad integrum*, einer Verwandlung des Stofflichen, einer Wiederherstellung der Unschuld. Einer Rekonstruktion im Zeitalter der Dekonstruktion.

Die privaten Begegnungen mit Jörg Splett, die sich mittlerweile zu meiner Freude immer wieder ereignen, nach Jahren des distanzierten Schüler-Lehrer-Verhältnisses, sind von einer gewissen Befangenheit meinerseits geprägt. Wie trinkt man Wein mit jemandem, dem man einen wesentlichen Teil seiner geistigen Sozialisation verdankt? (Es geht dann schon, mithilfe des Weins...) Und, so falsch und töricht es auch sicher ist: in Zeiten der Schwäche und Krise weiche ich ihm aus. Obwohl er doch gerade dann ein wunderbarer Ratgeber wäre. Aber ich fühle mich seinem Ethos dann nicht gewachsen.

Spletts Einfluß auf mich als Regisseur? Immer wieder groß, ja, aber eigentlich greift das gar nicht. Da ist nicht der Philosophieprofessor, von dem der Regisseur für seine Arbeit lernt, da lernt der ganze Mensch für sein ganzes Leben, und das fließt dann in alles ein, was er tut. Splett hat mich fromm gemacht. Er läßt mich gut sein wollen. Ist das ein aufgeklärter Standpunkt gegenüber einem akademischen Lehrer? Jörg Spletts Leistung ist auch und gerade, daß sich solch kleinliche Fragen nicht mehr stellen. Um ganz andere geht es, um jene, um die es der Philosophie immer gegangen ist. Mit einem frühen Buchtitel von ihm: "Lernziel Menschlichkeit". Was mit dem Erwerb eines akademischen Titels natürlich nicht annähernd erreicht ist (den ich denn auch ganz ohne diese Mitte meines Denkens erwarb), bis heute nicht. Am Donnerstag beginnt das Dante-Seminar.

Markus von Hagen

Kabarett - Ancilla Philosophiae?

Es lebte einst ein Mann in einer großen, reichen und in der Welt angesehenen Stadt. Doch er ärgerte sich über die Arroganz seiner eigenen Mitbürger, über die politischen Verhältnisse und über die - seiner Ansicht nach falschen - Werte, die in der Gesellschaft herrschten, mehr noch, er litt an ihnen. So machte er sich mit allen ihm zur Verfügung stehenden Möglichkeiten, sich ein Publikum zu verschaffen, auf, um seinen Mitmenschen ins Gewissen zu reden. "Schämst du dich nicht," so sprach er jeden an, dessen er habhaft werden konnte, "für Geld zwar zu sorgen und für Ruhm und Ehre, wie du alles das für dich anhäufst, für Einsicht und Wahrheit aber sorgst du dich nicht?" Einer seiner Freunde sagte über ihn, er hätte sich "gerne immerfort über die menschlichen Dinge unterhalten, indem er untersuchte, was schön, was schimpflich, was gerecht, was ungerecht sei, worin die Besonnenheit und Tollheit, die Tapferkeit und die Feigheit bestehe, wie ein Staat und Staatsmann, eine Regierung und ein Regent sein müsse, und dergleichen mehr, was nach seiner Überzeugung jeden, der es weiß, zu einem guten Menschen macht." Weil er sehr schlüssig argumentieren konnte und darüber hinaus, wenn er es auch selbst leugnete, rhetorisch sehr geschult und dialektischen Kniffen nicht abgeneigt war, hatten seine Reden und Diskussionen, die er vom Zaun brach, einen hohen Unterhaltungswert für die Zuhörer, vor allem wenn Politiker und hohe Würdenträger in die Mangel genommen wurden. Nicht zuletzt viele Jugendliche begeisterten sich für ihn und wurden seine Schüler, was ihm den Vorwurf einbrachte, er würde sie verderben, und die Jugend müsse vor ihm geschützt werden. Aus dieser Berufung - er sah sich angetrieben von einer inneren Stimme - machte er seinen Beruf; er vernachlässigte die Sorge um den Lebensunterhalt und nahm auf die eigene Gesundheit ebensowenig Rücksicht wie auf Todesdrohungen, Verleumdungskampagnen oder Repressalien, denen er durch die Mächtigen ausgesetzt war; Versuche, ihn mundtot zu machen, waren Legion, doch letztlich nicht erfolgreich. Konsequent, in gewisser Hinsicht eigensinnig und trotz seiner Popularität auch eigenbrötlerisch sowie selbst nicht ganz ohne die Arroganz, die er seinen Gegnern vorwarf, ging er seinen Weg und starb erst in hohem Alter an Gift. Diesen Menschen dürften wohl die meisten Leser kennen. Er ist einer der bedeutendsten und einflußreichsten - Kabarettisten, und sein Name ist Wolfgang Neuss.

Wer zunächst an einen anderen Großen der Geistesgeschichte gedacht hat, mag sich nun bemüßigt fühlen, die zahlreichen Unterschiede zwischen Neuss und Sokrates aufzuzählen, etwa daß dieser sich mit Tablettenkonsum zugrunde richtete, jener den Schierlingsbecher trank. Es geht jedoch gar nicht um einen Vergleich von zwei Biographien und Einzelschicksalen, sondern um ihre Tätigkeiten und wie sie eingeordnet werden. Was verbindet den Philosophen und den Kabarettisten?

Um bei einer prägnanten Gemeinsamkeit zu beginnen - beide werden sehr häufig gefragt: "Kann man davon leben?" Nun, Vertreter so mancher Berufssparten sehen sich ihr immer wieder ausgesetzt, wenn sie öffentlich verkünden, welcher Tätigkeit sie nachgehen. Bei Sinologen etwa oder Pantomimen mag mancher sich zu überlegen genötigt sehen, was diese Menschen überhaupt tun, sodaß die Frage nach den Verdienstmöglichkeiten in den Hintergrund rückt. Andere Berufe sind eher im Wandel der Zeiten allgemeiner Skepsis ausgesetzt, ob sie zur Existenzgrundlage taugen, der des außerordentlichen Professors, beispielsweise oder der des Landwirtes. Selten jedoch geht das allgemeine Vorverständnis über die Tätigkeit mit dem allgemeinen Unverständnis über die konkrete Ausübung so Hand in Hand, wie bei der des Philosophen. Die meisten Menschen stellen sie sich als eine im Wesentlichen denkende Tätigkeit vor - nicht zu Unrecht, freilich doch irgendwie mit Zurückgezogenheit und Weltfremdheit, wenn nicht gar Weltverachtung assoziiert, die eine Frage nach Geldverdienen geradezu beleidigend erscheinen läßt. Letzteres gilt auch für extrovertiertere Vertreter ihres Gewerbes. Die beiden in ihrer Außenwirkung "populärsten" griechischen Philosophen, Diogenes und Sokrates, provozierten die Bürger durch ihre (Un-)Tätigkeit. Ersterer tat dies, indem er die Eremitage der Bedürfnislosigkeit aus der Abgeschiedenheit, mit dem Faß quasi als transportable Höhle, mitten in die Stadt verlegte und schon dadurch provozierte. Der zweite betont, daß er für seine Tätigkeit niemals Geld verlangt hätte und führt in seiner Verteidigungsrede die eigene Armut als Zeugen an. Er sah seine Tätigkeit als erzieherische Maßnahme, als Dienst am Menschen, wofür er als Philosoph besonders qualifiziert sei. Seine Feinde warfen ihm unter anderem vor - wenn wir es in die heutige Sprache übersetzen wollen - er sei ein Nestbeschmutzer, ein Terminus, der oft für die Menschen gebraucht wird, die nichts anderes tun, als auf bereits vorhandenen Schmutz hinzuweisen, als wäre er durch die Kritik erst entstanden. (Über letzteres könnte der Philosoph lange nachdenken.)

Bemerkenswert an beiden - und das haben sie mit den Kabarettisten gemeinsam - ist, daß sie für ihre Philosophie Publikum brauchen, was im Begriff selbst ja noch nicht liegt; vielmehr ist es im Wortsinn erst einmal eine geistige, nicht zuletzt gefühlsmäßige Verfaßtheit, die "Liebe zur Weisheit", die als "vorwissenschaftliche Philosophie zu "methodisch gesicherten, systematisch durchgeführtem, gedanklich geklärtem Wissen um das Wirkliche" führt, wie es uns Bruggers Philosophisches Wörterbuch lehrt, eben zur Philosophie als Wissenschaft. Es gibt aber auch andere Definitionen von Philosophie, die von Jörg Splett beispielsweise: "Reflexion auf Grunderfahrungen". Entsprechend könnte die Tätigkeit eines Philosophen, insofern sie eine lehrende ist, als Anweisung dazu, gewissermaßen als "Reflexionshilfe auf Grunderfahrungen" bezeichnet werden.

Den Begriff Kabarett zu definieren ist auch nicht ganz einfach. "Ein Kabarettist", wie Werner Schneyder sagt, "ist der Benützer einer Ausdrucksform." Diese definiert sich zunächst einmal räumlich, und zwar so, daß es sich, was die Volksnähe angeht, mit dem Marktplatz in Verbindung bringen läßt, von der Größe her eher mit der Wohnstatt des Diogenes, denn das französische Wort cabaret, dem der deutsche Begriff entlehnt ist, hieß ursprünglich "kleine Trinkstube", übrigens auch "Trinkgefäß", welches der berühmte Zeitgenosse Alexanders bekanntlich nun gerade nicht brauchte und demonstrativ wegwarf. Ein Kabarettist war also zunächst einmal nur ortbezogen zu fassen, als Künstler einer Kleinkunstbühne, sozusagen aus dem intimen und somit in gewisser Weise geschützten Raum agierend, was ihm die Möglichkeit zu lautem Querdenken ermöglichte. Damit wurde der Begriff nun auch inhaltlich gefüllt: "Satirisch, politisch-kritische Kleinkunst", wobei das Substantiv sich mittlerweile nicht mehr auf den Raum bezieht, sondern (etwa im Gegensatz zum Theaterstück) auf die geringe dramaturgische Komplexität, sowie den minimalen Aufwand an Requisiten und Bühnenelementen.

Eine gewisse innere Verwandtschaft mit der Philosophie wird vielleicht am besten deutlich, wenn man einige Versuche, den Begriff näher zu definieren, zitiert und feststellen muß, daß sie auch einen nachdenkenswerten Sinn ergeben, wenn man statt "Kabarett" das Wort "Philosophie" einsetzt.

- "Kabarett ist das artikulierte Unbehagen an der Zeit. Vielleicht kann Kabarett bewußt machen. Das wäre schon sehr viel." (Kay Lorentz)
- "Kabarett muß heute Ermutigung zum Aufstand sein und nicht nur geistvoller Abstand." (Helmut Ruge)
- "Kabarett ist Spiel mit den erworbenen Wissenszusammenhängen der Zuhörer." (Jürgen Henningsen)

Wenn wir die Begriffe als Berufsbezeichnungen eng fassen, so sind Philosophen Wissenschaftler, Kabarettisten Künstler, und so mag die Verwandtschaft zwischen beiden der Verwandtschaft von Wissenschaft und Kunst entsprechen, die beispielsweise der von Ästhetik und Malerei nicht unähnlich ist: Wohl geht weder Malerei in der kreativen Umsetzung von Erkenntnissen einer wissenschaftlichen Ästhetik auf, noch bleibt der Ästhetik keine andere Möglichkeit als die der Malerei, eine Außenwirkung zu erzielen; und doch ist eine Wechselbeziehung nicht zu leugnen. Man könnte vereinfacht sagen: Sie tun einander gut! Dies gilt natürlich auch für den Bereich des Wortes: Denn auf der einen Seite dient z.B. ein gestalteter Vortrag der Verständlichkeit und damit auch der Wirkmächtigkeit seiner Argumente. "Ein langweiliger Schriftsteller ist niemals gefährlich," sagt Voltaire. Paul Ricoeur meint sogar, daß eine gut erzählte Geschichte schon dadurch, daß sie gut erzählt ist, einen größeren Anspruch auf Glaubwürdigkeit erhebt. Und wie dicht philosophische Argumentation und Poesie zusammenhängen, wissen wir nicht erst seit Martin Heidegger. Auf der anderen Seite läßt sich feststellen: Wenn wir Wissenschaft, wie Albert Keller das tut, als "System rechtfertigbarer Sätze" definieren, so ist damit etwas angesprochen, was vielen durch das Wort vermittelten Kunstwerken gut täte, nicht zuletzt manchem Kabarettprogramm.

Gewiß gab es zu Sokrates Zeiten den Begriff "Kabarett" nicht, nicht einmal den der "Kunst", wie wir ihn heute verstehen (oder nicht verstehen), doch das besagt keineswegs, daß es nicht gab, was wir heute so nennen. Eine Aktion (!) wie die des Diogenes, der auf dem belebtesten Platz der Stadt mit seiner Laterne einen Menschen sucht, könnte man sich - zumindest optisch - auch von Karl Dall ausgeführt vorstellen; und das öffentliche Zerschlagen eines Kruges, um auf künftige Drangsale hinzuweisen, wie es vom Propheten Jeremias überliefert ist, wäre auch von seinem Selbstverständnis her Josef Beuys zuzutrauen. Umgekehrt wären Werner Schneyder, Dieter Hildebrandt und viele andere Kabarettisten gerade hinsichtlich ihrer Tätigkeit sicher über die Qualität ihrer Ausbildung begeistert, wenn sie bei Sokrates gelernt hätten - oder bei Jörg Splett.

Viele Kabarettisten sind tatsächlich bemerkenswerte Philosophen, nicht zuletzt der schon genannte Wolfgang Neuss, der sich derart mit seiner Tätigkeit identifizierte, daß Klaus Budzinski von ihm sagte, er mache "Kabarett an sich". Viele haben sich ausdrücklich mit Philosophiegeschichte beschäftigt, oder gar Philosophie studiert, wie Matthias Richling. Es ist durchaus naheliegend, daß diese "Liebe zur Wahrheit" zu einer kritischen Auseinandersetzung mit bestehenden Verhältnissen führen kann, deren Entlarvung vor Publikum durch jene Verbindung von gestalteter Argumentation und Humor geschieht, die man gemeinhin Satire nennt - wie bei Sokrates und Diogenes. Kabarett wäre, so verstanden, wesentlich eine Form der Exekutive der Philosophie, wobei der Humor als "prinzipiell destruktives Element" (Loriot) eingesetzt wird. Doch wenn etwas von dem sokratischen Selbstverständnis des praktizierenden Philosophen als eines Dieners der Menschen übrigbleibt, ist der Humor nicht Selbstzweck; dies ist möglicherweise ein entscheidender Unterschied zwischen Kabarett und Comedy. Und es ist bezeichnend, daß Sokrates selbst den Comedy-Spott von Aristophanes ertragen mußte.

Es gibt keine Ausbildung für Kabarettisten, doch wenn es sie gäbe, so wäre das Studium der Philosophie sicher obligatorisch. Wenn dann noch in der Lehrveranstaltung Anspruch und Verständlichkeit keine sich ausschließenden Größen sind, wenn sie von Humor durchsetzt ist, nicht im Sinne von eingestreuten Witzchen, sondern als die grundsätzliche Bereitschaft, auch sich selbst in Frage zu stellen, wenn die (mitunter scheinbare) Spontanität verblüfft, in der Pointen gesetzt werden, als seien sie dem Vortragenden gerade erst eingefallen, (und erst bei wiederholtem Hören derselben Vorlesung sich als ganz gezielt und wohldurchdacht hineinkomponierte erweisen), so ist alles dies für die weitere Laufbahn nur vor Vorteil. In Fachkreisen hebt es jedenfalls durchaus das Ansehen, wenn man, nach dem Beruf gefragt, von sich sagen kann: "Kabarettist", und dann nach einer kurzen Pause fortfährt: "Schüler von Splett".

Für Jörg Splett

Ludwig Soumagne

Psalm
Du

Eene wie Dech
kann
mer lang söcke

Eene wie Dech
fengk
mer net su schnell

Eene wie Dech
kann
mer niemals verleere –

Eene wie Dech – Häer...

Ludwig Soumagne
für
Jörg Splett

Lucia Cors

Beim Anblick verblühender Bäume

So fallen und steigen
gehalten im Wind
im Spiel und
schweigen

So ohne Angst
und Streben
verschwistert
allem Erdenbeben
dasein
ganz hingegeben

Vermächtnis

Was er gesucht
mit prüfendem Blick
durch das Schaffen
aller Werke
seiner Kunst
findet Rembrandt
in diesem Geheimnis

Sein letztes Gemälde
führt ihn
an das Ende
das ein Anfang ist

Aus dem Dunkel heraus
wächst Licht

(Rembrandt: Simeon im Tempel, 1669, Leinwand,
Stockholm, Nationalmuseum)

Ludwig Steinherr

Dieser Moment
aus Licht
aus möglichem Licht
aus Erwartung von Licht -

Dieser Moment den
außer mir
keiner wahrnahm
(nur eine Eidechse
lief über die
brennende Mauer) -

Etwas
wie ein Beweis

schwer zu sagen
wofür

Alles Licht kommt
mit Verspätung
um Lichtjahre um
Sekundenbruchteile -

Jeder Blick
jede Berührung ist
eine Reise -

Der leuchtende Körper
immer schon anderswo
unerreichbar -

Im Dunklen
Im Unsichtbaren
Im künftigen
Licht

Anhang

Zur Vita von Jörg Splett

1936	geb. am 29. 08. in Magdeburg als ältestes von neun Kindern. Vater: Bruno Splett, (nachmals) Senatspräsident OLG Köln Mutter: Lisa Splett, geb. Schieb.
1947	Internatsschüler am Aloisiuskolleg/Bad Godesberg.
1956	Abitur. Eintritt ins Noviziat der Jesuiten in Eringerfeld, 1958 Beginn der Studien in Pullach.
1960	Nach erbetener Entlassung 1960 und einem Studiensemester in Köln (Philosophie, Psychologie): Promotionsstudium in München (LMU), als Stipendiat der Studienstiftung des dt. Volkes.
1964	Philosophische Promotion bei M. Müller (Die Trinitätslehre G. W. F. Hegels); Nebenfächer: Pädagogik und Fundamentaltheologie. Assistent K. Rahners am Institut f. christl. Weltanschauung (ab 1968 unter Federführung von M. Müller, bis 1971).
1965	Heirat mit Ingrid Margulies; 1969 Geburt von Martin, 1971 von Thomas.
1967-1971	Lehraufträge an der Universität München, an der Philos. Hochschule/Pullach (seit 1969 Gastdozentur) und in St. Georgen/Frankfurt/M (1970)
1971	Habilitation an der LMU für Religionsphilosophie (Die Rede vom Heiligen). Berufung zum o. Prof. für Philosophie an die Philos. Theol. Hochschule St. Georgen/Frankfurt/M. zum WS 1971/72: Schwerpunkte: Philosophische Anthropologie, Religionsphilosophie/Philosophische Gotteslehre, Philosophie nach Hegel. Arbeitsprojekt: Anthropo-Theologie Seither ständiger Lehrauftrag an der Hochschule f. Philosophie in München (Hegel, Philosophie des 19. u. 20. Jh., Religionsphilosophie).
1986	Gastvorlesungen (Gotteslehre) im Theol. Studienjahr der Dormitio/Jerusalem.
1997/98	Lehrstuhlvertretung: Seminar für Christliche Weltanschauung der LMU München ("Guardini-Lehrstuhl", für Prof. H. Maier) erneut 1999/2000 und 2000/2001.
seit 1963	Vortragstätigkeit in Studentengemeinden und Bildungswerken, sich ausweitende Arbeit in Erwachsenen-, Lehrer- und Priesterfortbildung, Mitwirkung an Vorlesungsreihen und wissenschaftl. Symposien im In- und Ausland.
seit 1980	(55. Jhg) Redaktionsmitglied bei: Theologie und Philosophie (Freiburg-Frankfurt/M.);
seit 1982	(1. Jhg.) bei: Il Nuovo Areopago (Bologna-Rom).

Verzeichnis der Veröffentlichungen von Jörg Splett

Die folgende Aufstellung erfaßt sämtliche Texte, die Jörg Splett bis Ende des Jahres 2000 veröffentlich hat, ausgenommen Beiträge aus Schüler- und Studentenzeitungen (Bad Godesberg 1955-58: *Die Kuppel*, Programm zu *König Ödipus*, *Aus dem Aloisiuskolleg*, Pullach 1958-60: *Die Brücke*) sowie mehr als 2200 Kurzrezensionen (auch von Belletristik) in Verlagsprospekten und (teils hier genannten) Zeitungen und Zeitschriften (insbesondere seit 1965 in *Die Neue Bücherei*, ab 1971 im *Literar. Ratgeber* und zwischen 1969/70 und 1991/92 im *LR-Literaturreport*). Im Anschluß an die eigenen Veröffentlichungen sind von Jörg Splett betreute Doktor-Dissertationen versammelt.

Werk- und Zeitschriften-Titel werden nach *Schwertner* (^{5}1994: TRE) angegeben. Für dort nicht Gefundenes werden - außer ohne weiteres zu entschlüsselnden Abkürzungen - folgende Sigel verwendet: GrEnt, (ab 1969) Ent = Entschluß, Christ = Christophorus, CiG = Christ in der Gegenwart, Deb = Zur Debatte, EKr = Erdkreis, iG = im Gespräch, KthB = Katholische Bildung, LRp = LR-Literaturreport, NArp = Il Nuovo Areopago, NBü = Die Neue Bücherei, PaSt = Paderborner Studien, Send = Die Sendung, ArztChr, (ab 1993) ZME = Zeitschrift f. mediz. Ethik.

Die Aufstellung besorgte Ingrid Splett, der hierfür ganz herzlich gedankt sei. Aktualisierungen erfolgen im Internet: www.sankt-georgen.de/bibliogr/splett.htm

I. Bücher

1. Er ist das Ja, München: Ars sacra 1964. 96 S.
2. Die Trinitätslehre G. W. F. Hegels, Freiburg-München: Alber 1965[1], 160 S., ^{2}1978, ^{3}1984

   La dottrina della Trinità in Hegel, Brescia: Queriniana 1993 (7-20: G. Sansonetti, Editoriale; 259-288: [Appendice] Hegel e il Mistero [= III 57])
3. Zeugnis der Freude. Theologische Meditationen über Worte der Schrift und Zeichen der Kunst, Würzburg: Arena 1967. 112 S. mit einem Vorwort von Karl Rahner

   Testimonianza della gioia. Meditazioni theologiche, Brescia: Queriniana 1969

   ^{2}1975: Wagnis der Freude... Frankfurt/M.: Knecht 1975. 148 S., (überarb.) ^{3}1984
4. Der Mensch in seiner Freiheit, Mainz: Grünewald 1967. 128 S.

   daraus 56-69 in: Mensch und Glaube (H. Thomé/R. Schwab), Limburg 1978 (^{5}1980) 20-22; 66-68 in: Grundkurs Religion 3 (R. Kramer), München 1978, 53-55; 65-67 in: Religion betrifft uns 1998/2, 18-19

   o homem na sua liberdade, Sâo Paulo: Loyola 1972
5. Sakrament der Wirklichkeit. Vorüberlegungen zu einem weltlichen Begriff des Heiligen, Würzburg: Arena 1968. 118 S.
6. (mit Ingrid Splett) Meditation der Gemeinsamkeit. Aspekte einer ehelichen Anthropo-

---

[1] Vorarbeit: G. W. F. Hegels Trinitätslehre in der Phänomenologie des Geistes, Liz.-Arbeit, Berchmanskolleg/Pullach 1961 (W. Kern). Masch.schr. 108 S.

logie, München: Wewel 1970. 140 S., ^{2}1981, A-St. Michael: Bläschke. 143 S., (überarb.) ^{3}1996, Hamburg: Kovač. 110 S.

7. Die Rede vom Heiligen. Über ein religionsphilosophisches Grundwort, Freiburg/München: Alber 1971, 370 S., ^{2}1985
8. Reden aus Glauben. Zum christlichen Sprechen von Gott, Frankfurt/M.: Knecht 1973. 144 S.
9. Gotteserfahrung im Denken. Zur philosophischen Rechtfertigung des Redens von Gott, Freiburg/München: Alber 1973. 296 S., ^{2}1978, (überarb.) ^{3}1985, (überarb.) ^{4}1995. 300 S.
10. Konturen der Freiheit. Zum christlichen Sprechen vom Menschen, Frankfurt/M.: Knecht 1974. 180 S. ^{2}1981
    daraus 143f, 146, 147f in: A. Läpple, Arbeitsbuch zum Katechismus d. kath. Kirche, Augsburg 1993, 257-258, 270
11. Lernziel Menschlichkeit. Philosophische Perspektiven, Frankfurt/M.: Knecht 1976. 143 S., ^{2}1981
12. Geburtstag. Eine philosophische Meditation. Geschrieben als Original-Offset-Lithographie von Christine Hartmann (Aufl. X/50), Raubling: Scheuerer 1977. 38 S.
13. Der Mensch ist Person. Zur christlichen Rechtfertigung des Menschseins, Frankfurt/M.: Knecht 1978. 224 S. ^{2}1986
    daraus 197 in: Religion am Gymnasium 8 (A. Schlereth), München 1980, 86
14. Der Mensch: Mann und Frau. Perspektiven christlicher Philosophie, Frankfurt/M.: Knecht 1980. 112 S.
15. Zur Antwort berufen. Not und Chancen christlichen Zeugnisses heute, Frankfurt/M.: Knecht 1984. 111 S.
16. Liebe zum Wort. Gedanken vor Symbolen, Frankfurt/M.: Knecht 1985. 216 S.
17. Freiheits-Erfahrung. Vergegenwärtigungen christlicher Anthropo-theologie, Frankfurt/M.: Knecht 1986. 352 S.
18. Leben als Mit-Sein. Vom trinitarisch Menschlichen, Frankfurt/M.: Knecht 1990. 128 S.
19. Spiel-Ernst. Anstöße christlicher Philosophie, Frankfurt/M.: Knecht 1993. 174 S.
    daraus 103f in: Gottesdienstpraxis A (E. Domey) III. Bd. 1, Gütersloh 1998, 151
20. Denken vor Gott. Philosophie als Wahrheits-Liebe, Frankfurt/M.: Knecht 1996. 344 S.
21. Gottes-Anruf. Über das Wort von Gott (unseres wie seines) und das Wort zu Ihm, Fulda: Verband kath. Relig.Lehrer... (Privatdruck) 1998. 83 S. Auch im Internet: www.sankt-georgen.de/texte.htm

II. In Herausgeberschaft

1. Wie frei ist der Mensch? Zum Dauerkonflikt zwischen Freiheitsidee und Lebenswirklichkeit, Düsseldorf: Patmos 1980. 103 S.
    Dove arriva la libertà dell'uomo? il conflitto permanente tra l'idea di libertà e la realtà della vita, Assisi: Cittadella 1984
2. (mit Alois J. Buch) Wissenschaft Technik Humanität. Beiträge zu einer konkreten Ethik, Frankfurt/M.: Knecht 1982. 240 S.

3. (mit Herbert Frohnhofen) "Entweder / Oder". Herausgefordert durch Kierkegaard, Frankfurt/M.: Knecht 1988. 156 S.
4. Höllenkreise - Himmelsrose. Dimensionen der Welt bei Dante, Idstein: Schulz-Kirchner 1994. 110 S.

III. Artikel, Aufsätze, Rezensionen

1958

1. Hinschauen werden sie auf Ihn, den sie durchbohrt haben, in: An hl. Quellen 34 (1958) 121-122

1960

2. Im Zeichen des Kreuzes, in: GrEnt 15 (1959/60) 251-253
3. Glorreiche Hoffnung, in: GrEnt 16 (1960/61) 105-106

1961

4. Zur Freiheit befreit, in: GrEnt 16 (1960/61) 148-149
5. Brief an den reichen Jüngling. Von der Ganzhingabe, in: GrEnt 16 (1960/61) 295-296
   Neudr.:... Von der Hingabe im Apostolat, in: Send 18 (1965) 91-93
6. Maria - Ursache unserer Freude, in: Frbg. Kath. Kirchenbl. 7. 5. 1961, 421
7. Standpunkte der Filmkritik, in: Kath. Filmkorr. 7 (1961) Nr. 9, 1-3
8. Dr. Poro Nagai - Der Heilige der Atombombe, in: Kirchenzeitung Köln, 2. 7. 1961, 11
9. Der Mensch ist nicht in eine begrenzte Umwelt hineingebannt wie das Tier, er ist vielmehr aufgeschlossen für die unbegrenzte Weite wahrer Erkenntnis und freier Wertverwirklichung. These 1 in: Warum glauben? Begründung und Verteidigung des Glaubens in 39 Thesen (Hg. W. Kern/F. J. Schierse/G. Stachel), Würzburg 1961, 19-26.
   ^{2}1963, ^{3}(neubearb.:... in 41 Thesen)1967
   Übers.: italienisch 1962, spanisch 1967
10. Erinnerung an den kommenden Herrn, in: GrEnt 17 (1961/62) 100-101

1962

11. Zeichen der Hingabe - Zeichen der Freiheit. Die Spitze, in: FrauMutter (1962) 32-34
    Neudr.: Die Spitze, in: Ekr 15 (1965) 160-166
12. Kana - Wandlung der Liebe, in: GrEnt 17 (1961/62) 446-447

1963

13. Als mich dein Wandeln an den Tod verzückte, in: GrEnt 18 (1962/63) 324-325
14. Des Menschen Antlitz, lächelnd unter Tränen, in: Ekr 13 (1963) 247-255
15. Die Kathedrale von Chartres, in: Ekr 13 (1963) 311-320
16. Begegnung mit dem Herrn, in: GrEnt 19 (1963/64) 106

1964

17. Ruhm des Geheimnisses..., in: GrEnt 19 (1963/64) 164-165

18. Seht die Lilien, in: GrEnt 19 (1963/64) 507-509
19. Das Wunder. Sein Zeugnis für Christus, in: Send 17 (1964) 139-144
    Nachdr.: Männer-Seels. 15 (1965) 11-15
20. Sunt lacrimae rerum, in: GrEnt 20 (1964/65) 69-70

Rezensionen

1. Des Menschen Bild, in: EKr 14 (1964) 124

1965

21. Ideologie und Toleranz. Die Wahrheitsfrage in der pluralist. Gesellschaft in: WuW 20 (1965) 37-49 (vgl. 28)
22. Kostet, wie gut es ist, in: EKr 15 (1965) 90-100, 105-116
23. Lächeln und Schweben, in: GrEnt 20 (1964/65) 326-328
24. Ideologie und Menschlichkeit, in: GrEnt 20 (1964/65) 372-375
25. Toleranz des Christen, in: GrEnt 20 (1964/65) 467-470
26. Glanz auf den Schuppen der Schlange, in: EKr 15 (1965) 310-319, 325-328
27. Vater, Vaterschaft Gottes, II.dogmatisch, in: LThK5 X 621
28. J. B. Metz (Hg. unter Mitarb. v. J. Splett), Weltverständnis im Glauben, Mainz: Grünewald 1965, 315 S., [5]1966
    darin, 269-286: 21
    Übers.: italienisch 1969, spanisch 1970
29. Wahrheit und Gewißheit, in: StZ 176 (1965) 659-668

Rezensionen:

2. Toleranz als ökumenisches Problem (Hg. O.Cullmann/O.Karrer), in: WuW 20 (1965) 231-232
3. R. Beyer, Hegel-Bilder, in: PhJ 73 (1965/66) 176-178
4. Cl. Bruaire, Logique et religion chrétienne dans la philosophie de Hegel; A. Chapelle, Hegel et la religion I, in: Hegel-St 3 (1965) 369-374

1966

30. Glanz des Geheimnisses in euch, in: Kirchenzeitung Aachen, 13. 2. 1966, 20 (Nachdr. I 1, 22-26)
31. Von Gott erkannt, in: GrEnt 21 (1965/66) 298-299
32. Kirche und Weltverständnis, in: StZ 177 (1966) 345-356
33. Sakrament der Welt. Zum neuen Selbstverständnis der Kirche, in: Initiative 6 (1966) Nr. 3/4, 8
34. Antwort (auf die Umfrage gleichen Titels) in: Ist der heutige Mensch noch liturgiefähig? LuM 38 (1966) 105-106
35. Klage: Jüngerer Jubel, in: GrEnt 22 (1966/67) 81-84
36. Hegel über das Wunder, in: ThPh 41 (1966) 520-535

Rezensionen:

5. B. Casper/K. Hemmerle/P. Hünermann, Besinnung auf das Heilige, in: ThPh 41 (1966) 445-446
6. B. Welte, Heilsverständnis, in: NBü 1966, Nr.4/5, 377-378

1967

37. Sakrament des Herrn, in: GrEnt 22 (1966/67) 345-349, 393-396

38. Denkende Gotteserfahrung, in: Hirschbg 20 (1967) 140-146
39. Kunst - Ideologie - Moral, in: Send 20 (1967) 88-96
40. Vérité, certitude et historicité, in: ArPh 30 (1967) 163-186
In: SM(D) 1:
41. Agnostizismus 52-55
42. Analogia entis (mit L. B. Puntel) 123-133
43. Anthropologie I. Philos. Anthropologie 163-168
44. Anthropomorphismus I. Wesen und Bedeutung 186-187
45. Anthropozentrik 189-191
46. Aristotelismus II. Wirkungsgeschichte 337-342
47. Begriff 483-486
48. Bewußtsein 504-508
49. Das Böse II. Zur Problemgeschichte 617-619
50. Denkform 842-845
51. Entscheidung 1057-1061
englisch, London/New York 1968ff, Bangalore 1975: 42, 43, 44, 45, 46, 47, 48, 50, 51
(einbd. Sonderausg. NY 1975: 41, 43, 44, 46, 50)
niederländisch, Hilversum 1968ff: 42, 43, 44, 45, 49
spanisch, Barcelona 1972ff: 41, 42, 43, 44, 45, 46, 47, 48, 50
italienisch, Brescia 1974ff: 42, 43, 44, 45, 46, 47, 48, 49, 50, 51
52. A vallásbolcselö Hegel (Literatur zur Religionsphilosophie Hegels), in: Mérleg 3 (1967) 267-278
53. Glaube und Dogma, in: StZ 180 (1967) 182-190
54. Hoffnung wider alle Hoffnung, in: GrEnt 23 (1967/68) 105-106

Rezensionen:
7. A. T. B. Peperzak, Le jeune Hegel et la vision morale du monde, in: Hegel-St 4 (1967) 271-274
8. R. Vancourt, La pensée religieuse de Hegel, ebd. 327-328

1968

55. Denkendes Reden von Gott, in: Send 21 (1968) sowie Christ 13 (1968) Nr. 1, 10-17
56. Das Christentum angesichts der marxistischen Religionskritik, in: StZ 81 (1968) 319-326
finnisch, in: Documenta (Helsinki) 1968
57. Hegel und das Geheimnis, in: PhJ 75 (1967/68) 317-331
italienisch, in: I 2 (übers.) 259-288
58. Symbole et liberté, in: L'herméneutique de la liberté religieuse (Hg. E. Castelli), Paris: Aubier 1968, 103-123 (117ff: Diskussion)
ebenso in der italienischen Ausgabe, Roma 1968
59. Gott der Geschichte, in: Send 21 (1968) sowie Christ 13 (1968) Nr.3, 9-15
60. Dienst und Fest. Gedanken über die Ehe, in: EKr 18 (1968) 265-287
61. Gestalten des Atheismus, in: ThPh 43 (1968) 321-337
In: SM(D) 2:
62. Existenz(ial)philosophie 1-8
63. Fortschritt 51-54

64. Geschichte und Geschichtlichkeit (mit A. Darlap) 290-304
65. Gute, das 542-548
66. Heilige, das I. Problemgeschichte 576-577
67. Heiligengeschichte 597-606
68. Idee 785-788
69. Kategorien 1064-1066
    englisch: 62, 63, 64, 65, 66, 67, 68, 69
    (Sonderausg.: 64, 65, 66, 67)
    niederländisch: 62, 64, 66, 67
    spanisch: 62, 63, 64, 65, 66, 67, 68, 69
    italienisch: 62, 63, 64, 65, 66, 67, 68, 69
70. Des andern Last. Eine Ehemeditation, in: GrEnt 23 (1967/68) 531
71. Der Mensch und die Zeit, in: Publik (visuell) Nr.14, 27. 12. 1968, 12-13
    Nachdr. in: Raiffeisen Familien-Kalender 63 (1970) 122-123

Rezensionen:

9. B. Casper, Das dialogische Denken, in: WdB 3.F. Nr.9, 1968, 452-453
10. E. Simons, Philosophie der Offenbarung, ebd. 453
11. Die Frage nach dem Menschen (Hg. H. Rombach, FS M. Müller), in: ArPh 31 (1968) 146-148
12. E. Krieger, Grenzwege, in: WuW 23 (1968) 283-284
13. Glaubensverkündigung für Erwachsene, in: NBü 1968, Nr. 4/5, 361-362
14. Arbeitsgemeinschaft Weltgespräch, in: StZ 182 (1968) 349-350
15. J. B. Metz, Zur Theologie der Welt, ebd. 351

1969

In: SM(D) 3:

72. Leib, Leib-Seele-Verhältnis 213-219
73. Magie 317-322
74. Natur I. Der philos. Begriff 675-677
75. Prinzip 1282-1285
    englisch: 72, 73, 74, 75 (Sonderausg.: 72)
    niederländisch: 72, 73, 74
    spanisch: 72, 73, 74, 75
    italienisch: 72, 74, 75
76. Präsenz des Glaubens in der Weltgesellschaft der Zukunft, in: WuW 24 (1969) 246-256
77. Tod, dunkles Tor - wohin?, in: EKr 19 (1969) 309-327
78. Docta Spes. Zu Ernst Blochs Ontologie des Noch-Nicht-Seins, in: ThPh 44 (1969) 383-394
79. Wahrheit, Ideologie und Freiheit. Zur Dialektik des Symbolvollzugs, in: LebZeug 1969, Nr.3, 24-39

In: SM(D) 4:

80. Relation III. Problematik 159-160
81. Relativismus 160-164
82. Sinn 546-557
83. Spiel 663-666
84. Symbol 784-789

85. Theodizee-Problem (mit W. Kern) 848-860
86. Unsterblichkeit 1104-1108
    englisch: 80, 81, 82, 83, 84, 85, 86
    (Sonderausg.: 82, 84, 85, 86)
    niederländisch: 83, 84, 86
    spanisch: 80, 81, 82, 83, 84, 85, 86
    italienisch: 80, 81, 82, 83, 84, 85, 86

Rezensionen:

16. V. Steininger, Auflösbarkeit unauflöslicher Ehen, in: WuW 24 (1969) 95
17. E. Tugendhat, Der Wahrheitsbegriff bei Husserl und Heidegger, in: WdB 4.F. Nr.1, 1969, 7-8
18. J. B. Lotz, Ich - Du - Wir, in: StZ 183 (1969) 354
19. B. Welte, Determination und Freiheit, in: StZ 184 (1969) 142
20. J. de Vries/J. B. Lotz, Philosophie im Grundriß, ebd. 211
21. E. Coreth, Grundfragen der Hermeneutik, in: WdB 4.F. Nr.2, 1969, 68

1970

87. (mit W. Kern) Hermeneutik: Nachholbedarf und Forschungsprojekt, in: StZ 185 (1970) 129-135
88. Zur Kritik und Selbstkritik der Religion, in: ZkTh 92 (1970) 48-59
89. Gottesbeweise: Für und Wider, in: Glaubensbegründung heute (Hg. Katech. Institut Universität), Graz 1970, 11-21
90. Sprache in der Religion, in: Hochl. 62 (1970) 107-115
91. Gerechtigkeit und Liebe, Ent 25 (1969/70) 315-318
92. Einführung in das Heilsgeheimnis Christi. Zur Fundamentaltheologie heute, in: ZkTh 92 (1970) 199-203
93. Fest der lebendigen Einheit. Pfingstgedanken, in: Ent 25 (1969/70) 346-349
94. Unser Sprechen von Gott, in: Cath(M) 24 (1970) 118-128
95. Gottesvorstellung und Wandel des Glaubensbewußtseins, in: ThPh 45 (1970) 192-203
96. Atheismus, in: LPäd(F) NA (1970) 1, 85-86
97. "Das ewige Evangelium" (Offb 14, 6). Kurzformel des Glaubens, in: EKr 20 (1970) 265-282
98. Zum Thema "Person" heute. Ein Literaturbericht, in: StZ 86 (1970) 125-132
99. Christliche Heiligkeit, in: Ent 24 (1970/71) 60-63

Rezensionen:

22. L. B. Puntel, Analogie und Geschichtlichkeit I, in: WdB 4.F. Nr.3, 122
23. A. Chapelle, Hegel et la religion II/1 u. Tome d'annexes, in: Hegel-St 5 (1970) 328-331
24. F. M. Sladeczek, Ist das Dasein Gottes beweisbar?, in: PhR 17 (1970) 139-140
25. E. Simons/K. Hecker, Theologisches Verstehen, in: ThPh 45 (1970) 435-436
26. H. Küng, Menschwerdung Gottes, ebd. 622-623
27. H. Duesberg, Person und Gemeinschaft, in: ZkTh 92 (1970) 494-495

1971

100. Freiheit und Autorität. Philos. Grenzbetrachtungen, in: TThZ 80 (1971) 1-19
101. Sakral - profan - das Heilige. Philos. Bemerkungen, in: Conc(D) 7 (1971) 130-134
    Übers. in: (E), (F), (GB), (I), (N), (P), (USA)

102. Kann der heutige Mensch noch Gott erfahren?, in: Ent 26 (1970/71) 392-395, 439-443
103. Ist die Einheit der Kirche heute in Gefahr?, in: Ent 26 (1970/71) 504-509
104. Der Tod im Denken, in: StZ 188 (1971) 354-356
105. Reflexion über den Atheismus als Selbstreflexion des Glaubens. Einige "methodologische" Vorüberlegungen, in: ZkTh 93 (1971) 443-456

Rezensionen:
28. K. Hemmerle, Gott und Denken nach Schellings Spätphilosophie, in: ZkTh 93 (1971) 106
29. H. Küng, Unfehlbar?, in: NBü 1971, 120-122
30. J. Onimus, Charles Péguy; P. Duployé, Die religiöse Botschaft Ch. Péguys, in: StZ 187 (1971) 430-431
31. E. Simons, Philosophie der Offenbarung, in: ArPh 34 (1971) 171-172
32. W. Post, Kritische Theorie und metaphysischer Pessimismus, in: StZ 188 (1971) 282-283
33. H. Rombach, Strukturontologie, in: WdB 4.F. Nr.6, 1971, 297
34. M. Theunissen, Hegels Lehre vom absoluten Geist als theologisch-politischer Traktat, in: ThPh 46 (1971) 572-574
35. W. Perpeet, Das Sein der Kunst und die Kunstphilosophie, ebd. 576-578
36. E. Kunz, Christentum ohne Gott? ebd. 586-587

1972

106. Philosophischer und religiöser Glaube, in: Begegnung. Beiträge zu einer Hermeneutik des theolog. Gesprächs (Hg. M. Seckler/O. H. Pesch/J. Brosseder/W. Pannenberg, FS H. Fries), Graz-Wien-Köln 1972, 75-88
107. Kann man Gott erfahren? Ein neuer Gedankengang zu einem alten Thema, in: Publik-Forum Nr. 5, 21. 4. 1972, 9-10
108. Plädoyer für das Religiöse im Menschen, in: CiG 24 (1972) 237-238
109. Deus datus. Über Trans-Immanenz als Freiheitsverhältnis, in: ThPh 47 (1972) 321-340
110. Biologische Radikale des Menschen, in: StZ 190 (1972) 207-209

In: HTTL 1 (^{7}1982):
111. Analogia entis (mit L. B. Puntel) = 42
112. Anthropologie I. Philosophische = 43
113. Anthropomorphismus I. Wesen und Bedeutung = 44
114. Anthropozentrik = 45
115. Aristotelismus II. Wirkungsgeschichte = 46
116. Das Böse II. Zur Problemgeschichte = 49
117. Was ist der Mensch? Antwort der Philosophie, in: Humanismus und Schule. Fragen und Antworten unserer Zeit (Hg. Arb.kreis kath. freie [private] Schulen), München o. J. (1972) 41-60

In: HTTL 2 (^{7}1982):
118. Denkform = 50
119. Entscheidung = 51
120. Existenz(ial)philosophie = 62
121. Fortschritt = 63

In: HTTL 3 (^{7}1982):
122. Geschichte und Geschichtlichkeit (mit A. Darlap) = 64
123. Das Gute = 65
124. Das Heilige I. Problemgeschichte = 66

125. Heiligengeschichte = 67
In: HTTL 4 ([7]1982):
126. Leib, Leib-Seele-Verhältnis = 72
127. Magie = 73

Rezensionen:

37. P. Weß, Wie von Gott sprechen?, in: StZ 189 (1972) 69-70
38. C. A. v. Peursen, Wirklichkeit als Ereignis, in: StZ 190 (1972) 71
39. W. Keller, Einführung in die philosophische Anthropologie, ebd. 357-358
40. M. Müller, Erfahrung und Geschichte, in: ArPh 35 (1972) 523-525
deutsch, in: CiG 24 (1972) 398-399
41. P. Ricoeur, Die Fehlbarkeit des Menschen, 2.Bde, in: WdB 4.F. Nr.8, 377-378
42. A. u. W. Leibbrand, Formen des Eros I, ebd. 379
43. N. Schiffers, Befreiung zur Freiheit, in: LebZeug 1972, Nr.4, 80

1973

128. Liberdade nâo livre. A propósito de um tema de antropologia filosófica, in: RPF 29 (1973) 21-41
In: HTTL 5 ([7]1982):
129. Natur I. Der philos. Begriff = 74
In: HTTL 6 ([7]1982):
130. Relativismus = 81
In: HTTL 7 ([7]1982)
131. Sinn = 82
132. Spiel = 83
133. Symbol = 84
134. Theodizee-Problem (mit W. Kern) = 85
135. Unsterblichkeit = 86
136. Gebet um Vergebung. Philos. Anmerkungen zu einem kaum noch philos. Thema, in: Orien. 37 (1973) 52-55
137. Zum Sinn von Religion, in: LebZeug 1973, Nr.1/2, 14-30
Teilabdr.: Frage nach dem Sinn, in: Deb 7 (1977) Nr. 3, 13-14
daraus in: Grundkurs Religion 3 (Hg. R. Kramer), München 1978, 20-21: Sinn erfährt nur, der ihn glaubt
138. Anthropo-theologie. Zum Verhältnis zweier philos. Grunddisziplinen, in: ThPh 48 (1973) 351-370
139. Glaubenserfahrung heute - frommer Selbstbetrug?, in: ThAk 10, Frankfurt/M. 1973, 9-24
140. Antwort gerufener Freiheit. Philosophisches zum Gebet, in: Der Mensch vor dem Anspruch der Wahrheit und der Freiheit (Hg. J. de Vries/W. Brugger, FS J. B. Lotz), Frankfurt/M. 1973, 239-255
141. Was ist der Mensch? - Die Antwort der Philosophie I: Gerufene Freiheit, in: PaSt 1973/74, Nr.2, 24-31 (= 117)

Rezensionen:

44. A. Elsigan, Sittlichkeit und Liebe, in: ThPh 48 (1973) 142-143
45. A. Th. Peperzak, Der heutige Mensch und die Heilsfrage, ebd. 143

46. Begegnung (Hg. M. Seckler u.a., FS H. Fries), ebd. 260-261
47. E. Fränzki, Nikolaus von Kues und das Problem der absoluten Subjektivität, ebd. 464-465
48. M. Thulstrup, Kierkegaards Verhältnis zu Hegel und zum spekulativen Idealismus, ebd. 470-71
49. M. Blondel, Le lien substantiel et la substance composé d'après Leibniz, ebd. 471-472
50. G. Suttner, Wirklichkeit als Verhältnis, ebd. 472-473
51. U. Hommes, Transzendenz und Personalität, ebd. 573-575
52. R. Garaudy, Die Alternative, in: NBü 1973 120-122
53. A. u. W. Leibbrand, Formen des Eros II, in: WdB 4.F. Nr.10, 489-490

1974

142. Flucht vor dem Risiko der Freiheit. Philosophisches zum Aberglauben, in: StZ 192 (1974) 128-134
143. Philosophisch-anthropologische Aspekte der Erwachsenenbildung, Referat und Diskussion, in: Über Methoden und Inhalte kirchlicher Erwachsenenbildung (Hg. Rabanus-Maurus-Akademie, Mskr.), 12-18, 51, 60-61
144. Was ist der Mensch? - Die Antwort der Philosophie II: Unfreie Freiheit, in: PaSt 1973/1974, Nr. 3, 39-50
    141 mit 144: Was ist der Mensch... Sonderdr. PaSt, 22 S., sowie:
    Was ist der Mensch? Die Frage der Philosophie nach dem Rang des Menschen (Hg. Kath. Akademie, Msk.), Schwerte 1974. 43 S.
145. Schuld, in: HPhG III 1277-1288
146. Die Sinnfrage in christlicher und marxistischer Sicht, in: CiG 26 (1974) 285-286
    gekürzt nach: Marxismus und Christentum (Hg. Kath. Dt. Frauenbund, Msk.), Bamberg 1973. 28 S.
    auch in: Flamberg-Bl. 26 (Okt. 1974) 11-27
147. Das Humanum im Christentum und im Marxismus, in: StZ 192 (1974) 740-754; gekürzter Vorabdr. von:
148. Zum Humanum im Christentum und im Marxismus: Kirche in Not XXII. Humanismus - Marxismus - Christentum. Königstein 1974, 11-32
149. Plädoyer für das Religiöse im Menschen, in: ThAk 11, Frankfurt/M. 1974, 9-20. (Gesamttext der Kurzfassung 108)
150. Manifestation du "Sacré": Dei maiestas. Sur une parole fondamental philosophico-religieuse, in: Prospettive sul Sacro (Hg. E. Castelli), Roma 1974, 133-151
151. Symbol und Freiheit, in: KuM VI-5 Religion und Freiheit 1974, 64-71 (Grundtext von 58)

Rezensionen:

54. C. Hagemann-White, Legitimation als Anthropologie, in: ThPh 49 (1974) 148-149
55. Was ist Aufklärung? (Hg. N. Hinske), ebd. 155-156
56. R. R. de Brabander, Religion and Human Autonomy, ebd. 599-600
57. H. Küng, Christsein, in: NBü 1974, Nr.6, 460-462
58. R. Garaudy, Die Alternative; M. Machove..., Jesus für Atheisten, in: NBü 1973, Nr.2, 120-122

1975

152. Aggression und Freiheit. Philos. Reflexionen, in: KthB 76 (1975) 5-13
153. Selbstvergessenheit. Zum Thema Selbstverlust und Selbstgewinn, in: GuL 48 (1975) 96-106

aufgenommen in: ThJb(L) 1977/78, 364-372

154. Das Heilige. Eine religionsphilos. Betrachtung, in: Die Utopie und das Heilige. Zum Beispiel Thomas Morus (Hg. H. Boventer), Bensberg 1975, 61-71
155. Der Mittler. Philos. Vorüberlegungen zur christl. Antwort auf die Herausforderung Friedrich Nietzsches, in: ThPh 50 (1975) 161-182
156. Zum Phänomen der Scham. Eine philos.-anthropolog. Betrachtung, in: TThZ 84 (1975) 144-155
157. Zur philosophischen Interpretation von Dichtung, in: StZ 193 (1975) 624-636
158. Der Goldschmied. Zu einem Gedicht Rainer Maria Rilkes, in: KthB 76 (1975) 657-668

Rezensionen:

59. F. Kainz, Sprachverführung des Denkens, in: ThPh 50 (1975) 111-112
60. R. Gumppenberg, Sein und Auslegung, ebd. 112-114
61. H. Knudsen, Gottesbeweise im Deutschen Idealismus, ebd. 119-120
62. W. Kamlah, Philosophische Anthropologie, ebd. 124-125
63. H. Holz, Mensch und Menschheit, ebd. 125-127
64. G. Kranz, C. S. Lewis, ebd. 128-129
65. D. Berdesinski, Die Praxis - Kriterium für die Wahrheit des Glaubens?, ebd. 297
66. Spricht Gott in der Geschichte?, ebd. 302
67. J. Sudbrack, Beten ist menschlich, ebd. 318
68. W. Rohrbach, Das Sprachdenken Rosenstock-Huessys, ebd. 459-460
69. M. Légaut, Meine Erfahrung mit dem Menschen; ders., Glaube, der mich trägt, ebd. 461-462
70. H. Schrödter, Philosophie und Religion, ebd. 462-463
71. E. Schneider, Die Theologie und Feuerbachs Religionskritik, ebd. 473-474
72. A. Brüntrup, Können und Sein, ebd. 477
73. W. Lauer, Humor als Ethos, ebd. 593-594
74. W. Grom/J. Schmidt, Auf der Suche nach dem Sinn des Lebens, in: StZ 193 (1975) 644-645

1976

159. Bildung - was ist das? Philos. Gedanken, in: PaSt 1975, Nr. 6, 53-61
160. Transzendentale Erfahrung und geschichtliche Begegnung, in: Christentum innerhalb und außerhalb der Kirche (Hg. E. Klinger, QD 73, FS K. Rahner), Freiburg 1976, 145-161
161. Wie steht es um die Einheit in der Kirche?, in. CiG 28 (1976) 173-174
162. Freiheit und Angst. Eine philos. Erwägung, in: LebZeug 31 (1976) Nr.2, 7-22
    Kopie-Nachdruck in: Materialien (Hg. Erbacher Hof, Mainz), 9/1995: Zeitkrankheit Angst. Bestandsaufnahme und Antwortversuche
163. Symbolos. Max Müller 70 Jahre, in: CiG 28 (1976) 284
164. Zur Philosophie in der Priesterausbildung, in: Sankt Georgen. Frankfurt/M. - 1926-1976, Frankfurt/M. 1976, 40-41
165. Dionysos gegen den Gekreuzigten? Philos. Vorüberlegungen zur christl. Antwort auf die Herausforderung Friedrich Nietzsches, in: Religionskritik (Hg. K.-H. Weger), München 1976, 59-83 (155 überarbeitet)
166. Danken Bitten Loben Anbeten, in: Rundbrief kath. charism. Gemeindeerneuerung Okt. - Dez. 1976, 12-14
167. Lebensmöglichkeiten aus dem Glauben?, in: TThZ 85 (1976) 332-343

Rezensionen:

75. B. Casper, Sprache und Theologie, in: CiG 28 (1976) 292
76. A. Gethmann-Siefert, Das Verhältnis von Philosophie und Theologie im Denken Martin Heideggers, in: ThPh 51 (1976) 410-412
77. F. Hammer, Leib und Geschlecht, ebd. 449-450
78. H. Kuhn, Liebe, in: WdB 5.F. Nr.6, 16

1977

168. Menschsein als Frage, in: Unser Wissen vom Menschen. Möglichkeiten und Grenzen anthropolog. Erkenntnisse? (Hg. W. Kasper), Düsseldorf 1977, 81-94
     Teilvorabdr. in: Deb 6(1976) Nr.5, 16
169. Religion und Pseudoreligion. Gedanken zur Unterscheidung der Geister, in: PaSt 1977, Nr. 3, 21-29
170. Lebensform Ehe. Monogamie als unverzichtbare Errungenschaft, in: StZ 195 (1977) 555-564
     Vorher: Kath. Bildungswerk Bonn, Vorträge 50 (Mskr.) (21 S.)
171. Einübung in die Selbstvergessenheit. Interview über das Opfer, in: KNA, Das Interview 19, 16. 8. 1977, 1-3
172. Gewissen - Ernst der Menschlichkeit, in: KthB 78 (1977) 523-534
     auch in: Das Gewissen. Zum Beispiel Thomas Morus (Hg. H. Boventer), Bensberg 1977, 25-48
     sowie in: Erneuerung (Paulusgemeinschaft) 25, Münster 1978, 4-20
173. Die Absolutheit Gottes und die Kontingenz der Schöpfung, in: Militärseelsorge 19 (1977) 323-345

Rezensionen:

79. H. Timm, Gott und Freiheit, in: ThPh 52(1977)128-129
80. Philosophische Anthropologie 1 u. 2 (Hg. H. G. Gadamer/P. Vogler), ebd. 133-134
81. R. Leuze, Die außerchristlichen Religionen bei Hegel, ebd. 154
82. W.-G. Jankowitz, Philosophie und Vorurteil, ebd. 154-155
83. W. Kern, Atheismus - Marxismus - Christentum, in: ZkTh 99 (1977) 343-344
84. J. Heinrichs, Reflexion als soziales System, in: StZ 195 (1977) 574-575

1978

174. Menschen-Zeit, in: EKr 28 (1978) 1-17
175. Was ist Religion? Rückfrage an Hermann Schrödter, in: KatBl 103 (1978) 67-68
176. Dienst an der Wahrheit. Zum Ethos des Akademikers, in: KthB 79 (1978) 131-142
     Neudr.:... Zur Verantwortung des christl. Akademikers heute, in: Maria Laacher Tagung 1988. 25 Jahre Maria Laacher Tagungen (Hg. ILF Mainz), 37-52
177. Was bedeutet mir Ostern?, in: EKr 28 (1978) 89-102
178. Gehorchen ist menschlich. Sonderdr. Informat.zentrum Berufe der Kirche, Freiburg Teil I (1-18, Teil II [19-29]: H. U. v. Balthasar, Gehorsam im Licht des Evangeliums)
     Teilabdr.: Gehorchen ist menschlich. Zu einem umstrittenen Grundverhalten, in: Pastoral geistl. Berufe 16, 1978, 3-16
     Im Bericht-Heft: Gehorsam - christlich verstanden. Tagung 1977 des Päpstl. Werkes geistl. Berufe Deutschland:
179. (nach dem Hinweis auf 178) Aussprache (o.S. [10-20]) und:

180. [20-23] Nachgetragener Exkurs: Dialektik der Liebe. Zu den Ignatianischen Gehorsams-Stufen (Erinnerung an Erich Przywara)
181. "Des anderen Last". Zur Not und Not-Wendigkeit von Freundschaft und Gemeinschaft (Hg. Theatinerkreis), München 1978 (Mskr. o.S. [7])
182. Der Mensch und die Freude, in: ThG (B) 21 (1978) 93-101
gekürzt nach: Kath.Bildungswerk Bonn, Vorträge 53 (Mskr. 16 S.)
= (Hg. Theatinerkreis), München 1980 (15 S.) [5]1984 (12 S.)
183. Die theologische Dimension der Geschichte, in: ZkTh 100 (1978) 302-317
nach: Dass. (Hg. Akademie Erwachsenenbildung), Köln 1976 (Mskr. 15 S.)
184. Wer von Humanität spricht, muß sagen, was der Mensch ist, in: Krankendienst 51 (1978) 307-312
185. Menschliche Geschlechtlichkeit, in: LebZeug 33 (1978) Nr.3, 5-19
gekürzt nach: Als Mann und Frau erschuf Er sie. Menschl. Geschlechtlichkeit. Holthausener Mskr. (Hg. Ludwig-Windthorst-Haus) 5/77 (45 S.)
186. Religiöse Erfahrung contra Traditionsanspruch?, in: Pädagogik im Umbruch? Erziehung und Erziehungswissenschaft zwischen Reform und Tradition (Hg. H. Heid/R. Vath), FS K. Erlinghagen), Freiburg-Basel-Wien 1978, 52-63
187. Provinz als Weltmodell. Zu einer Dichterlesung, in: Ludwig Soumagne. Dichter in Neuss (Hg. VHS Neuss), Neuss 1978, 9-21
auch (9-20) in der erw. Neuauflage: Ludwig Soumagne. Lyrik Dialoge Hörspiele, 1981
vorher in: Jb 1977 (Hg. Rabanus Maurus Akademie), Frankfurt/M. 1978, 72-77 (gefolgt von 8 Soumagne-Texten)
188. Zum Person-Begriff Romano Guardinis. Ein "Versuch" christl.-philos. Nach-denkens, in: Person und Bildung. Gibt es ein Erbe Romano Guardinis? Burg Rothenfels 1978, 52-78
auch in: ThPh 54 (1979) 80-93
Nachdr.: "Christliche Weltanschauung". Wiederbegegnung mit Romano Guardini (Hg. W. Seidel), Würzburg 1985, 80-109
189. Dienst des Schönen. Philos. Reflexionen über den Ort der Kunst, in: PaSt 1978 Nr. 3/4, 72-81
190. Akademie im Dienst an der Wahrheit, in: Wahrheitsfrage und Wahrheitsdienst. 25 Jahre Thomas-Morus-Akademie (Hg. H. Boventer), Bensberg 1978, 114-131
auch als Sonderdr. (Mskr. o. S. [18])
sowie: Der Dienst an der Wahrheit als Aufgabe eines kirchlichen Bildungszentrums (Mskr.), Kard.-Döpfner-Haus, Freising 1978 (15 S.)

Rezensionen:

85. P. Michel, "Formosa deformitas", in: ThPh 53 (1978) 150-151
86. J. Schmidt, Hegels Wissenschaft der Logik und ihre Kritik durch A. Trendelenburg, ebd. 450-51
87. A. Altmann, F. Nietzsche, ebd. 453-454
88. F. Reisinger, Der Tod im marxistischen Denken heute, ebd. 456
89. W. Ries, Transzendenz als Terror, ebd. 456-457
90. K. Albert, Die ontologische Erfahrung, ebd. 462-463
91. W. Weier, Sinn und Teilhabe; ders., Strukturen menschlicher Existenz, ebd. 466-469
92. Transzendenz und Immanenz (Hg. D. Papenfuß/J. Söring), in: ThPQ 126 (1978) 288
93. B. Welte, Religionsphilosophie, in: Th. Litdienst 1978, 47-48

94. B. Welte, Die Heilsbedürftigkeit des Menschen, in: LebZeug 33 (1978) Nr.3, 75-76
95. F. Denk, Die verborgenen Nachrichten, in: StZ 196 (1978) 790

1979

191. Über die Einheit von Nächsten- und Gottesliebe - laienhaft (Idiota de unitate...), in: Wagnis Theologie. Erfahrungen mit der Theologie Karl Rahners (Hg. H. Vorgrimler, FS K. Rahner), Freiburg 1979, 299-310
192. Gewissen - Ernst der Menschlichkeit, in: Das Gewissen. Vorgegebene Norm verantwortlichen Handelns oder Produkt gesellschaftlicher Zwänge? (Hg. J. Fuchs), Düsseldorf 1979, 19-33 (= 172)
    Teilvorabdr. in: Deb 8 (1978) Nr. 4, 14
    Teilnachdr.: Menschsein heißt Gewissen haben, in: Erwachsbldg 25 (1979) 77-82
193. Zum Beistand geschickt. Der Mensch bedarf der Hilfe und er darf helfen, in: Eheberatung Nr.17/18 1979, 32-47
194. Menschliche Freiheit - Freie Menschlichkeit. Gedanken christl. Philosophie zu Gestalt und Sinn personaler Freiheit, in: Engagement. ODIV-Sonderausgabe (1979) 1-8
    Daraus Teil A (1-5) vorher in: Erneuerung (Paulusgemeinschaft) 25, Münster 1978, 21-32 (Freiheits-Strukturen)
195. Die Absolutheit Gottes und die Kontingenz der Schöpfung, in: ZkhT 101 (1979) 147-162 (=173)
196. Nur Menschen wohnen. Aber was heißt Menschsein?, in: 7. Internat. Musterring-Kongreß. Berlin 6.-8. Mai 1979. II 1-28
    Auszug: Wohnen, was ist das - und was ist der Mensch?, in: Möbel-Kultur 6/79, 17
197. Märchenland. Zu menschlichen Grenzerfahrungen (nach J. R. R. Tolkien) in: KthB 80 (1979) 351-361 (Kurzfassung von:)
    Märchenreich. Zu Grenzlagen des Menschlichen (nach...) in: Mskr. 1 (Hg. Rabanus-Maurus-Akademie), Frankfurt/M. 1979, 3-13
198. Erziehung zur Menschlichkeit. Philos. Reflexionen zu Not und Notwendigkeit eines christl. Dienstes, in: Die kath. Schule in freier Trägerschaft. Ort und Programm ganzheitlicher Erziehung für den modernen Menschen, Bonn 1979, 21-44
    Ebenso: Erziehung zur Menschlichkeit. Der christl. Beitrag zu einer humanen Gesellschaft, in: Person Gruppe Gesellschaft. 7, Hildesheim 1979, 7-20
    Neudr. in: Concepte. Magazin Sozialethik u. -hygiene 17 (1981) 30-37
    Erziehung... Not und Notwendigkeit eines christl. Dienstes, in: Canisiusschule Ahaus, Jahresrückblick 1984, 22-27
    Lernziel Menschlichkeit. Der christl. Beitrag... Sonderdruck: Kath. Akademikerverb. Linz 1986 (Mskr. 9, 14S.)
199. Humanität - eine Reflexion christlicher Philosophie, in: Hamburger Ärztebl. 33 (1979) 337-341
    ähnlich: Zur Rechtfertigung von Mitmenschlichkeit. Eine anthropol. Reflexion, in: Rechtsstaat und Christentum I (Hg. E. L. Behrendt), München 1982, 423-434
200. Zum Sinn des Alters. Eine christl.-philos. Meditation, in: GuL 52 (1979) 353-364
    Sonderdr.: Theatinerkreis, München 1979 (Mskr. 14 S.)
201. Menschsein in Geschichte. Perspektiven religionsphilos. Anthropologie, in: LebZeug

34 (1979) Nr.3, 44-57

202. Vom Wagnis der Freude, in: Unterwegs mit Gott. Besinnl. Freizeitbrevier (Hg. F. E. Hähn), Donauwörth 1979, 51-53

203. Was bedeutet mir Weihnachten? Im Blick auf das "schöne Fest" Gedanken zu Fest und Feier überhaupt, in: LebZeug 34 (1979) Nr.4, 6-15

204. Zur Rechtfertigung von Mitmenschlichkeit. Eine anthropolog. Reflexion, in: Caritas '80, 152-159

205. Wenn der Advent heraufzieht, in: EKr 29 (1979) 485-488
Nachdr.: Was die Hoffnung zum Leuchten bringt, in: St. Hedwigsbl. 31 (1984) 401-402

206. Rechenschaft über unsere Hoffnung. Zur rationalen Begründung von Religion, in: Renov 35 (1979) 155-163
Neudr.: Zur rationalen..., in: Kirche - Schule (Hauptabt. Schule, Generalvikar. Münster) 14 (1988) 1-5
Neudr.: Rechenschaft... (ohne Untertitel), in: Arminenblätter Nr. 119 (Mai 1995), 8-12

Rezensionen:

96. A. Jäger, Gott. Nochmals Martin Heidegger, in: ThPQ 127 (1979) 70
97. B. Flad-Schnorrenberg, Der wahre Unterschied, in StZ 179 (1979) 143-144
98. Religionskritik von der Aufklärung bis zur Gegenwart (Hg. K.-H. Weger), ebd. 574
99. J. Bloch, Die Aporie des Du, in: ThPh 54 (1979) 133-134
100. Esoterik und Exoterik in der Philosophie (Hg. H. Holzey/W. Zimmerli, FS R. W. Meyer), ebd. 134-135
101. D. v. Hildebrand, Ästhetik I, ebd. 137-138
102. H. Schmitz, das Göttliche und der Raum, ebd. 138-139
103. Das Menschenbild des Nikolaus von Kues und der christliche Humanismus (Hg. M. Bodeweg/J. Schmitz/R. Weier, FS R. Haubst), ebd. 453
104. Metaphysik (Hg. G. Janoska/F. Kauz), ebd. 465-466
105. B. J. Hilberath, Theologie zwischen Tradition und Kritik, ebd. 626-627
106. W. Kern, Jesus - Mitte der Kirche, ebd. 629-630
107. Wozu noch Geschichte? (Hg. W. Oelmüller), in: LebZeug 34 (1979) Nr.3, 88

1980

207. Das christliche Menschen- und Weltbild im Zeitalter der Humanwissenschaften, in: Car. 81 (1980) 5-17

208. Einführung in die Wahrheit. Zur philos. Anthropologie relig. Erziehung, in: Engagement. ODIV-Sonderausg. (1980) 2-8
Neudr.: -. Zur Grundlegung relig...., in: Concepte. Magazin Sozialethik u. -hygiene 17 (1981) Nr.4/5, 16-29

209. Gottes Gerechtigkeit. Ein christl.-philos. Gedankengang, in: ThPh 55 (1980) 404-417

210. Was weiß die Philosophie vom Menschen?, in: Kennen die Wissenschaften den Menschen?, Frankfurt/M. 1980, 9-35
In II 1 (nach dem Vorwort: 911):

211. 83-103: Freiheit im Licht des Unbedingten. Christl. Perspektiven zu Gestalt und Sinn freier Humanität
Übers.: a.a.O. 108-137

Teilvorabdr.: Im Licht des Unbedingten, in: Deb 9 (1979) Nr. 5, 14-15
212. Christliche Philosophie?, in: StZ 198 (1980) 703-714
213. Romantik. Philos.-theolog. Vorbemerkungen zu einem Abendkonzert, in: KthB 81 (1980) 622-624
214. Wasser: Lebenselement des Menschen, in: EKr 30 (1980) 441-460

Rezensionen:
108. W. Schulze, Zahl Proportion Analogie, in: ThPh 55 (1980) 135-136
109. W. Lambert, F. v. Baaders Philosophie des Gebets, ebd. 137-138
110. S. Strasser, Jenseits von Sein und Zeit, ebd. 141-142
111. G. Scherer, Das Problem des Todes in der Philosophie, ebd. 148-149
112. R. Horwitz, Buber's Way to I and Thou, ebd. 447
113. Religionskritik (Hg. E. Bieger/M. Marlet/K.-H. Weger), ebd. 450-451
114. J. Seifert, Das Leib-Seele-Problem in der gegenwärtigen philosophischen Diskussion, ebd. 463-464
115. J. Möller, Menschsein: ein Prozeß, ebd. 464-465
116. E. Biser, Menschsein in Anfechtung und Widerspruch, in: LebZeug 35 (1980) Nr.4, 75-76

1981

215. Heil - Utopie oder Wirklichkeit, in: KthB 82 (1981) 129-141
gekürzt nach dem gleichnamigen Mskr-Druck: Akademie Völker u Kulturen, St. Augustin 1976 (24 S.)
In: Die Frage nach Gott als Frage nach dem Menschen (Hg. A. J. Buch/H. Fries), Düsseldorf 1981
216. 51-62 Gottesbeweis Mitmenschlichkeit. Zur rationalen Begründung von Religion (=206)
217. 106-117 Religiöse Erfahrung und Traditionsanspruch. Zur Geschichtlichkeit rationaler Begründung (= 186)
218. Primiz-Ansprache eines Laien, in: EKr 31 (1981) 193-195
gekürzt: "Auf Dich, Herr, habe ich meine Hoffnung gesetzt." PrimizAnspr..., in: Der Sonntag 35 (1981) Nr.20 (17. 5.) 12
219. Resignation und Zukunftshoffnung, in: LebZeug 36 (1981) Nr. 2, 5-16
220. Der Mensch zwischen Freiheit und Zwang aus der Sicht philos. Anthropologie, in: Sport zwischen Freiheit und Zwang (Hg. P. Jakobi/E. Rösch), Mainz 1981, 118-133
221. Neue Welt in alten Zeichen? Zur Möglichkeit relig. Symbole in der modernen Industriegesellschaft, in: KthB 82 (1981) 333-344
222. Feier als christlicher Lebensvollzug, in: Renov 37 (1981) 58-70
223. Der Mensch und die Krankheit, in: Die Gestalt des katholischen Krankenhauses (Hg. J. Kessels/F. Klein/W. Lauer), Freiburg 1981, 9-20
224. Wann beginnt der Mensch?, in: ThPh 56 (1981) 407-419
225. Was gewinnt eine fachlich qualifizierte Beratung durch eine philosophische Reflexion?, in: Beratung als Dienst der Kirche, Freiburg 1981, 24-55 (39ff: Podiumsdiskussion)
226. Der Mensch - unterwegs daheim, in: StZ 199 (1981) 765-774
erweitert: Mensch und Heimat. Eine philos. Grundüberlegung, in: Königsteiner Studien I/1985, 7-37
227. Gottes Freiheit und die Kontingenz der Schöpfung, in: Macht euch die Erde untertan? Schöpfungsglaube und Umweltkrise (Hg. Ph. Schmitz), Würzburg 1981, 39-64
228. "Du bist schön, meine Freundin..." Liebe als Geschenk Gottes und Zeichen des Bun-

des, in: GuL 54 (1981) 422-431

229. Der Geist der Freiheit, in: WiWei 44 (1981) 204-216
Sonderdr.: Theatinerkreis, München 1981, Mskr. 21 S.

230. Christlicher Humanismus? Zu einem menschlichen Reden vom Menschen - heute, in: Der Mensch in einer sich ändernden Welt. Dokumentation Zentrum Innere Führung, Koblenz 1981, 7-25
auch in: Christliches Menschenbild und Politik. Holthausener Mskr. 3/82 (Hg. Ludwig-Windthorst-Haus), 24-33

Rezensionen:

117. Erneuerung der Transzendentalphilosophie im Anschluß an Kant und Fichte (Hg. K. Hammacher/A. Mues, FS R. Lauth), in: ThPh 56 (1981) 133
118. E. Biser, Überredung zur Liebe, ebd. 142-143
119. H. M. Krämer, Eine Sprache des Leidens, ebd. 143-145
120. W. Kern, Disput um Jesus und die Kirche, ebd. 307-308
121. F.-W. Herrmann, Heideggers Philosophie der Kunst, ebd. 433-434
122. H. Vetter, Der Schmerz und die Würde der Person, ebd. 470
123. G. L. Müller, Für andere da, ebd. 614
124. Wer ist der Mensch? (Hg. H. Staudinger/J. Schlüter), in: LebZeug 36 (1981) Nr.3, 93-94

1982

231. Im Dienst der Liebe: Novalis, in: Was heißt Liebe? Zur Tradition eines Begriffes, Frankfurt/M. 1982, 134-150

232. Krankheit als menschliche Situation. Ein philos. Beitrag, in: Hamburger Ärztebl. 36 (1982) 56-59
auch in: Begleitung von Schwerkranken und Sterbenden (Hg. P. Becker/V. Eid), Mainz 1984, 119-129

233. Ehe und Familie aus christlicher Sicht, in: Ehe und Familie (Hg. E. Kroker), Königstein 1982, 37-53
Teilabdr.: Der Mensch und die Lebensform Ehe in: Deb 14 (1984) Nr. 2, 14
Neudr.: Anthropologie der Geschlechtlichkeit, in: Liebe, Sexualität, ärztliche Verantwortung (Hg. Bistum Essen), Essen 1984, 9-43

234. Natur: Norm oder Prinzip? Philos. Überlegungen zu einer personal verantworteten Sexualität, in: LebZeug (1982) Nr. 2, 58-72

235. Selbstverwirklichung in sozialer Verantwortung? Überlegungen christl. Philosophie zu einem pädagog. Programm, in: StZ 200 (1982) 409-420

236. "Macht euch die Erde untertan"? Zur ethisch-relig. Begrenzung techn. Zugriffs, in: ThPh 57 (1982) 260-274
auch in: II 2, 175-202

237. Umanesimo cristiano. Per un discorso umano sull' uomo oggi, in: NArp 1 (1982) Nr.1, 103-120 (= 230)

238. Christliche Erziehung. Anthropolog. Grundüberlegungen, in: ZkTh 104 (1982) 291-309
Gekürzter Nachdr. in: Engagement 1986, Nr. 1, 3-16
Neudr. dessen in: Christliche Pädagogik - kontrovers (Hg. M. Böschen/F. - Grell/W. Harth-Peter, FS W. Böhm), Würzburg 1992, 174-193

239. Gerufen zu leben, in: "Wähle das Leben" (Hg. Dt. Bischofskonferenz, Arbeitshilfen

27), Bonn 1982, 11-23
daraus 15 in: Sehen werten handeln. Ethik 7.-10. Jhg.stufe (Hg. W. Bender/H. Offermanns), München 1986, 187-188: Leben lebt aus Freigebigkeit
240. Der Geist der Gaben. Im Anschluß an Bonaventura, in: WiWei 45 (1982) 72-79
241. Das Schöne denken?, in: ThPh 57 (1982) 389-412
242. Das Glück verfolgen?, in: Ballon 1 (1982) Nr. 2, 5-7
243. Der Sonntag als Fest, in: LS 33 (1982) 262-267
Nachdr. in: Informationen (Hg. Generalvikar. Osnabrück) 1988/1, 14-16

Rezensionen:
125. K.-H. Weger, Vom Elend des kritischen Rationalismus; ders., Der Mensch vor dem Anspruch Gottes, in: StZ 200 (1982) 214-215
126. Kulturwissenschaften (Hg. H. Lützeler, FS W. Perpeet), in: ThPh 57 (1982) 154-155
127. Der transzendentale Gedanke (Hg. K. Hammacher), ebd. 444-446
128. H.-J. Heckelei, Erfahrung und Denken, ebd. 449
129. H. Ogiermann, "Es ist ein Gott.", ebd. 461-463
130. R. Lauth, Die Konstitution der Zeit im Bewußtsein, ebd. 464
131. K. Wojtyla, Person und Tat, in: RhMerk/ChrWelt 1982, Nr.18 (30. 4.) 25
132. A. Lorenzer, Das Konzil der Buchhalter, in: ThLitdienst 1982, 21-22
133. J. de Vries, Grundbegriffe der Scholastik, in: ArPh 45 (1982) 308-309
134. G. Siefer, Ehe und Familie als Verwirklichung von Kirche, in: LebZeug 37 (1982) Nr.4, 83-84

1983

244. Tapferkeit - ein antiquierter Begriff? (Nachgeschlagen bei Thomas von Aquin), in: Damit wir Mut behalten...Fastenaktion 1983 (Hg. K[ath] S[ozialeth] A[rbeitsstelle]), 5-7
245. Was ist Wahrheit? Suche nach Wahrheit - Zeugnis für die Wahrheit, in: Kehrt um und glaubt - erneuert die Welt. 87. Dt. Katholikentag, Düsseldorf '82. Dokumentation: Großveranstaltungen..., Paderborn 1982, 176-191
Sonderdr.: Was ist Wahrheit? Eine Besinnung christl. Anthropologie (Hg. Theatinerkreis), München 1983 (Mskr. 28 S.)
246. Interview: "Filosofo senza patria", in: 30 Giorni 1 (1983) Nr. 3, 60-63
247. Eine Lanze für das Zitat, in: Ballon 2 (1983) Nr. 5, 9-11
248. Verzichten - im Dienst der Freiheit. Eine Besinnung christl. Philosophie, in: Renov 39 (1983) 74-84
249. Der Mensch: Mann und Frau, in: Menschwerden Menschsein (Hg. P. Gordan), Köln/Graz/Kevelaer 1983, 440-441
250. Fede filosofica e fede religiosa o cifra e simbolo, in: Karl Jaspers. Filosofia - scienza - teologia (Hg. G. Penzo), Brescia 1983, 54-64 (= 106)
251. "Ich bin doch ein freier Mensch." Philos. Bemerkungen zu Freiheit, Verweigerung und Lebensengagement, in: KthB 84 (1983) 529-538
Freiheit und Lebensengagement, in: Ärztetag am Buß- und Bettag 1985 (Hg. Kath. Ärztearbeit Erzbistum Paderborn), 57-81
Neudr.: -, in: Freier Wille. Religionsphilosophie und gerichtliche Psychatrie im Dialog (Hg. F. Löhrer/H. Ebel), Aachen 1995, 31-54
252. Mondo nuovo e segni antichi? Sulla possibilità di simboli religiosi nella moderna società industriale, in: NArp 2 (1983) Nr. 2(6) 157-538 (= 221)
253. "Animal symbolicum." Vom bezeichnend Menschlichen, in: LebZeug 38 (1983) Nr.3,

5-18
254. Not und Chancen unseres apostolischen Zeugnisses, in: Ordenskorr. 24 (1983) Nr. 3, 420-435
auch in: Informationen (Hg. Generalvikar. Osnabrück) '84/2, 116-121
255. Nachwort in: L. Cors, Blüte und Dorn. Gedichte, Lahnstein o. J. (1983) o. S. (37-39)
256. Friede: "Werk der Gerechtigkeit" - "heitere Ruhe der Ordnung". Philos. Vorüberlegungen zur gegenwärtigen Diskussion, in: LebZeug 38 (1983) Nr. 4, 57-74
257. (mit P.-O. Ullrich) Fest der Sprache. Zum relig. Ursprung v. Dichtung, in: Liturgie und Dichtung. 2 Bde (Hg. H. Becker/R. Kaczinski, FS W. Dürig), St.Ottilien 1983, I 5-23 (5-46)
258. Fest und Feier als religiöse Grundvollzüge, in: Pädagogische Woche '83 - Wähle das Leben (Hg. Generalvikar. Hauptabt. Schule/Hochschule) Köln 1983, 54-79
259. Hope as Thanksgiving, in: Sisters today (Collegeville MN) 55 (1983) 194-196 (= 205)

Rezensionen:
135. G. Sauter, Was heißt: nach Sinn fragen?, in: LebZeug 38 (1983) Nr.1, 73
136. H. Pfeiffer, Offenbarung und Offenbarungswahrheit, in: CiG 35 (1983) 134
137. R. Schaeffler, Fähigkeit zur Erfahrung, in: ThPh 58 (1983) 129-130
138. H. Schipperges, Kosmos Anthropos, ebd. 143-144
139. Die Flucht in den Begriff (Hg. F. W. Graf/F. Wagner), ebd. 446-448
140. H. Gerdes, Sören Kierkegaards "Einübung ins Christentum", ebd. 448-449
141. J. Figl, Interpretation als philosophisches Prinzip, ebd. 451-452
142. A. Brunner, Person und Begegnung, ebd. 460-461
143. Kolloquium Kunst und Philosophie 1 u 2 (Hg. W. Oelmüller); Diskurs: Kunst und Schönes (Hg. ders. u. a.), ebd. 466-467
144. A. Görres/K. Rahner, Das Böse, in: RhMerk/ChrWelt 1983, Nr.15(15. 4.), 21
145. C. F. v. Weizsäcker, Der Garten des Menschlichen, in: NArp 2 (1983) Nr.1(5) 167-171
146. M. Sievernich, Schuld und Sünde in der Theologie der Gegenwart, in: StZ 201 (1983) 359-360
147. Anonymus d'Outre Tombe, Arcana des Tarot, in: LebZeug 38 (1983) Nr.3, 77-78

1984

260. Leben als Antwort. Menschsein im Dialog - aus der Sicht christl. Anthropologie, in: Dialog - Grundprinzip für Unterricht und Erziehung (Hg. Arb.kreis kath. Schulen in freier Trägerschaft), Bonn 1984, 11-29
261. Der Schmerz und die Freude. C.S.Lewis' christl. Perspektive, in: Inklings-Jhb 1 (1983) 43-66
262. Erwartungen an den Rätestand heute? Auskunftsversuch eines Laien, in: Pastoral geistl. Berufe Nr. 22, 1984, 52-64
auch im PWB-Sonderdr. (Hg. Inform.Zentr. geistl. Berufe): H. L. Drewes/J. Splett, Warum der Rätestand für die Kirche lebensnotwendig ist, Freiburg 1984, 8-20
263. Freiheit und Selbstbestimmung. Faszination eines Lebens ohne Zwänge oder Glück in Bindung und Verantwortung, in: Elternbrief 42 (Hg. Elternverein NRhW), (4) gelbe Mittelseiten u. 9
264. Weltgeschichte und Heilsgeschehen. Der Beitrag des Christentums zur Emanzipation des Weltlichen - eine theologiegeschichtliche Analyse, in: Kirche und Wirklichkeit - Wirklichkeit und Kirche (Hg. Polit. Akad. K. Adenauer-Stiftung), Wesseling/Eichholz

1984, 4-32

265. Zum Menschen gehört der Gottesbezug. Christl.-philos. Reflexionen, in: iG 1984, Nr. 2, 14-18
266. Mann- und Frau-sein als menschliche Grundbestimmungen. Ein Beitrag christl. Philosophie, in: KthB 85 (1984) 396-408
    Teilvorabdr.: Deb 14 (1984) Nr. 2, 13-14
    Neudr.: Menschsein als Mann und Frau, in: Unterwegs zu einem erfüllten Leben. Baden-Badener Vorträge zu Fragen unserer Zeit (Hg. VHS u.a.), Nr.4, 1986, 57-81
267. Als Laie in der Kirche. Reflexionen über ein zu weites Feld, in: GuL 57 (1984) 243-252
268. Il simbolo dell' acqua, in: NArp. 3 (1984) Nr.1(9) 37-47 (= 214)
269. Nachwort in: L.Soumagne, Brut vom Bäcker. Märchen, kleine Geschichten und Psalmen im niederrheinischen Dialekt, Krefeld 1984, 76-79 (^{4}1986)
270. Gott/Trinität A. Philosophisch, in: NHThG II 122-133
    in der Neuausg. 1991: II 273-283
271. Zur Antwort berufen, in: Unitas 124 (1984) 133-140
272. Dialog als Entsprechung. Antwort auf den Wahrheitsanspruch, in: Realität und Perspektiven des Dialogs. Zur Gesprächskultur in unserer Gesellschaft. 30 Jahre Thomas-Morus-Akademie, Bensberg 1984, 93-122
273. Lebendige Überlieferung. Josef Pieper zum 80. Geburtstag, in: LRp 71 (1984) Nr.2, 44-45
274. Zur Freude berufen, in: Hirschbg 37 (1984) 433-441
275. Ricordo di Karl Rahner, in: NArp 3 (1984) Nr. 2(10), 163-166
276. L'incontro come introduzione nella libertà, in: NArp 3 (1984) Nr. 3(11), 42-58 (=193)

Rezensionen:

148. H. Imhof, Rilkes "Gott", in: ThPh 59 (1984) 120-122
149. H. Beck/A. Rieber, Anthropologie und Ethik der Sexualität, ebd. 134-137
150. D. Kuhn, Der Geburtenrückgang als Familienproblem, ebd. 157-158
151. Thomas-Morus-Jhb 1981 u. 1982, ebd. 441-442
152. G. W. F. Hegel, Vorlesungen: Philosophie der Religion I, ebd. 452-453
153. Dialog mit M. Buber (Hg. W. Licharz); M. Buber. Bilanz seines Denkens (Hg. J. Bloch/H. Gordon), ebd. 457-459
154. D. Bernt, Konfliktfeld Sexualerziehung, in: Erwachsbldg 30 (1984) 186

1985

277. Nietzsche - Psychologe und Antichrist. Philos. Überlegungen zu einer christl. Antwort auf seine Herausforderung, in: Über Friedrich Nietzsche. Eine Einführung in seine Philosophie (Hg. M. Lutz-Bachmann), Frankfurt/M. 1985, 99-120
278. Das Leben annehmen - sich selbst annehmen, in: Dem Leben trauen, weil Gott es mit uns lebt. 88. Dt. Katholikentag. München 1984. Dokumentation, Paderborn 1984, 153-163
    ... Weitergabe einer Grundaussage Guardinis (Hg. Theatinerkreis), München 1985 (Mskr. 16 S.)
279. Kindsein als Offenheit, in: ThPh 60 (1985) 88-97
280. Sakrament des Augenblicks. Zum 400. Geburtstag von Maria Ward, in: GuL 58 (1985)

211-221

vorher in: Festreden (Hg. Maria-Ward-Schule), Aschaffenburg 1985, 7-18

In: Lexikon der kirchlichen Jugendarbeit (Hg. R. Bleistein/G. Casel), München 1985:

In: Lexikon der kirchlichen Jugendarbeit (Hg. R. Bleistein/G. Casel), München 1985:

281. Geschichtsbewußtsein 71
282. Liebe 126-127
283. Mensch 132-133
284. Grido e promessa. L'experienza di Giobbe, in: NArp 4 (1985) Nr. 1(13) 83-96
285. Dialog und Wahrheit. Ein philos. Beitrag zum Gespräch, in: LebZeug 40 (1985) Nr. 2, 76-80
286. Über die Möglichkeit, Gott heute zu denken. Kap. 7 in: HFTh I 136-155
    italienisch (1989)
    Aktualisiert in der Neuauflage: Tübingen - Basel 2000, 101-116
287. Und zu Lösungsversuchen durch Unterbietung, in: ThPh 60 (1985) 410-417 (Antwort auf N. Hoerster, Zur Unlösbarkeit des Theodizeeproblems: 400-409)
288. Menschen - Bücher - Menschen, in: Mitteilungsbl. Arb.gemeinschaft kath. theol. Bibliotheken 32 (1985) 51-73
289. Essere uomo nella storia. Prospettive di un' antropologia filosofico-religiosa, in: NArp 4 (1985) Nr. 2(14) 50-64 (= 201)
290. Sprache als Bestimmung des Menschen, in: iG 1985, Nr. 3, 6-8
291. Der Mensch - als Dasein Gottes. "Partnerschaft" als Erscheinung von "Bund", in: Nach seinem Bild und Gleichnis. KMF-Bundestag 1985, Frankfurt/M. 1985, 125-139
    Nachdruck in: Schulnachr. 70 (Hg. Theresianum) Mainz 1993, 18-32: Liebe zu Gott - Liebe zum Menschen?
292. Wahrheits-Anspruch. Philos. Voraussetzungen, in: Dogmengeschichte und katholische Theologie (Hg. W. Löser/K. Lehmann/M. Lutz-Bachmann, FS H. Bacht/A. Grillmeier/A. Schönmetzer), Würzburg 1985, 353-375 (^{5}1988)
293. Die Wiederkehr Romano Guardinis, in: LRp 72 (1985) 38
294. Che cos' è la verità? Una riflessione di antropologia cristiana, in: NArp 4 (1985) Nr. 3(15) 5-23 (= 245)
295. Auf dem Lehrstuhl Romano Guardinis, in: Karl Rahner. Bilder eines Lebens (Hg. P. Imhof/H. Biallowons), Zürich u.a. 1985, 72-73

Rezensionen:

155. W.Brugger, Kleine Schriften zur Philosophie, in: StZ 203 (1985) 215-216
156. E. Simons, Das expressive Denken E. Blochs, in: ThPh 60 (1985) 120-121
157. E. Levinas, Die Spur des Anderen; ders., Die Zeit und der Andere, ebd. 121-123
158. J. B. Lotz, Ästhetik aus der ontologischen Differenz, ebd. 136-139
159. K.-H. Minz, Pleroma Trinitatis, ebd. 301-303
160. G. W. F. Hegel, Vorlesungen: Philosophie der Religion III, ebd. 454-455
161. W. Simonis, Ursprung und Geschichte der Kunst, ebd. 470-472
162. P. W. Atkins, Schöpfung ohne Schöpfer, ebd. 474-475
163. Mitverantwortung aller in der Kirche (Hg. F. Courth/A. Weiser, FS Pallottiner), in: Leb Zeug 40 (1985) Nr. 3, 91-92

1986

296. Resignation und Zukünftigkeit. Rahmengedanken zu einem Technik-Ethos heute, in: StZ 204 (1986) 29-40
Nachdr. in: Medien zwischen Markt und Moral (Hg. W. Wunden), Stuttgart 1989, 27-38
297. Wenn Christen "Heimat" sagen..., in: Zu Hause sein in Gottes Welt, Fastenaktion 1986 (Hg. K[ath] S[ozialeth] A[rbeitsstelle]), 9-10
298. Sinnfrage als Selbstüberstieg. Aus der Sicht christl. Philosophie, in: Sinn im Wissenschaftshorizont (Hg. G. Eifler/O. Saame/P. Schneider), Mainz 1986, 91-105
299. L'uno, il nulla, il dialogo. La struttura trinitaria del rapporto "Io-Tu", in: NArp 5 (1986) Nr. 1(17) 31-46
300. Sinn - Bild - Mensch. Gedanken zu einer Anthropologie des Symbols, in: Ausdrucksgestaltungen des Glaubens. Zur Frage der Lebensbedeutung der Sakramente (Hg. Akademie Rottenburg-Stuttgart), Stuttgart 1986, 33-49
301. Podiumsdiskussion: Treue und Identität in der Zweierbeziehung (mit M. Moeller-Gambaroff, J. Willi, H. Schenk), in: Zentralbl. Jugendrecht 73 (1986) 133-141 (nach einem Rundfunk-Ausschnitt)
302. Anliegen an eine katholische Hochschulgemeinde, in: 40 Jahre Katholische Hochschulgemeinde Graz, 1986, 149-152
303. Dialektik des Tuns - Dialogik - Person-Sein in trinitarischer Analogie. L'Action (Blondel) als con-dilectio (Richard v. St. Victor)?, in: ThPh 61 (1968) 161-175
304. Sakral und profan. Philos. Mit-Überlegungen zur Problematik geistlicher Musik, in: KMJ 68 (1984) 1-10
305. Nihilismus - Analogie - Dialogik. Person-Denken als trinitar. Ontologie, in: Interpretazione del Nichilismo (Hg. A. Molinaro), Roma 1986, 323-340 (341-354 Übers. = 299)
306. Agnostizismus, in: HWB relig. Gegenwartsfragen (Hg. U. Ruh/D. Seeber/R. Walter), Freiburg 1986, 7-10
307. Wirklichkeit und Sinnerfahrung, in: iG 1986, Nr. 3, 12-14
308. Der Mensch und die Freude, in: Quickborn Nr. 41, 30-41
309. Über die Schwierigkeiten, zum Leben Ja zu sagen, in: Über die Not der sozialen Indikation. Holthausener Mskr. 3/86 (Hg. Ludwig-Windthorst-Haus), 6-28

Rezensionen:

164. K. Mácha, Glaube und Vernunft, in: ThPh 61 (1986) 120-121
165. D. Schlitt, Hegel's Trinitarian Claim, ebd. 133-135
166. Verantwortung für den Anderen und die Frage nach Gott (Hg. H. H. Henrix), ebd. 144-145
167. D. v. Hildebrand, Ästhetik II, ebd. 153-154
168. Bibliotheca Trinitariorum I (Hg. E. Schadel), ebd. 280-281
169. G. W. F. Hegel, Vorlesungen: Philosophie der Religion II 1/2, ebd. 421-422
170. M. Fleischer, Wahrheit und Wahrheitsgrund, ebd. 428-430
171. B.-U. Hergemöller, Weder - Noch, ebd. 433-435
172. Evolution und Freiheit (Hg. P. Koslowski u.a.); Evolutionstheorie und menschliches Selbstverständnis (Hg. R. Spaemann u.a.), ebd. 474-476
173. H.-J. Zoche, Zwischen Pantheismus und Theopanismus, ebd. 600-601
174. B. Sill, Androgynie und Geschlechtsdifferenz nach F. v. Baader, in. LebZeug 41 (1986) Nr.2, 82-83

1987

310. Ethik heute: was darf und soll man - und warum?, in: LebZeug 42 (1987) Nr.1, 60-72
Nachdr.: Ryla-Seminar 4 (Rotary Distr. 182), (Mskr.) 1989, 5-19
Auszug in: Videliker-Bote Nr.76 (1987) 4-7
311. Glaubenserfahrung und Glaubenswissen, in: Erwachsbldg 33 (1987) 330-338
312. Wissenschaft - Grenzen zur Religion?, in: StZ 205 (1987) 13-18
Neudr.: Zur religiösen Dimension verantwortlicher Freiheit. Technik und Wissenschaft..., in: Verantwortung für die Zukunft (Hg. H. Flothkötter/B. Nacke), Münster 1989, 49-59
313. Dasein und Ihm gehören. Der Dritte in unseren Beziehungen, in: Ent 42 (1987) Nr.6, 11-13
Auszüge: Der Dritte..., in: Chronik '87 (Hg. Akademie Diöz. Rottenburg), 51-52
314. (mit I. Splett) Des anderen Last. Grund-Gedanken zur Ehe - in einem Gespräch, in: CiG 39 (1987) 181-182
315. Freiheits-Erfahrung, in: Deb 17 (1987) Nr. 3, 16 (drei Stücke aus I 17)
316. Verzicht auf Grenzziehungen um des lieben Friedens willen? Einige grundsätzl. Überlegungen, in: iG 1987 Nr. 2, 11-12
317. Abschied von Ungeborenen. Ein Vorschlag bzw. Antrag, in: Im Angesicht des Todes. 2 Bde. (Hg. H. Becker/B. Einig/P.-O. Ullrich), St.Ottilien 1987, II 933-938
Nachdr. in: Krankendienst 61 (1988) 115-119
318. Humanität, in: StL[7] III 13-15
319. Im Mythos gibt Freiheit sich selbst zu verstehen, in: iG 1987, Nr. 3, 10

In: Lexikon der Religionen (Hg. [F. König/] H. Waldenfels) ([5]1988, Tb-Ausg. [3]1996):

320. Erfahrung, religiöse 148-149
321. Heiliges 255-256
322. Liebe I. Phänomenlogisch 374-375, IV. Biblisch V. Systematisch 376-379
323. Zum alten Thema: Glauben und Wissen, in: LRp 74 (1987) 36-37

Rezensionen:

175. E. Levinas, Wenn Gott ins Denken einfällt, in: ThPh 62 (1987) 126-127
176. N. Hinske, Lebenserfahrung und Philosophie, ebd. 140
177. Chr. Türcke, Vermittlung als Gott, ebd. 147-149
178. G. W. F. Hegel, Vorlesungen: Geschichte der Philosophie IV, ebd. 449-450
179. R. Lauth, Dostojewski und sein Jahrhundert, ebd. 453-454
180. K. Stjepan, Dem göttlichen Gott entgegen denken, ebd. 459-461
181. M. Wörther, G. K. Chesterton - Das unterhaltsame Dogma, ebd. 610-612
182. W. Brugger, Grundzüge einer philosophischen Anthropologie, in: StZ 205 (1987) 717
183. H. Beck, Natürliche Theologie, ebd. 717-718
184. J. B. Lotz, Geschichtlicher Wandel und unwandelbare Wahrheit, in: ThRv 83 (1987) 504-505

1988

324. Geben wir uns noch eine Zukunft?, in: Geben wir uns noch eine Zukunft? Baden-Badener Vortr. 11 (Hg. VHS u. a.), 1988, 23-32 (33-39: aus der Diskussion)
325. Gibt es Gottesbeweise? Ein philos. Streitgespräch (mit A. Schmidt, Ltg. H. Langendörfer). (Hg. Akademie Erwachsenenbildung), Köln 1988, Mskr. (27 S.)
326. Text - Leser - Text, in: Evangelium und Kultur. Beiträge zur interkulturellen Exegese und zur Inkulturation des Evangeliums (Hg. A. Brendle, FS F. Lentzen-Deis) Frank-

furt/M. (Mskr.) 1988, 513-527

327. Simone Weil vor der Kirche, Ihre Anfragen - und Gedanken für eine Antwort, in: CiG 40 (1988) 133-134
328. "Was sollen wir tun?" Philos. Punkte vor einem wirtschaftsethischen Gespräch, in: Wertbewußtsein im modernen wirtschaftlichen Handeln - Inernationale Finanzierungsprobleme (Hg. L. Bertsch/H. Messer), Frankfurt/M. 1988, 47-55
329. Gibt es eine christliche Erziehung?, in: Impulse (Hg. Hauptabt. Schule/Hochschule Generalvikariat) Köln 1/1988, 2-4
330. Wahrheit und Geschichte, Mythos und Person. Religionsphilos. Anmerkungen, in: Tiefenpsychologische Deutung des Glaubens. Anfragen an Eugen Drewermann (Hg. A. Görres/W. Kasper), Freiburg 1988, 81-97 (^{4}1992)
331. Machtwille und Huld der Schwäche. Philos. Meditationen zu 2 Kor 12,9, in: GuL 61 (1988) 197-204
332. "Unterscheidung der Geister." Überlegungen christl. Anthropologie, in: KthB 89 (1988) 277-287
    Teilvorabdr. in: Deb 16 (1986) Nr. 3, 4-5
333. Mann- und Frau-sein als menschliche Grundbestimmungen. Aus der Sicht christl. Anthropologie, in: iG 1988, Nr. 2, 11-14
334. La dimensione etica oggi, in: NArp 7 (1988) Nr. 1(25) 25-42 (= 310)
335. Auf der Flucht vor sich? Der Mensch in der "Krankheit zum Tode", in: II 21, 82-100
    (außer Nach- und gemeinsamem Vorwort)
336. Körper und Seele. Wider den Trend der leibl. Einäugigkeit. Im Gespräch mit W. Bohnenberger, in: Zwischen Lust und Last. Mit Gegensätzen leben (Hg. H. Meesmann), Freiburg 1988, 10-19
337. Religion, in: StL^7 IV 792-799
338. Appetitus naturalis? Erneute Reflexion zu einem alten Thema, in: ThPh 63 (1988) 519-536
339. Wohnen als Kategorie des Menschlichen in: Caritas '89, 119-127
340. Person, in: PLSp 981-984
341. Mitmenschlichkeit als Auftrag. Begründet aus christl. Überzeugung, in: iG 1988, Nr. 4, 13f

Rezensionen:

185. W. Jaeschke, Die Vernunft in der Religion, in: ThPh 63 (1988) 122-124
186. W. Schüßler, Der philosophische Gottesgedanke im Frühwerk P. Tillichs; Paul Tillich. Sein Werk (Hg. R. Albrecht/W. Schüßler); P. Tillich, Dogmatik. Marburger Vorlesungen 1925, ebd. 128-131
187. Glück und geglücktes Leben (Hg. P. Engelhardt), ebd. 151-153
188. E. Salmann, Neuzeit und Offenbarung, ebd. 289-293
189. B. J. Hilberath, Der Personbegriff der Trinitätstheologie in Rückfrage von K. Rahner zu Tertullians "Adversus Praxean", ebd. 293-295
190. G. W. F. Hegel, Vorlesungsmanuskripte I, ebd. 416-417
191. A. Peperzak, Selbsterkenntnis des Absoluten, ebd. 417-419
192. I. Fuchs, Die Herausforderung des Nihilismus, ebd. 419-420
193. O. Pöggeler, Spur des Worts, ebd. 437-438
194. H. Deku, Wahrheit und Unwahrheit der Tradition, ebd. 442-444
195. Geschlechtsreife und Legitimation zur Zeugung (Hg. E. W. Müller); Zur Sozialgeschichte der Kindheit (Hg. J. Martin/A. Nitschke), ebd. 459-461

196. R. Girard, Das Heilige und die Gewalt, in: LebZeug 43 (1988) Nr.4, 70-71

1989

342. Wann beginnt der Mensch - und welche Pflichten haben wir ihm gegenüber?, in: Kinder aus der Retorte? Fortpflanzungsmedizin beim Menschen (Hg. Familienbund dt. Katholiken), Bonn 1989, 35-55
343. Der Kranke - nur ein halber Mensch?, in: ArztChr 35 (1989) 14-21
  auch: Krankheit - Anruf zum Menschsein, in: Problemanalyse, Therapieansätze und Konsens (Hg. Verb. kath. Einrichtungen für... Behinderte), Freiburg 1989, 63-73
344. Actualitas trina - personologisch. Über Menschsein als Bild des dreieinigen Gottes, in: Actualitas omnium actuum (Hg. E. Schadel, FS H. Beck), Frankfurt-Bern-NY-Paris 1989, 197-208
345. Philosoph im Dienst der Wahrheit. Für J. Pieper zum 85. Geb., in: Dt. Tagespost 42 (1989) Nr. 52/53, 5
346. Die Frau in der Sicht einer christlichen Philosophie, in: Die Frau in der Sicht der Anthropologie und Theologie (Hg. H. Pissarek-Hudelist), Düsseldorf 1989, 40-54
  Teilvorabdr. in: Die Last des Unterschieds, in: Deb 18 (1988) Nr. 5, 5-6
347. "Emanzipation" als Flucht vor der Wirklichkeit, in: iG 1989, Nr. 2, 13-15
348. "...im Endlichen nach allen Seiten"? Zum christl. Ganzheitsverständnis, in: Weite des Herzens - Weite des Lebens. 2 Bde (Hg. M. Langer/A. Bilgri, FS O. Lechner), Regensburg 1989, I 263-270
349. Vom Ernst des Spielens, in: LS 40 (1989) 185-189
350. Der Mensch als Mann und Frau geschaffen, in: Internat. Familienkongreß Wien 1988 (I-IV), Wien 1989, II 5-14
  auch in: LebZeug 44 (1989) 177-184
351. Zukunft des Glaubens aus christlicher Sicht. Philos. Reflexionen, in: Vision 2000 (Hg. H. A. Piper), München 1989, 235-245
352. Leben im Licht des Todes, in: LebZeug 44 (1989) 276-284
353. Was heißt jeweils "Natur" und "natürlich"?, in: iG 1989, Nr. 4, 10
354. Der gesellschaftl. Beitrag zur Wahrung von Gesundheit, Würde und Integrität der Frau am Beispiel ungewollter Schwangerschaft. Podiumsveranstaltung (R. Porsch) mit S. Klein-Schonnefeld, D. Ohlmeier, G. Treusch-Dieter, B. Stolterfoht, in: Frau und Mann. Kasseler Schriften z. Sozialen Therapie 2/1989 (Hg. R. Porsch), 4-59
  zuvor Sonderdr.: ... Schwangerschaft. Dokumentation einer Podiumsdiskussion, SS 1988, Mskr. (35 S.)

Rezensionen:

197. R. Girard, Der Sündenbock, in: LebZeug 44 (1989) 68
198. Der Weg zum Menschen (Hg. R. Mosis/L. Ruppert, FS A. Deissler), ebd. 232-233
199. B. Sill, Die Kunst der Geschlechterliebe, ebd. 233
200. K.-H. Weger, Argumente für Gott, in ThPh 64 (1989) 102
201. Argumentum e Silentio (Hg. A. D. Colin); J. Derrida, Schibboleth; Psalm und Hawdala (Hg. J. P. Strelka); Datum und Zitat bei P. Celan (Hg. Ch. Shoham/B. Witte), ebd. 117-121
202. G. Rombold, Der Streit um das Bild, ebd. 291-293
203. Bibliotheca Trinitariorum II (Hg. E. Schadel), ebd. 295-296
204. A. Zak, Vom reinen Denken zur Sprachvernunft, ebd. 433-435

205. Der Philosoph Franz Rosenzweig. 2 Bde (Hg. W. Schmied-Kowarzik), ebd. 435-440
206. Archiv für Philosophie- und Theologiegeschichtliche Frauenforschung (Hg. E. Gössmann) I-IV, ebd. 615-617

1990

355. Fest - Feier - Sonntäglichkeit. Eine zu schützende Dimension des Humanen, in: Essener Gespräche zum Thema Staat und Kirche 24: Der Schutz der Sonn- und Feiertage, Münster 1990, 4-51 (29ff: Diskussion)
    Nachdr. (stark gekürzt) in: Denken u Glauben (Graz) Nr.70 (1994) 17-21
356. Der mündige Wähler. Christl.-philos. Erwägungen, in: StZ 208 (1990) 102-112
357. Anstverflucht und bildgesegnet? Freundliche Anfragen an Eugen Drewermanns Anthropologie, in: KthB 91 (1990) 143-147
    Nachdr. siehe 359
358. Was bedeutet mir Ostern?, in: Pfarrbrief St. Josef, Offenbach, April 1990, o. S. (3 S. Auszug aus 177)
359. Gottestraum und Märchenliebe? Rückfragen zu Drewermann II, in: KthB 91 (1990) 235-239
    Nachdr. (mit 357): Anfragen zu Eugen Drewermanns Anthropologie wie zu seinem Religions- und Gottesverständnis, in: Der Streit um Drewermann. Was Theolog(inn)en und Psycholog(inn)en kritisieren (Hg. B. Benedikt/A. Sobel), Wiesbaden-Berlin 1992, 140-149
360. Wenn es Gott gibt, woher Schmerz und Leid und das Böse?, in: -/H. Lenz, Leiderfahrung und Leidbewältigung - Anstöße für unseren Glauben. Akademie-Referate 20, Vallendar 1990, 1-13

In: Denken + Glauben (Graz), Nr. 46, 1990:

361. 3-7: Was ist eigentlich Liebe?
362. 8-11: "... des anderen Last tragen..." Auszüge aus einer Diskussion
363. "Kleriker" oder "Bei dir habe ich nicht Lust nach der Erde" Ps (73, 25)? Zwischenruf eines Laien zu Drewermanns Psychographie (Rückfragen, Schluß), in: KthB 91 (1990) 296-301
364. Disputatio (Mensch und Maschine), in: Wertbewußtsein im modernen wirtschaftlichen Handeln. Verändert künstliche Intelligenz unser Menschenbild? (Hg. L. Bertsch/H. Messer), Frankfurt/M. 1990, 74-76
365. Unfähig zu sich selbst - unfähig zum anderen? Berliner Statement aus philos. Sicht - in sieben Punkten, in: Wort z. Sonntag, Offenbach 28 (1990) Nr. 15, 2 u.6
    auch: Sieben Thesen über die bessere Welt. Sich und die Welt annehmen - in Endlichkeit und Schuld, in: CiG 42 (1990) 245
    zuletzt in: Wie im Himmel so auf Erden. 90. Dt.Katholikentag, Berlin 1990. Dokumentation, Paderborn 1991, I 712-714
366. Wir dürfen das Leben als ein Angebot sehen... Interview in: Kärntner Kirchenztg 47 (1990) Nr. 32, 8-9
367. Ethische Stellungnahme (zum Fallbericht: Empfängnis eines Kindes zum Zweck der Knochenmarkspende), in: ArztChr 36 (1990) 190-192

368. Im Namen des Vaters und des Sohnes und des Heiligen Geistes. Das Zentralgeheimnis unseres Glaubens, in: Glaube u Leben (Der Sonntag, Bonifatiusbote) 46 (1990) Nr. 35, 5
369. Selbstverwirklichung als Antwort. Guardinis Erwägungen zur "Annahme seiner selbst", in: Ganz und heil. Unterschiedliche Wege zur "Selbstverwirklichung" (Hg. K. Frielingsdorf/M. Kehl), Würzburg 1990, 165-182
370. Die Bedingung der Möglichkeit. Zum transzendental-philos. Ansatz der Theologie Karl Rahners, in: Erfahrung des Absoluten - Absolute Erfahrung? (Hg. B. J. Hilberath, FS J. Schmitz), Düsseldorf 1990, 68-87
    vorher in: Karl Rahner verstehen (Hg. Karl-Rahner-Akademie), Köln 1990 (Mskr.) 1-15
371. Das Ohr in Gott. Anfragen an die New-Age-Bewegung. Interview in: Denken + Glauben (Graz) Nr. 48 (1990), 3-7
372. Sacramentum mundi - Sakramentale Welt, in: LRp 77 (1990) 28-29
373. Menschsein und die Angst der Freiheit vor der Unbestimmtheit, in: iG 1990, Nr.3/4, 6-7
374. Die Sonderstellung des Menschen. Christl.-philosophisch, in: Die Sonderstellung des Menschen in der Evolution (Hg. W. Cyran), Bonn 1990, 59-73

Rezensionen:
207. Novalis, Schriften V, in: ThPh 65 (1990) 114-115
208. Philosophie u. Poesie. 2 Bde (Hg. A. Gethmann-Siefert, FS O. Pöggeler), ebd. 134-136
209. Entwicklung zur Menschlichkeit durch Begegnung westlicher und östlicher Kultur (Hg. H. Beck/I. Quiles), ebd. 136-138
210. A. Bucher, Ethik - eine Hinführung, ebd. 146-148
211. U. Willers, Friedrich Nietzsches antichristliche Christologie, ebd. 305-308
212. Christologie und Metaphysikkritik (Hg. D. Hattrup/H. Hoping, FS P. Hünermann), ebd. 308-309
213. F. Niewöhner, Veritas sive Varietas, ebd. 429-431
214. G. W. F. Hegel, Vorlesungen: Geschichte der Philosophie II, ebd. 435-36
215. P. Burkhardt, Hegels Kritik an Kants theoretischer Philosophie, ebd. 436-437
216. E. Levinas, Humanismus des anderen Menschen, ebd. 455-457
217. H. Schrödter, Erfahrung und Transzendenz, ebd. 461-463
218. Die Ethik-Kommission in der Medizin (Hg. R. Toellner), in: ArztChr 36 (1990) 206-207
219. Was ist Wahrheit? (Hg. H. P. Müller), in: LebZeug 45 (1990) 239-240

1991

375. Er ruft uns ins Dasein, in: Wort z. Sonntag (Offenbach) 29 (1991) Nr. 9, 1
376. Er trägt uns in Not und Krankheit, in: Wort z. Sonntag 29 (1991) Nr. 10, 1 u. 7
377. Er erwartet uns im Tod, in: Wort z. Sonntag 29 (1991) Nr. 11, 1-2
378. Freiheit und soziale Gerechtigkeit, in: LebZeug 46 (1991) 56-70
    57f: Der Zusammenhang zwischen Freiheit und Gebundensein, in: Ethik 12. Freiheit und Gerechtigkeit. Gymnasium (H. Herrmann/D. Katz/Th. Preisendanz), Bühl 1997, 134
379. Zum Schlußgottesdienst der offenen Exerzitien, in: Wort z. Sonntag 29 (1991) Nr 12, 2
380. Die Wahrheit und das Gute. Sokrates und die Geburt der Metaphysik, in: ThPh 66 (1991) 216-225
381. Libertà e giustizia sociale, in: NArp 10 (1991) Nr. 1(37) 76-93 (= 378)
382. Theologie und Metaphysik, in: Orientierung durch Philosophie (Hg. P. Koslowski),

Tübingen 1991, 385-404

Metaphysik nach wie vor: "Onto-theologie"?, in: W. Post/-, Metaphysische Grillen in nachmetaphysischer Zeit? (Hg. Karl Rahner Akademie), Köln 1996, 17-39

383. Flucht vor dem Freiheitsrisiko. Fundamentalismus aus der Sicht philos. Anthropologie, in: Die verdrängte Freiheit. Fundamentalismus in den Kirchen (Hg. H. Kochanek), Freiburg 1991, 72-82
384. Partizipation - Freiheit in Verantwortung, in: ThGl 81 (1991) 177-189
385. Der Wert des Lebens, in: Trierer Forum 1991, Nr. 2, 18-21

    gekürzt: Würde contra Wert des Lebens. Eine philos. Annäherung, in: Car 92 (1991) 353-363

386. "Wenn es Gott nicht gibt, ist alles erlaubt"?, in: Das Absolute in der Ethik (Hg. W. Kerber), München 1991, 131-178 (157ff: Diskussion)
387. Kindsein als Gestalt des Menschlichen, in: Schulnachr. Nr. 67 (Hg. Theresianum), Mainz 1991, 52-65
388. Freiheit - Emanzipation - Verantwortlichkeit. Zur Erblast neuzeitl. Freiheits-Denkens, in: ArztChr 37 (1991) 163-171
389. Gewissen und Glaubensbegründung bei John Henry Newman, in: John Henry Newman (Hg. A. Gläßer), Eichstätt-Wien 1991, 33-50
390. "Liebe, die im Geist mir redet..." Dantes Dame Philosophie, in: ThPh 66 (1991) 557-569

    Nachdruck in: II 4: 75-94 (zudem Einführung 9-11)

391. Leben als Mit-Sein: Freigebigkeit - Grundsatz der Liebe, in: Quickborn Nr. 51, 1991, 19-27
392. Der Mensch und sein Wissen um Zeit, in: iG 1991, Nr. 4, 3-4
393. Az etika ma: mit szabad és mit kell tennünk - és miért?, in: Mérleg (München-Budapest) 27 (1991) 387-399 (= 310)
394. Auch hier und heute: Kirche - "Sakrament der Welt"?, in: Kirche im vereinten Deutschland (Hg. Kath. Militärbischofsamt), Bonn 1991, 87-105

Rezensionen:

220. U. Kirsch, Blaise Pascals "Pensées" (1656-1662), in: ThPh 66 (1991) 105-107
221. G. W. F. Hegel, Frühe Schriften I, ebd. 117-118
222. Aufgaben, Rollen und Räume von Frau und Mann I/II (Hg. J. Martin/R. Zoepffel), ebd. 147-149
223. E. Schuchardt, Warum gerade ich...?, ebd. 290-292
224. Mann und Frau - Grundproblem Theologischer Anthropologie (Hg. Th. Schneider), ebd. 298-300
225. Der Klerikerstreit (Hg. P. Eicher), ebd. 304-308
226. La Teologia mistico-sapienziale di Anselm Stolz (Hg. E. Salmann); L'Attualità filosofica di Anselmo D'Aosta (Hg. M. Hoegen), ebd. 420-423
227. Die Wahrheit der Kunst (Hg. M. Leisch-Kiesl/E. Savio, FS G. Rombold), ebd. 467-468

1992

395. Verantwortung - religionsphilosophisch gesehen, in: Friedrich-Jahresheft X (1992) 61-63

    Nachdr. in: Marchtaler Fernstudien. Studienbrief Nr. 5, 1997, als Anlage 5,3 (7 S. [+ 1 S. Korr.])

396. Erlösung wovon? Aus der Sicht philos. Anthropologie, in: MThZ 43 (1992) 3-16
397. Nach dem Scheitern des sozialistischen Humanismus, in: Die Aula (Trier) 8 (1992) Nr.

1, 10-12

398. Sorge um die Gesundheit. Philos. Anmerkungen, in: Krankendienst 65 (1992) 109-112
399. Geschlechtlichkeit in christlich-philosophischer Anthropologie, in: LS 43 (1992) 83-88
400. Freiheit und Notwendigkeit. Reflexionen zur Kunst im Kontext dogmatistischer Beliebigkeit, in: MThZ 43 (1992) 173-182
401. Ethik begründen - Ethik verstehen? Zum Reizthema "Religion und Moral", in: KthB 93 (1992) 393-406
    (z.T. sinnstörend) gekürzt, mit neuen Zwischentiteln: Gewissen. Ort der Gotteserfahrung, in: Thomas Morus Jahrbuch 1993, Düsseldorf 1994, 42-54
402. Eugen Drewermann - Worum es wirklich geht, in: ThPh 67 (1992) 381-404
403. "Nirgends sicher als in Gefahr." Philos. Meditation, in: KthB 93 (1992) 500-503
404. Lebendiges Zeugnis: Gott-Rede als Fest der Sprache, in: LebZeug 47 (1992) 165-177;
    Fest der Sprache: Reden von Gott. Ein Votum christl. Philo-logie, in: Von Gott reden in Radio und Fernsehen (Hg. ORF-Abt. Religion/Hörfunk, -Abt. Religion/Fernsehen u.a.), Graz-Budapest 1992, 14-31
405. Briefe zur Zeit (Aktion *Mehr Brücken zu Gott* der Hochschule St. Georgen) 31, im Sept. 1992 (zum "Fall Drewermann")
406. Kreis und Kuppel. Vor einer Aktion von Winfried Kirches, in: Winfried Kirches: Babel Balban Balar. Obstallation (Hg. J.Kirches), Köln 1992, o. S. (6-8)
407. Fede come principio di conoscenza. Il contributo cristiano a una società umana, in: NArp 11 (1992) Nr. 2(42) 84-94 (= 198)
408. Gewußt, wem wir glauben... (Oder: Wie scharf dürfen Atheisten denken?), in: MThZ 43 (1992) 449-460
409. Gegen den Tod der Gewöhnung: Offenheit für den Schmerz. Erwogen mit Maurice Blondel, in: Himmlisches mit Irdischem verbinden (Hg. Benediktinerinnenabtei St. Hildegard, FS E. Forster), Eibingen 1992, 52-59
410. "Fünf gerade sein lassen" oder "Der Wahrheit die Ehre geben"?, in: IKaZ 21 (1992) 463-470
    vorher in: Unitas 132 (1992) 121-124
    Nachdr. in: Schulnachr. 70 (Hg. Theresianum), Mainz 1993., 76-86
411. Zeichen-Wirklichkeit und Humanität. Der Mensch als "animal symbolicum", in: iG 1992, Nr. 3, 7-9
412. Vita humana. Hannah Arendt zu den Bedingungen tätigen Menschseins, in: ThPh 67 (1992) 558-569
413. Integrität und Selbstbestimmung, in: ArztChr 38 (1992) 314-318
414. End-Gültigkeit. Zum Ernst des Todes aus der Sicht christl. Philosophie, in: Reinkarnation oder Auferstehung. Konsequenzen für das Leben (Hg. H. Kochanek), Freiburg 1992, 213-226
415. Amore per la parola (Antologia), in: Aquinas 35 (1992) 415-431 (= aus I 16: 11, 22-24, 54-59, 169-178, 182-184)
416. Der ungeborene Mensch - Prinzipielle Überlegungen zu seiner Würde, in: Würde, Recht und Anspruch des Ungeborenen (Hg. D. Berg u. a.), München 1992, 102-114 (115-117 Diskussionszusammenfassung)

Rezensionen:

228. G. Beestermöller, Thomas v. Aquin und der gerechte Krieg, in: MThZ 43 (1992) 124-125
229. H.-G. Justenhoven, Francisco de Vitoria zu Krieg und Frieden, ebd. 125-126
230. Dokumentation zur jüngsten Entwicklung um Dr. E. Drewermann (Hg. H.-J. Rick), in: LebZeug 47 (1992) 74
231. E. Drewermann, Worum es eigentlich geht, ebd. 145-146
232 J. Werbick, Vom entscheidend und unterscheidend Christlichen, ebd. 224
233. Der Ochs und sein Hirte (Hg. B. Snela), in: ThPh 67 (1992) 157
234. W. A. Euler, Unitas et Pax, ebd. 285-287
235. G. W. F. Hegel, Frühe Exzerpte, ebd. 440-441
236. A. Stock, Zwischen Tempel und Museum, ebd. 622-624
237. Denken im Dialog (Hg. W. Herbstrith), in: CiG 44 (1992) 190

1993

417. "Seit ein Gespräch wir sind..." Der Mensch als dialog. Wesen, in: KthB 94 (1993) 129-138
   vorher: Karl Rahner-Akademie, Köln 1992 (Ausgew. Vorträge, Msk., 12 S.)
418. Theorie und Erfahrung. Gedanken-Anstöße, in: KthB 94 (1993) 257-259
419. Diskussionsbeiträge in: H. Staudinger (Hg.)/R. Ph. Krenzer, Personverständnis und demokratische Gesellschaft, Paderborn 1993, 7-10, 13, 15-18, 20f, 27-29, 30f, 39f, 42-44, 48-54, 72f.
420. Die Bibel - mehr als ein Buch. Heilsworte und Ruf zur Antwort an den Heiligen, in: GuL 66 (1993) 344-358
421. Freiheit als unverzichtbare Voraussetzung ethischen Handelns, in: "Machen Sie sich frei!" Zur Freiheit im therapeut. Prozeß (Hg. F. Haslinger, Kongreßband IMA), Wien 1993, 144-161
422. Geschlechtlichkeit als personale Situation, in: ZME 39 (1993) 231-238
423. Geheimnis Beziehung. Mit-Sein als Grundbestimmung von Person, in: actio catholica 1993/3, 2-8
424. Der "Dolle". Nachwort in: L.Soumagne, Die Litanei (Übertragen in zweiundfünfzig Sprachen und Mundarten) Bd. 4, Krefeld 1993, 115-116
425. Philosophie und Leben, in: KthB 94 (1993) 577-580
426. Verantwortung für die Wahrheit. Offenheit für das Sein, in: Diakonia 24 (1993) 365-372
427. Ehe als Sakrament, in: ThGl 83 (1993) 455-469
428. Agnostizismus. I. Philosophisch, in: LThK; I 241-242
429. Diskussionsbeiträge in: Die Wahrheit der Religionen (Hg. W. Kerber), München 1993, 55f, 59, 69, 172f, 177-181, 220f, 235-237

Rezensionen:

238. J. Drescher, Glück und Lebenssinn, in: ThPh 68 (1993) 142-144
239. J. Sudbrack, Eugen Drewermann - um die Menschlichkeit des Christentums, ebd. 290-292
240. Alltag und Transzendenz (Hg. B. Casper/W. Sparn), ebd. 454-455
241. Der Begriff der Religion (Hg. W. Kerber), ebd. 455-457
242. W. N. Krewani, Emmanuel Lévinas, ebd. 457-459
243. Philosophie als Zeitdiagnose (Hg. H. L. Ollig), ebd. 467-469
244. W. J. Hoye, Gotteserfahrung?, ebd. 619-621
245. W. Groß/K.-J. Kuschel, "Ich schaffe Finsternis und Unheil", in: LebZeug 48 (1993) 68-69

246. A. Kreiner, Ende der Wahrheit?, ebd. 153-154

1994

430. Gotteserfahrung im Antlitz des Anderen? Im Gespräch mit Emmanuel Levinas, in: MThZ 45 (1994) 49-62
    (mit kleinen Änderungen:) Gotteserfahrung im Gesicht des Anderen? Argumentierend mit Emmanuel Levinas, in: Gott - das bleibende Geheimnis (Hg. P. Reifenberg, FS W. Seidel), Würzburg 1996, 151-172
431. Philosophische Anmerkungen zu Eugen Drewermann, in: Antwort auf den Mythos Drewermann (Hg. D. Langhans), Abensberg 1994, 65-82
432. Der Mensch als Kranker - der Kranke als Mensch, in: Herkunft, Krise und Wandlung der modernen Medizin (Hg. K.-F. Wessel), Bielefeld 1994, 198-205
433. Fremd und vertraut, Schwerte 1994. 20 S.
434. Leben als Gabe - geschenktes Leben. Sonderdruck u. im Referat-Sammelband: Spannungsbögen menschlichen Lebens (Internat. Kongreß f. Pflegeberufe, Salzburg 1993). (Mskr. 14 S.)
435. Gottes Ort: Gesicht des Menschen. Im Gespräch mit Emmanuel Lévinas, in: KthB 95 (1994) 151-158 (Kurzfassung [Mainzer Domvortrag] von 430)
436. Wie absolut ist der Hegelsche "Absolute Geist"? in: Der Mensch und seine Frage nach dem Absoluten (Hg. P. Ehlen), München 1994, 157-184
437. Il matrimonio come sacramento, in: NArp 13 (1994) Nr. 2(50) 73-88 (= 427)
438. Wahrheit in Herrlichkeit. Auf Balthasar hören, in: ThPh 69 (1994) 411-421
439. Religionsphilosophie? Vorentwurf zu einem Lexikonartikel - samt Glossen, in: Im Netz der Begriffe. Religionsphilos. Analysen (Hg. L. Hauser/E. Nordhofen, FS H. Schrödter), Freiburg 1994, 214-229
440. Was dem Menschen not tut. Koordinaten christl. Anthropologie, in: Hirschbg 47 (1994) 439-447
441. Über Dank nachdenken, in: LebZeug 49 (1994) 227-235
442. Zum Strukturwandel des Gesundheitssystems. (Hinter-)Grundüberlegungen aus philos. Sicht, in: Renov 50 (1994) 129-139
443. Mystisches Christentum? Karl Rahner zur Zukunft des Glaubens, in: ThQ 174 (1994) 258-271
444. Statement (zum Forum: Hat mein Leben einen Sinn?), in: 92. Dt. Katholikentag Dresden... Dokumentation, Kevelaer 1994, 156-157
445. Philosophischer Kommentar zum Fallbericht (Zwangsbehandlung bei Uneinsichtigkeit?) in: ZME 40 (1994) 329-330

Rezensionen:

247. Person und Sinnerfahrung (Hg. C. F. Gethmann/P. L. Oesterreich, FS G. Scherer), in: M ThZ 45 (1994) 84-85
248. Kant über Religion (Hg. F. Ricken/F. Marty), in: ThPh 69 (1994) 107-108
249. E. Lévinas, Jenseits des Seins oder anders als Sein geschieht, ebd. 134-137
250. E. Salmann, Der geteilte Logos, ebd. 301-305
251. H. de Lubac, Auf den Wegen Gottes, ebd. 306-307
252. W. G. Jacobs, Gottesbegriff und Geschichtsphilosophie in der Sicht Schellings, ebd. 441-444
253. Der *eine* Gott in vielen Kulturen (Hg. K. Hilpert/K.-H. Ohlig, FS G. Hasenhüttl) , ebd. 606-608
254. G. Neuhaus, Theodizee - Abbruch oder Anstoß des Glaubens, ebd. 609-613

255. Credo (Hg. J. Ratzinger/P.H enrici), ebd. 615-616
256. E. Guggenberger, Karl Rahners Christologie und heutige Fundamentalmoral, in: ZME 40 (1994) 269-270

1995

446. Berufs-Ethos. Gedanken zum Mensch- und Christsein im Beruf, in: KthB 96 (1995) 5-12
Vorher in: Albertus Magnus Blätter 40 (1993) H. 144, 49-58
447. "Herr, zeige uns dein Angesicht..." Gespräch über die Beziehung zwischen Mensch und Gott, in: Denken + Glauben (Graz) Nr. 74 (1995), 19-21
448. Der christliche Zugang zu Mensch und Staat aus katholischer Sicht, in: Europa und die Zukunft der Nationalstaaten (Hg. Studienzentrum Weikersheim, Dokumentation XXV), Stuttgart 1994, 88-119
449. Gerechtigkeit und Frieden. Vorüberlegungen christl. Philosophie, in: Theologie im Ringen um Frieden. Einblicke in die Werkstatt theolog. Friedensethik (Hg. G. Beestermöller/N. Glatzel, FS E. J. Nagel), Stuttgart/Berlin/Köln 1995, 83-96.
450. Gnade. Zu einem Grundbegriff - philosophisch, in: ZkTh 117 (1995) 152-166
451. "Aberglaube ist die Verwechslung von Symbol und Symbolisiertem". Interview in: Kärntner Kirchenztg 51 (1995) N.20, 12-13
452. "Du bist's". Zum Thema Einsamkeit, in: LebZeug 50 (1995) 137-149
453. Diskussionsbeiträge in: Religion: Grundlage oder Hindernis des Friedens? (Hg. W. Kerber), München 1995, 44-46, 53-55, 76f, 251, 258-260, 265f
454. Das Ärgernis der Menschlichkeit Gottes, in: FZPhTh 42 (1995) 49-68
Nachdr. (... von Gottes Menschlichkeit) in: Schulnachrichten 74 (Hg. Theresianum), Mainz 1966, 54-69 (-72 Biobibliographie)
455. Dem Menschen zur Hilfe: der Mensch, in: ZME 41 (1995) 105-115
1994 als Sonderdr. (Marienkrankenhaus, Nordhorn) Mskr. 9 S.
456. Serviço racional e serviço da razão. Sobre Religião no pensamento (com Immanuel Kant e Emmanuel Levinas), in: RPF 51 (1995) 25-42
457. Contro la morte dell'assuefazione: l'apertura al dolore. Riflettendo con Maurice Blondel, in: NArp 14 (1995) Nr. 2(54) 71-79 (= 409)
458. "Das Gewissen ist der offene Punkt für den Himmel..." Mit Gott zu tun haben im Gewissen, in: Hirschbg 48 (1995) 384-392
459. Ehe aus der Sicht christlicher Anthropologie, in: Intams Review 1 (1995) 1, 42-52
460. Über Glauben - Denken - Wissen, in: CiG 47 (1995) 416
461. Sinnorientierung als Gemeinschaftsaufgabe, in: KthB 96 (1995) 510-520

Rezensionen:
257. A. Huxley, Gott ist, in: ThPh 70 (1995) 143-144
258. Die andere Kraft (Hg. A. Schuller/W. v. Rahden), ebd. 146-147
259. G. Langenhorst, Hiob unser Zeitgenosse, ebd. 304-306
260. Theologie aus Erfahrung der Gnade (Hg. M. Delgado/M. Lutz-Bachmann); Gott neu buchstabieren (Hg. H.-D. Mutschler); Karl Rahner in Erinnerung (Hg. A.Raffelt), ebd. 306-309
261. G. W. F. Hegel, Vorlesungen: Geschichte der Philosophie I, ebd. 427-429
262. G. W. F. Hegel, Vorlesungsmanuskripte II, ebd. 429-430
263. M. Müller, Auseinandersetzung als Versöhnung, ebd. 446-448
264. R. Löw, Die neuen Gottesbeweise, ebd. 455-457

265. Sein - Erkennen - Handeln (Hg. E. Schadel/U. Voigt, FS H. Beck), ebd. 474-476
266. Johannes Paul II., Die Schwelle der Hoffnung überschreiten, in: NBü 1995, 133-135

1996

462. Gottesbeweise: Das transzendentale Argument ein Sophisma?, in: Hoffnung, die Gründe nennt (Hg. G. Larcher/K. Müller/Th. Pröpper, FS H. Verweyen), Regensburg 1996, 79-90
463. Recht auf den Tod?, in: ZME 42 (1996) 57-61
464. Bildung - christlich? Akadem. Reflexionen, in: IKaZ 25 (1996) 41-56
465. Wie die Elster. Oder: wenn wir zweifeln, in: CiG 48 (1996) 158
466. "Jesus ist der Herr" (Röm 10, 9), in: KthB 97 (1996) 193-196
467. Symbol Elefant, in: KthB 97 (1996) 267-269
468. "Die mit Tränen säen, werden mit Jubel ernten." Einführung in das Semesterthema 95/96, in: Chronik 14 - 1995/96 (Hg. Priesterseminar St. Georgen), Frankfurt/M. 1996, 6-10
    Nachdruck: in, KthB 102 (2001) 49-55
469. Liturgie und Lebenspraxis, in: Hirschbg 49 (1996) 436-444
470. "Habt Salz in euch und haltet Frieden untereinander" (Mk 9, 50). Zum Apostolat von Männern heute, in: LebZeug 51 (1996) 204-218
    vorher: Mann in der Kirche 3 (1995) 4, 13-24
471. Es geht nicht nur ums Heil der Seele, in: Misericordia 48 (1996) Nr. 10, 3
472. Schmerz und Leid als Konturen von Freiheit. Gedanken christl. Anthropologie, in: ZME 42 (1996) 217-232
473. Das letzte Wort mit einem teilen? Theo-poetolog. Reflexionen, in: Wege der Theologie: an der Schwelle zum dritten Jahrtausend (Hg. G. Riße/H. Sonnemans/B. Theß, FS H. Waldenfels), Paderborn 1996, 17-26
474. Ich und Wir. Philosophisches zu Person und Beziehung, in: KthB 97 (1996) 444-455
475. Prova per esperienza? in: Narp 15 (1996) Nr. 2(58), 12-29
476. Dem Einen zugewandt. Glaubensgemeinschaft im akadem. Raum, in: Denken + Glauben. 50 Jahre Kath. Hochschulgemeinden und Kath. Hochschuljugend Österreichs (Hg. H. Schnuderl), Graz 1996, 7-30
    vorher (ohne Fußnoten) in: Denken + Glauben (Graz) Nr. 85 (1996) 3-8
    Nachdruck (verbessert): ... (und alles andere dazugegeben?), in: Theresianum, Schulnachrichten 77, Mainz 1997, 63-76
477. "Die Würde der Person ist unantastbar". Ein Votum christl. Philosophie, in: Kiedricher Psychiatrietagung am 15. 9. 1996 am St.Valentinus-Krankenhaus, (Mskr.) 7-14.
478. Anfangen, in: ZME 42 (1996) 309-311
479. "Feliz por tocar o próprio fundamento da religião". Novamente sobre o tema "filosofia christã" - com referência à *Lettre* de Maurice Blondel (1896), in: Theologica, 2.ª Série, 31,2 (1996) 355-375

Rezensionen:

267. Klassiker der Religionsphilosophie (Hg. F. Niewöhner), in: ThRv 92 (1996) 259
268. F. Mennekes, Künstlerisches Sehen und Spiritualität, in: ThPh 71 (1996) 306-308
269. G. Adler, Die Engel des Lichts, ebd. 308-309
270. Religionsphilosophie und spekulative Theologie. Der Streit um die göttlichen Dinge (1799-1812)

sowie Quellenband (Hg. W. Jaeschke), ebd. 442-444
271. Facetten der Wahrheit (Hg. E. Garzón/R. Zimmerling, FS M. Wewel), ebd. 455-457
272. "Landschaft aus Schreien" (Hg. J. B. Metz), ebd. 464-465
273. Von Gott reden in säkularer Gesellschaft (Hg. E. Coreth/W. Ernst/E. Tiefensee, FS K. Feiereis), ebd. 609-611
274. Autonomie und Verantwortung (Hg. K. Lehmann/H. Maier), ebd. 611-612
275. Zur Theorie des Opfers (Hg. R. Schenk), ebd. 617-619
276. H. Geißler, Gewissen und Wahrheit bei John Henry Kardinal Newman, in: ThLZ 121 (1996) 1190f

1997

480. Ein gutes Wort uns armen Menschen? Gedanken eines Laien über das, was seinesgleichen not täte - und wohl, in: "Den Armen eine frohe Botschaft" (Hg. J. Hainz/H.- W. Jüngling/R. Sebott, FS Bischof F. Kamphaus), Frankfurt/M. 1997, 3-22
481. Philosophie für künftige Seelsorger, in: "Philosophie und Theologie in Sankt Georgen." Summary Philos.-Theolog. Abendgespräch vom 22. 01. 1997 (Msk.), 4-5
482. "Genug ist nicht genug" - Anspruch auf Glück? in: KthB 98 (1997) 74-78
483. Philosophische Gedanken zum Fallbericht (von einer Schwangerschafts-Begleitung unter Hirnversagen), in: ZME 43 (1997) 69-75
     Nachdruck in: Plexus 6 (1998) 4, 44-47
484. Angst - Vertrauen - Geborgenheit, in: KthB 98 (1997) 193-199
485. Glauben, in GuL 70 (1997) 242-244
486. Marriage as seen by Christian Anthropology, in: Christian Marriage today (ed. K. Demmer/A. Brenninkmeijer-Werhahn), Washington, D.C. 1997, 13-24 (= 459)
487. Erfahrungsbeweis?, in: Erfahrung - Geschichte - Identität (Hg. M. Laarmann/T. Trappe, FS R. Schaeffler), Freiburg 1997, 31-49 (= 475)
488. Leiblichkeit als Kontur von Freiheit, in: Psychoonkologie (Hg. W. Seidel/P. Reifenberg), Mainz 1997 (Materialien Erbacher Hof, 3/97; Msk.-Druck) o.S. (9 S.)
489. "Person und Funktion", in: ThPh 72 (1997) 360-380
490. Selbstdenken und Pietät, in: Wegbereiter Europas. Peter Wust-Preisverleihung '97 an Pierre Werner (Kath. Akademie Trier/Christl. Erwachsenenbildung Merzig), 7-13.
491. Mann. I. Anthropologisch, in: LthK; VI 1271-1272
492. Mit dem Herzen sehen. Klugheit als christl. Tugend, in: IkaZ 26 (1997) 385-395
493. Bild des Unsichtbaren. Eine christl. Ikonologie im Anschluß an Hans Urs von Balthasar, in: Unter Argusaugen (Hg. G. Held/C. Hilmes/D. Mathy), Würzburg 1997, 214-234
494. Voir avec le cœur: être intelligent est une vertu, in: Communio 22 (1997) 6, 45-58 (= 492)
495. Balme. Blick und Ausblick, in: Winfried Kirches Bande, Obstallation Balme (Katalog), Köln/Overath 1997, 72-76
496. Heilssorge und Sorge um das Heilige, in: ZME 43 (1997) 291-299
497. Ver con el corazón. La prudencia como virtud cristiana, in: Communio II/19 (1997) 372-382 (= 492)

Rezensionen:
277. R. Schaeffler, Erfahrung als Dialog mit der Wirklichkeit, in: LebZeug 52 (1997) 69-70
278. J. Pieper, Schriften zur philosophischen Anthropologie und Ethik: Das Menschenbild der Tugendlehre, ebd. 77

279. F. d. Vitoria, Vorlesungen (Relectiones) I, in: MthZ 48 (1997) 87-88
280. H. Waldmann, Aufsätze zu Religionsgeschichte und Theologie, in: ThRv 93 (1997) 335-337
281. Das Tun, der Glaube, die Vernunft (Hg. A. Raffelt/P. Reifenberg/G. Fuchs), in: ThPh 72 (1997) 133-134
282. Krise der Immanenz (Hg. H.-J. Höhn), ebd. 143-144
283. K. L. Schmitz, Das Geschenk des Seins: die Schöpfung, ebd. 144-145
284. M. Bongardt, Der Widerstand der Freiheit, ebd. 145-147
285. M. Schniertshauer, Consummatio Caritatis, ebd. 276-278
286. K. Hemmerle, Auf den göttlichen Gott zudenken; Unterwegs mit dem dreieinigen Gott, ebd. 308-309
287. J. Heumann/W. E. Müller, Auf der Suche nach der Wirklichkeit, ebd. 309-311
288. H.-B. Gerl-Falkovitz, Die zweite Schöpfung der Welt, ebd. 416-417
289. G. W. F. Hegel, Vorlesungen: Geschichte der Philosophie III, ebd. 423-424
290. G. W. F. Hegel, Vorlesungen: Philosophie der Weltgeschichte, ebd. 424-425
291. J. Schmidt, "Geist", "Religion" und "absolutes Wissen", ebd. 427-428
292. Lange Irrfahrt - große Heimkehr (Hg. G. Fuchs), ebd. 445-446
293. H. R. Schlette, Mit der Aporie leben, ebd. 448-450
294. Angesichts des Leids an Gott glauben? (Hg. G. Fuchs), ebd. 450-453
295. R. Spaemann, Personen, ebd. 453-456
ähnlich in: INTAMS rev. 4 (1998) 237-238
296. L. Koelle, Paul Celans pneumatisches Judentum, in: ThPh 72 (1997) 613-617
297. Abschied von der Schuld? (Hg. R. Riess), ebd. 622-624

1998

498. Antigottesbeweis?, in: ThPh 73 (1998) 84-89
499. Menschenwürde? Überlegungen christl. Philosophie in zehn Punkten, in: Clemens August Graf von Galen (Hg. J. Kuropka), Münster 1998, 83-94
500. Vor uns die Wüste? Kirche in Deutschland, in: KthB 99 (1998) 162-171
501. Denker des Herzens. Zu Augustinus' Liebes-theo-logie, in: EuA 74 (1998) 107-120
502. Religion (Philosophie de la), in: Dictionnaire critique de Théologie (Hg. J.-Y. Lacoste), Paris (Presses univ. de France) 1998, 981-985
503. Hoffen, in: GuL 71 (1998) 161-164
504. "Die Christenheit oder Europa"?, in: Edith Stein Jahrbuch 4 (Das Christentum 1), Würzburg 1998, 437-447
505. Spiel 1. Philosophisch, in: Lexikon der Bioethik III 417-418
506. Geheimnis, in: Glauben leben 74 (1998) 230-231
507. Der Mensch als Antwort, in: Christlicher Glaube in der Begegnung mit dem Hinduismus (Hg. A. Bsteh), Mödling 1998, 347-373 (374-430 Diskussion)
Wortmeldungen: 167f, 231-233, 235f, 276f, 302f, 341f, 462f, 469, 523
508. Sich dem Unendlichen annähern? Anmerkungen aus philos. Perspektive, in: Annäherungen an die Unendlichkeit. Kunsttage Dreieich (Hrsg. Magistrat. Städt. Galerie [R. Chariot]), Dreieich 1998, 12-13
509. Die Frage nach dem Menschen. Christl.-philos., in: Pädagogische Woche 1997 - Ge*bild*et? Christliches Menschenbild und Schule (Hg. Generalvikariat, Hauptabt. Schule/-Hochschule) Köln 1998, 11-28
510. Bei Nikolaus Cusanus in der Schule, in: LebZeug 53 (1998) 219-227
511. Dem Gott-Menschen begegnen, in: Zeit-Geschichte und Begegnungen (Hg. G. Riße, FS B. Neumann), Paderborn 1998, 149-157

512. Weltethos - doch wie?, in: KthB 99 (1998) 495-501
leicht erweitert: Karl-Rahner Akademie (Ausgew. Vorträge), Köln 1998, 13 S.
513. "Ich schließe meinen Bund zwischen dir und mir" (Gen 17, 7). Personale und geschichtl. Elemente monotheistischer Gotteserfahrung, in: Religionen unterwegs (1998) 4, 10-15
514. Dank Feiern, in: Medizin u. Ideologie 20 (1998) 4, 13-15
515. Endlichkeit - Ganzheit - Augen-Blick. Kleine philos. Konturen-Lehre, in: Jb. f. Philos. des Forschungsintituts f. Philos. Hannover 10, 1999 (1998) 121-134

Rezensionen:
298. Vom Rande her? (Hg. K.-P. Pfeiffer, FS H. R. Schlette), in: LebZeug 53 (1998) 79-80
299. J. Seifert, Gott als Gottesbeweis, in: ThPh 73(1998)134-137
300. A. Kreiner, Gott im Leid, ebd. 137-142
301. Beginn, Personalität und Würde des Menschen (Hg. G. Rager), ebd. 144-147
302. Personenkult und Heiligenverehrung (Hg. W. Kerber), ebd. 295-297
303. J. Valentin, Atheismus in der Spur Gottes, ebd. 297-299
304. A. Bösl, Unfreiheit und Selbstverfehlung, ebd. 448-449
305. F. Reitinger, Schüsse, die ihn nicht erreichten, ebd. 456-458
306. M. Henry, "Ich bin die Wahrheit", ebd. 466-469
307. J. Holdt, Hugo Rahner, ebd. 599-601
308. Fundamentaltheologie - Fluchtlinien und gegenwärtige Herausforderungen (Hg. K. Müller) , ebd. 606-609
309. Religionskritik in interkultureller und interreligiöser Sicht (Hg. H. R. Schlette), ebd. 611-612
310. H. Waldenfels, Gottes Wort in der Fremde, ebd. 612-613
311. B. Claret, Geheimnis des Bösen; ders. Hoffnung in einer zerbrochenen Welt, ebd. 618-620
312. A. Biesinger/G. Braun, Gott in Farben sehen, ebd. 620-621
313. Entgegen (Hg. A. Kölbl/G. Larcher/J. Rauchenberger), ebd. 621-623
314. F. d. Vitoria, Vorlesungen (Relectiones) II, in: MthZ 49 (1998) 185-186

1999

516. Anthropologische Überlegungen zum Verhältnis von Mann und Frau, in: Frauen in der Kirche (Hg. G. L. Müller), Würzburg 1999, 126-140
Übers.: spanisch (2000)
517. Christliche Spiritualität in säkularer Welt, in: Ordenskorr. 40 (1999) 53-63
518. Krankheit als Anruf, in: Krankendienst 72 (1999) 50-54
519. Sich ergreifen lassen, in: KthB 100 (1999) 67-74
520. "Gentleman und Christ". Ein Bild geglückten Menschseins bei Josef Pieper, in: Die Wahrheit und das Gute (Hg. H. Fechtrup/F. Schulze/Th. Sternberg), Münster 1999, 51-74
521. Der Mensch zwischen Sozialität und Individualität. Das Wesen der Mitte; Verlockung durch die Extreme, in: Moralische Indifferenz (Hg. E. J. M. Kroker/B. Dechamps), Frankfurt/M. 1999, 51-67
522. "IN-FINI" - Hinab ins Endliche. Unendlichkeit in bibl.-christl. Perspektive, in: LebZeug 54 (1999) 64-71
523. Religion lebt im Wort. Das Unsagbare verbietet Nichtssagendes, in: IkaZ 28 (1999) 35-47
524. Lieben ist Freigebigkeit und Entzücken, in: GuL 72 (1999) 197-200
525. Geheimnis, in: ZME 45 (1999) 82-83 (= 506 korr.)

526. Philosophische Anmerkungen [zu Wahrheit, Freiheit und Recht] in: Festschrift zum 100. Stiftungsfest der KDStV Nibelungia Brünn zu Darmstadt im CV, Darmstadt 1999, 40-44
527. Autorität. Philosophisches zu einem Reizwort, in: IkaZ 28 (1999) 137-147
528. Homo ludens. Über Freiheit als Gelassenheit, in: Aktive Gelassenheit (Hg. E. Kim/E. Schadel/U. Voigt, FS H. Beck), Frankfurt/M u. a. 1999, 485-501
529. Umbruch als Chance. Sinnkrise als menschliche Situation, in: LebZeug 54 (1999) 125-133
    Christen in unserer Zeit des Umbruchs, in: Mitteilungsblatt Cartell Rupert Mayer, Frankfurt/M. 2000/1, 9-21
530. Diaspora heute. Philos. Gedanken, in: Diaspora: Zeugnis von Christen für Christen. 150 Jahre Bonifatiuswerk der deutschen Katholiken (Hg. Bonifatiuswerk [G. Riße/C. A. Kathke]), Paderborn 1999, 445-458
531. Zur personalen Identität (praxeologisch), in: ThPh 74 (1999) 230-235
532. "Realsymbol". Zur Anthropologie des Sakramentalen, in: Raum-zeitliche Vermittlung der Transzendenz (Hg. G. Oberhammer/M. Schmücker), Wien 1999, 325-351
533. Brief statt Kritik (zu M. v. Chranach/A. Ammann, Die Annahme der Willensfreiheit...), in: EuS 10 (1999) 318
534. Duchowo chrzecijaska na pustyni zsekularyzowanego wiata, in: Homo Dei 69 (1999) Nr. 3 (252) 7-22 (= 517)
535. Des Unendlichen fähig?, in: ZEM 45 (1999) 155-156
536. Zur Ethik der Todesbotschaft, in: Zentralbl Chir 124 (1999) 140-145
537. Christliche Existenz, in: KthB 100 (1999) 353-358
538. Ist Gott gut, wenn wir leiden müssen?, in: KthB 100 (1999) 440-447
539. Einem Text begegnen, in: Jb. Relwiss u Theol. d. Religionen 7/8 (1999/2000) (Hg. A. Th. Khoury, FS P. Bsteh) 40-53
540. Freiheitsgrund Transzendenz, in: ThPh 74 (1999) 545-556
541. Sucht als Gefahr endlicher Freiheit, in: ZME 45 (1999) 259-269
542. Der Mensch als Person. Würde und Verantwortlichkeit als Grundbestimmungen abendländischen Selbstverständnisses, in: ZME 45 (1999) 326-328
543. "Gekreuzigt auf dem Kreuz der Zeit". Simone Weil: Liebe im Unglück, in: ThGl 89 (1999) 477-493
544. Die Freiheit des Menschen, in: Deb 29 (1999) Nr. 6, 17-18

Rezensionen:

315. Ch. Reemts, Vernunftgemäßer Glaube, in: GuL 72 (1999) 155-156
316. Homo naturaliter religiosus (Hg. F. Stolz), in: ThRv 95 (1999) 110-111
317. Mit Gott streiten (Hg. H. Wagner), in: ThPh 74 (1999) 140-142
318. X. Tilliette, Philosophische Christologie, ebd. 146-148
319. E. Feil, Religio. Bd. II, ebd. 273-174
320. B. Casper, Das Ereignis des Betens, ebd. 306-307
321. An-Denken (Hg. E. Möde/F. Unger/K. Matthäus, FS E. Biser), ebd. 307-308
322. Bilderverbot (Hg. M. J. Rainer/H.-G. Janßen), ebd. 308-309
323. Gott-Bild. Gebrochen durch die Moderne? (Hg. G. Larcher, FS K. M. Woschitz), ebd. 309-311
324. Glaube Hoffnung Liebe Tod (Hg. Chr. Geissmar-Brandi/E. Louis), ebd. 311-313
325. G. W. F. Hegel, Vorlesungen über die Philosophie der Kunst (1823), ebd. 434-436
326. Natur und Person im ethischen Disput (Hg. M. Dreyer/K. Fleischhauer, FS L. Honnefelder), ebd.

468-470
327. G. Brüske, Anruf der Freiheit, ebd. 472-474
328. Heute von Gott reden (Hg. J. Beutler/E. Kunz), ebd. 609-610
329. Reflektierter Glaube (Hg. H.L. Ollig/O. J. Wiertz , FS E. Kunz), ebd. 611-612
330. S. Sandherr, Die heimliche Geburt des Subjekts, ebd. 612-614
331. Emmanuel Levinas - eine Herausforderung für die christliche Theologie (Hg. J. Wohlmuth), ebd. 614-615
332. Sinnsuche und Lebenswenden (Hg. G. Biemer/L. Kuld/R. Siebenrock), ebd. 627-628
333. B. Sill, Ethos und Thanatos, in: ZME 45 (1999) 337-338

2000

545. Bestimmung des Einzelnen zur Selbst- und Mitverantwortung für das Wohl der Gemeinschaft, in: Das Menschenbild der freien Gesellschaft (Hg. E. J. M. Kroker/B. Dechamps), Frankfurt/M: 1999, 65-83
546. "Ich schließe meinen Bund mit euch" (Gen 9, 9). Zur Eigengestalt biblisch-christlicher Gotteserfahrung, in: KthB 101 (2000) 8-21
547. Leben auf Zeit. Panik vor dem Ende oder Grenze als Chance, in: Denken + Glauben Nr. 104 (Jan./Febr. 2000) 3-7
548. Von der Wahrheit Zeugnis geben, in: EuA 76 (2000) 30-33
549. "Fides et Ratio". Philosophisch gelesen, in: MthZ 51 (2000) 63-79
550. Den Anderen leiden mögen? Annahme des Anderen, in: Leid im Krankenhaus - wer hilft mir?. Ethisches Seminar (Hg. St. Joseph-Krankenhaus, K. Schaefer), Berlin 2000, 6-13.
551. Zum Thema: "Europa - die Religionen und der Atheismus", in: Annals of the European Academy of Sciences and Arts. Vol. 24 Nr. X: Interreligious Dialogues. Christians, Jews, Muslims., Wien 2000, 129-140
552. Nietzsche - Skeptiker, Psychologe, Antichrist? Gedanken eines herausgeforderten Christen, in: LebZeug 55 (2000) 105-119
553. "Erfüllt mit einer so äußersten Freude". René Descartes (1596-1650) als Denker vor Gott, in: ThPh 75 (2000) 236-249
554. Miteinander Zuspruch empfangen, in: Lust am Leben. Die katholische Studentengemeinde Dresden (Hg. E. Prause/J. Klose), Leipzig 2000, 182-183
555. Bildwerden. Anthropo-theo-logisch, in: Bild Gottes - Bild des Menschen (Hg. Erbacher Hof: Materialien 3/2000) 1-14
556. "... ein Gespräch wir..." Der Mensch als dialogisches Wesen, in: Begegnungen mit psychisch Kranken (Hg. H.-J. Bochnik/W. Oehl), Sternenfels 2000, 247-253
557. Jeder Mensch hat ein Gewissen, in: Porta 65 (2000/1) 16-20
558. Sein Recht wahrnehmen oder sollen dürfen? Außenseiter-Gedanken, in: ZME 46 (2000) 143-146
559. Der Mensch als Zukunftswesen. Entwürfe und Modelle, in: Die Weltreligionen der Zukunft - Tendenzen und Entwürfe (Hg. B. Mensen), St. Augustin 2000, 9-27
560. Glauben wir an "drei Götter"? in: Kirche heute 11/2000, 16-17
561. Person im Gespräch - August Brunner, in: Schule des Denkens (Hg. J. Oswald), Stuttgart 2000, 137-153
562. Lewis, Clive Staples, in: Metzler Lexikon christlicher Denker (Hg. M. Vincent), Stuttgart 2000, 435

563. Personalität uns Sexualität. Menschsein mit Leib und Leben, in: Mitteilungen/Veröffentlichungen des Bundes kath. dt. Akademikerinnen, 76. Folge (Dez. 2000) 3-17

Rezensionen:

334. H. D. Rauh, Heilige Wildnis, in: StZ 218 (2000) 71-72
335. M. Jung, Erfahrung und Religion, in: ThPh 75 (2000) 135-138
336. C. Valverde, Der Mensch als Person, ebd. 140-142
337. M. Hofer, Nächstenliebe, Freundschaft, Geselligkeit, in: INTAMS rev. 6 (2000) 127-128
338. Kontinuität der Person (Hg. R.Schenk), ebd. 128-129
339. Grundkurs Philosophie. Bd. 1-10, in: ThRv 96 (2000) 149-150
340. W. Ertl, Kants Auflösung der "dritten Antinomie", ebd. 151-152
341. M. Türk, Offenbarung und Struktur, in: ThPh 75 (2000) 294-295
342. G. Rombold, Ästhetik und Spiritualität, ebd. 306-308
343. M. Müller, Macht und Gewalt, ebd. 451-452
344. Die philosophische Gottesfrage am Ende des 20. Jahrhunderts (Hg. H. M. Baumgartner/H. Waldenfels), ebd. 466-468
345. L. Gadient, Wahrheit als Anruf der Freiheit, ebd. 468-470
346. M. M. Thomé, Existenz und Verantwortung, ebd. 473-474
347. Philosophie in synthetischer Absicht/Synthesis in Mind (Hg. M. Stamm), in: ThRv 75 (2000) 436-438

Betreute Untersuchungen[2]

A. Philosophische Dr.-Dissertationen (Hochschule f. Philosophie, München)

1. Seri Phongphit, The Problem of Religious Language. A Study of Buddhadasa Bhikku and Ian Ramsey as Models for a Mutual Understanding of Buddhism and Christianity. WS 1977/78
2. Peter-Otto Ullrich, Immanente Transzendenz. Georg Simmels Entwurf einer 'nach'-christlichen Religionsphilosophie. WS 1979/80
3. Ina Fuchs, "Homo apostata". Die Entfremdung des Menschen. Philosophische Analysen zur Geistmetaphysik F. M. Dostojewskijs. SS 1987
4. Hubert Lenz, Mut zum Nichts als Weg zu Gott. Chance und Grenze von Bernhard Weltes religionsphilosophischen Anstößen zur Erneuerung des Glaubens. SS 1988
5. Thomas Steinherr, Der Begriff "Absoluter Geist" in der Philosophie G. W. F. Hegels. WS 1991/92
6. Gi Chol Kwon, Menschsein als gerufene Freiheit. Der Sinn der Freiheit des Menschen bei Bernhard Welte und eine mögliche Deutung seines Denkens aus der Sicht Laotzus. WS 1994/95
7. Markwart Herzog, "Descensus ad inferos". Eine religionsphilosophische Untersuchung der Motive und Interpretationen mit besonderer Berücksichtigung der monographischen Literatur seit dem 16. Jahrhundert. SS 1995
8. Marko Kleiber, "Kunst und Mythos" bei Georg Picht: Ihre Bedeutung für die Frage des Menschen nach Wahrheit und Wirklichkeit. SS 1996
9. Thomas Schumacher, Trinität. Zur Interpretation eines Strukturelements Cusanischen Denkens. SS 1997

B. Theologische Dr.-Dissertationen (PTH Sankt Georgen, Frankfurt/M.)

10. Peter Hofmann, Glaubensbegründung. Neuere Entwürfe der Fundamentaltheologie bei J. B. Metz, W. Pannenberg und C. Boff, Karl-Otto Apels "Transformation der (Fundamental)Philosophie" und das Programm einer "transformierten" Fundamentaltheologie. SS 1987
11. Kurt Anglet, Zur Phantasmagorie der Tradition. Nietzsches Philosophie zwischen Historismus und Beschwörung. Eine Studie auf der Grundlage der zweiten und dritten Unzeitgemäßen Betrachtung. WS 1987/88
12. Günter Kruck, Hegels Religionsphilosophie der absoluten Subjektivität und die Grundzüge des spekulativen Theismus Christian Hermann Weißes. SS 1993
13. Stefan Raueiser, Schweigemuster. Über die Rede vom Heiligen Schweigen. WS 1995/1996
14. João Manuel Correia Rodrigues Duque, Die Kunst als Ort immanenter Transzendenz. Zu einer fundamentaltheologischen Rezeption der Kunstphilosophie Hans-Georg Gadamers. SS 1996

[2] Nicht aufgeführt sind 60 philosophische Magister- und sechs theologische Diplomarbeiten.

Autorinnen und Autoren der Festschrift

ALOIS JOH. BUCH, geb. 1951; Studium der Philosophie (Prom.), Theologie (Dipl.) u. Pädagogik; 1981-86 Geschäftsführer des Cusanuswerks (in Akademien Kooperation mit J. Splett); 1986-1992 Generalsekretär Missio - Aachen; seither in der Wirtschaft tätig. - 1982-1986 Lehrbeauftragter für Didaktik des Religionsunterrichts an der RWTH Aachen; seit 1985 Dozent für Moraltheologie am Priesterseminar St. Lambert, Lantershofen; zusammen mit J. Splett seit 1989 Mitwirkung in der Zeitschrift für medizinische Ethik / Arzt und Christ, derzeit als Mitherausgeber.

LUCIA CORS, geb. in Karlsburg/Schlesien, 1945 Flucht und Übersiedlung nach Westfalen, Abitur, Fachstudium für Deutsch, Religion und Kunst, Realschullehrerin, lebt in Paderborn.- Bekanntschaft mit Prof. Dr. Jörg Splett durch Tagungen, bes. durch Gespräche über Lyrik.

ADRIENNE DÜNNBIER, geb. 1967 in München. Schule in München. Abitur: 1986. Nach einem freiwilligen sozialen Jahr Studium an der Hochschule für Philosophie SJ in München. Dort Abschluß mit dem Magister 1991 mit einer Arbeit über Werner Bergengruen bei Jörg Splett. 2000 Promotion an der LMU München bei W. Beierwaltes mit der Arbeit: "Das Verlangen nach dem Prinzipiellen. Überlegungen im Ausgang von E. Coreths 'Grundbegriffe der Metaphysik'".

HANNA-BARBARA GERL-FALKOVITZ, Studium der Philosophie, Germanistik und Politischen Wissenschaften in München und Heidelberg. Promotion 1970 bei Ernesto Grassi, Habilitation 1979. Studienleiterin auf Burg Rothenfels/Main. Seit 1993 Professur für Religionsphilosophie und vergleichende Religionswissenschaft an der TU Dresden, Schwerpunkte: Religionsphilosophie des 19. und 20. Jhs; Anthropologie der Geschlechter, theologische Grundlegung der Neuzeit; Phänomenologie; Forschungen insbesondere zu Romano Guardini, Edith Stein und zur philosophischen Frauenfrage. - Die Bekanntschaft mit dem Jubilar datiert noch aus der Münchner Zeit, als ab 1975 beide immer wieder Referenten beim "Theatiner-Kreis" waren und Frau Gerl-Falkovitz den Jubilar zu mehreren Tagungen nach Burg Rothenfels einlud.

MARKUS VON HAGEN, geb. 1956. Studierte in Marburg und München Germanistik, Kunstgeschichte (Abschluß mit dem Magister) und Philosophie, letzteres mit Schwerpunkt Religionsphilosophie bei Jörg Splett an der Hochschule für Philosophie SJ (ebenfalls Abschluß mit dem Magister). Nach einem sozialen Jahr in Wien zog er nach Münster, wo er seit 1993 als Kabarettist sowie in der Erwachsenenbildung arbeitet. Des weiteren ist er als Rezitator und Sprecher tätig, unter anderem in der Westdeutschen Blindenbücherei.

EHRHARD KUNZ, geb. 1934 in Gehlert (Westerwald). 1954 Eintritt in die Gesellschaft Jesu. Studium der Philosophie in Pullach und der Theologie in Frankfurt St. Georgen sowie in Rom an der Gregoriana. Dort 1968 Promotion in Theologie. Seitdem lehrt er (zunächst als Dozent und dann) als Professor für theologische Dogmatik an der Theologisch-Philosophischen Hochschule St. Georgen in Frankfurt. Er ist Teilnehmer am sogenannten "Splettkreis", einem Gesprächskreis von Kollegen, der sich regelmäßig bei Jörg Splett zuhause trifft.

HUBERT LENZ, geb. 1952 in Kassel. Nach dem Abitur Eintritt in die Gemeinschaft der Pallottiner. Nach dem Noviziat Studium in Untermerzbach und Vallendar. 1978 Abschluß mit dem Diplom und Priesterweihe. Nach vier Kaplansjahren in Augsburg und Limburg Studium in München an der Hochschule für Philosophie SJ, das er mit der Promotion bei Jörg Spett abschloß, und zwar mit einer Arbeit über Bernhard Welte. Seit 1988 ist er Dozent und seit 1992 Professor für Philosophie an der Philosophisch-Theologischen Hochschule der Pallottiner in Vallendar.

PETER MIES, geb. 1953 in Hamburg. Ab 1974 Studium an der phil.-theol. Hochschule St. Georgen in Frankfurt am Main. Dort fruchtbare und inspirierende Auseinandersetzung mit dem Denken von Jörg Splett. Abschluß mit dem Diplom in Theologie und einer von Jörg Splett begleiteten Arbeit über die Theodizeefrage. 1980 Priesterweihe in Osnabrück. Nach den Kaplansjahren Jugendseelsorger für Schleswig-Holstein und Studentenpfarrer in Kiel. Ab 1990 Pfarrer in Hamburg-Blankenese. Ab 1996 zusätzlich die Leitung der kath. Privatschulen in Hamburg als Vorsitzender des dortigen Kirchengemeindeverbandes. 1999 Päpstlicher Ehrenkaplan.

BERNHARD NEUMANN, geb. 1928 in Seitendorf/Schlesien; Abitur 1946 in Limburg und Eintritt in die Gemeinschaft der Pallottiner; Studien in Olpe, Vallendar und Rom, dort 1954 Priesterweihe und 1957 an der Gregoriana Promotion in Theologie bei J. Alfaro SJ; 1957-1964 Dozent für Dogmatik an der Theol. Hochschule Vallendar und, nach religionswissenschaftlichen Studien in Marburg, von 1965 bis zur Emeritierung 1996 Dozent bzw. Professor für Religionswissenschaft. 1967-1984 Generalsekretär der Akademischen Bonifatius-Einigung in Paderborn und Schriftleiter von deren Zeitschrift "Lebendiges Zeugnis" 1967-1993. Berater bei der Gemeinsamen Synode der Bistümer in der Bundesrepublik Deutschland 1972-1975 und beim ZdK 1978-1996. Von 1985-1997 auch Gemeindeseelsorger.

JOSEF SCHMIDT, geb. 1946 in Erlangen. 1966 Eintritt in die Gesellschaft Jesu. Studium der Philosophie in Pullach und München an der Hochschule für Philosophie SJ. Hier war Jörg Splett sein Lehrer, dessen Denken ihn bleibend beeinflußt hat. 1976 Promotion an der LMU München bei Hermann Krings mit einer Arbeit über Hegel und Trendelenburg. 1976-1980 Studium der Theologie in Rom. 1978 Priesterweihe.

Lehrt seit 1980 in München an der Hochschule für Philosophie SJ. Nach seiner Habilitation mit einer Arbeit über Hegels "Phänomenologie des Geistes" wurde er 1996 dort Professor für Geschichte der Philosophie und Philosophische Gotteslehre.

JAN SCHMIDT-GARRE, geb. 1962 in München. Philosophie-Studium an der Hochschule für Philosophie SJ in München bei Albert Keller, Friedo Ricken und Jörg Splett. 1986 Magister über Richard Wagner. Regie-Studium an der Filmhochschule München. Regieassistenzen an Theater und Oper u.a. bei Rudolf Noelte, Jean-Pierre Ponelle und David Esrig. Musikstudium bei Sergiu Celibidache. Dozent für Regie an der Theaterakademie Burghausen. - Filme u.a.: "Celibidache - Man will nichts, man läßt es entstehen", "Bruckners Entscheidung", "Belcanto - Die Tenöre der Schellackzeit" (13 Teile), "Opera Fanatic", "Aida's Brothers and Sisters", "Suite of Multiple Attitudes" (Tanzfilm). Preise u.a.: Nominierung zum Deutschen Filmpreis, Chicago Filmfestival, Columbus Filmfestival, Classique en images, Dokumentarfilmfestival München, Golden Prague.

LUDWIG SOUMAGNE, geb. 1927 in Norf. Nach dem Besuch der Oberrealschule, Kriegsdienst und Gefangenschaft wurde er Bäckermeister. Er lebt in Neuss-Norf, ist verheiratet und hat zwei Kinder. Internationale Preise für sein reiches lyrisches und dramatisches Werk in niederrheinischer Mundart. Übersetzungen in zahlreiche Sprachen und Dialekte. Mitglied im PEN. - Zur Beschäftigung des Jubilars mit Soumagnes Dichtung siehe u.a. J. Splett: Provinz als Weltmodell, in: VHS Neuss (Hg.), Ludwig Soumagne. Lyrik Dialoge Hörspiele, Neuss 1978

MARTIN SPLETT, geb. 1969 in München. Studium der Theologie in Mainz und Dublin. Nach dem Diplom 1995 Wissenschaftlicher Mitarbeiter am Lehrstuhl für Fundamentaltheologie und Religionswissenschaft bei Prof. Armin Kreiner in Mainz, seit Herbst 2000 am Ökumenischen Institut in Münster bei Prof. Dorothea Sattler. Unmittelbar vor Fertigstellung einer Dissertation über die rationale Rhetorik weltanschaulicher Dialoge am Beispiel der Debatte um die Existenz Gottes.

THOMAS SPLETT, geb. 1971 in Offenbach. Studium der Philosophie, Neueren Deutschen Literatur, Linguistik und Kunstgeschichte in Freiburg i. Br. und an der LMU München, Abschluß mit einer Arbeit über Heideggers Daseinsanalyse; nach Mitarbeit in einem von. D. Henrich geleiteten philosophiehistorischen Forschungsprogramm 2001 Promotion bei W. Vossenkuhl mit einer Arbeit über Ordnungs- und Regelbegriffe.

LUDWIG STEINHERR, geb. 1962 in München. 1984-1995 Studium der Philosophie an der Hochschule für Philosophie SJ. Hörer der Vorlesungen von Jörg Splett und Teilnehmer an seinen Seminaren. 1995 Promotion an der Hochschule mit einer

Arbeit über Hegel und Quine. Seitdem freier Schriftsteller. Insgesamt hat er sechs Gedichtbände veröffentlicht, zuletzt "Musikstunde bei Vermeer". Er hat mehrere Literaturpreise bekommen, so 1999 den "Buchpreis des Deutschen Verbandes Evangelischer Büchereien" und den "Hermann-Hesse Förderpreis".

THOMAS STEINHERR, geb. 1963 in München. 1982-1992 Studium an der Hochschule für Philosophie SJ München. Abschluß mit einer Promotion bei Jörg Splett über das Thema: "Der Begriff 'Absoluter Geist' in der Philosophie G. W. F. Hegels". Seit 1992 ist er Lektor beim St. Michaelsbund (Fachverband für katholische Bücherei- und Medienarbeit in Bayern). Seit 1993 nimmt er Lehraufträge wahr an der Philosophischen Fakultät der Katholischen Universität Eichstätt.

PETER-OTTO ULLRICH, geb. 1950 in Gießen/L.; Philosophiestudium an der Phil.-Theol. Hochschule St. Georgen und der Hochschule für Philosophie, München; 1981 Promotion mit einer Arbeit über Georg Simmels Religionsphilosophie; 1986-1989 Theologiestudium in St. Georgen, Frankfurt a.M., Abschluß Dipl.-Theol.; 1977-1985 Wissenschaftlicher Mitarbeiter an der Kath. Akademie Rabanus Maurus, Frankfurt a.M. und Wiesbaden; seit 1986 Stellv. Leiter der Abteilung Fortbildung im Bischöflichen Ordinariat Mainz.

THERESE ULRICH, geb. 1924 in Halle/S. Abitur, Universität (3 Sem. Botanik, Geschichte), "Totaler Krieg" (3 Jahre Lazarettdienst). Ab 1945 Studium der Kath. Theologie in Paderborn und Tübingen. Seit 1946 Mitglied der Hegge-Gemeinschaft, einer benediktinisch geprägten Kommunität, und Mitarbeit in deren "Christlichem Bildungswerk 'Die Hegge'" in Ostwestfalen. Dort Begegnungen mit Jörg Splett seit 1968.

Wissenschaftliche Paperbacks

Philosophie

Hans-Georg Gadamer

Die Lektion des Jahrhunderts

Ein philosophischer Dialog mit Riccardo Dottori. Redaktion: Silke Günnewig

Gadamers Hermeneutik des suchenden Gesprächs ermöglicht vielen Disziplinen der Geistes- und Sozialwissenschaften, Wege des fachlichen Erkennens mit historischen Sichtweisen zu verknüpfen. Seit "Wahrheit und Methode" (1960) rühmt man die von ihm geleistete "Urbanisierung der Heideggerschen Provinz" (Habermas). Versteht Gadamer jede Aussage als Antwort auf eine Frage, so ist Leben als Dialog neu zu verstehen.

"Lektion des Jahrhunderts" führt mitten in die philosophische Denkwerkstatt Hans-Georg Gadamers. Im Dialog mit seinem langjährigen Weggefährten und Übersetzer Professor Riccardo Dottori (Universität Rom) entfaltet sich Gadamers Philosophie.

Bd. 2, 2001, 168 S., 29,80 DM, br., ISBN 3-8258-5049-8

Philosophie: Forschung und Wissenschaft

Hubertus Mynarek

Mystik und Vernunft

Das Buch ist in jedem seiner zahlreichen Kapitel der Beweis für die These, dass ohne Aufklärung, ohne Vernunft jede Mystik, jede Spiritualität und Religiosität blind und dumm wird, dass aber umgekehrt ohne Mystik und Spiritualität jede Aufklärung, jede Art von Vernunfterkenntnis flach, eng und schwachbrüstig, trocken und leblos, ja oft lebenszerstörend und menschenvernichtend wirkt. Deshalb stellt dieses Buch den großangelegten Versuch dar, die beiden für echtes menschliches Leben absolut notwendigen, scheinbar gegensätzlichen Pole – Mystik und Vernunft – einer tragfähigen und fruchtbaren Synthese zuzuführen. Der Autor – Philosoph, Theologe, Religionswissenschaftler – erarbeitet seine weit ausgreifenden, grenzüberschreitenden, den herkömmlichen Wissenschafts- und Vernunftbegriff erweiternden Perspektiven vor allem auf der Basis der Psycho- und Sozioanalyse, der Physik, der Technik und Technokratie sowie der Phänomenanalyse von Angst und Glauben. Mit diesem Werk werden die Türen für geistiges Neuland, für neue Ideen, für mentale Originalität und Kreativität weit aufgestoßen.

Bd. 1, 2. überarb. u. erw. Auflage2001, 264 S., 39,80 DM, br., ISBN 3-8258-5312-8

Klaus Kornwachs

Logik der Zeit – Zeit der Logik

Eine Einführung in die Zeitphilosophie. Anhang mit Aufgaben/Lösungen

Bd. 2, 2001, 424 S., 69,80 DM, br., ISBN 3-8258-4787-x

Schriftenreihe der Josef Pieper Stiftung

Guido Rodheudt

Die Anwesenheit des Verborgenen

Zugänge zur Philosophie Josef Piepers

Den Unsicherheiten gegenwärtiger Sinnsuche setzt Josef Pieper die Philosophie als liebende Suche nach Weisheit entgegen. Sie führt zur Begegnung mit der Wahrheit des Seienden. Vollkommene menschliche Seinsteilhabe geschieht jedoch nicht in den Anstrengungen des Denkens, sondern in der unalltäglich-feiernden Verehrung des Wahren, Schönen und Guten. Die innere Bezogenheit von Denken und Sein vollendet sich in der kultischen Begegnung mit Gott. Dort begegnet der Mensch dem verborgenen Sinngrund der Welt. Allein in dessen Anwesenheit ist das Leben sinnvoll. In ihrem Staunen über die unauslotbare Fülle des Wirklichen und in ihrem Respekt vor der Realität des Verehrungswürdigen besitzt die Philosophie Josef Piepers höchste – wenn auch unzeitgemäße – Akutalität.

Bd. 1, 1997, 216 S., 39,80 DM, br., ISBN 3-8258-3486-7

Ralph McInerny

Vernunftgemäßes Leben

Die Moralphilosophie des Thomas von Aquin

Erstmalig vor fünfzehn Jahren erschienen, ist Vernunftgemäßes Leben (Eng.: Ethica Thomistica) weithin anerkannt als eine der vortrefflichsten Einführungen in die Moralphilosophie des hl. Thomas von Aquin. In dieser überarbeiteten Neuausgabe befaßt sich Ralph McInerny erneut mit den Grundwahrheiten von Thomas' Lehren und bietet einen kurzen, verständlichen, humorvollen sowie überzeugenden Abriß ihrer Grundlagen.

Bd. 3, 2000, 152 S., 29,80 DM, br., ISBN 3-8258-4973-2

Dokumentationen der Josef Pieper Stiftung

Hermann Fechtrup; Friedbert Schulze; Thomas Sternberg (Hrsg.)

Aufklärung durch Tradition

Symposion der Josef Pieper Stiftung zum 90. Geburtstag von Josef Pieper, Mai 1994 in Münster

Wenn angesehene Wissenschaftler aus verschiedenen Fakultäten – Philosophie, Theologie, Rechts- und Gesellschaftswissenschaften – auf einem Symposion zu Ehren des Philosophen Josef Pieper im traditionsreichen Rathaus der Stadt Münster zusammenkommen, werden sie kaum in Gefahr sein, sich um Sokrates statt um die Wahrheit zu kümmern. Durch kompetente Darstellungen der europäischen und christlichen Traditionen entwickeln sie Einsichten und Hypothesen über aktuelle Themen wie Muße und Freizeit, das Heilige, Menschenwürde, Glück, das Sittengesetz und staatliches Recht, Christentum und neuzeitliches Denken sowie, in einem Vortrag des neunzigjährigen Jubilars selbst, über Platons Konzeption der "gottgeschickten Entrückung". Vertreter von Kirche, Staat, Stadt und Universität steuern außerdem aufschlußreiche und ansprechende Würdigungen des Werkes Josef Piepers bei.
Bd. 1, 1995, 176 S., 29,80 DM, br., ISBN 3-8258-2370-9

Hermann Fechtrup; Friedbert Schulze; Thomas Sternberg (Hrsg.)
Sprache und Philosophie
Forum am 28. April 1995. Mit Beiträgen von Odo Marquard, Berthold Wald, Manfred Meiner, Josef Pieper
Philosophisches Denken vollzieht sich in Begriffen und Werten, ist mit der Sprache eng verbunden. Indem er diesem Denken konkrete Gestalt gibt, er sich im Text mitteilt, ist der Philosoph Schriftsteller. Josef Pieper hat in seiner Philosophie die Herausforderung eines verständlichen und klaren Ausdrucks angenommen und umgesetzt. In einem Forum im April 1995 wurde als erster der 8 Bände angelegten Gesamtausgabe der Werke Piepers der Band mit den "Schriften zum Philosophiebegriff" vorgestellt.
Odo Marquard reflektierte die schriftstellerische Verantwortung des Philosophen: Josef Pieper selbst legte Überlegungen über Grund und Quelle des gesprochenen Wortes aus der Tradition vor. Dessen Philosophie umriß der Herausgeber der Werkausgabe. Der Verleger steuerte Aspekte über die besondere Aufgabe, philosophische Texte herauszugeben, bei. Den Band beschließt eine Abhandlung über den Philosophierenden und die Sprache.
Bd. 2, 1996, 88 S., 19,80 DM, br., ISBN 3-8258-2611-2

Hermann Fechtrup; Friedbert Schulze; Thomas Sternberg (Hrsg.)
Nachdenken über Tugenden
Mit Beiträgen von Hanna-Renate Laurien, Josef Pieper und Berthold Wald
Auf der Suche nach gemeinsamen Orientierungen und Werten in einer auseinanderstrebenden Gesellschaft scheint die Lehre von Grundhaltungen des Handelns, wie sie die europäische Philosophie im System der Tugenden ausgebildet hat, von neuer Aktualität zu sein. Die Bücher zu den Grundtugenden Klugheit, Gerechtigkeit, Tapferkeit, Maß und zu Glaube, Hoffnung und Liebe haben den nunmehr 92jährigen Philosophen Josef Pieper aus Münster besonders populär gemacht und gehören zu seinen erfolgreichsten und am häufigsten übersetzten Schriften.
Die Aktualität der Tugendlehre wird in diesem Buch, das eine Tagung zur Vorstellung der Schriften in der neuen Werkausgabe dokumentiert, auf zweifache Weise beleuchtet: Hanna-Renate Laurien zeigt sie als Grundlage für Gesellschaft und Politik; Berthold Wald stellt sie in den Kontext der aktuellen philosophischen Ethik. Josef Pieper selbst spricht über die überraschende Entstehungsgeschichte seiner sieben Tugendschriften. Der Band wird beschlossen durch den Wiederabdruck eines Textes von Josef Pieper.
Bd. 3, 1997, 80 S., 19,80 DM, br., ISBN 3-8258-2948-0

Hermann Fechtrup; Friedbert Schulze; Thomas Sternberg (Hrsg.)
Die Wahrheit und das Gute
Zwei Tagungen der Josef-Pieper-Stiftung. Mit Beiträgen von Josef Pieper, Franz-Xaver Kaufmann, Jörg Splett, Klaus Müller u. a.
Philosophen und Sozialwissenschaftler befassen sich in jüngster Zeit mit dem Verhältnis zwischen Gesellschaft und Individuum. In der Bezogenheit des Denkens Josef Piepers auf das zur Verantwortung gerufene Individuum findet Franz-Xaver Kaufmann Anregungen für die Soziologie. Jörg Splett wertet die Lehre Piepers über die klassischen Tugenden zusammenfassend aus. Piepers Stellungnahmen zur Verbindlichkeit der Tradition konfrontiert Klaus Müller mit heutiger Fundamentaltheologie, um die Fragestellung zu vertiefen.
Bd. 4, 1999, 112 S., 29,80 DM, br., ISBN 3-8258-3830-7

Hermann Fechtrup; Friedbert Schulze; Thomas Sternberg (Hrsg.)
Zwischen Anfang und Ende
Nachdenken über Zeit, Hoffnung und Geschichte. Ein Symposium (Münster, Mai 1999) mit Beiträgen von J. T. Fraser, H. Lübbe, H. Maier, J. B. Metz, G. L. Müller, R. Saage
Zwischen Anfang und Ende: unter diesem Titel veranstaltete die JOSEF PIEPER STIFTUNG im Mai 1999 im traditionsreichen Rathaus der Stadt Münster ein dreitägiges Symposion, das wenige Monate vor der Jahrhundertwende zum Nachdenken über Fragen der Zeit. der Hoffnung und der Geschichte anregen wollte. Diese Schrift dokumentiert die Ansprachen und Referate.
Namhafte Philosophen und Theologen stell-

ten Fragen der Zeit in einen großen geistesgeschichtlichen Zusammenhang, blickten zurück auf Epochen der abendländischen Geschichte und Heilsgeschichte, reflektierten die Gegenwart mit ihren veränderten Zeiterfahrungen und gaben, nach dem "Ziel der Zeit im Umbruch der Weltbilder" (Johann-Baptist Metz) fragend, Antworten aus der christlichen Botschaft.
Wie mit den vorhergehenden Bänden dieser Schriftenreihe erinnert die Stiftung auch mit diesem Band 5 an den münsterischen Philosophen Josef Pieper, den Namensträger der Stiftung, der die im Symposion erörterten Fragen zeitlebens bedacht und in seinen Schriften behandelt hat.
Bd. 5, 2000, 152 S., 34,80 DM, br., ISBN 3-8258-4338-6

Münsteraner Vorlesungen zur Philosophie

herausgegeben von Prof. Dr. Kurt Bayertz, Prof. Dr. Ludwig Siep, Prof. Dr. Thomas Leinkauf, Dr. Michael Quante und Dr. Marcus Willaschek (Philosophisches Seminar, Westfälische Wilhelms-Universität Münster)

Marcus Willaschek (Hrsg.)
Ernst Tugendhat: Moralbegründung und Gerechtigkeit
Vortrag und Kolloquium in Münster 1997
Dieser Sammelband ist das Ergebnis einer zweitägigen Veranstaltung, die im April 1997 mit Ernst Tugendhat am Philosophischen Seminar der Westfälischen Wilhelms-Universität in Münster stattgefunden hat. Grundlage des anvisierten Diskurses zwischen Lehrenden und Studierenden war ein Vortrag sowie diverse Texte Tugendhats, in welchen sein Moralbegriff, seine Konzeption der Begründung einer moralischen Praxis und seine These, daß die Struktur einer solchen Moralbegründung einen egalitären Gerechtigkeitsbegriff impliziere, im Mittelpunkt standen. Der Durchdringung und Problematisierung des dargelegten moralphilosophischen Konzeptes dienten thematisch zugespitzte Kurzvorträge aller Teilnehmergruppen, welche Anlaß zu einem intensiven und vertiefenden Dialog im Plenum gaben. Die geringfügig überarbeiteten Einzelbeiträge sind so das Resultat einer engen und engagierten Kooperation von Gastredner, Dozenten wie Studenten.
Bd. 1, 1998, 112 S., 19,80 DM, br., ISBN 3-8258-3496-4

Matthias Paul (Hrsg.)
Nancy Cartwright: Laws, Capacities and Science
Vortrag und Kolloquium in Münster 1998
Nancy Cartwright has been a dominant figure in the philosophy of science for more than twenty years. In the early eighties she wrote her influential book "How the Laws of Physics Lie" which was generally perceived to be a challenge to a realistic conception of scientific theories. Over the last decade her focus has shifted to issues concerning what she calls "fundamentalism". This is the position that laws of nature are basic and that other things come from them. Cartwright rejects this story and replaces it by the view that capacities are basic and that laws obtain "on account of the repeated Operation of a system of components with stable capacities in particularly fortunate circumstances". This book focuses mainly on Cartwright's recent work on laws and capacities. It is the outcome of the second series of the Münster lectures in philosophy which took place during 5–6 May, 1998. This volume comprises a revised version of Cartwright's evening talk, 12 colloquium papers which Cartwright considered to be "extremely thought provoking", followed by replies Cartwright makes to each of them.
Bd. 2, 1999, 128 S., 24,80 DM, br., ISBN 3-8258-3842-0

Marcus Willaschek (ed.)
John McDowell: Reason and Nature
Lecture and Colloquium in Münster 1999
John McDowell is one of the most influential philosophers writing today. His work, ranging from interpretations of Plato and Aristotle to Davidsonian semantics, from ethics to epistemology and the philosophy of mind, has set the agenda for many recent philosophical debates.
This volume contains the proceedings of the third *Münsteraner Vorlesungen zur Philosophie* which McDowell delivered in 1999: A lecture, entitled "Experiencing the World", introduces into the set of ideas McDowell developed in his groundbreaking book *Mind and World*. The lecture is followed by ten brief essays, both interpretative and critical, in which students and faculty from the Department of Philosophy at the University of Münster discuss various aspects of McDowell's philosophy. The volume ends with responses by John McDowell.
Bd. 3, 2000, 128 S., 24,80 DM, pb., ISBN 3-8258-4414-5

Angela Kallhof (ed.)
Martha C. Nußbaum: Ethics and Political Philosophy
Lecture and Colloquium in Münster 2000
The philosophical writings of Martha C. Nussbaum, Professor of Law at the University of Chicago, are distinguished by their synthesis of different research areas and by their treatment of current, socially controversial issues. In her ethical and political philosophy, Nussbaum gives

LIT Verlag Münster – Hamburg – Berlin – London
Bestellungen über:
Grevener Str. 179 48159 Münster
Tel.: 0251 – 23 50 91 – Fax: 0251 – 23 19 72
e-Mail: lit@lit-verlag.de – http://www.lit-verlag.de
Preise: unv. PE

detailed readings of works from ancient Greece and Rome, interpreting classical texts with a view to their relevance for contemporary questions. Her "capabilities-approach", developed through her work on Aristotle, has become an established part of political philosophy and of the ethics of the good life. Spurred by her involvement with international organizations, Nussbaum has also employed her philosophical program to confront and investigate ways of solving problems of social justice. In this volume, Nussbaum's work is examined in the context of current philosophical debates, with discussions other thinking on the relationship of literature and ethics, on feminism, on the politics of international development, and on the idea of cosmopolitanism.
Bd. 4, Herbst 2001, ca. 168 S., ca. 24,80 DM, pb., ISBN 3-8258-4881-7

Münsteraner Philosophische Schriften

herausgegeben von Prof. Dr. Kurt Bayertz, Prof. Dr. Ludwig Siep, Prof. Dr. Thomas Leinkauf, Dr. Michael Quante und Dr. Marcus Willaschek (Philosophisches Seminar, Westfälische Wilhelms-Universität Münster)

Marcus Willaschek (Hrsg.)
Feld – Zeit – Kritik
Die feldtheoretische Transzendentalphilosophie von Peter Rohs in der Diskussion
Bd. 1, 1997, 280 S., 44,80 DM, br., ISBN 3-8258-2963-4

János F. Böröcz
Resignation oder Revolution
Ein Vergleich der Ethik bei Arthur Schopenhauer und Ludwig A. Feuerbach
Bd. 2, 1998, 304 S., 69,80 DM, br., ISBN 3-8258-3518-9

Jörg Thomas Peters
Der Arbeitsbegriff bei John Locke
Im Anhang: Lockes Plan zur Bekämpfung der Arbeitslosigkeit von 1697
Bd. 3, 1997, 360 S., 59,80 DM, br., ISBN 3-8258-3268-6

Peter Rohs
Abhandlungen zur Feldtheoretischen Transzendentalphilosophie
In der feldtheoretischen Transzendentalphilosophie soll eine feldtheoretische Deutung der Natur verbunden werden mit einer transzendentalphilosophischen Theorie von Subjektivität. Als Klammer, die beides zu verbinden erlaubt, soll die Zeit erwiesen werden. Der vorliegende Band enthält zehn schon veröffentlichte und vier noch unveröffentlichte Abhandlungen zu verschiedenen Aspekten dieses Projektes, beginnend bei der ihm zugrundeliegenden Konzeption von Philosophie und schließend mit Überlegungen zu einer theologischen Rechtfertigung von Freiheit.
Bd. 4, 1998, 244 S., 49,80 DM, br., ISBN 3-8258-3455-7

Thomas Leinkauf
Schelling als Interpret der philosophischen Tradition
Zur Rezeption und Transformation von Platon, Plotin, Aristoteles und Kant
Schellings Philosophie hat in den letzten Jahren eine deutlich gesteigerte Wertschätzung erfahren. Die in diesem Band versammelten Studien versuchen, vor dem Hintergrund einer intensiven Analyse von Schellings interpretierendem und aneignendem Umgang mit der philosophischen Tradition, eine sich in der Spannung von Sein und Subjekt-Sein, Notwendigkeit und Freiheit, Verhängnis und Resignation immer stärker als Signatur seiner mittleren und vor allem späteren Philosophie artikuliert. Hierbei wird besonderes Augenmerk auf zwei späte "Entdeckungen" Schellings gelegt: die des "Sophistes" Platons, die eine nicht zentrale Bedeutung für seine Vorstellung von Dialektik gewinnt, und die vor allem der Philosophie des Aristoteles: letztere begreift Schelling als verbindliches Muster einer 'reinrationalen' Theorieleistung, und entwickelt an und mit ihr, sie durch Implementierung vor allem einer Theorie des Willens idealistisch transformierend, seine "negative" Philosophie.
Bd. 5, 1998, 216 S., 58,80 DM, br., ISBN 3-8258-3598-7

Reinhard Kottmann
Leiblichkeit und Wille in Fichtes "Wissenschaftslehre nova methodo"
Die Leiblichkeit des Menschen ist nicht nur ein Thema der Philosophie des 20. Jahrhunderts. Auch für Johann Gottlieb Fichte (1762–1814) ist der Leib als ein Gegenstand der philosophischen Betrachtung von Bedeutung. Die vorliegende Studie weist nach, daß Fichte in seiner "Wissenschaftslehre nova methodo" eine Theorie der Leiblichkeit des Menschen auf der Basis eines handlungs- bzw. willenstheoretisch begründeten transzendentalphilosophischen Idealismus systematisch entwickelt und durchführt. Nicht zuletzt geht es aber auch darum, die Argumentionsstruktur zentraler Paragraphen dieser Fassung der Wissenschaftslehre, die nur in zwei Vorlesungsnachschriften überliefert ist, sichtbar werden zu lassen und sie auf diese Weise lesbar zu machen.
Bd. 6, 1998, 200 S., 49,80 DM, br., ISBN 3-8258-3645-2

LIT Verlag Münster – Hamburg – Berlin – London
Bestellungen über:
Grevener Str. 179 48159 Münster
Tel.: 0251 – 23 50 91 – Fax: 0251 – 23 19 72
e-Mail: lit@lit-verlag.de – http://www.lit-verlag.de
Preise: unv. PE

Yang-Hyun Kim
Kantischer Anthropozentrismus und ökologische Ethik
In bezug auf die ökologisch-ethische Diskussion der Gegenwart stellt Kim die Problematik des Anthropozentrismus in den Mittelpunkt seiner Arbeit. Ausgangspunkt seiner Überlegungen ist die Beobachtung, daß der Begriff des Anthropozentrismus auf sehr unterschiedliche, vielfach widersprüchliche Weise verwendet wird; die Folge sind Mißverständnisse und theoretische Scheingefechte. Die Aufklärung dieser Mißverständnisse durch eine sowohl philosophiegeschichtliche als auch systematische Analyse des Anthropozentrismus-Begriffs ist eines der zentralen Anliegen der Untersuchung. In ausführlicher Auseinandersetzung mit dem Anthropozentrismusproblem in der Philosophie Immanuel Kants vertritt Kim die Ansicht, daß der Kantische Anthropozentrismus einen systematischen und wichtigen Ansatzpunkt für die Fundierung einer ökologischen Ethik liefern kann. Mit seiner These, daß sich der Kantische Anthropozentrismus auf die Sonderstellung des Menschen als Subjekt der Moralität bezieht, und daß der ethische Anthropozentrismus Kants nichtmenschliche Naturgegenstände keineswegs aus der Sphäre möglicher Objekte der Moral ausschließt, eröffnet Kim neue Perspektiven für eine anthropozentrisch-ökologische Ehtik.
Umschlagsbild: Leonardo da Vinci, Proportions of the Human Figure
Bd. 7, 1998, 224 S., 59,80 DM, gb., ISBN 3-8258-3662-2

Michael Quante; Erzsébet Rózsa (Hrsg.)
Vermittlung und Versöhnung
Die Aktualität von Hegels Denken für ein zusammenwachsendes Europa. Mit einem Geleitwort von Hans Lenk (Präsident der Deutsch-Ungarischen Gesellschaft für Philosophie)
Hegels Philosophie gehört zum zentralen Bestand der Europäischen Philosophie und kann als deren Kulminationspunkt begriffen werden. Er selbst hat dabei den Europäischen Geist charakterisiert als eine Kulturform, die am Prinzip der Versöhnung ausgerichtet ist. Mit den Beiträgen von ungarischen und deutschen Philosophen soll zum einen in die zentralen Aspekte der Hegelschen Philosophie eingeführt werden. Und zum anderen soll gezeigt werden, daß diese Philosophie ein bedeutendes Potential enthält, welches für den kulturellen Integrationsprozeß im sich einigenden Europa eine entscheidende Vermittlungsfunktion übernehmen kann.
Bd. 8, Herbst 2001, 296 S., 59,80 DM, br.,
ISBN 3-8258 4530 3

Marcus Birke
Wenn nicht im Kopf, wo dann?
Der Externalismus als Problem in der Philosophie des Geistes
Seit den siebziger Jahren gibt es in der angloamerikanischen Philosophie eine breit geführte Debatte um den semantischen Externalismus und dessen Übertragung auf den Bereich mentaler Gehalte, der bisher in Deutschland die ihr gebührende Beachtung versagt blieb. Dieses Buch liefert erstmals in deutscher Sprache einen ausführlichen Überblick dieser wichtigen Diskussion. Dabei werden die zentralen Themen der Philosophie des Geistes behandelt und die oftmals unhinterfragte Beziehung zwischen Sprachphilosophie und Philosophie des Geistes erörtert.
Im Anschluss an eine ausführliche Diskussion der in der Debatte um den Externalismus vertretenen Positionen skizziert und verteidigt der Autor seinen eigenen Ansatz. Auch aufgrund eines ausführlichen Glossars, das die Spezialtermini der Externalismusdebatte (sowie der Philosophie des Geistes und Sprachphilosophie) verständlich erläutert, kann das Buch zudem als Einführung in die analytische Philosophie des Geistes dienen.
Bd. 9, 2001, 232 S., 49,80 DM, br., ISBN 3-8258-4893-0

Melanie Obraz
Der Begriff Gottes und das gefühlsmäßige Erfassen des Göttlichen bei Fichte und Schleiermacher
"– Wohl: Von diesem unmittelbaren göttlichen Leben aber – wissen wir nicht: und da, gleichfalls nach unsrer Äußerung, unser eigenes, uns angehöriges Dasein, nur dasjenige ist, was wir im Bewußtsein erfassen können, so bleibt jenes unser Sein in Gott, ohnerachtet es in der Wurzel immer das unsrige sein mag, uns dennoch ewig. – fremd, und so, in der Tat und Wahrheit, *für uns selbst* nicht Unser Sein; wir sind durch jene Einsicht um nichts gebessert, und bleiben, von Gott, ebenso entfernt, als je. –"
(Johann Gottlieb Fichte)

"Gott ist nicht Alles in der Religion / sondern Eins, und das Universum ist mehr; [...] Mitten in der Endlichkeit Eins werden mit dem Unendlichen und ewig sein in einem Augenblick, das ist die Unsterblichkeit der Religion."
(Friedrich Daniel Ernst Schleiermacher)
Bd. 10, 2001, 328 S., 49,80 DM, br., ISBN 3-8258-5322-5